LA RECONQUÊTE DE MONTRÉAL
de Marc V. Levine
est le cinq cent soixante-dix-septième ouvrage
publié chez
VLB ÉDITEUR
et le quarante-deuxième de la collection
«Études québécoises»
dirigée par Robert Comeau.

La traduction française de cet ouvrage a bénéficié de l'aide financière de la Fondation du prêt d'honneur de la Société Saint-Jean-Baptiste de Montréal.

VLB éditeur bénéficie du soutien du ministère du Patrimoine du Canada et de la Société de développement des entreprises culturelles du Québec pour son programme d'édition.

Nous remercions le Conseil des Arts du Canada de l'aide accordée à notre programme de publication.

LA RECONQUÊTE DE MONTRÉAL

Marc V. Levine

LA RECONQUÊTE DE MONTRÉAL

TRADUCTION DE MARIE POIRIER

vlb éditeur

VLB ÉDITEUR
Une division du groupe Ville-Marie Littérature
1010, rue de La Gauchetière Est
Montréal, Québec
H2L 2N5
Tél.: (514) 523-1182
Téléc.: (514) 282-7530
Courrier électronique: vml@sogides.com

Maquette de la couverture: Luc Germain
Photo de la couverture: Josée Lambert

Données de catalogage avant publication (Canada)

Levine, Marc V., 1951-

    La Reconquête de Montréal
    (Études québécoises)
    Traduction de: The Reconquest of Montreal
    Comprend des réf. bibliogr. et un index.
    ISBN 2-89005-644-9
    1. Politique linguistique - Québec (Province) - Montréal. 2. Bilinguisme - Québec (Province) - Montréal. 3. Anglais (Langue) - Québec (Province) - Montréal. 4. Français (Langue) - Québec (Province) - Montréal. 5. Montréal (Québec) - Conditions sociales. I. Titre. II. Collection.

P119.32.C3L4814 1997   306.44'971428   C97-940222-0

DISTRIBUTEURS EXCLUSIFS:

- Pour le Canada et les États-Unis:
MESSAGERIES ADP*
955, rue Amherst,
Montréal, Québec
H2L 3K4
Tél.: (514) 523-1182
Téléc.: (514) 939-0406
* Filiale de Sogides ltée

- Pour la Belgique et le Luxembourg:
PRESSES DE BELGIQUE S.A.
Boulevard de l'Europe 117
B-1301 Wavre
Tél.: (010) 42-03-20
Téléc.: (010) 41-20-24

- Pour la Suisse:
TRANSAT S.A.
Route des Jeunes, 4 Ter
C.P. 125
1211 Genève 26
Tél.: (41-22) 342-77-40
Téléc.: (41-22) 343-46-46

- Pour la France:
D. E. Q.
30, rue Gay Lussac
75005 Paris
Tél.: 01 43 54 49 02
Téléc.: 01 43 54 39 15
Courrier électronique: liquebec@imaginet.fr

Édition originale:
The Reconquest of Montreal,
Philadelphia, Temple University Press, 1990

© 1997, VLB ÉDITEUR et Marc V. Levine
Dépôt légal: 4ᵉ trimestre 1997
Bibliothèque nationale du Québec
ISBN 2-89005-644-9

à Marta, Katie et James

Avant-propos à l'édition française

Je suis heureux que VLB éditeur publie en français cette version révisée, augmentée et actualisée de *La reconquête de Montréal*. La version anglaise a été publiée en 1990 et, depuis ce temps, le contexte politique à Montréal et au Québec a grandement évolué. Les batailles constitutionnelles du début des années quatre-vingt-dix, qui ont culminé dans la défaite serrée de l'option souverainiste au référendum de 1995, ont accru les tensions entre les communautés linguistiques. La politique linguistique du Québec a fait l'objet d'une révision importante en 1993, avec l'adoption par le gouvernement Bourassa du projet de loi 86 qui autorisait de nouveau l'affichage bilingue à l'extérieur des commerces. Au moment d'écrire ces lignes, des militants du Parti Québécois de la région de Montréal s'opposent à leur chef, Lucien Bouchard, et réclament l'abrogation de la loi 86 et le retour à l'affichage commercial unilingue français que prescrivait la Charte de la langue française (loi 101).

La nouvelle édition de *La reconquête de Montréal* tient compte de ces événements et d'autres qui sont survenus depuis 1990. Tout compte fait, plus du quart du contenu de cette édition est nouveau ou révisé. Le chapitre v a été revu et inclut un examen de la loi 86 ainsi que de la «crise linguistique» de 1996 sur la langue d'affichage. J'y ai en outre actualisé mon analyse des effets de la politique linguistique sur le système scolaire de Montréal, et plus particulièrement de la diversification ethnique qu'elle entraîne dans les écoles françaises. De plus, l'analyse de l'effet de cette politique sur la communauté anglophone de Montréal est maintenant plus étoffée.

Le chapitre VI a subi quelques retouches, tandis que le chapitre VII a été récrit à la lumière des nouvelles statistiques sur la langue et l'économie. Le dernier chapitre est entièrement nouveau et examine les tendances démo-linguistiques à Montréal, la croissance de l'immigration au début des années quatre-vingt-dix et les effets de la « nouvelle réalité ethnique » dans le Montréal francophone, ainsi que la radicalisation de l'opinion anglophone de Montréal à la suite du référendum de 1995 et l'impasse persistante de la déconfessionnalisation des commissions scolaires de Montréal. Dans ce chapitre, je propose aussi l'hypothèse selon laquelle l'avenir du français à Montréal dépendra de plus en plus des politiques gouvernementales dans des domaines comme l'aménagement régional et le développement économique, et moins des outils traditionnels de l'aménagement linguistique (bien que j'affirme qu'une politique linguistique est indispensable pour assurer la sécurité linguistique et culturelle des francophones à Montréal).

Mes remerciements dans l'édition originale anglaise sont toujours valables. Il faut toutefois en ajouter de nouveaux. Pour préparer cette nouvelle édition de *La reconquête de Montréal*, j'ai pu compter sur l'appui de plusieurs personnes. Je suis particulièrement reconnaissant à Pierre Graveline et Robert Comeau de VLB éditeur d'avoir cru à ce projet et de m'avoir encouragé tout au long de la mise à jour de l'ouvrage. Je tiens également à remercier Marie Poirier pour avoir attendu aussi patiemment le nouveau matériel et l'avoir ensuite intégré à la version française. Bien entendu, les opinions formulées ici sont les miennes et j'endosse l'entière responsabilité des erreurs et des omissions.

Depuis la publication de la première édition de ce livre, j'ai reçu plusieurs critiques et commentaires constructifs sur ma recherche sur la politique linguistique et la transformation de Montréal. Je tiens à remercier plus particulièrement Charles Castonguay, Pierre-Étienne Laporte, Daniel Latouche, Paul-André Linteau, Martin Lubin, Don Macpherson, Henry Milner, Michel Paillé et Mario Polèse. Ils ont non seulement donné une opinion franche sur mon travail, mais partagé avec générosité leurs réflexions sur la politique et la société montréalaises et québécoises. Je suis particulièrement reconnaissant à Annick Germain, dont le compte rendu pénétrant de mon ouvrage dans *Recherches sociographiques* m'a amené à mieux lier mes deux axes de recherche que sont la politique linguistique et le développement urbain à Montréal. Mes nombreuses discussions avec Jean-Pierre Collin m'ont permis d'approfondir mes connaissances sur les tendances sociales et économiques à Montréal. Enfin, je veux remercier les chercheurs et les documentalistes du Conseil de la langue française et du ministère des Affaires internationales, de l'Immigration et des Communautés culturelles qui ont échangé leurs données et leurs idées avec moi.

Enfin, ma femme, Marta Levine, a été un soutien inestimable dans toutes mes entreprises. Mes enfants, Katherine et James, vieillissent en pensant que Montréal est le deuxième domicile de leur père, et je crois que leur affection pour la ville grandit de plus en plus. Ils m'apportent beaucoup de joie et c'est à eux que je dédie cette nouvelle édition de *La reconquête de Montréal*.

MARC V. LEVINE
Milwaukee, le 4 juillet 1997

Introduction*

Montréal est une ville et une île[1] habitée par des francophones et des anglophones depuis que la Grande-Bretagne a conquis la Nouvelle-France en 1760. Pendant une vingtaine d'années, soit de 1830 à 1850, une vague d'immigration en provenance des îles Britanniques a mené à la formation d'une majorité anglophone à Montréal, mais, depuis le recensement de 1871, les francophones y ont toujours représenté plus de 60 % de la population.

En 1960, et bien que les francophones y soient majoritaires depuis déjà un siècle, Montréal était, comme l'a écrit Jane Jacobs, « ce qu'elle a toujours été depuis près de deux siècles, une ville anglaise où se trouvent beaucoup de travailleurs et de résidants de langue française[2] ». Jusqu'à tout récemment, les Anglo-Montréalais pouvaient vivre et travailler exclusivement en anglais avec presque autant de facilité que les anglophones dans n'importe quelle ville du Canada anglais ou des États-Unis. Ils disposaient d'une gamme complète de services de santé, de services sociaux et d'écoles qu'ils administraient de façon autonome, sans intervention de l'État. Dans certains quartiers du centre et de l'ouest de Montréal, les rues portaient des noms anglais et les affaires de la vie quotidienne, le commerce et l'affichage public se faisaient en

---

* Cette introduction correspondait au chapitre premier dans la version anglaise. Il existe donc un décalage d'un chiffre dans la numérotation des chapitres de la version française.

anglais, si bien qu'il était difficile d'imaginer que Montréal était la métropole d'une province à 80 % francophone.

Cette atmosphère anglaise était principalement la conséquence de la domination incontestée de l'économie de Montréal par les anglophones avant 1960. L'anglais était la langue de l'industrie et du commerce et, à partir de leurs sièges sociaux, les Anglo-Montréalais dirigeaient des secteurs clés de l'économie canadienne. Le marché du travail se caractérisait par une «division linguistique du travail» selon laquelle les anglophones obtenaient en nombre disproportionné les meilleurs emplois. De ce fait, un important écart de revenus séparait francophones et anglophones. Des ententes tacites conclues dans les coulisses entre l'élite économique anglophone et les dirigeants politiques francophones protégeaient l'autonomie des institutions de langue anglaise et garantissaient que les décisions du gouvernement provincial seraient conformes aux intérêts de la collectivité anglophone.

Cette situation s'est mise à changer lorsqu'une génération montante de nationalistes francophones a entrepris de «reconquérir» Montréal. La question linguistique, c'est-à-dire le problème de la place respective du français et de l'anglais à Montréal, qui dominait la politique du Québec à la fin des années soixante, a contribué à la croissance du sentiment indépendantiste dans les années soixante et soixante-dix. L'indépendance ne fut pas réalisée, mais, au milieu des années quatre-vingt, à la suite de l'adoption de trois lois linguistiques et après deux décennies d'agitation quant au rôle du français et de l'anglais à Montréal, la dynamique linguistique qui jusque-là caractérisait Montréal avait été radicalement transformée: la «ville anglaise» avait été reconquise par la majorité francophone. L'éducation, l'administration, l'économie, et même la langue de l'affichage public, avaient été redéfinies par le courant nationaliste francophone qui avait vu le jour au début des années soixante, pendant la Révolution tranquille.

La nature de ce revirement et, plus particulièrement, le rôle de l'État comme agent de changement sont les thèmes centraux de ce livre. La reconquête de Montréal compose une page d'histoire intéressante qui comprend des épisodes de conflits intenses et parfois violents. C'est l'histoire fascinante d'un groupe linguistique défavorisé et vulnérable qui a réuni ses forces et qui s'est servi de l'État pour redistribuer le pouvoir dans une grande ville. Les analystes de la politique urbaine et de politiques gouvernementales trouveront dans l'histoire de la situation linguistique à Montréal un excellent exemple des enjeux fondamentaux auxquels font face les villes où vit plus d'une grande communauté linguistique. Dans quelles conditions les divisions linguistiques deviennent-elles politiques et comment pouvons-nous expliquer l'apparition de conflits et les modalités d'accommodement? Quel rôle joue l'État comme source de conflits ou gestionnaire de ces mêmes différends? De quelle manière les intérêts de classe influent-ils sur la politisation des questions linguistiques dans une ville multilingue? Comment les pouvoirs publics peuvent-ils modifier la hiérarchie linguistique ou influencer des tendances relativement à la préservation d'une langue et à la mobilité linguistique? Quelle est la part de droits individuels et de droits collectifs qui doit être sacrifiée dans les villes bilingues? Le cas de Montréal permet de répondre à ces grandes questions théoriques.

Comme Robert Dahl le fait remarquer, «les conflits opposant des groupes culturels sont souvent particulièrement intenses et difficiles à résoudre parce qu'ils ne peuvent être circonscrits à un seul aspect; pour les membres du groupe, un conflit au sujet d'un seul aspect devient une question qui menace son "mode de vie" et l'avenir même de la communauté[3]». Les conflits au sujet de la langue à Montréal correspondent parfaitement à cette affirmation. Le nationalisme linguistique qui se fait jour dans la société francophone de Montréal dans les années soixante était plus «qu'une manière d'ennoblir la recherche d'intérêts économiques individuels», comme un chercheur l'a dit avec ironie[4]. Il demeure certain que les questions économiques ont occupé une place de choix dans la mobilisation des francophones. Après tout, ces derniers gagnaient 51 % de moins que les anglophones en 1961[5], et le marché du travail montréalais illustrait parfaitement la division ethnique du travail où «la stratification sociale s'établit selon le groupe ethnique» et «les ressources sont réparties de façon inégale entre le groupe dominant et les groupes périphériques[6]». Entre 1976 et 1985, le gouvernement du Parti Québécois, ouvertement nationaliste et indépendantiste, a adopté des politiques de développement économique et d'aménagement linguistique qui visaient à supprimer la division linguistique du travail, à ouvrir des portes aux francophones et à redistribuer le pouvoir économique à Montréal entre la minorité anglophone et la majorité francophone.

Mais la question linguistique telle qu'elle s'est posée à Montréal après 1960 n'avait pas qu'une dimension économique; la sous-tendait une volonté de continuité collective et d'affirmation culturelle. Le français dominait toujours au Québec deux siècles après la conquête britannique, mais surtout dans les milieux ruraux et homogènes où les contacts avec l'anglais étaient rares et le risque d'anglicisation, faible. En effet, à l'extérieur de la région de Montréal, la population du Québec a toujours été massivement de langue française, mis à part les communautés anglophones de l'Estrie, de l'Outaouais et de la Gaspésie, importantes au XIXe siècle, mais en perte de vitesse au XXe. Dans les régions rurales et les villes de taille moyenne comme Québec (97 % de francophones en 1981), Trois-Rivières (97 % de francophones) et Chicoutimi (99 % de francophones), la survie de la langue et de la culture de la communauté francophone n'a jamais été menacée[7].

Cependant, après que Montréal fut devenue la métropole industrielle du Canada à la fin du XIXe siècle, des milliers de francophones ont quitté l'arrière-pays québécois, à la recherche d'emplois dans les usines de la grande ville. En 1961, près de 40 % des francophones du Québec habitaient Montréal (8,9 % en 1871). Cette urbanisation rapide allait soumettre la capacité de vivre en français en Amérique du Nord à des pressions sans précédent. À Montréal, l'anglais constituait la langue de l'ascension sociale. Les institutions de langue anglaise, visibles et puissantes, lançaient des défis quotidiens aux francophones, et Montréal était bien intégrée à la société nord-américaine. Le français pourrait-il *s'épanouir* dans cet environnement urbain moderne où l'anglais était omniprésent ou était-il destiné à simplement *survivre* dans des enclaves rurales, à la manière des Amish et d'autres communautés linguistiques «folkloriques»? C'était la question cruciale que se posaient les élites francophones au début des années soixante.

Le principal aspect lié à la survie culturelle, celui qui fit descendre les francophones dans la rue et força le gouvernement du Québec à agir dans les années soixante et soixante-dix, concernait la langue d'enseignement dans les écoles de Montréal. Le phénomène n'a rien de surprenant: plus que toute autre institution publique en milieu urbain, l'école est le lieu d'affrontements entre groupes ethnolinguistiques parce qu'elle est essentielle au dynamisme de chacun d'entre eux. C'est elle qui enseigne la langue, transmet les valeurs culturelles à la jeune génération, assure l'intégration des nouveaux venus et procure des emplois à des membres du groupe dans l'enseignement et l'administration scolaire. La politique linguistique dans le champ de l'éducation influe directement sur la préservation de la langue, la mobilité linguistique et, au bout du compte, sur la continuité collective, particulièrement en milieu urbain où les usagers des langues «plus faibles» sont continuellement en contact avec la langue dominante et où les pressions en faveur de l'adoption de la langue dominante sont plus fortes qu'en milieu rural homogène[8]. C'est pourquoi dans des villes bilingues comme Bruxelles ou dans les débats sur le bilinguisme qui ont cours dans les grandes villes américaines la langue d'enseignement est au cœur des tensions intercommunautaires[9].

À Montréal, deux systèmes scolaires, l'un francophone et l'autre anglophone, coexistaient à l'intérieur d'une structure confessionnelle depuis les années 1840 sans bouleverser l'équilibre linguistique. Mais, après 1945, un grand nombre d'immigrants arrivent à Montréal et envoient leurs enfants à l'école anglaise. Dans les années 1960, l'anglicisation de la population scolaire montréalaise laissait présager la mise en minorité des francophones dans la ville, les enfants des immigrants devenant anglophones. Certains agents influents de la communauté francophone commencèrent alors à penser que la liberté traditionnellement accordée aux parents de choisir la langue d'enseignement de leurs enfants entrait en conflit avec le «droit collectif» des francophones de vivre et de prospérer *en français*. Aux yeux de l'élite francophone montante, c'est-à-dire la nouvelle classe moyenne composée d'enseignants, de journalistes et de fonctionnaires qui avait pris la place du clergé comme porte-parole de la société canadienne-française, le déclin de la proportion de francophones à Montréal menaçait l'avenir et le dynamisme de la langue et de la culture françaises dans l'ensemble du Québec.

Pour éviter le risque, même faible, d'une majorité de langue anglaise à Montréal, cette nouvelle élite nationaliste francophone mobilisa l'opinion publique en faveur d'une loi qui limiterait l'accès à l'école anglaise. Les pressions des francophones pour que soient adoptées des lois linguistiques contraignantes et la réaction des anglophones et des immigrants qui estimaient que leurs «droits» étaient lésés ont mené aux conflits sociaux les plus intenses de l'histoire de Montréal. Or les nationalistes francophones ne pouvaient reculer devant la question de l'école, car elle était la pierre angulaire de leur vision d'une ville reconquise dont le caractère serait indéniablement français. Sur le plan de la composition linguistique, Montréal pouvait demeurer une ville bilingue, mais les nationalistes étaient déterminés à ce que la culture et la langue françaises dominent à Montréal, au même titre que l'anglais dominait à Toronto ou à Vancouver. Atténuant leurs plans les plus radicaux pour établir le français comme langue du travail à Montréal, les nationalistes ont fait plusieurs concessions relativement à la francisation de l'économie dans les années soixante-dix. Mais concernant une question aussi fondamentale que l'enseignement, qui avait des conséquences sur l'identité linguistique de Montréal et sur l'avenir de la société francophone, aucun compromis n'était possible.

Les bouleversements linguistiques qu'a connus Montréal se sont répercutés sur l'histoire politique du Canada, car ils étaient liés à la crise de l'unité nationale dans les années soixante et soixante-dix. Comme Clift et Arnopoulos l'ont écrit en 1979, «le succès avec lequel le Canada résoudra la crise actuelle dépend des accommodements entre Anglais et Français à l'intérieur du Québec[10]». Les enjeux sont sérieux: Quel groupe définira le caractère linguistique de Montréal? La survie du français à Montréal doit-elle passer par la souveraineté du Québec? Au Canada, pays où la langue dominante est l'anglais, quels sont les droits linguistiques de la communauté anglophone qui habite le Québec majoritairement français? Bref, la question linguistique telle qu'elle se pose à Montréal était une dimension inséparable de l'épineux problème de la délimitation des frontières de l'autorité politique et du sentiment d'appartenance au Canada.

Les conflits entre groupes linguistiques dans des pays multilingues sont souvent résolus par l'application du principe de «territorialité», c'est-à-dire qu'on procède à la partition du pays en régions distinctes où une seule langue est officielle[11]. La Suisse possède des cantons francophones et des cantons germanophones et la Belgique est divisée en territoires unilingues wallons ou flamands. Toutefois, les villes bilingues situées à l'intérieur de régions homogènes ne peuvent être facilement intégrées dans une stratégie nationale de partage du territoire; c'est le cas en Belgique où le conflit entre les deux communautés linguistiques concerne surtout le statut linguistique de la ville bilingue de Bruxelles.

De la même façon, l'existence d'une importante communauté anglophone à Montréal constitue un obstacle à une résolution purement territoriale du problème linguistique au Canada. Le Québec s'est déclaré officiellement français dans les années soixante-dix, et les nationalistes francophones décrivent Montréal comme une ville fondamentalement française. Au contraire, les anglophones conçoivent Montréal comme une ville à «deux majorités», canadienne-anglaise et franco-québécoise, dont chacune possède des droits historiques et inaliénables. La divergence des deux visions, combinée au pouvoir des institutions anglophones à Montréal, qui est également la métropole du Québec francophone, fait de la langue à Montréal une source permanente de tensions et de frictions dans la vie politique canadienne. Les querelles linguistiques à Montréal dépassent la redéfinition de la hiérarchie ethnolinguistique dans une grande ville; la manière dont les francophones se sentent en sécurité et «maîtres chez eux» à Montréal a des répercussions sur la manière dont ils se sentent au Canada. C'est là probablement l'enjeu véritable de la question linguistique.

La reconquête de Montréal explique comment la mobilisation politique et l'intervention gouvernementale ont mené à des changements sociaux et économiques majeurs dans une ville bilingue. Dans les chapitres II à IV, nous examinons la politisation de la question linguistique pendant les années soixante et soixante-dix. L'accent est mis sur les revendications des nationalistes en faveur de l'intervention de l'État pour modifier les rapports de force à Montréal. En réaction à la détérioration du climat linguistique à Montréal, le gouvernement du Québec a adopté trois lois relatives à la langue entre 1969 et 1977, et une bonne partie de mon analyse est axée sur les conflits politiques et les controverses qu'ont soulevés ces lois.

Dans les chapitres V à VII, nous nous intéressons aux transformations survenues dans le paysage linguistique de Montréal entre 1960 et 1996, principalement à la suite des politiques linguistiques nationalistes. Nous nous attacherons surtout aux répercussions de la principale loi linguistique du Québec, la Charte de la langue française (dite loi 101), adoptée par le Parti Québécois en 1977, dans des domaines tels que l'éducation, l'administration, l'économie, et à ses effets sur le «visage» de Montréal. J'analyse aussi les conséquences des politiques de développement économique sur la hiérarchie linguistique et sur la langue d'usage dans l'économie de Montréal. Enfin, le livre se termine par un examen des tendances récentes dans les relations intercommunautaires à Montréal, de la modification du tissu social de la ville et des perspectives d'avenir pour le français et l'anglais dans le nouveau Montréal.

Mais avant d'aller plus loin, nous devons d'abord comprendre le contexte historique dans lequel la question linguistique a pris forme. Notre première tâche est donc d'analyser l'économie politique de la langue avant 1960, à une époque où Montréal était la métropole économique du Canada et où la balance penchait résolument en faveur de l'anglais. C'est l'objet du chapitre premier.

Notes de l'introduction

1. Tout au long de ce livre, je ferai référence à trois divisions administratives: 1) la ville de Montréal proprement dite; 2) l'île de Montréal, qui comprend la ville de Montréal et les autres municipalités, et; 3) la région de Montréal, un concept apparu à la fin des années cinquante, qui englobe l'île de Montréal et les banlieues proches (de Laval, de la Rive-Sud et de la couronne nord).
2. Jane Jacobs, *The Question of Separatism: Quebec and the Struggle Over Sovereignty*, New York, Vintage Books, 1980, p. 11-12.
3. Robert Dahl, «Some Explanations», dans Robert Dahl (dir.), *Political Oppositions in Western Democracies*, New Haven, Yale University Press, 1966, p. 357.
4. Peter Leslie, «Ethnic Hierarchies and Minority Consciousness in Quebec», dans Richard Simeon (dir.), *Must Canada Fail?*, Montréal, McGill-Queen's University Press, 1977, p. 107.
5. Jac-André Boulet, «Les disparités linguistiques de revenu sur le marché montréalais: quelques éléments d'analyse», dans François Vaillancourt (dir.), *Économie et langue*, Québec, Éditeur officiel du Québec, 1985, p. 160.
6. Michael Hechter, *Internal Colonialism: The Celtic Fringe in British National Development, 1536-1966*, Berkeley, University of California Press, 1975, p. 37.
7. Pendant le deuxième tiers du XIXe siècle, lorsque l'immigration massive en provenance des îles Britanniques entraîna la formation d'une majorité anglophone à Montréal, la ville de Québec comptait elle aussi une importante communauté anglophone (près de 40 % de la population en 1851), dont un bon nombre était des Irlandais catholiques. En 1931, à la suite de l'assimilation et de l'émigration, les non-francophones n'étaient plus que 7 % à Québec. De même, en Estrie, où les noms de lieux comme Brome, Richmond, Sherbrooke et Stanstead témoignent du patrimoine anglo-protestant, la proportion de la population de langue anglaise passa de 58 % en 1861 à 18 % en 1931 et n'était plus que de 9 % en 1981. Cela démontre qu'au début des années soixante, la survie de la langue française était assurée dans ces régions. C'est seulement à Montréal que pouvait exister un risque pour l'avenir du français au Québec. Voir Ronald Rudin, *Histoire du Québec anglophone, 1759-1980*, Québec, Institut québécois de recherche sur la culture, 1986, p. 65 et 123. Les données de 1981 proviennent de Statistique Canada, *Recensement du Canada, 1981*, catalogue 93-929.
8. Pour les interprétations classiques de la tendance, dans un contexte bilingue, à glisser vers la langue dominante ou plus prestigieuse, voir Charles A. Ferguson, «Diglossia», *Word*, vol. 15, 1959, p. 325-340; Joshua A. Fishman, «Bilingualism With and Without Diglossia;

Diglossia With and Without Bilingualism», *Journal of Social Issues*, vol. 23, n° 2, 1967, p. 29-38. Voir également Joshua A. Fishman, «Language Maintenance and Language Shift», dans Joshua A. Fishman, *Language in Sociocultural Change*, Stanford, Stanford University Press, 1972, p. 76-134.

9. Pour une analyse de la situation à Bruxelles qui permet de faire de nombreux parallèles intéressants avec la situation à Montréal, voir Jeffrey Obler, «Assimilation and the Moderation of Linguistic Conflict in Brussels», *Administration*, vol. 22, hiver 1974, p. 400-432; Kenneth D. McRae, *Conflict and Compromise in Multilingual Societies: Belgium*, Waterloo (Ont.), Wilfrid Laurier University Press, 1986, p. 300-317; Elizabeth Sherman Swing, *Bilingualism and Linguistic Segregation in the Schools of Brussels*, Québec, Centre international de recherche sur le bilinguisme, 1980. En ce qui concerne les débats sur la politique linguistique aux États-Unis, la meilleure étude historique est celle de Heinz Kloss, *The American Bilingual Tradition* (Rowley [Mass.], Newbury House, 1977). Kenji Hakuta propose un bon survol de la situation actuelle dans une perspective multidisciplinaire dans *Mirror of Language: The Debate on Bilingualism* (New York, Basic Books, 1986).

10. Dominique Clift et Sheila McLeod Arnopoulos, *Le fait anglais au Québec*, Montréal, Libre Expression, 1979, p. 233.

11. Jean A. Laponce, *Langue et territoire*, Québec, Presses de l'Université Laval, 1984; Kenneth D. McRae, «The Principle of Territoriality and the Principle of Personality in Multilingual States», *International Journal of the Sociology of Language*, vol. 4, 1975, p. 33-54.

CHAPITRE PREMIER

Montréal avant la Révolution tranquille: une ville anglaise

La difficile coexistence des francophones et des anglophones est une constante dans l'histoire de Montréal depuis la Conquête. Touchant presque toutes les sphères de la vie urbaine, les divisions linguistiques ont profondément marqué le développement de Montréal. Avant 1960, bien que la ville ait été majoritairement habitée par des francophones, son caractère était indéniablement anglais. Montréal était la métropole du Canada anglais, ce qui signifiait que l'anglais était la langue d'usage des grandes sociétés, que les plus beaux quartiers étaient anglophones, que le centre-ville était couvert de panneaux-réclames et d'enseignes commerciales en anglais et que la langue de la minorité — l'anglais — exerçait un pouvoir d'attraction plus grand que celle de la majorité.

Avant 1960, cet état des choses était peu contesté par la communauté francophone de Montréal. L'acceptation du caractère anglais de la ville relevait d'un compromis tacite entre les deux communautés; par conséquent, la question de la langue avait rarement été portée sur la scène politique avant 1960. Les francophones devaient payer un lourd tribut pour maintenir la paix linguistique: faibles possibilités d'avancement pour ceux qui ne pouvaient ou ne voulaient pas travailler en anglais et aliénation culturelle dans une ville qui, après la Seconde Guerre mondiale, était devenue, sur les plans démographique et culturel, le centre du Canada français. Dans ce chapitre, nous examinons la place qu'occupaient le français et l'anglais à Montréal avant la Révolution tranquille, c'est-à-dire avant que la majorité francophone décide de mettre en question la dynamique linguistique de Montréal.

1760-1960: la croissance urbaine et la diversité linguistique
Lors de la conquête britannique en 1760, Montréal vivait du commerce des fourrures et comptait environ 8800 habitants. Bien que peu nombreux, les marchands britanniques qui suivirent les troupes victorieuses se sont rapidement imposés. Dès les années 1780, les Britanniques s'étaient rendus maîtres du commerce des fourrures, une activité très rentable qui prenait sa source à Montréal. Selon les calculs de l'historien Fernand Ouellet, près des deux tiers des marchands de Montréal en 1820 étaient britanniques[1].

Ces marchands britanniques, principalement de souche anglaise et écossaise, occupent une place de choix dans l'histoire du Montréal anglophone. Les Dunlop, McTavish, McGill, Molson et Redpath ont laissé leur nom à plusieurs rues et institutions. À part cette petite élite marchande, Montréal comptait peu d'anglophones au début du XIXe siècle; en fait, ils étaient plus nombreux dans les Cantons-de-l'Est où 15 000 loyalistes s'étaient établis après la révolution américaine. En 1820, Montréal était devenue une importante ville commerciale de 20 000 personnes. Par son pouvoir, l'élite anglophone avait imposé à la ville un caractère anglais, mais les francophones formaient la grande majorité de la population. Démographiquement, Montréal était encore une ville française[2].

Cette situation devait changer radicalement entre 1820 et 1850. Comme les villes de la côte est des États-Unis à la même époque, Montréal a reçu un flux continu d'immigrants en provenance des îles Britanniques, dont 60 % d'Irlandais. Entre 1829 et 1853, près de 750 000 immigrants débarquèrent à Québec, porte d'entrée de l'Amérique du Nord britannique. Si, pour plusieurs, la province ne représentait qu'un lieu de transit, d'autres, assez nombreux, s'établirent à Québec ou à Montréal et transformèrent le tissu social et le paysage démographique. Dès 1831, Montréal comptait une majorité britannique et, selon le recensement de 1851, 55 % des 60 000 habitants étaient d'origine britannique[3].

Cette période de supériorité numérique des Britanniques a permis aux Anglais et aux Écossais protestants de consolider leur hégémonie à Montréal. Par ailleurs, à la suite de l'arrivée des «dépossédés de Grande-Bretagne[4]», les Anglo-Montréalais ne constituèrent plus seulement «une poignée de riches marchands et d'administrateurs[5]». La population anglophone de Montréal se diversifiait au chapitre de l'origine sociale et ethnique. Les Montréalais d'origine anglaise, écossaise et américaine continuaient d'être sur-représentés parmi l'élite commerçante mais, comme à Boston, à New York et à Philadelphie, un nombre croissant d'immigrants irlandais catholiques venait grossir les rangs de la classe ouvrière. Pendant les années 1840, 20 % de la population de Montréal était d'origine irlandaise[6].

Au cours des années 1860, la composition ethnique de Montréal se modifia de nouveau, et Montréal redevint une ville résolument française, du moins pour ce qui est de la population. La crise persistante de l'agriculture québécoise, jumelée à la poussée de l'industrialisation à Montréal, attirait des milliers de francophones vers la ville. Grossie par cet exode rural, la population de Montréal passa de 90 000 à 800 000 habitants entre 1861 et 1931. La population de l'île de Montréal, qui englobe la ville de Montréal proprement dite et les municipalités situées sur l'île, atteignait le million en 1931[7].

Depuis 1871, comme l'indique le tableau 1, la proportion de personnes d'origine française dans l'île de Montréal est restée supérieure à 60 %. De plus en plus, comme le tableau 2 le montre, Montréal devenait le cœur démographique du Québec francophone.

À la croissance rapide de la population francophone à Montréal après 1860 s'ajoute celle de la communauté anglophone, dont Montréal devenait également le cœur. Depuis la fin du XIXe siècle, les régions du Québec se vidaient de leurs anglophones. L'Estrie, château fort de la présence anglaise au Québec au XIXe siècle, était devenue majoritairement française dès le début du XXe siècle à cause du mouvement de colonisation canadien-français et du départ massif de la population d'origine britannique[8]. Au début du XXe siècle, l'exode anglophone était en cours dans la ville de Québec, et, dans les années trente, le nombre d'anglophones de la péninsule gaspésienne avait commencé à diminuer.

Tableau 1
La composition ethnique de l'île de Montréal,
1871-1961 (en %)

	Origine française	Origine britannique	Autres origines
1871	60,3	38,1	1,6
1901	63,9	31,6	4,5
1921	60,7	27,3	12,0
1941	62,6	24,5	12,9
1951	63,8	22,2	14,0
1961	62,0	18,1	19,9

Sources: Norbert Lacoste, *Les caractéristiques sociales de la population du Grand Montréal*, Montréal, Presses de l'Université de Montréal, 1958, p. 77, et Statistique Canada, *Recensement du Canada, 1971*, catalogue 92-726.

Par conséquent, tandis que seulement 22,6 % des anglophones du Québec vivaient à Montréal en 1871, le pourcentage était passé à 61,4 % en 1931 et à 74,3 % en 1961 (tableau 2). Bref, en 1960, Montréal était devenue le cœur démographique des francophones *et* des anglophones du Québec, une situation qui multipliait les risques de conflit linguistique.

Après 1900, de nouvelles vagues migratoires internationales transformèrent la composition ethnique de Montréal. En 1901, la population de Montréal était encore presque exclusivement composée de membres des deux «peuples fondateurs», français et britannique. Seulement 4,5 % de la population était d'origine autre que française ou britannique alors que, dans les grandes villes américaines comme New York, Chicago et Cleveland, plus des deux tiers de la population était d'origine étrangère.

Tableau 2
L'urbanisation et la concentration linguistique. Pourcentage de la population du Québec habitant Montréal, selon le groupe linguistique, 1871-1961

	Anglo-Québécois	Franco-Québécois
1871	22,6	8,9
1901	39,3	17,4
1931	61,4	26,6
1961	74,3	39,3

Sources: Norbert Lacoste, *Les caractéristiques sociales de la population du Grand Montréal*, Montréal, Presses de l'Université de Montréal, 1958, p. 77, et Statistique Canada, *Recensement du Canada, 1971*, catalogue 92-726.
Notes sur la délimitation du territoire: Pour 1871, 1901 et 1931, seule l'île de Montréal a été retenue parce que les villes de l'extérieur de l'île n'étaient pas véritablement intégrées à Montréal. Pour 1961, comme ces municipalités étaient mieux intégrées à Montréal, la région métropolitaine de recensement a été retenue.

Deux vagues d'immigration, la première entre 1901 et 1931 et la seconde entre 1945 et 1961, feront de Montréal une ville multiethnique. En 1931, 13,5 % de la population de Montréal (135 000 personnes) était d'origine ethnique autre que française ou britannique, principalement juive et italienne. En 1961, à la suite de la vague d'immigration d'après-guerre en provenance du sud et de l'est de l'Europe, le nombre d'habitants non francophones et non anglophones était passé à 350 000, soit presque 20 % de la population de l'île. Les «allophones» avaient supplanté même les Britanniques[9].

À la fin des années quarante, cette nouvelle réalité ethnique commença à influencer la dynamique linguistique de Montréal[10]. Jusqu'en 1941, la communauté anglophone de Montréal était presque entièrement de souche britannique. Mais, étant donné que les immigrants choisissaient l'anglais comme langue d'usage dans leur nouveau pays, le Montréal anglophone a pris un virage multiethnique. En 1971, alors que les Juifs, les Italiens, les Grecs et les Portugais grossissent les rangs de la communauté anglophone, les personnes d'origine britannique ne représentaient plus que 61 % des anglophones de l'île de Montréal et 37 % de la population non francophone.

Cette diversification de la communauté anglophone de Montréal a eu deux conséquences importantes. La première est que, en adoptant l'anglais, les immigrants renforçaient le groupe anglophone. Pendant les années soixante, les nationalistes francophones commencèrent donc à s'inquiéter de l'équilibre démographique entre les deux groupes linguistiques; la tendance des immigrants à adopter l'anglais devint alors une source majeure de conflits à Montréal.

Deuxième conséquence, le groupe anglophone devenait une catégorie statistique plutôt qu'une communauté homogène. À l'aube des années soixante, la «communauté anglophone» se composait de divers sous-groupes: une communauté britannique de vieille souche (divisée à son tour entre Anglais, Écossais et Irlandais), des anglophones venus d'ailleurs en Amérique du Nord et qui se trouvaient à Montréal pour des raisons professionnelles ou personnelles, des communautés culturelles d'implantation ancienne, comme les Juifs et les Italiens, et des immigrants plus récents en provenance d'Europe du Sud et d'Europe de l'Est. Cette diversité donna lieu à des divisions au sein de la communauté anglophone; par exemple, les Juifs seront victimes d'une discrimination de la part des anglo-protestants. Ce ne sera qu'avec la politisation de la question linguistique pendant les décennies 1960 et 1970 qu'une communauté d'intérêt réussira à se former à partir de ces éléments disparates[11].

Les deux solitudes dans l'espace urbain

La division de l'espace montréalais selon l'origine linguistique prit forme vers le milieu du XIXe siècle. En 1860, la plus grande concentration de Montréalais d'origine britannique se trouvait dans les quartiers de l'ouest et du centre où ceux-ci représentaient respectivement 68 % et 49 % de la population; dans les quartiers de l'est, la population d'origine française atteignait 69 %[12]. Bien que l'étanchéité de la division linguistique de l'espace montréalais ait souvent été exagérée, il n'en demeure pas moins que la répartition spatiale des deux communautés à cette époque a eu une influence profonde sur la vie sociale, économique et politique à Montréal[13]. Le centre-ville et l'ouest de Montréal resteront majoritairement anglophones jusque dans les années soixante, tandis que l'est renforcera son caractère francophone.

La croissance rapide de Montréal au XXe siècle a respecté cette division linguistique. En 1961, Montréal était une métropole de plus de deux millions d'habitants. Sa croissance se poursuivit pendant toute cette décennie, mais surtout à l'extérieur des limites de la ville. Entre 1941 et 1971, la part de la population de la ville de Montréal par rapport à la région métropolitaine avait chuté de 79,2 % à 44,2 %. L'étalement urbain a suivi les divisions linguistiques: comme par le passé, les municipalités de l'ouest de l'île étaient surtout anglophones, tandis que celles de l'est et de l'extérieur de l'île étaient en grande majorité francophones[14].

Deux types de banlieues, distincts par la classe et par la langue, se formèrent pendant le premier stade de la croissance urbaine de Montréal. Le premier type de banlieue, qui a existé entre 1870 et 1920, consistait en municipalités ouvrières, comme Hochelaga et Maisonneuve; elles se développaient autour de zones industrielles et des axes de transport ou au gré des ambitions de promoteurs immobiliers[15]. En grande majorité francophones, 23 de ces municipalités ont été annexées à la ville de Montréal entre 1883 et 1918. Combinées à l'exode rural des francophones, ces annexions renforcèrent la majorité francophone de Montréal[16].

Le deuxième type de banlieue apparut vers 1900 avec le «repli» des Britanniques qui s'installent en banlieue[17]. Un phénomène semblable s'était produit à la fin du XIXe siècle aux États-Unis où des villes huppées s'étaient développées en périphérie des grands centres à la suite de l'essaimage de riches anglo-protestants qui cherchaient à échapper à un environnement industriel polluant et au contrôle grandissant des immigrants sur les partis politiques. À Montréal, les riches Anglo-Montréalais, en réaction à l'industrialisation et à la consolidation de la majorité francophone, s'établirent dans des municipalités autonomes à l'ouest de la ville. L'avènement du tramway électrique et du téléphone dans les années

1890 facilita le développement de nouveaux quartiers résidentiels dans l'île de Montréal.

Entre 1890 et 1910, Westmount se présentait comme la première ville de banlieue destinée à la classe supérieure, surtout britannique. En 1891, Westmount, qui porte alors le nom de Côte-Saint-Antoine, n'était qu'un village de 3000 habitants. En 1911, on y dénombrait 14 600 personnes et 26 000 en 1941[18]. Constitué en municipalité en 1908, Westmount est devenu une des villes les plus riches du Canada et a résisté à toutes les pressions exercées par sa voisine qui souhaite l'annexer[19]. Sis au sommet du mont Royal, Westmount était un symbole éloquent de «l'aristocratie» anglophone de Montréal et sera perçu de plus en plus fortement par les nationalistes comme «le dernier bastion de l'empire britannique[20]».

Après 1900, à la suite du lotissement des terres agricoles de l'ouest de l'île, les petites municipalités résidentielles comme Baie-d'Urfé, Beaconsfield, Hampstead, Pointe-Claire et Mont-Royal devinrent des enclaves anglophones. En résumé, comme Andrew Sancton le fait remarquer, dès 1921, «les jalons de la ségrégation linguistique qui existe aujourd'hui dans l'île de Montréal étaient clairement posés.[...] L'extension de riches municipalités anglaises découlant d'une migration vers l'ouest à partir de la ville de Montréal à majorité francophone est devenue une des principales caractéristiques du développement de la région métropolitaine[21]».

Amorcé par les riches anglophones, ce phénomène de l'étalement urbain prit de l'ampleur au cours des années cinquante, alors que de larges segments de la classe moyenne déménageaient dans les banlieues. Entre 1881 et 1931, le nombre d'anglophones habitant en banlieue de Montréal est passé de 13,8 % à 32,4 %. Après la Seconde Guerre mondiale, le rythme de croissance de la zone suburbaine s'accélère, comme ailleurs en Amérique du Nord. Après 1950, la population des villes fortement anglophones de l'ouest de l'île augmenta considérablement (*voir le tableau 3*). La banlieue exerçait une grande attraction sur les Montréalais d'origine britannique: en 1961, dans six municipalités de l'ouest de l'île, les Britanniques dominaient numériquement; dans plusieurs autres, ils constituaient le principal groupe ethnique[22]. À la fin des années soixante, près de 70 % des anglophones de la région de Montréal habitaient la zone suburbaine, la plupart dans l'ouest de l'île.

Tableau 3
Croissance de quelques
municipalités de l'ouest de Montréal, 1941-1971

Municipalité	Population			
	1941	1951	1961	1971
Beaconsfield	706	1 888	10 064	19 389
Côte-Saint-Luc	776	1 083	13 266	24 375
Dollard-des-Ormeaux			1 248	25 217
Dorval	2 048	5 293	18 592	20 469
Mont-Royal	4 888	11 352	21 182	21 561
Pierrefonds		1 436	12 171	33 010
Pointe-Claire	4 536	8 753	22 709	27 303

Source: Paul-André Linteau et autres, *Le Québec depuis 1930: histoire du Québec contemporain*, Montréal, Boréal, 1986, p. 260 et 498.

Jusqu'en 1931, seulement 12 % de la population francophone de la région de Montréal vivait en banlieue de la ville; au cours des années cinquante, un grand nombre de francophones s'établissent cependant en banlieue. Anjou, Montréal-Nord et Saint-Léonard, dans l'est de l'île, connurent une croissance remarquable pendant la décennie 1960, tout comme les villes de Laval et de Longueuil à l'extérieur de l'île[23]. Malgré tout, les francophones restaient plus concentrés dans la ville de Montréal que les anglophones: 45 % des premiers comparativement à 30 % des seconds en 1971.

La relative ségrégation linguistique qui a façonné le développement urbain de Montréal au XIXe et au XXe siècle était à la fois une source de conflits et un moyen de les contenir. Même si l'image de «deux solitudes» quasi irréconciliables a été exagérée, il reste que le partage territorial de l'île jusque dans les années soixante a pu contribuer à réduire les possibilités de conflits linguistiques — une application du principe de coexistence pacifique selon lequel «les bonnes barrières sociales permettent le bon voisinage[24]». Douglas Fullerton se rappelle sa jeunesse passée à Montréal dans l'entre-deux-guerres:

> Nous voyions peu les Canadiens français et nous ne les fréquentions jamais. Le contact se bornait à la rue, au tramway, dans les magasins, avec le boulanger et le laitier. Je ne parle pas seulement des riches, des gens de Westmount, mais de tous les autres. Il y avait plusieurs Canadiens français à l'école — ils y avaient été envoyés pour apprendre l'anglais — mais, si ma mémoire est bonne, je n'ai jamais été invité chez un Canadien français et je n'en ai jamais invité chez moi jusqu'à ce que j'aille habiter à Ottawa au milieu de la vingtaine. [...] Nous, Montréalais anglophones, habitions des quartiers différents de ceux des Canadiens français, fréquentions des écoles différentes, priions dans des églises différentes et avions des amis chacun de notre côté[25].

D'une certaine manière, l'installation des anglophones dans l'ouest de la ville — où il était facile de vivre exclusivement en anglais — a pu éviter le déclenchement de conflits après que le pouvoir politique municipal fut passé aux mains des francophones au début du XXe siècle.

Toutefois, l'existence d'enclaves anglophones florissantes suscitait la rancune parmi les francophones. Jusque dans les années soixante, l'élite britannique de Montréal avait étalé son opulence et sa superbe, en accord avec son rôle historique de conquérant et de colonisateur. Au début du XXe siècle, avant que Westmount devienne la chasse gardée de l'establishment anglophone, une élite anglophone de 25 000 personnes habitait le centre-ouest de Montréal, dans un quartier appelé «Golden Square Mile»; environ 70 % de la richesse du Canada était alors entre les mains des habitants de ce quartier, où résidaient les descendants des magnats de la fourrure James McGill et Simon McTavish qui y avaient établi de splendides domaines. Selon le chroniqueur anglophile Stephen Leacock, cette élite «jouissait d'un prestige que même les riches ne méritaient pas[26]». Un contemporain observe:

> Il n'y a pas d'autre endroit dans les colonies où les Anglais et les Écossais ont aussi bien réussi qu'à Montréal. Leurs alentours dégagent un parfum de prospérité qui impressionne les visiteurs. Il est possible qu'il n'existe aucun autre endroit plus riche dans le monde que la partie de la

ville qui est située entre la côte du Beaver Hall et le flanc du mont Royal et entre les rues Dorchester et Sherbrooke dans l'ouest de la ville[27].

Jusqu'en 1970, dans près de 80 % des divisions de recensement majoritairement anglophones de l'île de Montréal, toutes situées dans l'ouest de la ville, le revenu annuel par ménage était plus élevé que la médiane métropolitaine[28]. Une seule municipalité à majorité francophone, Outremont, figurait parmi les 10 municipalités ayant la plus importante évaluation foncière totale en 1968; la même année, la valeur des maisons unifamiliales à Westmount dépassait du double la moyenne de l'île[29].

L'existence de ces «ghettos dorés» a contribué à perpétuer l'image de «Rhodésiens» qui vivent dans le luxe du Golden Square Mile ou de Westmount et qui dirigent l'économie de Montréal depuis leurs bureaux de la rue Saint-Jacques, image qui deviendra monnaie courante dans les milieux nationalistes francophones pendant les années soixante. Évidemment, les anglophones n'habitaient pas tous le Golden Square Mile ou Westmount; des milliers d'entre eux vivotaient à «Griffintown» et dans les quartiers ouvriers le long du canal de Lachine[30]. Mais ceux-là ne retenaient pas l'attention. Les privilèges évidents de l'élite britannique de Montréal, son isolement et son arrogance à l'égard de la majorité francophone alimenteront la mobilisation en faveur du mouvement indépendantiste et de lois sur la langue pendant les années soixante.

En définitive, l'existence des deux solitudes a peut-être aidé à préserver la paix linguistique à Montréal pendant deux siècles. Toutefois, l'image de riches conquérants britanniques menant Montréal à partir de Westmount et de l'ouest de l'île — même si les Anglo-Montréalais étaient de moins en moins britanniques — aura favorisé le déclenchement des graves conflits linguistiques des années soixante.

Langue d'usage et choix linguistiques jusqu'en 1960

Depuis les années 1860, le français est la langue maternelle d'une bonne majorité de la population de Montréal. De plus, au fur et à mesure qu'avançait le XXe siècle, la proportion de Montréalais francophones unilingues allait en augmentant. Entre 1931 et 1961, alors que des milliers de Québécois francophones unilingues quittent les régions rurales à destination de Montréal, la proportion de la population classée comme «francophone unilingue» y croît de près de 33 %[31]. Par ailleurs, le taux de bilinguisme au sein de la communauté francophone diminue de 20 % pendant ces trois décennies. Cette «masse critique» de francophones unilingues favorisera l'essor d'une culture urbaine de langue française. Dès les années trente donc, et quoi qu'en dise l'élite clérico-nationaliste qui continuait de lier l'identité canadienne-française au terroir, Montréal se pose comme le centre culturel et social des Québécois francophones.

Malgré ces changements, une grande partie de Montréal conserve un caractère résolument anglais jusqu'au milieu du XXe siècle. André Siegfried, un essayiste européen qui a visité le Canada en 1898 et en 1904 et qui a consigné ses observations à la manière d'Alexis de Tocqueville, était étonné du visage anglais de Montréal. Selon lui,

> Les étrangers peuvent y séjourner des semaines entières, y fréquenter les hôtels, les banques, les magasins, les gares sans se douter le moins du monde que la ville est en grande majorité française. La société britannique affecte de l'ignorer et elle vit et se comporte comme si elle n'avait pas de voisins. Cent mille des siens regardent Montréal comme leur appartenant[32].

Les observations de Siegfried seront reprises en 1942 par le recteur de l'Université de Montréal, Mgr Olivier Maurault, qui fait remarquer que «si l'étranger se contente de tourner en rond dans le quartier des hôtels, des grands magasins, des théâtres et des affaires, il aura tout lieu de se croire dans une ville anglaise[33]».

La situation était sensiblement la même dans les années cinquante. Les enseignes unilingues anglaises foisonnaient toujours dans le centre-ville et l'ouest de Montréal, ce qui renforçait le caractère anglais des principaux lieux de transit. Les anecdotes abondent sur l'accueil glacial fait aux francophones dans les grands magasins du centre-ville, mémoire de l'époque où Eaton, Simpson, Birks et Morgan desservaient une clientèle presque exclusivement de langue anglaise. Dans les années cinquante, même s'ils avaient pris note du pouvoir d'achat accru des consommateurs francophones et qu'on y parlait plus fréquemment la «langue du client», les magasins du centre-ville continuaient d'être orientés vers une clientèle anglophone ou francophone bilingue[34], et l'anglais restait la langue dominante de communication dans les magasins et la rue[35]. À ce propos, un observateur anglophone écrit: «Rares sont les Canadiens français que j'ai rencontrés qui ne m'ont pas raconté au moins un épisode humiliant ou qui n'ont pas été troublés par leurs expériences avec les Anglais dominants et dominateurs de Montréal[36].»

Les données sur la langue d'usage illustrent la facilité avec laquelle les Anglo-Montréalais ont pu ignorer la majorité francophone et vivre exclusivement en anglais jusqu'au début des années soixante. Seulement 27 % des Montréalais d'origine britannique déclaraient connaître le français en 1961 par rapport à 23,3 % en 1931 (le taux de bilinguisme parmi les Montréalais d'origine française avait diminué, passant de 30,6 % en 1931 à 24,8 % en 1961[37]). Dans le centre-ouest et dans la banlieue ouest de Montréal, les anglophones unilingues surclassaient par leur nombre tous les autres groupes[38]. Jusqu'en 1960, comme nous le verrons, la majorité des anglophones montréalais pouvaient travailler exclusivement en anglais, habiter des quartiers homogènes, envoyer leurs enfants à l'école anglaise et faire appel à une vaste gamme de services de santé et de services sociaux en anglais. Il n'est pas étonnant dès lors que seule une minorité se soit donné la peine d'apprendre la langue de la majorité. Les commentaires de Leacock en 1948 résument bien l'attitude condescendante des anglophones de l'époque:

> Presque tous les Français comprennent l'anglais et le parlent assez bien pour vaquer à leurs occupations quotidiennes. [...] La plupart des Anglais de Montréal ne peuvent pas suivre un film en français, écouter un discours en français ou acheter et vendre quoi que ce soit en français. Cela ne leur est pas nécessaire. Par contre, les Français doivent connaître l'anglais[39]...

Tableau 4
Les transferts linguistiques*
(nombre et pourcentage) à Montréal, 1941-1961

	Nbre		%	
	Vers l'anglais	Vers le français	Vers l'anglais	Vers le français
1941	21 319	7 339	74,4	25,6
1951	60 922	4 769	92,7	7,3
1961	103 163	11 722	89,8	10,2

Source: Hubert Charbonneau et Robert Maheu, Les aspects démographiques de la question linguistique, Québec, Éditeur officiel du Québec, 1973, p. 71-73.
* Les transferts linguistiques sont calculés de la façon suivante: vers l'anglais: la population de langue maternelle anglaise moins la population d'origine britannique. Vers le français: la population de langue maternelle française moins la population d'origine française.

Un indice du pouvoir d'attraction de l'anglais à Montréal avant 1960 est l'ampleur des «transferts linguistiques» en faveur de l'anglais, comme l'indique le tableau 4. Entre 1941 et 1961, plus de Montréalais non britanniques adoptent l'anglais comme langue d'usage que de Montréalais non francophones adoptent le français. Ainsi, un nombre non négligeable d'immigrants et même de Montréalais de langue maternelle française (environ 10 000) deviennent anglophones, tandis que très peu d'Anglo-Montréalais — en fait presque aucun — et d'immigrants deviennent francophones.

Entre 1941 et 1961, la communauté francophone de Montréal est essentiellement une communauté de personnes d'origine française: celles-ci représentent 99,7 % des francophones en 1961. La croissance, au cours de ces années, de la population francophone à Montréal est attribuable à l'accroissement naturel et aux migrations intérieures plutôt qu'à la «conversion» d'immigrants. À l'opposé, comme nous l'avons vu précédemment, la communauté anglophone de Montréal avait nettement débordé de son noyau d'origine britannique. En 1931, les non-Britanniques ne constituaient que 5 % de la communauté anglophone de Montréal; en 1961, cette proportion était passée à 27 %. En conclusion, malgré la présence d'une majorité francophone à Montréal, les transferts linguistiques se faisaient au profit de l'anglais[40].

La langue et l'économie: perspectives historiques
Un facteur essentiel sous-tendait la position privilégiée de l'anglais à Montréal avant 1960: la domination de l'économie par les anglophones et le rayonnement de l'anglais en tant que langue du travail et de l'ascension sociale. Des années 1780, au moment où le commerce des fourrures passait aux mains des marchands écossais de la Compagnie du Nord-Ouest, jusqu'aux années 1960, les Montréalais anglophones dirigeaient l'économie de la ville, occupaient habituellement les meilleurs emplois et touchaient des revenus beaucoup plus élevés que les francophones.

À la veille de la Révolution tranquille, presque tous les leviers de l'économie de Montréal — banques, industrie lourde et grandes maisons de commerce — appartenaient à des anglophones. Dans le secteur privé, l'anglais était la langue d'usage des cadres intermédiaires et supérieurs, ce qui désavantageait les francophones à la recherche de tels emplois. Par conséquent, le marché du travail montréalais se caractérisait par une division linguistique du travail dans laquelle les anglophones fournissaient le capital et étaient sur-représentés dans les postes de commande, tandis que les francophones se trouvaient relégués à des emplois subalternes ou à des activités à la périphérie de l'économie.

Les anglophones avaient amorcé leur ascension dans l'économie de Montréal peu après la Conquête. Les marchands français, qui avaient bénéficié des contrats militaires et gouvernementaux ainsi que des sources de crédit et des marchés en France sous le Régime français, se trouvèrent vite en moins bonne posture que les mercantis britanniques[41]. Francophones et anglophones se sont associés à l'occasion, particulièrement dans le très lucratif commerce des fourrures où les Canadiens français servaient d'intermédiaires et de messagers entre Montréal et les postes de traite de l'intérieur[42]. Mais, après la fondation de la Compagnie du Nord-Ouest et d'autres entreprises dirigées par des Britanniques, le rôle des francophones dans l'économie de Montréal a décliné. Les profits énormes réalisés dans le commerce des fourrures, ainsi que dans le commerce extérieur alors naissant de produits agricoles et du bois, ont permis d'édifier plusieurs grandes fortunes et d'assurer, dès 1800, la mainmise des anglophones sur l'économie de Montréal.

L'historiographie a traditionnellement expliqué la domination économique des anglophones par une prétendue absence d'esprit d'entreprise chez les francophones, et plus particulièrement par le mépris dont faisait preuve l'élite canadienne-française catholique à l'endroit des valeurs capitalistes et de la société industrielle. Les hommes d'affaires canadiens-français auraient, a-t-il été avancé, craint le risque plus que leurs homologues anglophones et auraient préféré la sécurité des petites entreprises familiales aux secteurs plus dynamiques, mais plus risqués, de l'économie[43].

Il ressort toutefois des recherches récentes que la place historiquement marginale des francophones dans la direction de l'économie de Montréal découle du «revirement dans l'accès au capital, aux fournisseurs et aux marchés qui a suivi la Conquête[44]». Ainsi, après l'arrivée des Britanniques, les hommes d'affaires francophones durent se débrouiller seuls dans un milieu où l'accès au capital et aux marchés était plus difficile pour eux que pour leurs concurrents anglophones. Les banques anglophones, par exemple, prêtaient rarement aux entreprises francophones[45]. Ce désavantage structurel dans le Québec du Régime anglais a pu être renforcé par la diffusion d'une idéologie qui cherchait à atténuer le «traumatisme collectif» causé par la Conquête par le mépris du monde «anglais» du commerce et de l'industrie et l'affirmation de la supériorité des valeurs traditionnelles canadiennes-françaises liées au nationalisme, à l'agriculture et à la religion catholique[46]. Plus que la mentalité anticommerciale des francophones, c'est la structure avantageuse mise en place après la Conquête — un meilleur accès au capital, les liens avec les clients et les fournisseurs de Grande-Bretagne et du reste de l'Amérique du Nord — qui a permis aux Montréalais anglophones de maintenir leur emprise sur l'économie jusque dans les années soixante.

Au milieu du XIXe siècle, l'émergence de Montréal comme métropole économique du Canada avait consolidé la place de l'anglais dans l'économie. Les hommes d'affaires anglophones de Montréal étaient des acteurs importants dans le domaine de l'économie «continentale», faisant campagne en faveur de Montréal comme plaque tournante pour le commerce extérieur de produits agricoles canadiens, alors en pleine croissance. À l'opposé, les entreprises francophones étaient surtout de petite envergure et évoluaient dans un marché régional. Il arrivait que certains entrepreneurs francophones tentent de se tailler une place dans un des secteurs continentaux de l'économie, mais, comme Fernand Ouellet le fait observer, «ils subissaient la concurrence des anglophones et acquièrent le sentiment que ceux-ci sont un obstacle à leur promotion comme groupe[47]».

Le développement des institutions financières à Montréal s'est inscrit dans la logique de la division linguistique. Pendant tout le XIXe siècle, les institutions financières anglophones comme la Banque de Montréal étaient surtout destinées aux clients anglophones de Montréal et menaient leurs opérations sur le marché national des capitaux. Leur situation n'était pas comparable à celle des banques à propriété francophone comme la Banque Provinciale et la Banque Canadienne Nationale qui, privées de l'accès aux marchés anglais, desservaient les quartiers francophones de Montréal et les petites villes du Québec délaissés par les banques anglophones[48]. Il s'ensuit que les banques francophones ne pouvaient atteindre la taille nécessaire pour pénétrer de façon décisive le secteur de la finance montréalaise exerçant ses activités à l'échelle du continent. En 1896, l'actif des quatre banques francophones du Québec se chiffrait à 15,2 millions de dollars. À elle seule, la Banque de Montréal possédait un actif de 59,3 millions de dollars[49].

Ces grandes tendances du développement économique urbain ont eu pour conséquence de créer une division linguistique du travail à Montréal dès le début du XIXe siècle. En 1840, par exemple, la grande majorité (plus de 70 %) des marchands de Montréal était anglophone, tandis que les francophones étaient sur-représentés dans les métiers plus manuels[50]. Un siècle plus tard, et bien que Montréal fût une métropole de plus d'un million d'habitants, la hiérarchie linguistique se maintenait. En 1934, 5,3 % de tous les travailleurs anglophones occupaient un poste de direction comparativement à 0,8 % de la main-d'œuvre francophone. Inversement, alors que 28,6 % des travailleurs anglophones étaient des travailleurs semi-qualifiés et non qualifiés, 51,7 % des travailleurs canadiens-français se retrouvaient dans ces catégories[51].

La Confédération de 1867 a créé une économie politique nationale canadienne et, au cours des soixante-dix années qui ont suivi, elle a porté les Anglo-Montréalais au sommet de leur pouvoir économique. Les hommes d'affaires anglophones les plus importants de Montréal, comme Hugh Allan et John Rose, avaient été les défenseurs les plus acharnés de la Confédération au nom de la nécessité d'un gouvernement central fort pour éliminer les obstacles aux échanges interprovinciaux et construire un réseau de chemin de fer transcontinental dans lequel Montréal servirait de plaque tournante. De la même façon, les financiers associés à la Banque de Montréal espéraient avec impatience la constitution d'un système bancaire canadien qui renforcerait leur influence. Enfin, les hommes d'affaires anglophones de Montréal croyaient que leurs intérêts seraient mieux servis dans un nouveau système politique national élu par une majorité anglophone. Bref, comme le fait remarquer Ronald Rudin, «l'Acte de l'Amérique du Nord britannique, à certains égards, fut rédigé par et pour l'élite commerciale anglophone de la ville de Montréal[52]».

Dans les années qui ont suivi la Confédération, les événements ont pris la tournure qu'avait souhaitée l'élite anglophone. Dans les années 1870, un consortium de Montréal obtint le contrat pour construire le chemin de fer du Canadien Pacifique et reçut une aide financière importante du gouvernement fédéral. L'ouverture du chemin de fer en 1885 permit aux hommes d'affaires de Montréal de raffermir leur influence et de trouver des débouchés dans tout le Canada pour leurs produits et leurs services. Les industriels anglomontréalais à la tête d'entreprises comme Canada Cement, Stelco, Dominion Textile, Ogilvie Flour et Canada Power avaient atteint une envergure nationale à la fin du XIXe siècle et au début du XXe. Dans le domaine financier, la Banque de Montréal avait été choisie comme l'institution bancaire du gouvernement canadien et de la nouvelle province de Québec. En 1870, les deux tiers de l'actif bancaire du Canada étaient déposés à Montréal, principalement à la Banque de Montréal[53]. Le tandem Banque de Montréal-Canadien Pacifique devenait la plus grande puissance économique du Canada et, pendant les cinquante années suivantes, les Donald Smith, R. B. Angus, George Stephen et William C. Van Horne utiliseront ces deux sociétés comme tremplin pour devenir les «barons» du capitalisme canadien. La St. James Street, au cœur de ce qu'on appelle aujourd'hui le Vieux-Montréal, faisait figure de Wall Street canadienne.

À la fin du XIXe siècle et au début du XXe, plusieurs autres facteurs sont venus renforcer le pouvoir économique de la bourgeoisie d'affaires anglophone de Montréal. Les liens serrés qu'elle entretenait alors avec les investisseurs britanniques et américains lui garantissaient un accès continu au capital et au crédit. De plus, à l'instar de ce qui se passait aux États-Unis, on assistait à une concentration accrue du pouvoir économique. Les entreprises dirigées par des anglophones, à l'origine plus grandes, étaient désormais en mesure d'absorber leurs concurrentes et d'asseoir ainsi leur domination sur le marché local et national. Par exemple, la concentration des entreprises de services publics a permis à Herbert Holt de se construire un empire extrêmement rentable à partir de la Montreal Light, Heat, and Power Company; parmi les autres géants figuraient la Canada Cement de Max Aitken, la Sun Life Assurance Company et la Dominion Textile. Le Canadien Pacifique étendit ses activités ferroviaires et immobilières au début du XXe siècle, et les institutions financières montréalaises comme la Banque de Montréal et la Banque Royale consolidèrent leur emprise sur le milieu financier canadien. Par exemple, la Banque de Montréal absorbera trois grandes banques entre 1913 et 1929, y compris la Banque Molson, pour raffermir sa position.

Bref, à l'aube du XXe siècle, Montréal était la métropole industrielle, financière et commerciale du Canada, et son élite anglophone «dominait nettement l'activité économique dans l'ensemble du Canada[54]». Dans ce contexte d'agitation économique, l'élite anglophone, dont les perspectives étaient nationales et internationales, pouvait fort bien considérer la majorité francophone de Montréal comme un vestige du passé de moindre importance. Ces hommes d'affaires avaient la nette impression que rien ne pouvait les arrêter. Un guide commercial de 1915 résume bien leur optimisme:

> Il n'est pas difficile de prédire l'avenir de Montréal. Chaque année, son rythme de croissance augmente; son importance dans le vaste monde du commerce est en progression rapide et constante. Chaque année, nous assistons à la fondation de dizaines de nouvelles industries vouées à un brillant avenir, attirant des milliers de nouveaux citoyens et enrichissant la ville de millions de dollars. Si la vague de prospérité et de progrès qu'a connue Montréal depuis le dernier demi-siècle continue — et tout laisse supposer que oui —, Montréal rivalisera un jour avec New York comme centre du commerce sur ce continent. Déjà, il semblerait que les habitants de l'île de Manhattan montrent des signes de nervosité[55]...

Dans ce contexte, comme le fait remarquer Siegfried en 1906, Montréal se posait comme «un satellite de Londres ou de New York, un centre anglo-saxon par excellence, où la présence de plus de cent mille Français devient véritablement un facteur de second ordre[56]». Ce qui permet à un habitant britannique du Golden Square Mile de déclarer: «Nous n'étions pas une vulgaire petite minorité au sein d'une colonie faiblement peuplée. Nous étions les orgueilleux citoyens et bâtisseurs d'un empire, le plus grand, le meilleur que le monde ait vu[57]». Pour l'élite anglophone, Montréal représentait, au début du XXe siècle, un prolongement culturel et économique de l'Empire britannique.

À partir de 1930, avec l'ascension de Toronto comme centre financier de premier plan, le pouvoir des Anglo-Montréalais commença toutefois à décliner à l'échelle nationale, mais leur domination à l'échelle locale resta intacte jusque dans les années soixante. Par exemple, en 1921, seulement 4 % des actionnaires de la Banque de Montréal étaient francophones, situation que l'on observait aussi dans les autres banques dirigées par des anglophones[58]. En 1929, la Banque Royale et la Banque de Montréal possédaient près de 90 % de l'actif des banques du Québec. Une étude sur le milieu des affaires de Montréal dans les années trente a révélé que 86 % de la masse pécuniaire estimée des principales entreprises de Montréal était aux mains des anglophones et que la moitié de celle-ci était détenue par les 200 plus grandes sociétés dirigées par des anglophones, un indice de la concentration du pouvoir anglophone[59]. Par ailleurs, l'élite commerciale anglophone n'était désormais plus exclusivement britannique: dans les années trente, Samuel Bronfman (Seagram's et sociétés immobilières) et Sam Steinberg (propriétaire de supermarchés et de grands magasins) étaient devenus des acteurs importants dans l'économie de Montréal.

La principale association d'affaires de Montréal, le Board of Trade, se composait surtout d'anglophones issus de la grande entreprise dont les activités couvraient tout le Canada; de ce fait, le Board se préoccupait plus particulièrement des questions liées au commerce national. Du côté francophone, la principale association d'affaires, la Chambre de commerce du district de Montréal, regroupait surtout des représentants de petites entreprises actives principalement sur le marché québécois. Cependant, même si les sociétés anglophones s'intéressaient au marché national, elles ne négligeaient pas le marché local et régional pour autant. Tous les grands magasins de Montréal appartenaient alors à des anglophones et le très rentable secteur de l'énergie relevait de la Montreal Light, Heat, and Power Company, qui avait le monopole de la distribution du gaz et de l'électricité.

Au milieu du XXe siècle, les Canadiens français n'étaient pas absents du monde des affaires montréalais et québécois. Cinq grandes familles — les Simard, les Bienvenu, les Raymond, les Brillant et les Lévesque — dirigeaient plusieurs entreprises interreliées dans la finance, l'alimentation, le cuir, le bois, le papier, l'imprimerie et l'édition[60]. Les contrats donnés par le gouvernement fédéral pendant la Seconde Guerre mondiale ont permis à des entreprises comme Bombardier et Simard de prendre de l'expansion grâce à la vente de véhicules et de navires militaires aux Forces armées canadiennes[61]. La croissance d'un marché urbain francophone a stimulé la création d'entreprises francophones dans le secteur des banques, de l'assurance (la Prévoyance, la Sauvegarde), de l'immobilier, des médias, du commerce (le grand magasin Dupuis Frères) et des services. Cependant, le gros de l'activité capitaliste francophone avant 1960 s'exerçait *à l'extérieur* de

Montréal; il semble que la concentration du pouvoir économique des anglophones laissait peu de place à l'établissement de grandes entreprises canadiennes-françaises[62].

En résumé, à la fin des années cinquante, une bourgeoisie d'affaires francophone était en train d'émerger à Montréal, mais elle était surtout confinée aux secteurs périphériques de l'économie, constitués de petites entreprises ayant un faible taux de productivité, offrant de bas salaires et peu de débouchés à l'exportation. Les secteurs stratégiques de l'économie de Montréal et du Québec, comme la fabrication, les transports et les services financiers, étaient la propriété soit des Canadiens anglais, soit des capitaux étrangers (surtout américains). Dans une étude commandée par la Commission royale d'enquête sur le bilinguisme et le biculturalisme (dite commission Laurendeau-Dunton), étude qui s'appuie sur les données de 1961, André Raynauld a souligné le pouvoir économique de l'industrie anglophone et la marginalité de son pendant francophone. Seulement 21,8 % de la main-d'œuvre manufacturière du Québec en 1961 travaillait dans des entreprises appartenant à des francophones, et seulement 13 % des usines de Montréal étaient la propriété de Canadiens français[63]. Comparativement aux entreprises anglophones et étrangères, la valeur ajoutée était, dans les établissements francophones, respectivement de 25 % et de 15 % inférieure en moyenne[64]. Les firmes francophones demeuraient orientées vers le marché local: elles ne vendaient que 22 % de leur production à l'extérieur du Québec par rapport à 49 % pour les entreprises à propriété anglophone et à 60 % pour les entreprises étrangères[65].

Certes, la mainmise anglophone sur l'économie montréalaise facilitait le maintien de la division ethnique du travail, situation que le seul modèle de «classe ethnique» ne peut expliquer; de fait, les anglophones n'étaient pas tous des capitalistes et les francophones n'étaient pas tous des travailleurs. Mais il reste qu'on ne peut nier que les disparités ethnolinguistiques dans la structure professionnelle de Montréal étaient encore marquées en 1961. Selon les données recueillies par la commission Laurendeau-Dunton, près de 39 % de la main-d'œuvre anglo-protestante occupait un emploi dans le domaine professionnel, technique ou administratif; du côté des Franco-Montréalais, la proportion n'était que de 16,6 %. À l'autre bout de l'échelle, tandis que le quart (25,4 %) des anglo-protestants étaient artisans, travailleurs en usine ou manœuvres, 42,7 % des travailleurs francophones occupaient ce type d'emploi[66].

Ces différences professionnelles ont conduit à d'importantes disparités de revenus entre francophones et anglophones. Ainsi, bien que les francophones aient constitué 60 % de la main-d'œuvre masculine de Montréal en 1964, ils ne représentaient que 37 % des salariés gagnant plus de 5000 $ par année[67]. Comme l'illustre la figure 1, la proportion de francophones dans la tranche de salaire de 15 000 $ et plus n'était que de 17 %. À l'opposé, et bien que les anglophones n'aient constitué que 24 % de la main-d'œuvre montréalaise en 1961, ils représentaient 56 % des salariés les mieux payés[68]. Les emplois les mieux rémunérés se retrouvaient souvent dans les sièges sociaux des grandes entreprises nationales et étaient réservés aux personnes capables de travailler en anglais, ce qui donnait une longueur d'avance aux anglophones.

Figure 1
Groupe linguistique des salariés à Montréal en 1964
Répartition en pourcentage des salariés de 36 grandes entreprises manufacturières, classés par niveau de salaires.

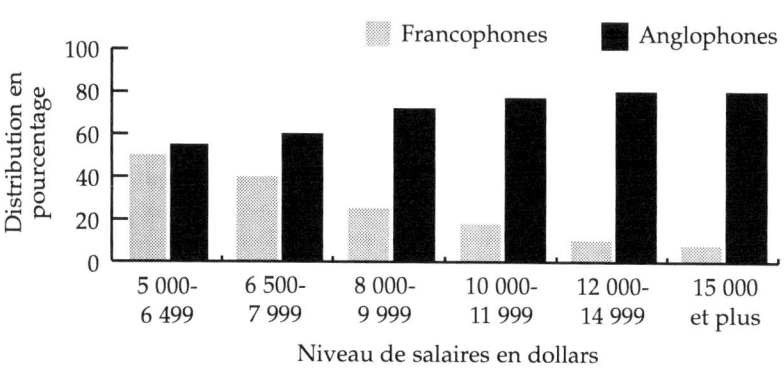

Source: Commission royale d'enquête sur le bilinguisme et le biculturalisme, *Le monde du travail*, Ottawa, Imprimeur de la Reine, 1969, p. 457.

De façon générale, la forte proportion des anglophones dans les meilleurs emplois de la ville contribua à créer un écart salarial entre les francophones et les anglophones montréalais; en 1961, l'écart était de 51 %[69]. Selon une étude menée pour la commission Laurendeau-Dunton, cet écart aurait été en partie attribuable soit à un manque d'expérience, soit à un niveau d'instruction moindre chez les francophones; pour le reste, on a conclu que, tout simplement, les sociétés anglophones préféraient engager du personnel de langue anglaise[70].

Jusqu'en 1960, l'anglais était la langue de travail dans les échelons supérieurs du monde des affaires montréalais, et le fardeau du bilinguisme en milieu de travail incombait à la majorité francophone. À vrai dire, le rôle typique assigné aux cadres francophones était celui «d'intermédiaires bilingues» entre la haute direction anglophone et les travailleurs francophones, ou encore de relationnistes, ce qui permettait de présenter une image française sur le marché québécois. D'après les données de la commission Laurendeau-Dunton, seulement 14 % des anglophones qui gagnaient plus de 5000 $ par année en 1961 étaient tenus de parler français au travail, alors que 78 % des francophones de cette catégorie de salariés devaient maîtriser l'anglais[71]. Ces chiffres sont éloquents et illustrent bien la division linguistique du travail qui a persisté jusque dans les années soixante. L'anglais était enraciné comme langue de la haute direction dans le monde des affaires montréalais, où même les francophones maîtrisant l'anglais se trouvaient désavantagés, car ils devaient faire concurrence à des gens de langue maternelle anglaise.

La conséquence de cet état des choses est, pour reprendre une des conclusions les plus retentissantes du rapport de la commission, que «la position des Britanniques est nettement meilleure à Montréal que partout ailleurs au Canada[72]». D'autres données en disent long sur la place respective du français et de l'anglais à Montréal; par exemple, selon le recensement de 1961, les anglophones unilingues gagnaient plus que les francophones bilingues et unilingues et presque autant que les anglophones bilingues[73].

La discrimination selon la langue, c'est-à-dire la préférence des anglophones pour l'embauche d'autres anglophones, explique en partie cette disparité. De plus, la nécessité de parler français était plus grande dans les emplois moins bien payés centrés sur le marché local et régional. Dans les emplois bien rémunérés des grandes entreprises nationales, le français était peu nécessaire; c'est pourquoi ces postes étaient souvent confiés à des anglophones unilingues. Par ailleurs, comme le fait remarquer Stanley Lieberson, il n'y avait «presque aucune corrélation entre l'instruction et le bilinguisme chez les personnes d'origine britannique[74]», tandis que chez les Montréalais d'origine française, le taux de bilinguisme augmentait avec le niveau d'instruction (atteignant 94 % chez ceux qui avaient fait des études universitaires). Dans l'économie de Montréal en 1960, les anglophones instruits étaient peu motivés pour apprendre la langue de la majorité puisqu'ils pouvaient facilement jouir d'un niveau de vie élevé sans devoir parler français. Donc, à l'aube de la Révolution tranquille, les anglophones unilingues, habitant des quartiers exclusifs et travaillant dans des entreprises visant un marché anglophone, occupaient le sommet de la pyramide sociale de Montréal.

Langue et politique jusqu'en 1960
Chose assez surprenante, il y a eu peu de conflits soutenus ou explosifs quant aux rôles respectifs du français et de l'anglais à Montréal avant les années soixante. Certes, des événements historiques se sont produits dans lesquels les conflits entre francophones et anglophones ont été âpres, telles les rébellions de 1837-1838, l'émeute de 1849 et les crises de la conscription en 1917 et en 1942. Cependant, après la Confédération, la paix linguistique a été maintenue grâce à une série d'ententes tacites entre élites, au cloisonnement institutionnel et, fait important, à une vision canadienne-française de l'économie politique de Montréal qui acceptait la hiérarchie liée à la langue et rejetait l'intervention de l'État en matière linguistique.

Avant la Confédération, le principal enjeu politique au sujet de la langue se rapportait à une possible résistance de la part des Canadiens français aux politiques d'assimilation promulguées par les Britanniques. La première intervention du pouvoir britannique après la Conquête, la Proclamation royale de 1763, dénotait une visée nettement assimilatrice: interdiction du catholicisme, établissement de l'Église d'Angleterre comme religion officielle et fermeture aux catholiques, c'est-à-dire les Canadiens français, des postes dans l'administration de la colonie. Comme fait remarquer Michel Brunet:

> On pensait que l'évolution de cette nouvelle colonie britannique suivrait celle de New York, d'abord colonisé par les Hollandais, et du New Jersey, qui avait été fondé par les Suédois. En moins d'un siècle, ces deux collectivités étrangères distinctes étaient disparues. Les conquérants britanniques de la vallée du Saint-Laurent croyaient sincèrement qu'un sort semblable attendait les Canadiens[75].

La classe marchande de Montréal réclamait à grands cris une politique assimilatrice, car elle considérait les Français comme «arriérés» et le droit civil français ainsi que le régime seigneurial comme des obstacles au développement d'une économie commerciale. James Murray, premier gouverneur anglais du Québec, décrivit ces marchands comme «les fanatiques les plus cruels, ignorants, rapaces qui aient jamais existé[76]». La mentalité de conquérant de ces marchands et de leurs successeurs imprégnera les pratiques linguistiques à Montréal pendant un siècle.

Néanmoins, Murray et son successeur n'appliquèrent pas des mesures rigoureusement assimilatrices et préférèrent faire des compromis avec les seigneurs et le clergé français. En 1774, les autorités britanniques se montrèrent plus conciliantes, car elles craignaient que le Canada français ne se joigne aux 13 colonies américaines et à leur révolte contre la couronne britannique. L'Acte de Québec fut donc adopté, qui garantissait la liberté de religion, permettait aux catholiques d'occuper des charges publiques et rétablissait le droit civil français. Pour accommoder la majorité, le français était employé dans l'administration publique[77].

Dans les années qui ont suivi la guerre de l'Indépendance américaine, des milliers de loyalistes, d'Américains et d'immigrants britanniques vinrent s'établir sur les terres fertiles du Haut-Saint-Laurent, une région qui appartient aujourd'hui à l'Ontario. Ces colons trouvaient peu d'avantages dans les concessions, même mineures, faites aux Français par l'Acte de Québec et exigeaient un environnement sociopolitique entièrement de langue anglaise. En réponse à leur demande, le Parlement britannique adopta en 1791 l'Acte constitutionnel qui divisait le Canada en deux provinces, le Haut-Canada (britannique et protestant) et le Bas-Canada (majoritairement français et catholique). Les marchands montréalais comme John Richardson réclamaient que soit imposé l'anglais comme seule langue officielle de l'Assemblée du Bas-Canada, mais les autorités britanniques, soucieuses de maintenir de bonnes relations avec leurs sujets de langue française, accordèrent un statut officiel au français et à l'anglais[78].

Avec l'Acte constitutionnel de 1791 était donc créée une frontière qui, en séparant les deux sociétés, devait, supposait-on, empêcher les conflits ethniques[79]. Or la division du Canada laissait dans le Bas-Canada une importante minorité anglo-protestante dont le nombre ne cessait de croître, surtout dans les villes commerciales de Montréal et de Québec. Certes, comme nous l'avons vu, les anglophones étaient devenus majoritaires à Montréal au début des années 1830, mais ils restaient minoritaires dans le reste de la province (ils ne représentent jamais plus de 25 % de la population), d'où l'impossibilité pour eux de dominer l'Assemblée législative. Le gouverneur anglais détenait le vrai pouvoir — le gouvernement responsable n'avait pas encore été accordé —, mais des conflits de nature linguistique surgissaient parfois, les marchands de Montréal s'indignant de ce que l'Assemblée, majoritairement francophone, contrecarre leurs projets de développement économique. On parlait même dans les années 1820 «d'annexer» Montréal au Haut-Canada; un projet de loi visant l'union des deux Canadas et prévoyant une seule assemblée législative de langue anglaise fut rejeté en 1822[80].

Mécontents de faire partie d'une entité politique où les Canadiens français étaient majoritaires, les marchands de Montréal menèrent une campagne pour instaurer une hégémonie culturelle anglo-protestante dans le Bas-Canada. L'instruction publique fut considérée comme le principal moyen d'y parvenir. En 1801, les marchands anglophones et l'évêque anglican de Québec, Jacob Mountain, convainquirent l'Assemblée d'adopter une loi pour «établir des écoles gratuites et avancer l'instruction dans la province[81]». Par le passé, les efforts limités pour favoriser l'éducation au Bas-Canada n'avaient reçu aucun soutien de l'État; l'instruction relevait de l'Église catholique pour les francophones et de l'Église anglicane pour les anglophones. La loi de 1801 établissait une corporation appelée l'Institution royale pour l'avancement des sciences, laquelle avait le pouvoir de mettre sur pied un système scolaire unifié d'écoles primaires et secondaires publiques et gratuites de langue anglaise.

L'Institution royale ne cachait pas ses visées assimilatrices. Mgr Mountain prétendait qu'avec un tel système, «dans quelques années, une nouvelle race d'hommes [...] serait formée en ce pays; le moyen le plus sûr et le plus pacifique aurait été trouvé pour supprimer l'ignorance, stimuler l'industrie, et confirmer la loyauté du peuple par l'introduction graduelle des idées, coutumes et sentiments anglais[82]...»

Comme on pouvait s'y attendre, les francophones s'élevèrent vigoureusement contre ce projet d'école unifiée, le percevant, ainsi que le dit l'historien Mason Wade, comme «le premier acte d'une campagne d'anglicisation qui mettait en danger la base même de la survivance des Canadiens français[83]». L'opposition canadienne-française à ce projet fut si forte que les membres francophones de l'Assemblée législative réussirent à le faire amender de façon que les «écoles royales» ne soient ouvertes que dans les districts de langue anglaise du Bas-Canada, essentiellement Montréal, Québec et les Cantons-de-l'Est. Finalement, pour éviter un affrontement avec le clergé catholique qui assumait de plus en plus le rôle de gardien de la langue et de la foi, l'Assemblée adopta des lois en 1824 et en 1829 qui permettaient aux paroisses d'administrer les écoles publiques. Sans le savoir, elle inaugurait le système scolaire confessionnel qui existe encore au Québec en 1997[84]. Dans les années 1840, pendant que des «écoles communes» ouvraient leurs portes dans les villes des États-Unis, à Montréal l'éducation était nettement divisée entre écoles anglo-protestantes et écoles franco-catholiques.

Les relations entre les deux communautés linguistiques du Bas-Canada restèrent tendues pendant les années 1830, alors que les marchands britanniques, la nouvelle petite bourgeoisie canadienne-française issue des professions libérales et le clergé catholique se disputaient le pouvoir politique. Ces tensions atteignirent leur paroxysme avec les insurrections de 1837 et 1838. Leurs causes étaient nombreuses et complexes, et plusieurs étaient reliées aux divisions de classe à l'intérieur de la société canadienne-française[85]. Cependant, comme Fernand Ouellet l'affirme avec conviction, les conflits témoignaient d'une rupture dans l'équilibre entre les groupes linguistiques de Montréal: les Britanniques avaient échoué à assimiler les Français, mais, dans un contexte de pouvoir économique et d'immigration britanniques, les Canadiens français étaient loin de se sentir rassurés sur leur avenir collectif.

> En réalité, le mécontentement paysan, en l'absence de conscience de classe dans les milieux populaires, sera pendant longtemps exclusivement polarisé contre le marchand, le bureaucrate et l'immigrant anglophones en tant que principaux responsables des périls qui pèsent sur la culture canadienne-française. Il est vrai que ce mécontentement n'a pas la même intensité en tous lieux. Du début du siècle aux insurrections, son foyer se déplace de la région de Québec vers celle de Montréal. [...] C'est aussi dans la ville de Montréal que la position des Canadiens français est la plus précaire[86].

Dans la tourmente, Londres envoya Lord Durham au Canada pour analyser la situation et proposer un plan d'action. Il fit le désormais célèbre constat de l'existence de «deux nations en guerre au sein d'un même État» et recommanda une vigoureuse politique d'assimilation des Canadiens français. Ils étaient, dit-il, «un peuple mal éduqué et stationnaire, sans histoire et sans littérature» et la meilleure façon d'agir était encore, à ses yeux, d'amorcer un processus graduel d'assimilation aux usages anglais[87].

Suivant les recommandations du rapport Durham, la Grande-Bretagne promulgua l'Acte d'Union en 1840, qui sera la dernière tentative systématique d'assimiler les Canadiens français[88]. La loi abolissait l'Assemblée du Haut-Canada et du Bas-Canada au profit d'un gouvernement unique, la province du Canada, dont l'anglais serait la seule langue officielle. L'usage du français au Parlement était désormais interdit[89].

Des marchands anglophones de Montréal, comme Peter McGill, George Moffatt et John Molson, appuyèrent l'Union avec enthousiasme. Avec la fin de leurs frustrantes négociations avec la majorité française de l'Assemblée du Bas-Canada et la levée des barrières interprovinciales à un système commercial dans l'axe du Saint-Laurent, l'élite anglophone de Montréal entrevoyait «de brillantes perspectives de nouveaux succès en affaires[90]» dans un Canada-Uni gouverné par une majorité parlementaire anglaise (avec, incidemment, Montréal comme capitale entre 1844 et 1849).

Or, ce n'est pas tout à fait ce qui se passa. Les élites politiques francophones réussirent à contrecarrer les visées assimilatrices de l'Acte d'Union. Les divisions au sein de la population anglophone sur des questions telles que l'autonomie interne pour le Canada permirent aux Canadiens français d'agir comme bloc détenant la balance du pouvoir à l'Assemblée. Des leaders canadiens-français comme Louis-Hippolyte Lafontaine réussirent à conclure une alliance avec les réformistes canadiens-anglais et à obtenir le pouvoir. À la fin des années 1840, au lieu du gouvernement centralisé et anglophone projeté par les Britanniques, la politique au Canada avait évolué vers un modèle de coexistence dans lequel les représentants de chaque groupe linguistique possédaient un droit de veto sur les enjeux politiques qui touchaient à ses intérêts communautaires[91]. Contre toute attente, une dualité linguistique dans laquelle les francophones détenaient un pouvoir réel avait réussi à prendre forme dans la province du Canada. Dès 1842, Lafontaine intervenait en français à la Chambre et, en 1849, le Parlement britannique rétablissait le français au rang de langue officielle et levait l'interdit qui pesait sur son usage en Chambre. Dans un geste symbolique, le gouverneur britannique Lord Elgin prononça son discours inaugural au Parlement dans les deux langues[92].

L'ascension des hommes politiques francophones pendant la période de l'Union engendra déception, peur et hostilité chez les Montréalais anglophones. En 1849, l'adoption du Rebellion Losses Bill par un gouvernement perçu comme inféodé aux francophones alluma les tensions linguistiques qui couvaient à Montréal depuis 1840. Le projet de loi proposait d'indemniser les Canadiens français qui avaient perdu des biens à la suite de l'intervention de l'armée britannique pendant les rébellions de 1837-1838. Pour Lafontaine et les autres dirigeants canadiens-français, ce projet de loi était la preuve que l'Union avait réellement été reformulée pour leur donner égalité et pouvoir. Pour les torys anglo-montréalais, il symbolisait plutôt leur perte de pouvoir politique, «le monde à l'envers». Comme l'écrit Careless, «enclavés dans le Bas-Canada, maintenant complètement sous domination française, privés de leur ancien pouvoir politique et menacés dans leur avenir économique, ils percevaient le projet de loi comme un exemple dangereux de ce que le pouvoir français victorieux pouvait faire à la minorité britannique[93]».

C'est pourquoi la réaction des anglophones montréalais à ce projet de loi fut si passionnée et si violente. On assista à de virulentes prises de bec au Parlement pendant que le projet de loi, défendu par les parlementaires francophones et leurs alliés réformistes, franchissait les étapes de lecture. La presse de langue anglaise avivait le sentiment anti-français; *The Gazette* avait presque lancé un appel aux armes[94]. Le 25 avril 1849, quand la loi fut sanctionnée par le gouverneur Elgin, une manifestation monstre fut organisée par les torys et toutes les frustrations éclatèrent au grand jour[95]. Une foule déchaînée se rendit à l'édifice du Parlement, symbole du pouvoir français, et y mit le feu. Les émeutes durèrent une semaine et la capitale quitta Montréal pour ne plus jamais y revenir[96]. Les tensions restèrent vives jusqu'à la fin de l'année et, en octobre, plusieurs membres de l'élite commerciale britannique déçus par le ralentissement économique et l'émergence du pouvoir français signèrent un manifeste en faveur de l'annexion aux États-Unis.

Le mouvement annexionniste ne fit pas long feu et, dans les années 1850, le retour de la prospérité ramena la bonne humeur chez les anglophones. Qui plus est, devant l'échec évident de la politique d'assimilation, l'élite économique anglophone et l'élite politique francophone commencèrent à définir une modalité d'accommodement qui en viendra à régir les relations intercommunautaires à Montréal jusque dans les années 1960. Mis à part certaines dispositions de l'Acte de l'Amérique du Nord britannique, aucun cadre formel ne délimitait ce «pacte de non-agression[97]» qui, pourtant, durera un siècle; c'est que les règles du jeu étaient connues et comprises par toutes les parties.

> 1. Les francophones dirigeraient le gouvernement provincial qui aurait la capacité de protéger les institutions religieuses, scolaires et juridiques des Canadiens français. De plus, il était entendu et même inscrit dans la Constitution de 1867 que le statut officiel de la langue anglaise et l'autonomie des institutions anglophones étaient inviolables.
> 2. Les anglophones continueraient de dominer l'économie de Montréal et de la province. Les dirigeants francophones n'utiliseraient pas le pouvoir de l'État pour défier cette hiérarchie linguistique et adopteraient des politiques favorables à la bourgeoisie d'affaires de Montréal.
> 3. Tout conflit survenant entre les communautés linguistiques serait résolu par des ententes «dans les coulisses» entre l'élite économique anglophone et les dirigeants politiques francophones. En tant que minorité sans le poids électoral du nombre, les anglophones avaient tendance à s'abstenir de participer à la politique provinciale et utilisaient «leur pouvoir économique pour compenser l'absence d'une influence politique plus directe[98]».

Plusieurs exemples dans l'histoire illustrent le mode de fonctionnement de ce pacte linguistique. George-Étienne Cartier, un des dirigeants politiques les plus influents du Canada français au XIXe siècle, travaillait en étroite collaboration avec la bourgeoisie d'affaires anglophone de Montréal à des projets comme le chemin de fer du Grand Tronc. Pendant les débats préparatoires à la Confédération dans les années 1860, alors que les anglo-protestants de Montréal exprimaient leur inquiétude au sujet de leur situation minoritaire dans un Québec majoritairement francophone, Cartier a joué un rôle déterminant pour assurer une place officielle à l'anglais à l'Assemblée législative et l'autonomie pour les institutions scolaires anglo-protestantes. Des magnats du monde des affaires comme Hugh Allan finançaient la carrière politique de Cartier, lequel avait des intérêts dans le Grand Tronc et d'autres entreprises dirigées par des anglophones. Comme

Brian Young le fait remarquer, «tous les politiciens montréalais s'entendaient pour promouvoir le développement des moyens de transport; Cartier se distingua par ses efforts incessants pour promouvoir les projets intéressant le milieu des affaires montréalais[99]». L'élite financière anglophone lui était reconnaissante; selon *The Gazette*, Cartier était «l'ami libéral et fidèle de la population britannique du Bas-Canada».

Au XXe siècle, les premiers ministres du Québec consolidèrent le «pacte de non-agression» en appuyant à la fois l'industrialisation et le *statu quo* en matière de langue. Les premiers ministres, tel Louis-Alexandre Taschereau (1920-1936), évitèrent d'intervenir dans le secteur privé, même pour ce qui touchait l'avancement économique des Canadiens français[100]. Jusqu'en 1944, à cause de l'influence du milieu des affaires, le poste de ministre des Finances sera presque toujours confié à un anglophone (souvent nommé après consultation avec le président de la Banque de Montréal), et «le citoyen qui [voulait] correspondre avec le ministère des Finances ne [pouvait] le faire que dans la langue de Shakespeare[101]». Des premiers ministres québécois, comme Louis-Alexandre Taschereau et Lomer Gouin, siégeaient alors au conseil d'administration de grandes sociétés anglophones telles la Banque de Montréal et la Sun Life Assurance Company.

Cette symbiose entre hommes d'affaires anglophones de Montréal et hommes politiques francophones atteignit son apogée pendant le «règne» de Maurice Duplessis (1936-1939, 1944-1959). Comme eux, Duplessis était un fervent conservateur, un défenseur de la libre entreprise, un tenant de la non-intervention de l'État et un pourfendeur des syndicats. Duplessis était particulièrement proche de J. W. McConnell, propriétaire du *Montreal Star* et personnalité influente dans le milieu des affaires montréalais, et de John Bassett, propriétaire de la *Montreal Gazette*. Bien que Duplessis ait «brandi l'étendard» du nationalisme canadien-français pendant ses campagnes électorales, lui et son gouvernement de l'Union nationale choyaient les institutions anglophones comme les écoles et les hôpitaux et ne refusaient pas les généreuses contributions de McConnell et d'autres hommes d'affaires importants à la caisse électorale du parti[102].

Comme Dale Thomson le note, «le prélèvement sur les bénéfices, opéré par l'Union nationale, n'était pas considéré comme un prix trop élevé à payer pour la paix sociale et un bon climat d'investissement[103]». Bref, comme l'observe Kenneth McRoberts:

> Ces liens reflétaient un partage des responsablités. Duplessis jouissait de toute l'autorité pour la gestion des affaires politiques de la province et les leaders anglophones du monde des affaires étaient entièrement libérés de l'intrusion du gouvernement dans la gestion de leurs entreprises ou de l'intrusion des chefs syndicaux. L'alliance entre l'Union nationale et le monde des affaires reposait sur le respect qu'inspirait à chacun la capacité de l'autre à contrôler sa sphère d'influence[104].

La politique linguistique avant 1960

Les rares règlements régissant l'usage des langues à Montréal avant 1960 étaient inscrits dans l'Acte de l'Amérique du Nord britannique (AANB). Comme nous l'avons vu, l'élite anglophone de Montréal soutenait énergiquement la Confédération; néanmoins, elle était inquiète de sa situation minoritaire dans la nouvelle province de Québec créée par l'AANB[105]. Après des débats vigoureux où les intérêts anglo-protestants furent défendus par A. T. Galt de Sherbrooke, deux articles importants furent insérés dans l'AANB: l'article 133 stipulant que le français et l'anglais étaient les langues officielles de la législature et des tribunaux et l'article 93 qui officialisait une situation qui existait à Montréal et à Québec depuis le milieu des années 1840, c'est-à-dire l'enseignement confessionnel. Puisque, au XIXe siècle, les protestants étaient essentiellement des anglophones, cette disposition garantissait le droit à l'enseignement en langue anglaise à Montréal. Les autorités religieuses catholiques et protestantes administraient déjà les écoles à Montréal. Entre 1875 et 1964, il n'existera aucun ministère provincial de l'Éducation[106].

Des commissions scolaires catholiques et protestantes distinctes furent établies dans l'île de Montréal. En 1925, les commissions scolaires anglo-protestantes fusionnèrent pour devenir le Montreal Protestant Central School Board, puis le Protestant School Board of Greater Montreal (PSBGM; Commission des écoles protestantes du Grand Montréal [CEPGM]) en 1945. La CEPGM devint le moteur de l'establishment scolaire anglo-montréalais et, au cours du XXe siècle, se laïcisa pour devenir une commission scolaire non confessionnelle de langue anglaise qui instruisait les Juifs et les autres non-protestants.

La principale commission scolaire catholique de Montréal était la Commission des écoles catholiques de Montréal (CECM), une commission scolaire majoritairement francophone qui comptait aussi quelques écoles de langue anglaise. En 1928, un comité quasi autonome fut institué à l'intérieur de la CECM pour administrer l'enseignement de langue anglaise et, dans les années quarante, les écoles anglaises de la CECM ressemblaient à celles de la CEPGM quant à leurs programmes, leurs manuels et leur pédagogie[107]. Les écoles catholiques anglaises avaient été ouvertes pour accueillir les Irlandais catholiques de Montréal et, jusqu'en 1931, près de 60 % des élèves de ces écoles étaient d'origine britannique. Trente ans plus tard, à la suite de l'arrivée massive d'enfants immigrés, surtout italiens, la population de ces écoles n'était plus qu'un tiers britannique, situation qui s'avérera explosive[108].

Avant 1960, le gouvernement du Québec se montrait peu généreux envers les écoles publiques. Les écoles protestantes recevaient la part du lion du financement à cause du pouvoir économique et politique des anglo-protestants, de l'attitude favorable de l'élite anglophone à l'égard de l'enseignement public et de l'indifférence générale des élites francophones à l'égard du financement adéquat d'un réseau d'écoles publiques. De plus, étant donné qu'elle avait une assiette d'impôt foncier plus grande, la communauté protestante disposait de plus d'argent que les catholiques francophones pour soutenir ses écoles[109]. Les résultats étaient probants: le réseau scolaire anglo-protestant de Montréal était supérieur et mieux structuré; le taux de décrochage des élèves anglophones était plus faible et une plus grande proportion d'entre eux poursuivait des études secondaires et supérieures. Ainsi, l'inégalité des chances dans l'éducation aidait à perpétuer la division linguistique du travail et fournissait aux immigrants des arguments de taille en faveur du choix de l'école anglaise pour leurs enfants[110].

La situation dans le domaine de l'éducation est une bonne illustration du climat de non-intervention en matière de langue qui régnait avant 1960. L'élite francophone exprimait certes, à l'occasion, des inquiétudes au sujet de la domination de l'anglais à Montréal, mais on ne relève que peu de volonté de recourir aux pouvoirs publics pour modifier la place du français et de l'anglais dans la ville[111]. Des personnalités canadiennes-françaises comme Jules-Paul Tardivel, Étienne Blanchard et Athanase David avaient déjà exhorté leurs compatriotes à défendre la qualité de leur langue maternelle, mais il existait une certaine soumission face à l'anglais et une acceptation du caractère bilingue de Montréal où le français venait au second rang. Par exemple, après avoir averti que l'anglais corrompait la qualité du français au Québec, l'abbé Étienne Blanchard écrit en 1902: «Ce n'est pas à dire qu'il faille négliger l'anglais. Loin de moi une telle prétention. Le Canadien-français doit savoir les deux langues, surtout s'il se destine au commerce ou aux carrières libérales. Avec l'usage des deux langues, nous parviendrons à des sommets qu'en ce pays, l'Anglais unilingue ne pourra jamais atteindre[112].»

Divers facteurs peuvent expliquer un tel état d'esprit. L'idéologie clérico-nationaliste était une idéologie de «survivance» qui préconisait le repli sur soi et l'isolement dans l'environnement français et catholique de la campagne et des petites villes pour éviter la contamination par les influences urbaines et anglaises de Montréal. La «survivance» n'était pas une stratégie de promotion de la langue ni une stratégie d'affrontement avec les anglophones[113].

De plus, une pensée antiétatique, c'est-à-dire une opposition à un trop grand pouvoir de l'État, a coloré l'idéologie canadienne-française jusqu'à la fin des années cinquante. Les dirigeants francophones s'opposaient à un État fort pour diverses raisons: le conservatisme économique, la croyance que le pouvoir corrompt et le désir de laisser l'éducation et les services sociaux aux mains de l'Église[114]. Les anglophones étaient également peu intéressés à un État québécois interventionniste. Conservateurs, les hommes d'affaires rejetaient l'ingérence de l'État dans le secteur privé qu'ils dominaient. De plus, puisqu'un État québécois fort aurait pu favoriser les intérêts de la majorité aux dépens de ceux de la minorité, les anglophones encourageaient «la tendance à céder les fonctions gouvernementales à des entités semi-autonomes contrôlées par des groupes d'intérêt[115]».

Bref, l'aversion pour un État interventionniste se traduisait par un manque d'appuis avant 1960 en faveur d'une intervention de l'État pour modifier la dynamique linguistique de Montréal. Les programmes politiques des partis provinciaux abordaient rarement la question de la langue et ne proposaient aucune action gouvernementale[116]. Quand on leur demandait d'améliorer les chances des francophones dans l'économie, Taschereau, Duplessis et les autres premiers ministres répondaient que ce n'était pas là le rôle de l'État et que le meilleur moyen de créer des emplois pour les francophones était d'instaurer un climat favorable à l'entreprise privée et aux investissements américains[117].

À seulement deux reprises avant 1960, le gouvernement du Québec adopta une loi linguistique, et la timidité de son intervention est révélatrice de sa crainte face à la situation linguistique de Montréal. En 1910, le gouvernement vota la Loi Lavergne qui réglementait l'usage de la langue dans les services publics. Jusqu'alors, la plupart des activités commerciales des compagnies de chemin de fer, de téléphone et d'électricité, surtout à Montréal, étaient conduites en anglais. La Loi Laverne exigeait l'usage des deux langues dans les communications avec le public, les factures, les affiches posées dans les bureaux et les gares, les billets et les contrats[118]. Malgré ses objectifs modestes, le projet de loi ne fut adopté qu'après que fut surmontée la réticence des dirigeants francophones du Parti libéral du Québec qui craignaient que la loi ne froisse les hommes d'affaires anglophones. De façon semblable, l'Assemblée législative adopta en 1937 une loi donnant la priorité au texte français dans l'interprétation des lois et des règlements québécois. Cependant, à la suite des fortes pressions exercées par la bourgeoisie d'affaires anglophone, Duplessis abrogea la loi l'année suivante[119].

La gestion municipale et l'accommodement linguistique

Tout comme la politique provinciale, avant 1960, la politique municipale s'inscrivait dans ce contexte de connivence entre élites et de résignation francophone. Jusque dans les années 1870, le gouvernement municipal de Montréal avait été entre les mains des anglophones[120]. Par contre, dès la décennie suivante, alors qu'une majorité francophone avait fermement pris la direction de l'administration municipale, les anglophones durent de plus en plus s'en remettre à leurs élites économiques pour infléchir la politique municipale et protéger les intérêts de leur communauté. Des mécanismes de coexistence pacifique s'étaient d'ailleurs mis en place et assuraient le maintien de l'influence anglophone dans la politique municipale. Ainsi, le poste de maire était traditionnellement occupé en alternance par un francophone et un anglophone. En 1914, cette tradition fut bouleversée lorsque Médéric Martin, le premier d'une série de maires populistes francophones, fut réélu dans une des rares élections municipales où les divisions linguistiques avaient été politisées. Deux ans plus tôt, l'Ontario avait adopté le tristement célèbre Règlement 17 qui interdisait l'enseignement public en français. Un contexte d'exaltation avait préparé les francophones montréalais à rompre avec l'alternance[121] et à réélire Martin lequel, en outre, n'avait pas hésité à employer la corruption et à faire appel au sentiment ethnique pour se maintenir au pouvoir. En 1926, le thème de sa campagne sera «Plus jamais de maires anglais[122]».

L'influence anglophone dans les institutions politiques municipales a pu persister grâce à un système complexe de représentation au conseil municipal. De 1940 jusqu'à son abolition en 1962, ce système allouait le tiers des sièges au conseil municipal — les conseillers de classe C — à certaines institutions publiques désignées, comme l'Université McGill, le Board of Trade et la Chambre de commerce de Montréal. Entre 1940 et 1960, 40 % des conseillers de classe C étaient de langue anglaise. Un deuxième tiers du conseil était élu par les propriétaires, une autre catégorie où les anglophones étaient sur-représentés. De plus, le poste de vice-président du puissant comité exécutif était traditionnellement attribué à un anglophone. Pareil système permettait aux anglophones de maintenir leur influence politique dans la ville de Montréal malgré le départ d'un nombre grandissant d'entre eux pour la banlieue[123].

Compte tenu de cette structure et de la puissance économique des anglophones, l'administration municipale, même dirigée par des francophones, exerça peu ses pouvoirs (en matière de zonage, par exemple, ou de municipalisation des services) pour modifier la position des francophones et des anglophones dans la ville. Les services publics dirigés par les anglophones, surtout la Montreal Light, Heat, and Power, soulevaient la colère des abonnés qui critiquaient leur monopole et leurs profits élevés; à l'occasion, certains dénoncèrent l'exploitation des francophones par les entreprises anglophones. Mais, en règle générale, la Ville ne se mêlait pas des affaires de la compagnie d'électricité et, mis à part la Loi Lavergne en 1910, le gouvernement provincial n'intervint pas non plus jusqu'à la nationalisation du monopole en 1944[124].

La prolifération de municipalités autonomes dans l'île de Montréal a aidé à contenir les tensions linguistiques jusque dans les années soixante. Comme nous l'avons vu, depuis le début du XXe siècle, les anglophones de Montréal s'installaient en nombre grandissant en banlieue où ils pouvaient échapper au pouvoir de la majorité francophone. Bien qu'il y eût plusieurs appels en faveur d'une consolidation de l'administration de l'île — au début des années soixante, le maire Jean Drapeau proposa le concept «d'une île, une ville» —, l'autonomie de ces municipalités ne fut pas menacée. En l'absence de réglementation provinciale sur la langue, les anglophones de Montréal pouvaient vivre exclusivement en anglais dans ces enclaves de l'ouest de l'île. La langue de l'administration de ces municipalités était l'anglais; en outre, les écoles, les hôpitaux et les services sociaux remplissaient leurs rôles en anglais sans ingérence de la majorité francophone[125].

Les signes avant-coureurs: langue et politique dans les années cinquante

Pendant les années cinquante, malgré le maintien de la position privilégiée de l'anglais à Montréal, se manifestèrent des signes avant-coureurs des conflits linguistiques qui éclateront au grand jour pendant la décennie suivante. En 1953, la

Commission royale d'enquête sur les problèmes constitutionnels, dite commission Tremblay, nommée par le gouvernement québécois, publiait un rapport marquant sur la situation de la culture canadienne-française. Bien que la commission ait décrit le gouvernement québécois comme le «gardien de la civilisation canadienne-française», le rapport ne faisait mention d'aucune politique en matière de langue et ne soulignait pas le besoin d'une stratégie de survie collective francophone en milieu urbain. Malgré tout, le rapport Tremblay attira l'attention du public sur la possibilité que la langue et la culture françaises soient éventuellement menacées[126].

Toujours dans les années cinquante, plusieurs groupes francophones tels la Société Saint-Jean-Baptiste de Montréal, la Société du bon parler français, le Comité permanent de la survivance française et le Conseil de la vie française se mobilisèrent relativement à des questions de langue. Mais, ainsi que William Coleman le fait remarquer, les préoccupations de ces groupes concernaient le visage anglais de Montréal plutôt que la dynamique interne de l'hégémonie anglophone[127]. Ces groupes faisaient habituellement la promotion de la fierté de parler français et menaient des campagnes en faveur du bilinguisme dans les domaines du commerce et de la publicité. Ils firent pression sur le gouvernement pour qu'il donne à Montréal un visage plus français par le biais de la signalisation routière, des noms de rues et de symboles publics comme le drapeau fleurdelisé[128]. Jean-Marc Léger, alors président de la Société Saint-Jean-Baptiste, écrivait en 1959: «Ce serait si facile de bannir l'unilinguisme anglais dans tous les documents qui s'adressent au public: panneaux-réclames, menus, modes d'emploi, etc.[129].» Même en milieu nationaliste, les revendications étaient modestes: avant 1960, les nationalistes ne souhaitaient que le français prenne sa place aux côtés de l'anglais dans la société montréalaise.

Les questions liées aux répercussions sur la langue de la modernisation et des nouvelles technologies commençaient aussi à attirer l'attention du public. En 1952, alors que la télévision en était à ses débuts à Montréal, des groupes francophones s'élevèrent contre la programmation bilingue du seul réseau alors existant. Il faudra cependant attendre deux ans avant que Radio-Canada devienne exclusivement française, lorsqu'une station de langue anglaise entra en ondes[130].

La controverse linguistique la plus retentissante, qui illustre bien la préoccupation des francophones de l'époque au sujet du visage extérieur de Montréal, concerna le nom du futur complexe hôtelier et ferroviaire du Canadien National dans le centre-ville. Le CN avait proposé le nom de «Queen Elizabeth». Une opposition à ce nom prit corps dans divers segments de la communauté francophone qui soutenaient que la décision avait une signification culturelle importante:

> Nous voulons un nom français parce que nous formons la majorité de la population de Montréal et de la province de Québec. Toronto n'accepterait pas un nom français pour un de ses grands édifices publics. Vancouver non plus. Nous, nous avons fait preuve d'une plus grande largeur de vue, — ou d'une plus grande sottise, — puisque nos villes sont placardées de noms anglais. Mais nous n'allons pas permettre que cette générosité mal placée continue, qu'elle s'applique au plus grand hôtel du Canada. Nous sommes la majorité, nous voulons que ça compte, surtout dans un service gouvernemental. Nous avons le nombre; nous voulons le nom[131].

Le caractère de société étatique du Canadien National ajoutait à l'offense: que l'on impose un nom anglais était non seulement un symbole du pouvoir anglophone à Montréal, mais un autre exemple de l'insensibilité du gouvernement fédéral aux besoins des francophones. Les groupes francophones s'unirent en faveur d'un nom français, le château Maisonneuve, en l'honneur du fondateur de Montréal. Une grande campagne de presse fut organisée et la Ligue d'action nationale fit circuler une pétition qui recueillit 200 000 signatures, y compris celles du maire Jean Drapeau et de plusieurs conseillers municipaux[132]. Toutefois, dans le climat politique des années cinquante, et en l'absence d'une prise de conscience de masse au sujet de la langue, le président du Canadien National, Donald Gordon, put passer outre aux demandes des nationalistes. Le nom anglais fut choisi, un exemple mineur mais concret de la réalité de l'époque: les Anglo-Montréalais avaient encore la haute main sur la dynamique linguistique de la ville[133].

À la fin de la décennie, le caractère anglais de Montréal était toujours intact. Une culture francophone urbaine était en train d'émerger, mais les grandes institutions comme l'Université McGill et la Banque de Montréal, la banlieue anglophone de l'ouest de l'île, la rue Saint-Jacques et le nouveau quartier des affaires et du commerce le long du boulevard Dorchester (aujourd'hui boulevard René-Lévesque) et de la rue Sainte-Catherine continuaient de témoigner de l'importance de l'anglais dans la vie urbaine. L'Union Jack, symbole de l'impérialisme britannique, demeurait présent sur le Red Enseign qui flottait au sommet des édifices fédéraux[134], et les anglophones continuaient d'exercer un pouvoir économique et politique qui dépassait grandement leur nombre.

Encore tributaire d'un nationalisme conservateur, ruraliste et catholique, la communauté francophone n'avait alors pas défini de stratégie d'ensemble pour combattre l'omniprésence de l'anglais que plusieurs commençaient à considérer comme une menace à la langue et à la culture françaises. Depuis le début du XXe siècle, les francophones quittaient leurs villages homogènes pour l'environnement bilingue et biculturel de la grande ville. L'idéologie de la survivance était dépourvue de moyens pour protéger la langue et la culture françaises dans un Québec où de plus en plus de francophones habitaient Montréal, une ville complètement intégrée à la société nord-américaine et dominée économiquement par les Canadiens anglais.

À la fin des années cinquante, des murmures se firent entendre dans la communauté francophone au sujet de la situation linguistique de Montréal. Quelques groupes francophones s'organisaient pour franciser le visage de Montréal; de plus, des mouvements comme l'Alliance laurentienne prônaient un Québec indépendant où le français serait la seule langue officielle. Mais ces groupes et ces actions étaient trop marginaux, trop ponctuels et trop restreints pour attaquer de front le rapport de force en faveur de l'anglais à Montréal. Ce ne sera que quelques années plus tard que ces murmures deviendront des appels pour une mobilisation de masse; la question linguistique sera dès lors propulsée à l'avant-scène de la politique québécoise.

Notes du premier chapitre

1. Fernand Ouellet, *Le Bas-Canada, 1791-1840, changements structuraux et crise*, Ottawa, Les Éditions de l'Université d'Ottawa, 1980, p. 255.
2. Paul-André Linteau, «La montée du cosmopolitisme montréalais», *Questions de culture*, vol. 2, 1982, p. 23-53.
3. Sur le nombre total d'immigrants britanniques, leur pays d'origine et leur destination probable, voir Helen Cowan, *British Emigration to British North America*, Toronto, University of Toronto Press, 1961, p. 183-185; Fernand Ouellet, ouvr. cité, p. 218. Sur la composition ethnolinguistique de Montréal pendant cette période, consulter Paul-André Linteau, art. cité, p. 25; Fernand Ouellet, ouvr. cité, p. 255.
4. L'expression est de Ronald Rudin, *Histoire du Québec anglophone, 1759-1980*, Québec, Institut québécois de recherche sur la culture, 1986, p. 61.
5. Paul-André Linteau, art. cité, p. 26.
6. R. Cole Harris et John Warkenton, *Canada Before Confederation: A Study in Historical Geography*, New York, Oxford University Press, 1974, p. 102. Bien qu'il y ait eu des épisodes importants de conflits religieux à Montréal au XIXe siècle, les tensions entre Irlandais catholiques et Anglais protestants ne semblent pas avoir été aussi fortes que dans les grandes villes américaines entre 1840 et 1860. Selon Fernand Ouellet, qui étoffe bien son analyse, les clivages linguistiques se sont superposés aux divisions de religion et de classe à Montréal avant la Confédération; les divisions internes de la communauté anglophone à des moments décisifs comme les rébellions de 1837-1838 s'estompaient au profit de préoccupations linguistiques. Voir Fernand Ouellet, ouvr. cité, p. 497.
7. La crise économique du Québec rural provoqua, entre 1850 et 1900, l'exode des francophones en quête d'emplois industriels non seulement vers Montréal, mais aussi, pour 500 000 d'entre eux, vers la Nouvelle-Angleterre. Assimilés à la culture anglo-américaine, ces émigrants devinrent une «génération perdue» pour le Canada français. En réaction à l'émigration, l'Église lança un programme de colonisation pour garder les Canadiens français dans les terres et assurer la continuité du groupe. Voir Yolande Lavoie, «Les mouvements migratoires des Canadiens entre leur pays et les États-Unis au XIXe et au XXe siècle: étude quantitative», dans Hubert Charbonneau (dir.), *La population du Québec: études rétrospectives*, Montréal, Boréal Express, 1973, p. 73-88.
8. En 1861, 34 % des anglophones du Québec habitaient l'Estrie; en 1931, le pourcentage n'était plus que de 13 % et, en 1971, de 7 %. En 1861, 58 % de la population de ce territoire colonisé d'abord par des loyalistes était britannique; en 1931, seulement 18 % de la population était d'origine britannique, et en 1971, 11 % (Ronald Rudin, ouvr. cité, p. 189).

9. Les données du recensement proviennent de Hubert Charbonneau et Robert Maheu, *Les aspects démographiques de la question linguistique*, Québec, Éditeur officiel du Québec, 1973.
10. Pour la première fois, le recensement de 1931 a publié des données sur la «langue maternelle» de la population (française, anglaise, autre) et non seulement sur l'origine ethnique (française, britannique, autre), ce qui permet d'analyser la configuration de l'usage de la langue à Montréal. L'absence de telles données pour la période antérieure n'est pas catastrophique, car si, en 1931, 90 % des personnes de langue maternelle anglaise étaient d'origine britannique, il y a raison de croire que, pour les décennies précédentes, l'origine ethnique britannique et la langue maternelle anglaise allaient de soi. Par contre, après 1931, la distinction devient plus importante au fur et à mesure que la communauté anglophone se diversifie. Les données plus précises disponibles après 1971 permettent une analyse plus nuancée de la dynamique linguistique de Montréal.
11. Plus que tout autre, Ronald Rudin, dans son *Histoire du Québec anglophone* (ouvr. cité), a insisté sur l'importance de tenir compte des différences dans la composition de la communauté anglophone du Québec. Sur le caractère anhistorique de la communauté anglophone, voir Gary Caldwell, «Anglo-Quebec on the Verge of its History», *Language and Society*, vol. 8, août 1982, p. 3-11.
12. Robert Sweeney, «Esquisse de l'histoire économique du Québec anglophone», dans Gary Caldwell et Eric Waddell, *Les anglophones du Québec: de majoritaires à minoritaires*, Québec, Institut québécois de recherche sur la culture, 1982, p. 84; R. Cole Harris et John Warkenton, ouvr. cité, p. 100-102.
13. Voir, par exemple, Norbert Lacoste, *Les caractéristiques sociales de la population du Grand Montréal*, Montréal, Presses de l'Université de Montréal, 1958; Jean Laponce, «The City Centre as Conflictual Space in the Bilingual City: The Case of Montreal», dans Jean Gottman (dir.), *Centre and Periphery: Spatial Variation in Politics*, Beverly Hills, Sage Publications, 1980, p. 149-162.
14. Il ne faut pas exagérer l'ampleur de la division spatiale selon la langue. Il y a toujours eu des noyaux francophones bien repérables dans les quartiers de l'ouest et, historiquement, les nouveaux immigrants s'installaient immédiatement à l'est du boulevard Saint-Laurent, la traditionnelle ligne de démarcation entre l'est francophone et l'ouest anglophone. Selon Paul-André Linteau (art. cité, p. 33) «ces chiffres remettent en cause l'image d'étanchéité des groupes ethniques que l'on accepte souvent sans nuance».
15. Voir, par exemple, Paul-André Linteau, *Maisonneuve ou comment des promoteurs fabriquent une ville*, Montréal, Boréal Express, 1981. Voir aussi, de Paul-André Linteau, «Suburbanization in Canada: Does the Border Make a Difference?», *Journal of Urban History*, vol. 13, n° 3, mai 1987, p. 252-274.

16. Andrew Sancton, *Governing the Island of Montreal: Language Differences and Metropolitan Politics*, Berkeley, University of California Press, 1985, p. 26-28.
17. *Ibid.*, p. 25.
18. Jean-Claude Marsan, *Montréal en évolution*, 2ᵉ éd., Montréal, Fides, 1976, p. 201.
19. Stephen Leacock, *Leacock's Montreal*, Toronto, McClelland and Stewart, 1963, p. 238; Jean-Claude Marsan, *Montreal in Evolution*, Montréal, McGill-Queen's University Press, 1981, p. 257-258 (édition révisée de *Montréal en évolution*, ouvr. cité).
20. Joshua Wolfe et Cécile Grenier, *Explorer Montréal, un guide architectural et historique*, 2ᵉ éd., Montréal, Libre Expression, 1990, p. 300.
21. Andrew Sancton, «Montreal», dans Warren Magnusson et Andrew Sancton (dir.), *City Politics in Canada*, Toronto, University of Toronto Press, 1983, p. 66.
22. Paul-André Linteau, «La montée du cosmopolitisme montréalais», art. cité, p. 44.
23. Paul-André Linteau et autres, *Le Québec depuis 1930: histoire du Québec contemporain*, Montréal, Boréal, 1986, p. 495-502.
24. Paul-André Linteau, «La montée du cosmopolitisme montréalais», art. cité, p. 49-50. Le modèle de coexistence pacifique (*consociational*), mis de l'avant entre autres par le politologue Arend Lijphart dans les années soixante-dix, pose que la paix sociale peut être maintenue dans des démocraties pluralistes par une combinaison de compromis entre élites et d'autonomie collective. Dans ce modèle, le cloisonnement institutionnel limite les contacts interethniques à la base, source possible de conflits, tandis que les élites, soucieuses de préserver la stabilité sociale, veillent à ce que les passions ethniques ne s'enflamment pas (Arend Lijphart, *Democracy in Plural Societies: A Comparative Exploration*, New Haven, Yale University Press, 1977).
25. Douglas Fullerton, *The Dangerous Delusion: Quebec's Independance Obsession*, Toronto, McClelland and Stewart, 1978, p. 9-10, 18.
26. Stephen Leacock, ouvr. cité, p. 235.
27. George Monro Grant (dir.), *Picturesque Canada: The Country as It Was and Is: 1*, cité dans Jean-Claude Marsan, *Montréal en évolution*, ouvr. cité, p. 208.
28. Andrew Sancton, ouvr. cité, p. 73.
29. Gouvernement du Québec, ministère de l'Industrie et du Commerce, *Annuaire de la section finance publique, 1970*, Québec, 1970.
30. Terry Copp, *Classe ouvrière et pauvreté: les conditions de vie des travailleurs montréalais, 1897-1929*, Montréal, Boréal Express, 1978, 213 p.
31 Les données brutes proviennent de Hubert Charbonneau et Robert Maheu (ouvr. cité), les calculs sont de moi.
32. André Siegfried, *Le Canada — les deux races: problèmes politiques contemporains*, Paris, A. Colin, 1906, p. 306.
33. Cité dans Jean-Pierre Proulx, «Tocqueville a lancé le débat sur l'affichage en... 1831», *Le Devoir*, 12 décembre 1988, p. 4.

34. Everett C. Hughes et Margaret MacDonald, «French and English in the Economic Structure of Montreal», *Canadian Journal of Economics and Political Science*, vol. 7, 1941, p. 496.
35. Stephen Leacock, ouvr. cité, p. 268.
36. Douglas Fullerton, ouvr. cité, p. 14.
37. Hubert Charbonneau et Robert Maheu, ouvr. cité, p. 75. Les données du recensement sur le bilinguisme doivent être utilisées avec prudence, car elles s'appuient sur les déclarations des répondants plutôt que sur une mesure de la capacité réelle de parler le français et l'anglais.
38. Richard Joy, *Languages in Conflict*, Toronto, McClelland and Stewart, 1972, p. 104.
39. Stepen Leacock, ouvr. cité, p. 274.
40. D'après les données de Hubert Charbonneau et Robert Maheu, ouvr. cité, p. 71-73.
41. Ronald Rudin, ouvr. cité, p. 72.
42. Andrew Sancton, art. cité, p. 60.
43. Voir, entre autres, Pierre Harvey, «La perception du capitalisme chez les Canadiens français: une hypothèse pour la recherche», dans J.-L. Migue (dir.), *Le Québec d'aujourd'hui*, Montréal, Hurtubise HMH, 1971, p. 129-138; Pierre Harvey, «Pourquoi le Québec et les Canadiens français occupent-ils une place inférieure sur le plan économique?», dans René Durocher et Paul-André Linteau (dir.), *Le «retard» du Québec et l'infériorité économique des Canadiens français*, Montréal, Boréal Express, 1971, p. 113-127; N. W. Taylor, «The Effects of Industrialization, Its Opportunities and Consequences, Upon French-Canadian Society», *Journal of Economic History*, vol. 20, décembre 1960, p. 638-647; et Donald Creighton, *The Empire of the St. Lawrence*, Toronto, University of Toronto Press, 1956, p. 154.
44. Kenneth McRoberts, «Internal Colonialism: The Case of Quebec», *Ethnic and Racial Studies*, vol. 2, juillet 1979, p. 297.
45. Ronald Rudin, *Banking en français: les banques canadiennes-françaises de 1835 à 1925*, Montréal, Boréal, 1988, p. 25-29.
46. Voir, par exemple, Pierre Harvey, «Pourquoi le Québec..», art. cité, et Michel Brunet, «La conquête anglaise et la déchéance de la bourgeoisie canadienne, 1760-1793», dans Michel Brunet, *La présence anglaise et les Canadiens: études sur l'histoire et la pensée des deux Canadas*, Montréal, Beauchemin, 1964. Fernand Ouellet est celui qui a le plus contesté la thèse de la conquête comme «cassure» (voir *Histoire économique et sociale du Québec*). Pour une analyse critique de Ouellet et un aperçu de ce débat historiographique, consulter Serge Gagnon, *Quebec and its Historians*, Montréal, Harvest House, 1985, p. 81-163 (version augmentée de *Le Québec et ses historiens*, publié en 1978).
47. Fernand Ouellet, *Le Bas-Canada, 1791-1840*, ouvr. cité, p. 259.
48. Ronald Rudin, *Banking en français*, ouvr. cité, p. 129-211.
49. Yves Bélanger et Pierre Fournier, *L'entreprise québécoise: développement historique et dynamique contemporaine*, Montréal, Hurtubise HMH, 1987, p. 27.

50. Fernand Ouellet, *Le Bas-Canada, 1791-1840*, ouvr. cité, p. 280. Ces métiers englobent les journaliers, les artisans (forgerons, menuisiers, tailleurs, etc.) et les charretiers.
51. William Roy, *The English-French Division of Labour in Quebec*, mémoire de maîtrise, Université McGill, 1935, cité dans Everett C. Hughes, *Rencontre de deux mondes: la crise d'industrialisation du Canada français*, 2ᵉ éd., Montréal, Boréal Express, 1972.
52. Ronald Rudin, *Histoire du Québec anglophone, 1759-1980*, ouvr. cité, p. 148.
53. George Nader, *Cities of Canada: volume 2, Profiles of Fifteen Metropolitan Centres*, Toronto, Macmillan, 1976, p. 129-130.
54. Paul-André Linteau et autres, *Histoire du Québec contemporain: de la Confédération à la Crise (1867-1929)*, Montréal, Boréal Express, 1979, p. 154.
55. Lorenzo Prince, Charles Gordonsmith, M. M. Marcy et Ben Deacon, *Montreal: Old and New*, Montréal, International Press Syndicate, 1915, p. 80
56. André Siegfried, ouvr. cité, p. 307.
57. Murray Ballantyne, cité dans Jean-Claude Marsan, *Montréal en évolution*, ouvr. cité, p. 208.
58. Ronald Rudin, *Banking en français*, ouvr. cité, p. 33.
59. Everett C. Hughes et Margaret MacDonald, art. cité, p. 493-505.
60. Yves Bélanger et Pierrre Fournier, ouvr. cité, p. 67.
61. Jorge Niosi, *La bourgeoisie canadienne: la formation et le développement d'une classe dominante*, Montréal, Boréal Express, 1980, p. 186.
62. André Raynauld, *La propriété des entreprises au Québec: les années 60*, Montréal, Presses de l'Université de Montréal, 1974, p. 116.
63. *Ibid.*, p. 50.
64. Commission royale d'enquête sur le bilinguisme et le biculturalisme, rapport, livre III: *Le monde du travail*, Ottawa, Imprimeur de la Reine, 1969, p. 55.
65. *Ibid.*, p. 57-58.
66. *Ibid.*, p. 45.
67. *Ibid.*, p. 509.
68. Jac-André Boulet, *L'évolution des disparités linguistiques de revenus de travail au Canada de 1970 à 1980*, Ottawa, Conseil économique du Canada, 1983, p. 16-17. Boulet définit les travailleurs les mieux payés comme les salariés dans l'échelon supérieur de 15 %.
69. Jac-André Boulet, «Les disparités linguistiques de revenu sur le marché montréalais: quelques éléments d'analyse», dans François Vaillancourt (dir.), *Économie et langue*, Québec, Éditeur officiel du Québec, 1985, p. 166.
70. Commission royale d'enquête..., ouvr. cité, p. 82.
71. *Ibid.*, p. 514.
72. *Ibid.*, p. 44.
73. Les revenus annuels moyens pour les divers groupes linguistiques dans la région de Montréal en 1961 étaient les suivants: anglophones bilingues: 5931 $; anglophones unilingues: 5749 $; francophones

bilingues: 4201 $; francophones unilingues: 2975 $ (voir Jac-André Boulet, «Les disparités linguistiques de revenu», art. cité, p. 160).
74. Stanley Lieberson, *Language and Ethnic Relations in Canada*, New York, John Wiley and Sons, 1970, p. 140.
75. Michel Brunet, «The Historical Background of Quebec's Challenge to Canadian Unity», dans Dale C. Thomson (dir.), *Quebec Society and Politics: Views from the Inside*, Toronto, McClelland and Stewart, 1973, p. 40-41.
76. Cité dans Ronald Rudin, *Histoire du Québec anglophone, 1759-1980*, ouvr. cité, p. 50.
77. Émile Gosselin, «L'administration publique dans un pays bilingue et biculturel», *Canadian Public Administration*, vol. 6, 1963, p. 411.
78. Dominique Clift et Sheila McLeod Arnopoulos, *Le fait anglais au Québec*, Montréal, Libre Expression, 1979, p. 40; Kenneth McRae, «The Structure of Canadian History», dans Louis Hartz (dir.), *The Founding of New Societies*, New York, Harcourt, Brace, and World, 1964, p. 234-242.
79. Fernand Ouellet, *Le Bas-Canada, 1791-1840*, ouvr. cité, p. 36.
80. *Ibid.*, p. 316.
81. Mason Wade, *Les Canadiens français de 1760 à nos jours*, Montréal, Cercle du livre de France, 1963, p. 122; Roger Magnuson, *Education in the Province of Quebec*, Washington, Government Printing Office, 1969, p. 13.
82. Cité dans Mason Wade, ouvr. cité, p. 122.
83. Mason Wade, ouvr. cité, p. 123.
84. Roger Magnuson, ouvr. cité, p. 13-14; Benoît Gendreau et André Lemieux, *L'organisation scolaire au Québec: référentiel de connaissance*, Montréal, Éditions France-Québec, 1979, p. 10-11; Louis-Philippe Audet, *Histoire de l'enseignement au Québec, 1840-1971*, Montréal, 1971, p. 11-20.
85. Fernand Ouellet, *Le Bas-Canada, 1791-1840*, ouvr. cité, p. 421-488.
86. *Ibid.*, p. 497. L'activité révolutionnaire dans la région de Montréal est décrite dans Robert Rumilly, *Histoire de Montréal*, Montréal, Fides, 1970, t. 2, p. 217-252.
87. *Le Rapport Durham*, traduit par Denis Bertrand et Albert Desbiens, Montréal, Les Éditions Sainte-Marie, 1969, 151 p.
88. Ma description de la période de l'Union s'inspire de l'excellente étude de J. M. S. Careless, *The Union of the Canadas: The Growth of Canadian Institutions, 1841-1867*, Toronto, McClelland and Stewart, 1967.
89. J. M. S. Careless, ouvr. cité, chap. 5; Dominique Clift et Sheila McLeod Arnopoulos, ouvr. cité, p. 47.
90. J. M. S. Careless, ouvr. cité, p. 7.
91. William Ormsby, «The Province of Canada: The Emergence of Consociational Politics», dans Kenneth D. McRae (dir.), *Consociational Democracy: Political Accomodation in Segmented Societies*, Toronto, McClelland and Stewart, 1974, p. 269-274.
92. Robert Rumilly, ouvr. cité, p. 319.
93. Les citations viennent de J. M. S. Careless, ouvr. cité, p. 124-126.

94. Robert Rumilly, ouvr. cité, p. 321.
95. J. M. S. Careless, ouvr. cité, p. 126; Robert Rumilly, ouvr. cité, p. 322-325; Michel Brunet, «La minorité anglophone du Québec: de la conquête à l'adoption du Bill 22», dans Michel Brunet, *Notre passé, le présent et nous*, Montréal, Fides, 1976, p. 198.
96. Michel Brunet soutient que le déménagement de la capitale de Montréal a eu des conséquences à long terme sur les relations entre francophones et anglophones au Canada. Selon lui, si Montréal était restée la capitale du Canada, les Canadiens français auraient peut-être développé une identité nationale plus forte (Michel Brunet, «La minorité anglophone du Québec», art. cité, p. 198-199).
97. Paul-André Linteau et autres, *Histoire du Québec contemporain*, ouvr. cité, p. 271.
98. Ralph Heintzman, «The Political Culture of Quebec, 1840-1960», *Revue canadienne de science politique*, vol. 16, n° 1, mars 1983, p. 35. D'après les calculs d'André Bernard, jusqu'à la fin des années soixante, le taux moyen d'abstention aux élections provinciales était près de deux fois plus élevé parmi les anglophones que parmi les francophones de Montréal. Cet écart, dit Bernard, refléterait «un certain manque d'intégration de la minorité» à la vie politique du Québec (André Bernard, «L'abstentionnisme des électeurs de langue anglaise du Québec», dans Daniel Latouche et autres, *Le processus électoral au Québec*, Montréal, Hurtubise HMH, 1976, p. 159-160, 165).
99. Brian Young, *George-Étienne Cartier, bourgeois montréalais*, Montréal, Boréal Express, 1982, p. 98. Voir aussi Robert Rumilly, *Histoire de Montréal*, ouvr. cité, p. 343-363.
100. Bernard Vigod, *Quebec Before Duplessis: The Political Career of Louis-Alexandre Taschereau*, Montréal, McGill-Queen's University Press, 1986.
101. Paul-André Linteau et autres, *Histoire du Québec contemporain*, ouvr. cité, p. 613.
102. Conrad Black, *Duplessis*, Montréal, Éditions de l'Homme, 1977; Herbert Quinn, *The Union Nationale*, 2ᵉ éd., Toronto, University of Toronto Press, 1979, p. 73-102.
103. Dale C. Thomson, *Jean Lesage et la révolution tranquille*, Saint-Laurent, Éditions du Trécarré, 1984, p. 31.
104. Kenneth McRoberts et Dale Posgate, *Développement et modernisation du Québec*, Montréal, Boréal Express, 1983, p. 94.
105. Voir, par exemple, les inquiétudes exprimées par le *Townshipper* Christopher Dunkin pendant les débats sur la Confédération (P. B. Waite (dir.), *The Confederation Debates in the Province of Canada: 1865*, Toronto, McClelland and Stewart, 1963, p. 118-120; voir aussi Arthur I. Silver, *The French-Canadian Idea of Confederation*, Toronto, University of Toronto Press, 1982, p. 51-66).
106. Commission royale d'enquête sur le bilinguisme et le biculturalisme, rapport, vol. 2: *L'éducation*, Ottawa, Imprimeur de la Reine, 1968, p. 29; Paul-André Linteau et autres, *Histoire du Québec contemporain*, ouvr. cité, p. 526-533.

107. Ronald Rudin, *Histoire du Québec anglophone, 1759-1980*, ouvr. cité, p. 242-243.
108. *Ibid.*, p. 244.
109. Terry Copp, ouvr. cité, p. 67-68; Commission royale d'enquête sur l'enseignement dans la province de Québec, rapport, 3e partie, *L'administration de l'enseignement*, Gouvernement du Québec, 1966, p. 98-99.
110. Commission royale d'enquête sur l'enseignement dans la province de Québec, ouvr. cité, p. 94-102.
111. Guy Bouthillier, «Aux origines de la planification linguistique québécoise», dans *L'État et la planification linguistique*, t. 2: *Étude de cas particuliers*, Québec, Éditeur officiel du Québec, 1981, p. 7.
112. Étienne Blanchard, *En garde! Termes anglais et anglicismes*, 5e éd., Montréal, Beauchemin, 1913, p. 117-118.
113. Sur l'idéologie de la survivance, voir Denis Monière, *Le développement des idéologies au Québec: des origines à nos jours*, Montréal, Québec/Amérique, 1977, p. 159-188; Michel Brunet, «Trois dominantes de la pensée canadienne-française: l'agriculturisme, l'anti-étatisme et le messianisme», dans Michel Brunet, *La présence anglaise et les Canadiens*, ouvr. cité, p. 113-166; Ramsay Cook, «Quebec: The Ideology of Survival», dans Ramsay Cook, *Canada and the French-Canadian Question*, Toronto, Macmillan, 1966, p. 79-106.
114. Ralph Heintzman, art. cité, p. 3-59.
115. *Ibid.*, p. 35. Sur la faiblesse de l'État québécois avant 1960, voir James Ian Gow, *Histoire de l'administration publique québécoise, 1867-1970*, Montréal, Presses de l'Université du Québec, 1986.
116. Jean-Louis Roy, *Les programmes électoraux du Québec. Un siècle de programmes politiques québécois*, t. 2: *1931-1966*, Montréal, Leméac, 1970.
117. Bernard Vigod, ouvr. cité, p. 241-246.
118. Guy Bouthillier et Jean Meynaud, «Une première loi timide et contestée», dans Guy Bouthillier et Jean Meynaud, *Le choc des langues au Québec, 1760-1970*, Montréal, Presses de l'Université du Québec, 1972, p. 326-328.
119. Guy Bouthillier et Jean Meynaud, «Une capitulation linguistique», dans Guy Bouthillier et Jean Meynaud, ouvr. cité, p. 563.
120. Guy Bourassa, «The Political Elite of Montreal: From Aristocracy to Democracy», dans Lionel D. Feldman et Michael D. Goldrick (dir.), *Politics and Government of Urban Canada*, Londres, Methuen, 1969, p. 125.
121. Ironiquement, comme le fit remarquer Henri Bourassa, la colère des Canadiens français en réaction au Règlement 17 en Ontario a «assuré la victoire d'un homme de cinquième ordre incapable d'agir pour les droits de sa race et la défaite d'un des rares Canadiens anglais qui avait manifesté une sympathie réelle pour les Canadiens français» (cité dans Robert Rumilly, ouvr. cité, t. 3, p. 461).
122. Cité dans Leslie Roberts, *Montreal: From Mission Colony to World City*, Toronto, Macmillan, 1969, p. 313; voir Robert Rumilly, ouvr. cité, t. 3, p. 458-461.

123. Guy Bourassa, *Les relations ethniques dans la vie politique montréalaise*, documents de la Commission royale d'enquête sur le bilinguisme et le biculturalisme, n° 10, Ottawa, Information Canada, 1971, p. 40.
124. Sur le rôle de la Montreal Light, Heat, and Power à Montréal, voir Paul-André Linteau et autres, *Histoire du Québec contemporain*, ouvr. cité, p. 358, et *Le Québec depuis 1930*, ouvr. cité, p. 253; Robert Rumilly, ouvr. cité, t. 4, p. 108-109.
125. Une excellente analyse du rôle des questions linguistiques dans l'administration de l'île de Montréal et le fonctionnement des institutions publiques dans Montréal et la banlieue est celle d'Andrew Sancton, *Governing the Island of Montreal*, ouvr. cité.
126. Rapport de la Commission royale d'enquête sur les problèmes constitutionnels, Québec, 1953.
127. William Coleman, «The Class Basis of Language Policy in Quebec, 1949-1975», *Studies in Political Economy*, vol. 3, printemps 1980, p. 97.
128. *Ibid.*, p. 104.
129. Cité dans Jean-Claude Corbeil, *L'aménagement linguistique du Québec*, Montréal, Guérin, 1980, p. 34.
130. Paul-André Linteau et autres, *Le Québec depuis 1930*, ouvr. cité, p. 366.
131. Pierre Laporte, «Queen Elizabeth?... Jamais!», *L'Action nationale*, vol. 44, n° 8, avril 1955, p. 668-678 (repris dans Guy Bouthillier et Jean Meynaud, ouvr. cité, p. 630-631); voir aussi Pierre Laporte, «Château Maisonneuve», *L'Action nationale*, vol. 44, n° 9, mai 1955, p. 754-762.
132. William Coleman, art. cité, p. 97; Robert Rumilly, *Histoire de Montréal*, t. 5: *1939-1967*, Montréal, Fides, 1974, p. 177-178. Le maire Jean Drapeau avait proposé le nom de place Ville-Marie au promoteur immobilier William Zeckendorf comme choix plus acceptable pour le complexe hôtelier du CN. En 1962, pendant le mandat suivant de Drapeau, un important complexe construit par Zeckendorf prit le nom de place Ville-Marie.
133. Gordon atteindra une notoriété encore plus grande en 1962 quand il fera remarquer qu'aucun francophone n'était vice-président du CN parce qu'il n'en avait trouvé aucun qui était qualifié pour occuper ce poste. Cette remarque provoqua des manifestations nationalistes devant l'hôtel Reine-Élisabeth en décembre 1962; au cours de l'une d'elles, les manifestants ont pendu Gordon en effigie et brûlé l'Union Jack. Au fur et à mesure que la question de la langue à Montréal se politisa et que le nationalisme francophone prit de l'ampleur dans les années soixante, le commentaire de Gordon était cité comme exemple de l'arrogance de l'élite anglophone de Montréal (voir Louis Fournier, *F.L.Q., histoire d'un mouvement clandestin*, Montréal, Québec/Amérique, 1982, p. 23).
134. Ce n'est qu'en 1964 que le Canada adopta son propre drapeau, l'unifolié, en partie en réaction au nationalisme québécois grandissant qui considérait le drapeau antérieur comme un symbole malvenu de la domination britannique.

CHAPITRE II

La Révolution tranquille et la politisation de la question de la langue

Après deux siècles d'un calme surprenant, le climat linguistique de Montréal tourna à l'orage pendant les années soixante. Comme ailleurs dans le monde, cette décennie aura été houleuse à Montréal: manifestations («Québécois dans les rues»), agitation politique, émeutes et terrorisme. Tandis que les clivages raciaux constituaient la cause sous-jacente des bouleversements dans les villes américaines et que les conflits de classes se faisaient jour dans les villes européennes, les tensions linguistiques dominent la vie montréalaise au cours de cette période. Avant 1960, la question des droits linguistiques des francophones ou des anglophones à Montréal n'avait donné lieu à aucun débat politique sérieux; à la fin de la décennie, elle représentait le principal enjeu politique du Québec.

Au-delà du débat politique, c'est tout le contexte de la vie quotidienne à Montréal qui s'est trouvé transformé pendant cette décennie. Les francophones ont abandonné leur attitude de soumission à l'endroit de l'anglais, et les anglophones ont perdu la tranquille assurance que leur vie à Montréal était semblable à celle qu'ils auraient menée à Toronto ou à Boston. Dans les années soixante, les Montréalais de langue anglaise découvrent subitement le fait français alors qu'ils assistent à un déferlement de discours anti-anglais, à la menace de violence et qu'ils vivent l'inquiétude de savoir que de s'adresser à un étranger dans la rue ou dans un lieu public est susceptible de déclencher un «mini-affrontement linguistique[1]».

Les bouleversements linguistiques à Montréal débutèrent pendant la période de l'histoire du Québec qui a reçu le nom de Révolution tranquille. Cette période fut marquée par l'émergence d'une «nouvelle classe moyenne» francophone, surtout montréalaise, qui conteste le nationalisme canadien-français traditionnel, conservateur et ruraliste. Peu désireuse de sacrifier le niveau de vie nord-américain au nom de l'idéologie de la survivance, la nouvelle classe urbaine francophone compte alors de plus en plus sur un État québécois dynamique pour propulser le Québec dans le monde moderne tout en sauvegardant la culture francophone. Inévitablement, le thème majeur de la Révolution tranquille — «maîtres chez nous» — devait aboutir à l'analyse de la question linguistique telle qu'elle se pose à Montréal dans une perspective politique. Après tout, les francophones ne pourraient jamais être «maîtres chez eux» si Montréal, la plus grande ville du Québec francophone, demeurait un lieu où les anglophones et la langue anglaise continuaient de dominer. Ainsi, en raison de ses prémisses mêmes, la Révolution tranquille ne pouvait que déboucher sur un mouvement pour déloger l'élite anglophone et «reconquérir» Montréal comme métropole du Québec francophone.

Dans la foulée, donc, de la Révolution tranquille, le pacte tacite de coexistence pacifique qui caractérisait l'économie politique de Montréal depuis la Confédération fut remis en question. L'entente entre les deux groupes linguistiques de Montréal avait pu durer jusqu'en 1960 parce que les élites francophones avaient accepté la légitimité du pouvoir anglophone et la primauté de l'anglais dans la vie montréalaise. Or la Révolution tranquille fut le moment d'un déplacement de l'élite traditionnelle au profit de la «nouvelle classe moyenne» qui rejetait ce compromis historique. Cette relève de la garde chez les francophones, combinée à la politique de masse des années soixante, signalait que les ententes conclues dans les coulisses entre élites francophone et anglophone, un des fondements de la politique de coexistence pacifique, devenaient de plus en plus intenables. En outre, les thèmes de la Révolution tranquille — le nationalisme francophone militant, des notions élargies de l'action politique et un mandat clair de promouvoir les intérêts culturels et politiques des francophones — rompaient avec la passivité de la stratégie canadienne-française de survivance culturelle et constituaient une attaque directe contre la place de l'anglais à Montréal.

Le *statu quo* linguistique qui existait à Montréal fut également remis en question au début des années soixante par l'émergence de quelques groupes prônant l'indépendance du Québec. Le Rassemblement pour l'indépendance nationale (RIN) a été le premier parti politique indépendantiste de masse. Composé principalement d'intellectuels mécontents et d'étudiants radicalisés que préoccupaient les questions de la langue et de la culture[2], le RIN présenta des candidats aux élections provinciales de 1966 (recueillant environ 10 % du vote francophone à Montréal) et joua un rôle de premier plan dans les actions de protestation populaire qui eurent lieu à Montréal pendant les années soixante. En 1962, le RIN organisa les manifestations nationalistes contre Donald Gordon, alors président du Canadien National, après qu'il eut affirmé qu'il n'existait pas d'hommes d'affaires francophones qualifiés. En 1964, les menaces de violence proférées par le RIN incitèrent les autorités québécoises à modifier l'itinéraire de la visite de la reine Élisabeth pour éviter Montréal, jugé trop «turbulent», en faveur de Québec[3]. En 1965, le RIN mit en pratique certaines tactiques du mouvement américain pour les droits civiques des Noirs et organisa des *sit in* bien médiatisés dans des commerces de l'ouest de la ville où la clientèle francophone exigeait d'être servie en français[4].

Plus radical que le RIN, le Front de libération du Québec (FLQ) était un «mouvement clandestin séparatiste révolutionnaire» qui se décrivait comme une «guérilla urbaine» en lutte contre le «colonialisme économique» canadien-anglais et américain[5]. Le FLQ fut propulsé à l'avant-scène au printemps 1963 lorsqu'une bombe explosa au Centre de recrutement de l'armée canadienne, rue Sherbrooke (tuant un gardien de nuit). Peu après, le FLQ lança une campagne de boîtes aux lettres piégées dans des quartiers visiblement anglophones comme Westmount. Bien que ce groupe soit resté relativement marginal, les activités du FLQ accrurent les tensions linguistiques à Montréal et donnèrent une couleur extrémiste au discours sur la langue. Par exemple, un pamphlet du FLQ demandait:

> Vous avez déjà vu brûler une bibliothèque anglaise?
> Vous avez déjà vu tomber un chef de corporation yankee sous les balles?
> Vous avez déjà vu une boîte de conserve faire explosion sur les rayons d'un supermarket de quartier british?
> Vous avez déjà vu une église protestante brûler?
> Vous avez déjà vu Westmount sans téléphone, sans électricité et l'aqueduc empoisonné?
> Vous avez déjà vu des tireurs d'élite embusqués sur les toits et qui abattent les traîtres?
> Soyez sûrs, vous en verrez bientôt[6]!!!

Nous sommes loin du discours qui dominait à Montréal avant 1960... En octobre 1970, le FLQ portera à son paroxysme la crise linguistique à Montréal, avec l'enlèvement de l'attaché commercial britannique James Cross et du ministre Pierre Laporte, qui sera assassiné, actes qui menèrent à l'occupation de Montréal par l'armée canadienne.

Bref, le climat linguistique à Montréal s'est transformé avec une rapidité prodigieuse. Dans les années cinquante, les élites anglophones pouvaient encore ignorer la communauté francophone en nommant un hôtel Queen Elizabeth. À la fin des années soixante, toutefois, plusieurs segments de la communauté francophone de Montréal réclamaient l'unilinguisme français et un frein aux institutions de langue anglaise, y compris à l'accès à l'école anglaise. Les rassemblements en faveur du français étaient monnaie courante et, pendant les deux décennies suivantes, la question de la langue sera au centre de la vie sociopolitique à Montréal.

Les origines de la Révolution tranquille

Trois facteurs déterminants touchant Montréal ont préparé le terrain à la Révolution tranquille et aux changements qui survinrent au cours des années soixante. Premièrement, entre 1930 et 1960, Toronto a peu à peu remplacé Montréal comme métropole économique du Canada. C'est que, après que les États-Unis eurent supplanté la Grande-Bretagne comme premier partenaire commercial du Canada, les sociétés américaines ont eu tendance à ouvrir leurs filiales canadiennes en Ontario et à choisir Toronto pour y installer leurs sièges sociaux. Deuxièmement, avec l'ouverture de la voie maritime du Saint-Laurent en 1959, les navires transatlantiques pouvaient désormais éviter le port de Montréal, ce qui a réduit l'importance de Montréal comme plaque tournante des transports au Canada. Enfin, le développement économique de l'Ouest canadien et de la ceinture industrielle du Midwest américain favorisait la création de liens entre Toronto et sa périphérie ainsi qu'avec des capitales régionales montantes comme Vancouver, Calgary, Edmonton, Chicago, Detroit, Cleveland et Milwaukee[7].

Dès les années quarante, ces tendances avaient permis à Toronto de damer le pion à Montréal dans la course au titre de premier centre financier et économique du Canada. Ainsi, en 1940, plus de chèques étaient traités à Toronto qu'à Montréal et le pourcentage des opérations boursières canadiennes réalisées à Montréal chutait progressivement; de 86 % qu'il était en 1925, il n'était plus de que 25 % à la fin des années soixante[8]. Encore plus déterminant, dès le début de la décennie 1960, Toronto devenait le lieu de prédilection pour les sièges sociaux des principales sociétés canadiennes, comme l'indique le tableau 5. Enfin, malgré l'abondance de main-d'œuvre à bon marché à Montréal, Toronto a pris la relève de Montréal comme principale ville industrielle du Canada; les investissements dans l'industrie manufacturière à Toronto dépassent ceux de Montréal dès 1962[9]. Bref, lorsque s'amorce la Révolution tranquille, Montréal n'est plus la locomotive du Canada anglais.

Ces tendances économiques ont eu des répercussions sur les relations entre francophones et anglophones à Montréal. Jane Jacobs souligne que «si Montréal était restée la métropole du Canada [...] elle serait restée une ville canadienne-anglaise[10]». Quoi qu'il en soit, le déclin de Montréal en tant que centre économique national privait l'élite anglophone d'un important soutien structurel et allait éventuellement animer les efforts des francophones pour affirmer la primauté de la langue et de la culture françaises dans une ville dont l'économie s'orientait de plus en plus vers les régions. Comme l'ont écrit Clift et Arnopoulos:

Personne n'avait entrevu la possibilité que le déclin de Montréal modifie les relations entre l'élite économique anglaise et la population du Québec. [...] Aussi longtemps que cette communauté conservait son emprise sur l'ensemble de l'économie canadienne, sa situation au Québec était sûre et inattaquable. Mais dès que l'élite financière de Montréal devint simple exécutante de décisions entérinées ailleurs, la situation devint peu à peu intenable[11]...

Tableau 5
L'emplacement des sièges sociaux canadiens*,
1931-1988

	Toronto	Montréal	Vancouver	Calgary	Ailleurs
1931	25	49	1	1	21
1961	32	32	7	3	26
1971	39	29	7	3	22
1977	40	25	11	6	18
1988	48	20	8	13	11

Sources: James Lemon, *Toronto since 1918: An Illustrated History*, Toronto, James Lorimer, 1985, p. 198; et «The Canadian Business 500», *Canadian Business*, juin 1989, p. 127-160.
* Comprend les 100 sociétés les plus grandes selon l'actif et exclut les entreprises appartenant à plus de 50 % à des étrangers.

La Révolution tranquille prenait aussi ses racines dans les changements culturels et démographiques survenus à l'intérieur de la communauté francophone. Tout au long du XXe siècle, les Canadiens français ont quitté les villages et les petites villes du Québec à destination de Montréal. Le nombre de francophones habitant la région métropolitaine de Montréal a doublé entre 1931 et 1961 pour atteindre 40 % de la population francophone du Québec. L'urbanisation de Montréal a fourni le terreau qui a permis l'émergence d'une communauté artistique canadienne-française qui pouvait maintenant compter sur un vaste public francophone unilingue. On assista alors à la fondation de nouvelles maisons d'édition et de troupes de théâtre, à la prolifération de livres, de pièces de théâtre, de musique, de journalisme et d'essais qui ont stimulé la vie artistique et intellectuelle[12]. Cette ébullition culturelle, qui puisait son inspiration dans le contexte urbain, a contribué à une redéfinition de l'identité francophone dans un contexte urbain plutôt que rural; Gérard Bessette, Gabrielle Roy, Anne Hébert et d'autres romanciers ont décrit l'importance grandissante de la ville dans la culture canadienne-française d'après-guerre[13].

Au milieu des années soixante, grâce à la renaissance culturelle francophone, il régnait à Montréal une atmosphère plus française qu'au cours de la décennie précédente. Mais, plus important encore, cette «montréalisation» du Québec francophone rendait caduque l'idéologie clérico-nationaliste traditionnelle qui s'appuyait sur l'isolement des francophones catholiques dans les paroisses rurales parallèlement au maintien du *statu quo* à Montréal. Montréal, et non le Québec rural, était maintenant le centre de la culture canadienne-française et le lieu où se jouerait l'avenir du français en Amérique du Nord. Or, dans ce milieu urbain, l'influence de l'anglais était passablement plus forte que dans les paroisses homogènes du Québec rural; par conséquent, la continuité et l'épanouissement de la langue et de la culture françaises allaient appeler un examen de la place de l'anglais à Montréal.

Enfin, la Révolution tranquille et les tensions linguistiques des années soixante prenaient racine dans la modification de la structure sociale de la communauté francophone. Comme Kenneth McRoberts l'a brillamment démontré, à partir de la fin des années cinquante, une «nouvelle classe moyenne francophone» composée de technocrates, de fonctionnaires et de chercheurs en sciences humaines avait émergé à partir de trois sources: les facultés de sciences physiques et de sciences humaines de l'Université Laval et de l'Université de Montréal, l'industrie culturelle de Montréal et le personnel de l'Église catholique de la ville[14]. Les institutions catholiques de santé, d'éducation et de services sociaux ont joué un rôle particulièrement important dans la montée de la nouvelle classe moyenne francophone. Ces institutions avaient pris de l'expansion pour desservir la population canadienne-française qui affluait à Montréal depuis le début du XXe siècle. En gagnant en taille et en complexité, elles avaient eu besoin de laïques de formation universitaire pour les diriger. Ainsi, dans sa volonté de faire face à la nouvelle réalité urbaine du Québec, l'Église a involontairement stimulé la formation d'une nouvelle classe francophone, «distincte à la fois des professions libérales et du clergé, qui revendiquait le pouvoir et le prestige enracinés dans son monopole des connaissances spécialisées des sciences humaines "modernes[15]"».

La situation qui régnait à Montréal pendant les années cinquante apparaissait de plus en plus insatisfaisante aux yeux de cette nouvelle classe moyenne. D'une part, elle «supportait de moins en moins l'autorité du clergé» qu'elle voyait comme un obstacle à la modernisation de l'éducation, des services de santé et des services sociaux[16]. D'autre part, elle prenait conscience du fait que la domination anglophone de l'économie montréalaise limitait ses possibilités d'avancement dans le secteur privé. Nous l'avons vu, l'anglais était alors la langue des affaires dans les entreprises montréalaises et les cadres travaillaient dans des milieux exclusivement anglophones auxquels les francophones pouvaient difficilement accéder. Pour entrer dans ce monde, ces derniers devaient non seulement maîtriser la langue anglaise, mais aussi «renoncer à certains traits culturels[17]» pour «penser et réagir en anglais[18]». Pour la nouvelle classe moyenne, l'assimilation était un prix trop élevé pour s'élever dans la hiérarchie.

La classe moyenne naissante avait donc de bonnes raisons de promouvoir des changements sociaux et politiques qui amélioreraient sa situation tant par rapport aux élites francophones traditionnelles que par rapport à l'establishment anglophone de Montréal. C'est ce que la Révolution tranquille accomplira par le biais d'une intervention accrue de l'État québécois. En quelques années, l'État remplacera l'Église comme siège du pouvoir francophone et, sous la pression de la nouvelle classe moyenne, il entreprendra de contester l'autonomie et le pouvoir des institutions anglo-montréalaises.

En plus de préconiser un État québécois laïque et fort, la nouvelle classe moyenne était partisane d'un néonationalisme qui colorera la Révolution tranquille et contribuera au déclenchement des conflits linguistiques dans les années soixante. Ce nationalisme était différent du nationalisme traditionnel fondé sur le repli sur soi et le sous-développement comme clé de la survie canadienne-française. Aux yeux des nouveaux technocrates, ces idées étaient devenues inacceptables. Pour eux, la survie et l'épanouissement de la communauté francophone dépendaient de l'harmonisation de l'identité francophone avec les réalités de la société moderne et urbaine. Sinon, la langue et la culture françaises ne survivraient plus au Québec que comme un folklore, comme en Louisiane, alors que les anglophones domineraient les éléments dynamiques de la vie québécoise et menaceraient inexorablement la survie culturelle de la communauté de langue française. La société francophone de Montréal ne pourrait pas s'épanouir en tant que calque de la pensée et de la culture anglo-américaines.

La nouvelle classe moyenne rejetait avec vigueur l'idée répandue d'un peuple «né pour un petit pain». Comme Charles Taylor l'a avancé, l'amour-propre de cette classe était lié à la création d'une société francophone *moderne*[19]. De plus, en tant que gens instruits et ambitieux, les membres de cette classe subissaient souvent des vexations de la part de l'élite anglophone de Montréal: discrimination dans l'emploi, demandes insultantes de *speak white* ou commentaires condescendants comme ceux du président du Canadien National, Donald Gordon, qui avait dit que les Canadiens français étaient inaptes aux affaires. Ainsi, pour la classe moyenne francophone, le néonationalisme, par son affirmation de l'identité francophone et la délégitimation du pouvoir anglophone à Montréal, représentait une importante déclaration de fierté collective en réaction à un passé marqué par l'infériorisation culturelle.

Au-delà de ces considérations d'ordre culturel, le néonationalisme servait aussi les intérêts économiques de la nouvelle classe moyenne, majoritairement composée de ce que Marcel Fournier a appelé les «travailleurs du langage»: enseignants, administrateurs, journalistes, analystes, c'est-à-dire des gens dont le travail a trait à la transmission de connaissances et de l'information[20]. Évidemment, il était plus facile pour les francophones de réaliser ces tâches en français. Dès lors, la domination de l'anglais à Montréal non seulement froissait les susceptibilités des travailleurs du langage, mais elle limitait leurs possibilités d'avancement. Si Albert Breton va trop loin en affirmant que le néonationalisme n'était «qu'un outil utilisé par la nouvelle classe moyenne pour acquérir richesse et pouvoir[21]», il reste vrai que l'expansion de l'État qu'elle préconisait pendant la Révolution tranquille permettait la création d'emplois payants pour les travailleurs du langage. Comme nous le verrons, même si les pressions exercées par la nouvelle classe moyenne pour que soient adoptées des politiques visant la promotion de la place du français à Montréal avaient une assise culturelle, de telles politiques serviront aussi clairement les intérêts de cette classe dans tous les aspects de la vie quotidienne.

Les tensions linguistiques et la Révolution tranquille
Le déclin de l'importance économique de Montréal à l'intérieur du Canada anglais, la renaissance culturelle francophone à Montréal et la montée de la nouvelle classe moyenne francophone ont donc préparé le terrain pour une «révolution tranquille» à Montréal et dans le reste du Québec. Autant les ouvrages d'érudition que les ouvrages de vulgarisation décrivent la Révolution tranquille comme un tournant majeur de l'histoire du Québec, comme une période de changement rapide signalant «la libération collective du poids du passé, le partage d'une vie culturelle de plus en plus riche, une exploration et une évaluation collectives de toutes les possibilités qu'offre l'avenir pour réaliser les rêves qui serviraient le mieux la nation [québécoise]. Bref, tout semblait possible[22]».

Deux aspects essentiels de la Révolution tranquille ont eu des conséquences majeures sur les relations intercommunautaires à Montréal: le néonationalisme et la croissance de l'État québécois. Comme nous l'avons vu, au début des années soixante, les Québécois francophones ont délaissé l'idéologie désuète de la survivance pour embrasser un néonationalisme militant qui invite les francophones à rattraper le retard pour accéder au XXe siècle et s'épanouir comme collectivité moderne. Simultanément, on soutenait que le développement du Québec francophone nécessitait l'abandon de la traditionnelle crainte de l'intervention gouvernementale au profit de la construction d'un État fort pour promouvoir les intérêts de la communauté francophone. René Lévesque, membre du Conseil des ministres provincial pendant la Révolution tranquille, définissait l'État comme «un de nous, le meilleur d'entre nous» et disait: «Nos élites ont méprisé ou ignoré le rôle économique de l'État. À leurs yeux, l'État n'avait qu'un seul rôle: agir comme compagnie d'assurances et fournir des services de soutien aux grandes entreprises[23].»

Pendant les deux mandats du premier ministre Jean Lesage (1960-1966), la situation changea radicalement; le gouvernement provincial disposait désormais de puissants moyens d'action, ce qui eut des effets sur la vie des citoyens de Montréal et dans le reste du Québec. Entre 1959 et 1970, les dépenses gouvernementales réelles *per capita* augmentèrent de 200 %[24] et le nombre d'employés de la fonction publique québécoise passa de 32 000 à près de 70 000[25]. Avec la création de nouveaux ministères et la croissance du secteur parapublic et des sociétés d'État, l'État avait remplacé l'Église comme institution la plus visible de la société québécoise.

L'État étendit son champ d'action dans plusieurs nouveaux domaines. Après avoir laissé l'éducation aux autorités religieuses pendant près d'un siècle, le gouvernement du Québec créa un ministère de l'Éducation en 1964 et mit en œuvre un programme intensif de modernisation de l'instruction publique. Pendant les années soixante, les dépenses en éducation triplèrent; au début des années soixante-dix, elles atteignaient 1,3 milliard de dollars, soit plus du quart du budget provincial[26]. De nouvelles écoles primaires et secondaires furent construites, les exigences furent relevées, un réseau de collèges d'enseignement général et professionnel (cégeps) fut mis en place pour faciliter l'accès aux études postsecondaires. En 1969, on fonda le réseau de l'Université du Québec avec neuf constituantes et un campus principal à Montréal.

L'intervention de l'État ne se limita pas à l'éducation. Le gouvernement reprit à l'Église la direction des services de santé et des services sociaux[27]. De plus, il intervenait davantage dans l'économie, comme le prouve la création de la Caisse de dépôt et placement (un fonds d'investissement), de la Société générale de financement (une société de portefeuille) et de Sidbec (une sidérurgie). Le but de ces initiatives était d'accroître le pouvoir des francophones sur l'économie du Québec (ces actions seront étudiées au chapitre VI).

La nationalisation de l'électricité en 1962 et 1963 a été la décision gouvernementale qui a eu le plus de répercussions sur les relations entre les groupes linguistiques pendant la Révolution tranquille. Le gouvernement du Québec avait acheté la Montreal Light, Heat, and Power Company en 1944 pour former Hydro-Québec. Malgré cet achat, les anglophones possédaient encore 80 % du secteur énergétique québécois à la veille de la nationalisation. En 1962, René Lévesque, alors ministre des Richesses naturelles, affrontant les hommes d'affaires anglophones (et quelques francophones), proposait l'achat des compagnies privées d'électricité qui restaient.

La bataille pour la «nationalisation» de l'électricité fera époque dans les relations entre francophones et anglophones au Québec. Les francophones lançaient l'avertissement que l'acceptation inconditionnelle du pouvoir des anglophones tirait à sa fin. Les élections de 1962 prirent l'apparence d'un véritable référendum sur le projet d'Hydro-Québec et le slogan libéral «Maîtres chez nous» remporta un grand succès à Montréal. Pour Lévesque, et il ne craignait pas de l'affirmer, le projet d'Hydro-Québec était un pas vers la fin de l'infériorité économique des francophones du Québec[28]. Or les propriétaires anglophones des compagnies productrices d'électricité s'y opposaient, de même que toute la bourgeoisie d'affaires anglophone de la rue Saint-Jacques. Celle-ci était représentée dans le cabinet Lesage par l'avocat et homme d'affaires George Marler, qui tenta de convaincre Lesage d'abandonner son projet de nationalisation. Les milieux financiers, dont la Banque de Montréal, essayèrent de torpiller le projet en compliquant la vente d'obligations nécessaires au financement de cet achat[29]. Malgré tout, le projet se réalisa et, comme nous le verrons au chapitre VI, Hydro-Québec sera un outil stratégique de la progression des francophones dans l'économie de Montréal et du Québec.

L'étatisme et le néonationalisme ont eu des effets immédiats et sensibles sur les clivages linguistiques à Montréal. Le plus important fut le changement d'attitude de la part des francophones à l'endroit de la place de l'anglais. Dans un contexte nationaliste, les francophones commençaient à se percevoir non plus comme une minorité de langue française au Canada à la recherche d'une reconnaissance comparable à celle de l'anglais, mais comme une majorité vivant au Québec avec les privilèges qui reviennent normalement à un groupe majoritaire[30]. Dans ce cadre idéologique modifié, de plus en plus de francophones considérèrent que la place de l'anglais était disproportionnée par rapport au nombre d'anglophones, indépendamment du contexte nord-américain. La notion de «québécitude» aiguillonnait l'effervescence culturelle à Montréal, d'où une intolérance croissante devant l'omniprésence de l'anglais, qu'on voyait de plus en plus comme une menace inacceptable pour l'intégrité et l'épanouissement de la langue et de la culture françaises[31]. Les artisans de la Révolution tranquille affirmaient que l'État québécois était le moteur de l'avancement des francophones. Ainsi, en légitimant l'intervention de l'État au nom d'intérêts ethniques, la Révolution tranquille devait tôt ou tard amener les francophones à demander que l'État utilise son pouvoir pour modifier la dynamique linguistique à Montréal.

Du côté des anglophones de Montréal, il apparaît clair que la montée du néonationalisme et de l'étatisme venaient bousculer les schémas historiques relativement aux relations intercommunautaires. Même si beaucoup d'anglophones avaient appuyé le Parti libéral de Lesage en 1960, surtout à cause de sa volonté d'efficacité et d'intégrité, le discours nationaliste et l'expansion de l'appareil gouvernemental de l'époque les troublaient. Étant donné l'ampleur de son intervention, l'État «devait, écrit Michael Stein, tôt ou tard empiéter sur l'autonomie des institutions anglo-québécoises. Les anglophones ne formaient plus une communauté autonome, mais une minorité à la merci de la volonté et des aspirations politiques de la majorité francophone au pouvoir[32]». Après 1960, les grandes institutions anglo-montréalaises comme l'Université McGill, la Commission des écoles protestantes du Grand Montréal (CEPGM) et l'hôpital Royal Victoria seront «dans l'obligation de soumettre leurs politiques et leurs prévisions budgétaires à l'approbation de fonctionnaires provinciaux[33]».

Au début des années soixante, l'idée que leurs institutions perdent de leur autonomie inquiétait les anglophones. Leur malaise éclatera au grand jour à l'occasion de la réforme de l'éducation. Avant 1960, les anglo-protestants de Montréal jouissaient d'une autonomie quasi complète en matière d'éducation[34]. En l'absence de ministère de l'Éducation, la CEPGM fonctionnait comme elle l'entendait et l'existence des écoles protestantes était garantie par l'article 93 de l'Acte de l'Amérique du Nord britannique. Quant au réseau des écoles anglo-catholiques, en pleine croissance à cause de l'arrivée massive d'enfants immigrés, il jouissait d'une certaine indépendance à l'intérieur de la CECM[35].

La communauté anglophone de Montréal était fort satisfaite de cette situation privilégiée. Elle possédait un système scolaire de bonne qualité, bien financé et autonome qui, disait-elle, assurait la formation de ceux qui dirigeraient l'économie du Canada[36]. Aussi, les leaders anglophones réagirent-ils avec une inquiétude non dissimulée à l'intervention massive du gouvernement québécois dans l'éducation pendant les années soixante. En 1964, ils accueillirent la loi 60 avec appréhension, bien qu'elle ne fît qu'établir un ministère de l'Éducation et ne contînt aucun règlement sur la langue d'enseignement ni sur l'administration scolaire à Montréal. Les gens des milieux scolaires anglophones craignaient alors qu'un ministère centralisé, particulièrement dans un contexte de plus en plus nationaliste, ne compromette la quasi-indépendance dont ils avaient toujours profité[37].

Les craintes des anglophones redoublèrent en 1966, quand la commission Parent publia ses recommandations sur la restructuration scolaire à Montréal. Cette commission avait été nommée par le gouvernement Lesage pour amorcer la modernisation du système d'éducation au Québec; une de ses recommandations concernait la création d'un ministère de l'Éducation[38]. Le rapport n'était pas un document radical ou nationaliste. En fait, il soulignait la contribution des anglophones à l'éducation au Québec et déclarait «qu'au Québec, les écoles de langue anglaise se sont, pour leur part, assuré des titres à l'existence qu'on ne saurait, à notre avis, songer aujourd'hui à contester[39]».

Cependant, la commission Parent recommandait des changements en profondeur dans l'administration scolaire à Montréal et à Québec, tels que l'élimination des commissions scolaires confessionnelles et la création d'une direction unifiée, ce qui jeta la consternation dans la communauté anglophone. La commission soutenait que la prolifération des commissions scolaires à Montréal — on en comptait 42 en 1966 — était à l'origine d'une gestion inefficace et d'inégalités flagrantes dans la qualité des services. Les districts plus riches, habituellement anglo-protestants, bénéficiaient d'une assiette de l'impôt foncier plus substantielle que les districts plus pauvres, habituellement franco-catholiques. À cause de cette inégalité, les commissions scolaires protestantes étaient en mesure d'offrir des services de meilleure qualité que les services dispensés par leur pendant franco-catholique. Seules les commissions scolaires mieux nanties avaient les moyens d'offrir des programmes innovateurs comme l'éducation aux adultes ou l'éducation spécialisée et pouvaient se permettre de dépenser plus *per capita* que dans les milieux défavorisés[40]. Bref, le financement des écoles était inégal, puisque le taux d'imposition variait d'une commission scolaire à l'autre dans l'île de Montréal.

Le projet de réorganisation élaboré par la commission Parent incluait l'uniformisation du financement des écoles, la rationalisation de la gestion et la promotion de l'égalité des chances à Montréal. La commission recommandait la fusion des 42 commissions scolaires locales en sept commissions régionales qui administreraient toutes les écoles de leur territoire, sans égard à la langue ou à la religion. De plus, le rapport préconisait la formation d'un Conseil de développement scolaire pour l'île de Montréal, un organisme qui coordonnerait le fonctionnement des commissions scolaires régionales et servirait «d'autorité centrale pour l'ensemble de l'Île, chargée d'assurer la plus grande égalité possible dans les services scolaires et une distribution équitable des charges financières des contribuables dans l'ensemble du territoire de l'Île[41]».

En résumé, la commission Parent recommandait une structure centralisée qui aurait droit de regard sur le financement, les budgets, la répartition des services et l'allocation des ressources. Les anglo-protestants ne tardèrent pas à exprimer leur opposition en notant la perte de l'autonomie communautaire ainsi que l'absence de garanties formelles quant à la représentation anglophone et au maintien de leurs institutions, soit dans les commissions régionales unifiées, soit dans le Conseil scolaire. Selon une analyse, «on trouvait, dans cette indépendance, l'assurance que le régime scolaire de la minorité anglophone du Québec correspondrait à ses besoins particuliers et continuerait de refléter ses aspirations propres. Mais la commission Parent remet en cause cette autonomie[42]».

Les anglophones réussirent à retarder l'examen des recommandations du rapport Parent et l'analyse approfondie du projet fut confiée à un nouvel organisme, le Conseil de restructuration scolaire de l'île de Montréal. Présidé par Joseph Pagé, ancien commissaire d'école de Montréal, le Conseil avait une représentation proportionnelle aux groupes religieux et linguistiques. Il ne remit son rapport qu'en octobre 1968, alors que Montréal était déjà aux prises avec des conflits linguistiques beaucoup plus pressants. Malgré tout, la controverse qui a entouré la réforme de l'éducation et la réorganisation scolaire pendant les années soixante a amené les anglophones de Montréal à prendre conscience du fait que le *statu quo* linguistique était menacé par la croissance de l'appareil d'État. L'époque de l'autonomie complète des institutions anglophones et des ententes dans les coulisses entre élites francophones et anglophones tirait à sa fin, mais il faudra encore une décennie avant que les anglophones de Montréal se rendent compte que le contexte linguistique avait changé et se regroupent en tant que minorité pour la défense de leurs intérêts collectifs.

1960-1966: les francophones revendiquent une politique linguistique

Dans le climat nationaliste de l'époque, quelques organismes francophones de Montréal intensifièrent les actions entreprises pendant les années cinquante pour franciser le visage de Montréal et obtenir des symboles concrets du caractère français de Montréal et du Québec. Ces efforts connurent un certain succès. Bien que les affiches commerciales en anglais soient restées omniprésentes à Montréal, à la fin des années soixante, Montréal et le reste du Québec avaient amélioré leur visage public français. Le fleurdelisé flottait, en évidence, l'*Annuaire du Québec* était désormais unilingue, plusieurs ministères avaient commencé à publier leur rapport annuel en français seulement et Radio-Québec, la télévision d'État québécoise, entrait en ondes[43]. Contrairement à la pratique qui avait eu cours durant la décennie précédente, on donna des noms français aux grands complexes immobiliers: la place Ville-Marie, la place Bonaventure et la place du Canada, dont le maître d'œuvre était le Canadien Pacifique[44].

Mais en dépit de leurs appellations françaises, ces complexes immobiliers furent construits dans le nouveau quartier anglophone des affaires de Montréal, c'est-à-dire l'ouest du boulevard Dorchester, qui avait supplanté la rue Saint-Jacques dans le Vieux-Montréal. Cette utilisation de l'espace urbain met en lumière la persistance du poids économique de l'anglais à Montréal, malgré les quelques succès remportés par les nationalistes quant à la francisation du visage extérieur de Montréal au début des années soixante. Au milieu de cette décennie, plusieurs piliers du monde des affaires, comme la Sun Life, la Banque Royale, le Canadien National, la Banque de commerce et la CIL, logeaient dans le nouveau centre économique de la ville[45].

À cette même époque, les gouvernements fédéral, provincial et municipal commençaient à favoriser le développement de la partie est du centre-ville, secteur traditionnellement francophone. Le but de ces initiatives était non seulement de revitaliser cette partie de la ville, mais aussi de franciser le visage de Montréal, en déplaçant le foyer de l'activité quotidienne vers des milieux plus francophones. La station centrale du nouveau métro de Montréal, Berri-de-Montigny, fut aménagée dans un quartier incontestablement francophone. Des édifices provinciaux et municipaux, comme le siège social d'Hydro-Québec et la Place des Arts, furent construits à l'est de la rue de Bleury. Le gouvernement fédéral, probablement sensible aux préoccupations des francophones à une époque de contestation de l'unité canadienne, installa ses principaux bureaux (le complexe Guy-Favreau) ainsi que la maison de Radio-Canada dans la partie francophone du boulevard Dorchester[46].

Malgré ces changements, les pressions en vue de franciser davantage le visage de Montréal s'intensifièrent. Entre 1963 et 1965, la Société Saint-Jean-Baptiste de Montréal (SSJBM) poursuivit l'Opération visage français dont «l'objectif final [était] de faire de Montréal, métropole naturelle des

Canadiens français, une ville de langue et de culture françaises, tout comme Toronto, métropole des Anglo-Canadiens, est une ville de langue anglaise[47]».

Au-delà de ces tentatives de modifier le visage extérieur de la ville, on entendit dans certains milieux francophones de Montréal des voix s'élever pour réclamer des politiques qui viseraient plus directement les forces permettant à l'anglais d'avoir tant d'influence dans la ville. En 1962, la SSJBM présenta un mémoire à la commission Parent dans lequel elle affirmait que la sécurité culturelle des francophones exigeait une intervention de l'État dans le fonctionnement des institutions de langue anglaise traditionnellement autonomes comme les écoles. Elle proposait que tous les diplômés des écoles du Québec possèdent une connaissance du français, que la version française de la loi prime la version anglaise devant les tribunaux québécois, que les entreprises aient une raison sociale en français et que la langue d'enseignement dans toutes les écoles publiques du Québec soit le français, sauf dans les écoles destinées aux enfants de langue maternelle anglaise. Ces dernières seraient «bilingues» et ressembleraient aux écoles canadiennes-françaises de l'Ontario[48].

La SSJBM représentait la petite bourgeoisie francophone traditionnelle de Montréal (médecins, avocats, commerçants, clergé) qui a toujours été préoccupée par l'influence corrosive de l'anglais sur le caractère français de la ville. Mais, dans le climat d'affirmation nationale de la Révolution tranquille, les intérêts de la SSJBM se confondaient avec ceux de la nouvelle classe moyenne francophone. Par conséquent, on passa de l'intérêt pour le visage extérieur à l'intérêt pour des politiques globales comme la langue d'enseignement. Dès 1963, le conseil national de la SSJB appuyait une politique désignant le français comme seule langue officielle du Québec dans le travail, l'éducation et la fonction publique.

Les premières demandes systématiques en faveur d'une politique linguistique gouvernementale furent formulées par le Rassemblement pour l'indépendance nationale (RIN). En 1962, le RIN publia un pamphlet, *Le bilinguisme qui nous tue*, où il affirmait que le bilinguisme à Montréal était foncièrement inégal et que l'hégémonie de l'anglais menaçait la survie de la langue et de la culture françaises. Un an plus tôt, à l'occasion de son congrès, le parti indépendantiste avait adopté la résolution suivante: «Une fois l'indépendance instaurée, seule la langue française sera officielle au Québec. En attendant, le gouvernement du Québec devrait dès maintenant se proclamer unilingue français, tout comme les gouvernements des autres provinces sont unilingues anglais[49].» Même si les partisans de l'unilinguisme français de l'époque et des années ultérieures ne s'entendaient pas sur certains sujets comme la place des écoles anglaises dans un Québec officiellement français ou la rapidité d'application de l'unilinguisme français, une idée faisait consensus:

> [...] le système de la dualité linguistique, tel qu'il fonctionne au Québec, provoque nécessairement la dégradation de la langue française et risque d'amener, à plus ou moins brève échéance, son écrasement final. L'épanouissement de la langue de la majorité, sa simple survivance même, exigent l'abandon du bilinguisme foncièrement inégal[50].

Le RIN était particulièrement préoccupé par la langue de l'éducation. Selon son chef Pierre Bourgault, «le système d'éducation est le meilleur moyen d'assimilation» des anglophones et des immigrants qui viendraient s'installer au Québec[51]. Dès 1965, le programme du RIN préconisait la mise sur pied d'un système complet d'enseignement public qui soit exclusivement de langue française[52]. Les manifestations du RIN jouèrent un rôle important dans la politisation de la question de la langue d'enseignement. En septembre 1967, le RIN organisa une manifestation à Pierrefonds, dans l'ouest de l'île, pour demander l'ouverture d'une école française dans cette ville de banlieue majoritairement anglophone. L'escouade antiémeute dut intervenir pour séparer les manifestants francophones et les contre-manifestants anglophones. Le lendemain, deux bombes explosaient dans l'école secondaire de la ville[53].

Tout au long des années soixante, le RIN et les groupes semblables restèrent en marge de la politique montréalaise, et l'opinion francophone majoritaire était opposée à l'unilinguisme français. René Lévesque, de loin le ministre le plus nationaliste du cabinet Lesage, disait: «Imposer actuellement l'unilinguisme, ça me paraîtrait aller plus vite que la réalité, ça risquerait de demeurer artificiel.» Il préférait établir la «priorité du français par tous les moyens légitimes», mais sans l'imposer à la minorité anglophone[54]. Le premier ministre Lesage était ferme dans son opposition à des politiques qui, selon lui, porteraient atteinte aux droits des anglophones du Québec. Malgré le ton nationaliste de son gouvernement, il souhaitait maintenir de bonnes relations avec les milieux d'affaires anglophones de Montréal[55].

Bien que la question linguistique ne soit jamais devenue un enjeu politique majeur pendant la Révolution tranquille, le gouvernement Lesage a pris la première initiative gouvernementale en matière de politique et d'aménagement linguistiques. En 1961, il créa le ministère des Affaires culturelles dont le mandat était d'assurer l'épanouissement de la langue et de la culture françaises au Québec. Ce ministère fut perçu comme un contrepoids au Conseil des Arts que les intellectuels nationalistes critiquaient, le considérant comme une tentative d'imposer la culture *canadian* aux Québécois francophones. Dirigé par Georges-Émile Lapalme, prédécesseur de Jean Lesage à la tête du Parti libéral du Québec, le ministère était divisé en sections sur les arts, les sites historiques et l'urbanisme et comprenait aussi l'Office de la langue française (OLF) dont le but était de rehausser la qualité du français au Québec[56]. Depuis longtemps, les intellectuels nationalistes sonnaient l'alarme au sujet de la baisse de la qualité du français au Québec, qu'ils voyaient comme une menace pour la culture francophone. C'est donc pour encourager l'usage d'une langue correcte et enrichir la langue parlée et écrite que l'OLF fut fondé. Son premier directeur fut l'intellectuel nationaliste connu, Jean-Marc Léger.

Le ministère des Affaires culturelles n'étant pas une priorité pour le gouvernement Lesage, peu de fonds lui étaient alloués. Mécontent de cet état des choses, Lapalme démissionna en 1964. Léger avait quant à lui quitté l'OLF deux ans plus tôt, car son zèle nationaliste en avait froissé certains (à un moment donné, il avait banni l'expression «province de Québec» au profit «d'État du Québec[57]»). Succédant à Lapalme, Pierre Laporte tenta de donner un nouveau souffle au ministère en formant un groupe de travail pour préparer un livre blanc sur la politique culturelle. Une version préliminaire, rédigée principalement par le sous-ministre Guy Frégault, fut remise au Conseil des ministres en octobre 1965.

Le livre blanc était le premier appel émanant de l'intérieur du gouvernement en faveur d'une politique linguistique cohérente. Bien que la plus grande partie du document traitât d'aménagement linguistique dans son ensemble et de moyens pour améliorer la qualité du français au Québec, les auteurs exhortaient également le gouvernement du Québec, en tant «qu'incarnation politique de la nation canadienne-française», à faire du français la «langue prioritaire» du Québec. Après une brève description de la situation précaire du français, le rapport affirmait que les pouvoirs publics devaient «prendre les mesures nécessaires pour imprimer à la société québécoise une orientation nouvelle qui favorise, dans tous les domaines de l'activité humaine, le développement normal de la langue française[58]».

Le livre blanc restait vague quant à sa définition de «langue prioritaire». En outre, déclarant insuffisantes des campagnes du genre «bon parler français» pour résoudre les graves problèmes linguistiques du Canada français, le rapport ne proposait pourtant aucun moyen pour modifier le rôle historique de l'anglais dans l'économie ou l'éducation. Il précisait que l'anglais ne devait être employé par l'État que pour communiquer avec les anglophones et que, dans la fonction publique et certaines entreprises privées, «le français sera la langue première d'élaboration des documents de travail, de communication entre les cadres et les agents d'exécution». On recommandait de renforcer l'OLF pour «assurer, dans tous les secteurs de l'activité humaine, l'implantation du français langue commune[59]».

Malgré le ton urgent et l'appel à l'intervention gouvernementale directe, le livre blanc fut mal accueilli par Lesage et ne fut jamais rendu public. Selon Dale C. Thomson:

> Jean Lesage réagit avec force contre le cri d'alarme contenu dans ce texte au sujet de l'état pitoyable de la langue et de la culture françaises au Québec, contre également l'appel qu'on y lisait en faveur d'une

intervention plus vigoureuse de l'État. Il est inexact, nota-t-il dans la marge de son exemplaire, que le français continuait à perdre du terrain au profit de l'anglais: cette tendance s'était inversée depuis quelques années et parler de désintégration de la langue et de la culture françaises, c'était faire preuve de défaitisme et d'un complexe d'infériorité[60].

Malgré la réaction de Jean Lesage, Pierre Laporte avait confiance que le Conseil des ministres approuverait le livre blanc après les élections provinciales de 1966[61]. En effet, le programme libéral de 1966 comprenait une partie intitulée «Le Québec français» dans laquelle le parti promettait des mesures qui, «sans porter atteinte aux droits indéniables de la minorité anglophone, garantiraient la vitalité du français et assureraient au Québec un visage français et à la langue française la place prioritaire qui lui revient dans l'administration et les services publics, dans les relations industrielles, le commerce et, de façon générale, dans tous les secteurs de l'activité humaine[62]». Vu la défaite du Parti libéral en 1966, le livre blanc n'a jamais été rendu public et ses recommandations sont restées lettre morte.

Néanmoins, la question linguistique gagnait du terrain dans les milieux politiques francophones établis, et ce dès le milieu de la décennie. Si les groupes en faveur de l'unilinguisme restaient en marge de la vie politique québécoise, leurs revendications forçaient tout de même les dirigeants à adopter des positions de plus en plus nationalistes[63]. Il n'en demeure pas moins qu'aucune personnalité politique francophone de premier plan n'avait encore osé promouvoir des mesures susceptibles de modifier le statut juridique des institutions de langue anglaise à Montréal et dans le reste du Québec.

Par contre, après 1966, les groupes nationalistes mirent l'accent sur un problème qui propulsera la question linguistique au centre de la politique québécoise: la présence grandissante des minorités non francophones et non anglophones à Montréal et leur tendance à inscrire leurs enfants à l'école anglaise. Préoccupés par l'«anglicisation» des immigrants et ses répercussions sur l'équilibre démographique et la survie du français à Montréal, les groupes francophones firent campagne pour limiter l'accès aux écoles de langue anglaise. Cette mobilisation déclenchera le pire conflit linguistique de l'histoire de Montréal.

L'anglicisation des immigrants

Comme nous l'avons vu dans le premier chapitre, la composition de la population de Montréal a été passablement modifiée après 1900. Le groupe non francophone et non anglophone était passé de 16 000 personnes en 1900 à plus de 500 000 en 1970 dans l'île de Montréal (un bond de 4,5 à 23 %). Les choix linguistiques des immigrants avaient de toute évidence des conséquences démographiques. Ainsi que l'indique le tableau 4 (p. 36), les transferts linguistiques à Montréal jusqu'en 1960 avaient favorisé de façon écrasante la communauté anglophone. Cette tendance se maintint tout au long des années soixante, une décennie qui a accueilli 150 000 nouveaux Montréalais. En 1971, 78 000 personnes de plus que le nombre de Montréalais de langue maternelle anglaise déclaraient parler l'anglais à la maison, tandis que le nombre de personnes qui utilisaient le français ne dépassait le nombre de personnes de langue maternelle française que de 1400[64]. Ainsi, bien que la majorité des immigrants ait continué à utiliser leur langue maternelle à la maison, 98 % des transferts linguistiques à Montréal pendant les années soixante se firent vers l'anglais (à l'extérieur de Montréal, 53 % des transferts ont favorisé le français[65]). Les francophones avaient maintenu leur proportion de 60 % de la population de Montréal jusqu'aux années soixante grâce à un taux de natalité élevé et à la migration de masse en provenance des régions rurales. Cependant, tandis que le rythme de l'immigration européenne à Montréal augmentait, certains nationalistes comme Jean-Marc Léger, André d'Allemagne et Pierre Laporte avaient commencé à craindre à partir des années cinquante que l'anglicisation des immigrants ne constitue la menace la plus grave pour la survie de la langue et de la culture françaises à Montréal[66].

La fréquentation scolaire était l'indice le plus visible de l'intégration des immigrants à la communauté anglophone. En 1935, les enfants allophones (principalement italiens) inscrits aux écoles de la CECM se répartissaient à parts presque égales dans le secteur français et anglais (3943 dans le secteur français et 3899 dans le secteur anglais[67]). À la fin des années soixante, près de 40 000 enfants allophones sur les 43 000 qui fréquentaient l'école publique à Montréal étaient inscrits soit à l'école protestante, soit au secteur anglais de la CECM[68]. Les écoles de langue anglaise devenaient multi-ethniques: 61 % des enfants dans le secteur anglo-catholique et 19 % dans le secteur anglo-protestant déclaraient une langue maternelle autre que le français ou l'anglais en 1970. Seul le quart des élèves du secteur anglo-catholique était d'origine britannique et de langue maternelle anglaise[69]. L'école anglaise, plus précisément le secteur anglo-catholique de la CECM, devenait le principal outil d'intégration des enfants immigrés à la vie montréalaise, intégration qui passait par la langue anglaise.

Pourquoi autant d'immigrants décidaient-ils d'envoyer leurs enfants à l'école anglaise? La raison principale était d'ordre économique. Pour les nouveaux arrivants, l'Amérique du Nord, plutôt que le Québec, était leur référence. Les immigrants considéraient que la connaissance de l'anglais était indispensable pour progresser en Amérique du Nord et consommer la culture de masse diffusée en anglais. Par exemple, dans une enquête menée en 1970, les trois quarts des Italiens de Montréal — la plus importante communauté non francophone et non anglophone — affirmèrent envoyer leurs enfants à l'école anglaise parce qu'«il est facile d'aller s'établir dans d'autres régions du Canada» et qu'«il est plus facile d'obtenir des emplois[70]» quand on parle anglais.

Même si l'on fait abstraction du contexte nord-américain, le maintien de l'hégémonie anglophone sur l'économie de Montréal signifiait que l'anglais demeurait la langue de l'avancement social. À l'instar des immigrants qui s'installaient au Canada anglais ou aux États-Unis, ceux qui arrivaient à Montréal jugeaient essentiel que leurs enfants maîtrisent l'anglais. La fréquentation de l'école anglaise était le moyen le plus rapide de parvenir à cet objectif, d'où l'entrée massive des enfants immigrés à l'école anglaise. Comme Paul Cappon l'a écrit, dans le contexte économique montréalais des années soixante:

> Il existe déjà un biais d'ordre économique qui agit contre l'assimilation des immigrants à la communauté francophone, quelle que soit leur origine ethnique. La tendance sera à l'assimilation au groupe qui domine économiquement la société québécoise. [...] Il n'est pas matériellement ou économiquement nécessaire qu'il [l'immigrant] ait des rapports approfondis avec la communauté francophone. L'immigrant peut travailler et vivre normalement à Montréal, en n'utilisant jamais la langue française[71].

Plusieurs aspects de l'organisation et de l'administration de l'éducation à Montréal entravaient aussi l'inscription des enfants immigrés à des écoles du secteur francophone. D'abord, la structure confessionnelle empêchait certains parents immigrés de choisir «librement» l'école française ou l'école anglaise. La CEPGM administra un système d'écoles exclusivement anglaises jusqu'au début des années soixante-dix; par conséquent, les immigrants non catholiques n'avaient pas le choix de la langue d'instruction de leurs enfants, à moins d'accepter de les envoyer à des écoles franco-catholiques. Cependant, le contenu profondément religieux du programme des écoles franco-catholiques de Montréal — par opposition au caractère essentiellement laïque du programme de la CEPGM — décourageait les parents non catholiques d'envoyer leurs enfants aux écoles de la CECM dans le seul but de leur faire acquérir une connaissance du français (d'autant plus qu'il n'était pas nécessaire pour les non-francophones de parler couramment français à Montréal avant 1960). Du reste, dans le cas bien improbable où des non-catholiques voulaient inscrire leurs enfants à des écoles de la CECM, il arrivait qu'ils se heurtent à un refus:

> Des autorités scolaires locales, des directeurs d'école et même des professeurs ont refusé dans les écoles catholiques des élèves d'une autre religion, ou sans religion, et le secteur francophone a perdu ainsi un certain nombre d'immigrants juifs francophones, chrétiens orthodoxes ou autres non catholiques. Ceci, pour la plupart du temps, pour des motifs de facilité ou de zèle religieux. Le cloisonnement scolaire n'a pas aidé au

rapprochement des groupes ethniques avec la communauté majoritaire québécoise[72].

En 1967, une commission d'enquête se pencha sur la question de l'anglicisation des immigrants et conclut que le principal obstacle à leur intégration était l'absence d'un réseau scolaire francophone non confessionnel à Montréal. Cette commission interministérielle, présidée par René Gauthier, directeur de la section de l'immigration au ministère des Affaires culturelles et ancien directeur des Services aux néo-Canadiens de la CECM, recommandait la création d'un tel réseau pour faciliter l'intégration des immigrants à la société francophone, une recommandation qui ne fut pas retenue[73].

Un autre obstacle à l'inscription des enfants dans le réseau des écoles franco-catholiques se rapportait à la qualité de l'enseignement que mettaient en doute les immigrants. Comme la commission Parent l'a expliqué, le système scolaire de langue anglaise était «adapté aux exigences de la société moderne» tandis que «les structures pédagogiques, du côté français, avaient eu pour conséquence de favoriser un petit groupe d'élèves destinés à l'université et négligeaient la grande majorité des enfants du même âge qui, après leurs études à l'école publique, ne trouvaient devant eux aucun débouché[74]». Les dépenses par élève étaient plus élevées dans le secteur anglais, les enseignants étaient plus qualifiés et le programme répondait mieux aux besoins d'une société moderne et urbaine, des éléments qui donnaient aux anglophones une longueur d'avance dans la division linguistique du travail. De plus, bien que les immigrants ne fussent pas opposés à ce que leurs enfants apprennent le français, ils tenaient à ce qu'ils maîtrisent l'anglais. Or, l'enseignement de la langue seconde dans les écoles franco-catholiques était médiocre. Certains immigrants catholiques allaient jusqu'à sacrifier leurs convictions religieuses pour inscrire leurs enfants à l'école protestante, traditionnellement plus exigeante. Une recherche menée pour le compte de la CECM en 1941 a révélé que 1000 néo-Canadiens avaient fait un tel «sacrifice» dans les années trente et la question troublait suffisamment les autorités de la CECM pour qu'elle étudie des moyens de garder les enfants allophones dans le secteur catholique[75].

Enfin — troisième obstacle —, la direction de la commission scolaire catholique freinait l'intégration des immigrants à l'école française. Jusque dans les années soixante, la CECM dirigeait automatiquement les enfants immigrés vers ses écoles anglaises[76]. De plus, les écoles françaises avaient un personnel remarquablement homogène, ce qui n'aidait pas les immigrants à s'y identifier. Jusqu'en 1970, les allophones ne constituaient que 2 % du personnel enseignant dans les écoles primaires françaises comparativement à 23 % dans les écoles anglaises[77].

Les autorités de la CECM n'étaient pas insensibles à la question de l'anglicisation des immigrants. En 1947, la commission avait formé un Comité des néo-Canadiens pour définir des stratégies visant d'abord à ce que les enfants d'immigrants catholiques s'inscrivent bien à l'école catholique, puis à faciliter leur intégration dans la société canadienne-française[78]. Des cours de français avaient été ouverts pour les immigrants en 1948 et la CECM proposa de mettre sur pied un secteur «trilingue» semi-indépendant à l'intérieur de ses structures qui combinerait l'enseignement en français et en anglais avec celui de la langue maternelle pendant les premières années[79]. Cependant, l'opposition tant du secteur francophone que du secteur anglophone fit avorter le projet. Comme l'anglicisation des immigrants n'était pas encore devenue un sujet brûlant dans la communauté francophone, le plan de réorganisation de la structure de la CECM obtint peu d'appuis. Du côté anglo-catholique, l'arrivée massive d'enfants immigrés dans le secteur anglophone avait été une bénédiction; le nombre d'écoles et d'élèves avait doublé entre 1950 et 1960[80]. C'est pourquoi les commissaires anglophones de la CECM, dirigés par le père Emmett Carter, se montraient réticents devant l'idée d'abandonner le *statu quo*.

Un rapport secret préparé en 1957 par un sous-comité du comité catholique du Conseil de l'instruction publique abordait plus ouvertement la question de l'anglicisation des immigrants. Le rapport présentait des statistiques alarmantes sur le nombre d'enfants allophones dans le secteur anglo-catholique et faisait remarquer qu'à cause de l'absence d'un enseignement de qualité de la langue seconde dans le secteur français, les parents néo-canadiens n'avaient d'autre choix que d'envoyer leurs enfants à l'école anglaise pour leur faire acquérir la connaissance de l'anglais qu'ils souhaitaient[81]. Le comité proposait d'ouvrir des écoles ethniques bilingues où les enfants allophones apprendraient la religion dans leur langue maternelle jusqu'à la troisième année, puis certaines matières en français (histoire, français, géographie et d'autres) et en anglais (anglais, mathématiques). Les diplômés de ces écoles ethniques pourraient ensuite passer à l'école secondaire française[82].

En 1961, à la suite des pressions des partisans de l'école bilingue, comme le nouveau commissaire Ferdinand Biondi, la CECM implanta le nouveau programme dans 12 écoles «ethniques», six françaises et six rattachées à des paroisses italiennes (le secteur anglais avait refusé de participer). En 1962, 1217 élèves allophones étaient répartis dans 38 classes ethniques. Malgré cette initiative, la CECM restait divisée au sujet de la ligne de conduite à suivre à l'égard des allophones. Dans le climat néonationaliste de la Révolution tranquille, les nationalistes francophones au sein de la CECM exprimaient des doutes quant à l'efficacité de l'école bilingue pour intégrer les immigrants à la société francophone. Le secteur anglo-catholique critiquait le nouveau programme pour des raisons pédagogiques et jugeait qu'il y avait un manque d'enseignants qualifiés pour l'appliquer. En 1963, le Comité des néo-Canadiens était à l'agonie[83] et, bien que des leaders communautaires italiens comme Biondi aient continué à promouvoir l'école bilingue, cette dernière obtenait peu d'appuis chez les francophones et les anglophones catholiques.

Mis à part ces initiatives, la politique officielle de la CECM avant les années soixante n'était pas orientée vers l'intégration des immigrants, ce qui n'a rien de surprenant. Après tout, elle avait été fondée par les tenants de «la survivance» pour «protéger [les francophones] contre toute influence de l'extérieur[84]». Pendant les années cinquante, comme l'a montré la commission Tremblay, la notion de communauté parmi les francophones excluait la pluralité; selon la conception traditionnelle, la survie de la langue et de la culture françaises reposait sur la pureté et l'homogénéité de la communauté. On prêtait peu d'attention au rôle de l'immigration dans le façonnement de la société francophone, surtout que, historiquement, presque toute l'immigration à destination de Montréal avait été anglophone[85].

Parallèlement, au début des années soixante, les dirigeants de plusieurs institutions anglophones de Montréal devinrent plus sensibles à la présence croissante des minorités ethniques à Montréal. Par le passé, les institutions anglo-protestantes n'avaient pas toujours été accueillantes envers les immigrants. Pendant une bonne partie du XXe siècle, l'establishment anglo-protestant de Montréal avait été aussi ethnocentrique que celui du Canada anglais et des États-Unis. Les romans de Mordecai Richler, riches de détails, décrivent bien les tensions entre Juifs et Anglo-Saxons à Montréal. Pendant de nombreuses années, les châteaux forts anglophones comme McGill, la Bourse de Montréal et le Board of Trade furent fermés aux Juifs et aux autres minorités non protestantes.

Au fur et à mesure que le XXe siècle avançait, les protestants se sont graduellement ouverts aux Juifs, le groupe non catholique le plus important de l'époque. En 1930, la présence des enfants juifs à l'école protestante fut consacrée par la loi, et les immigrants juifs ont rapidement adopté l'anglais comme langue d'usage. Le Montréal anglophone commençait à devenir multiethnique et non plus exclusivement britannique[86]. Avec l'immigration massive qui suivit la Seconde Guerre mondiale, il devint évident pour les anglophones que les nouvelles minorités ethniques constitueraient une «troisième force» et que la vitalité des institutions anglophones dépendrait de l'intégration de ces immigrants dans une communauté anglophone pluraliste. Par conséquent, contrairement aux institutions francophones qui semblaient peu accueillantes envers les immigrants, les institutions anglophones s'ouvrirent aux immigrants, et on leur confia des postes dans l'enseignement, l'administration scolaire et les services sociaux. D'une certaine manière, l'acceptation des immigrants à l'intérieur de la communauté anglophone de Montréal ressemblait au processus d'intégration et d'acculturation qui avait cours dans d'autres villes canadiennes et américaines. Cela contrastait avec l'attitude de la communauté francophone qui, influencée par l'idéologie nationaliste traditionnelle, restait fermée et homogène.

Bref, trois facteurs incitèrent les immigrants, dont le nombre grandit après 1945, à envoyer leurs enfants à l'école anglaise: la domination anglophone de l'économie de Montréal, la structure de l'enseignement public et le contraste entre les attitudes des communautés francophone et anglophone à l'endroit des immigrants. Normalement, dans un contexte multiethnique, les immigrants apprennent la langue de la majorité et s'intègrent à celle-ci. Mais, malgré la transformation du paysage social et culturel de Montréal pendant la Révolution tranquille, les anglophones de Montréal demeuraient encore, au milieu des années soixante, une «minorité majoritaire», c'est-à-dire une minorité dont le pouvoir, le prestige et les privilèges ressemblaient à ceux d'une majorité. De plus, l'anglais était la langue de la majorité *au Canada*. La situation était donc en un sens culturellement explosive: Montréal possédait «une double majorité» et les immigrants pouvaient choisir librement l'une ou l'autre. Dans de telles circonstances, à moins d'une intervention gouvernementale ou d'une restructuration de l'économie de Montréal, la plupart des immigrants continueraient d'inscrire leurs enfants à l'école anglaise.

Les conséquences politiques de l'anglicisation des immigrants

Dès la fin des années soixante, les choix scolaires des immigrants influaient sur la composition linguistique des écoles. Bien que seulement 22,6 % de la population de Montréal déclare l'anglais comme langue maternelle en 1970, près de 38 % des inscriptions aux écoles primaires de l'île de Montréal se faisaient à l'école anglaise, une indication de la manière dont les choix des immigrants renforçaient le secteur scolaire anglais de Montréal[87]. Selon des projections prudentes, conséquemment à l'anglicisation des immigrants, les écoles anglaises accueilleraient, au début des années quatre-vingt, une majorité d'écoliers de première année[88].

Au début des années soixante-dix, la chute du taux de natalité et l'exode des familles vers la banlieue menèrent à une diminution du nombre des inscriptions dans les écoles de la CECM et de la CEPGM. Le «dépeuplement» était moins marqué dans le secteur anglais que dans le secteur français à cause de l'arrivée constante d'allophones. Entre 1970 et 1974 (lorsque la réduction de l'effectif a commencé à devenir significative et avant que l'accès à l'école anglaise soit limité par la loi), les inscriptions avaient diminué de 13,2 % à la commission scolaire protestante (dont l'enseignement était dispensé exclusivement en anglais) et de 23,2 % dans le secteur français de la CECM. Dans le secteur anglais de la CECM, la destination de la majorité des élèves allophones, les inscriptions n'avaient diminué que de 4 % entre 1970 et 1974[89].

Ces tendances étaient lourdes de conséquences pour la culture et l'économie. Dans un contexte qui valorisait l'épanouissement du français à Montréal, l'anglicisation des immigrants portait un coup dur à la fierté collective des francophones. En choisissant l'école anglaise, les immigrants semblaient affirmer que la langue de la majorité était moins «valable» que celle de la minorité et rejeter les aspirations de la Révolution tranquille, c'est-à-dire l'édification d'une société dynamique en français. Ce rejet provoquera une onde de choc dans la société francophone.

En 1967, l'inquiétude de plusieurs francophones dépassait la seule question de l'anglicisation des immigrants: si la composition linguistique de Montréal venait à ressembler à celle des écoles publiques, les francophones seraient minoritaires dans leur propre métropole. Les écoles anglaises, renforcées par l'apport des immigrants, étaient perçues comme le principal agent d'anglicisation de Montréal et représentaient donc la menace la plus grave pour la langue et la culture françaises. Selon une conclusion de la commission Gauthier en 1967, le fait que 90 % des enfants immigrés fréquentent l'école anglaise «ne peut aboutir qu'à réduire constamment l'importance de la langue française au Québec et à amorcer un processus de "minorisation" de la communauté francophone du Québec». En envoyant leurs enfants à l'école anglaise, les immigrants «vont apporter demain leur renfort à l'élément d'origine britannique; c'est eux qui conserveront et qui accentueront le caractère anglophone de Montréal[90]».

Des projections démographiques qui avaient fait l'objet d'une forte diffusion accentuaient les craintes des francophones quant à leur avenir à Montréal. Même si l'immigration à destination de Montréal avait avantagé la communauté anglophone depuis que les démunis de Grande-Bretagne avaient afflué vers 1815, les francophones formaient la majorité depuis 1871 à cause d'un taux de natalité exceptionnellement élevé et d'un mouvement migratoire intérieur continu.

Cependant, pendant les années soixante, le taux de natalité chez les francophones avait chuté et la migration en provenance des régions avait ralenti. Dans une importante analyse démographique publiée en 1969, le démographe Jacques Henripin arrivait à cette conclusion: «Si les tendances migratoires actuelles se maintiennent et si les immigrants continuent de choisir majoritairement la langue anglaise, la communauté francophone du Québec verra sa majorité passablement réduite, surtout à Montréal. Cela signifie qu'elle perdra son seul vrai pouvoir: celui de faire des lois et d'élire des gouvernements[91].» Henripin présentait une série de scénarios possibles sur la future composition linguistique de Montréal. Selon le plus alarmiste, celui que les médias ont retenu, si l'immigration non francophone restait élevée, la proportion des francophones dans la région métropolitaine pourrait descendre à 52,7 % en l'an 2000. Autrement dit, une analyse démographique sérieuse considérait comme réaliste la possibilité d'une mise en minorité des francophones à Montréal à la fin du siècle. Henripin lui-même croyait la situation des francophones suffisamment menacée pour qu'il recommande au gouvernement de prendre des mesures en vue d'intégrer les immigrants à la communauté francophone[92].

Rétrospectivement, on peut dire que plusieurs prévisions d'Henripin se sont révélées indûment catastrophistes. Premièrement, pendant que les immigrants s'anglicisaient à Montréal, un nombre non négligeable d'anglophones quittaient la métropole, attirés par des perspectives économiques plus intéressantes à Toronto et rebutés par la croissance du nationalisme et du sentiment anti-anglais à Montréal. L'émigration anglophone nette se chiffrait à 33 000 personnes entre 1966 et 1971[93]. Les immigrants anglicisés ne renforçaient donc pas une population anglophone en nombre constant, et les prévisions pessimistes d'Henripin ne tenaient pas suffisamment compte de l'augmentation des départs parmi les anglophones.

Deuxièmement, Jacques Henripin a pu sous-estimer le rôle des migrations intérieures comme contrepoids à l'anglicisation des immigrants. Tout au long du XXe siècle, les francophones ont quitté les régions rurales à la recherche d'un avenir économique meilleur à Montréal, formant un noyau unilingue français solide et croissant. Même si les migrations intérieures avaient ralenti à la fin des années soixante, 156 000 migrants francophones se sont quand même installés à Montréal entre 1961 et 1971 (comparativement à 175 800 entre 1951 et 1961[94]). De plus, le scénario d'Henripin ne prévoyait pas les conséquences démographiques de la conjoncture économique: il se pouvait que l'économie des régions périphériques reste stagnante, ce qui déclencherait une nouvelle vague de migration francophone vers Montréal. Jumelée à l'émigration grandissante des Anglo-Montréalais, cette tendance aurait pu faire contrepoids à l'anglicisation des immigrants et permettre de conserver une majorité francophone à Montréal.

En prenant ces facteurs en considération, d'autres démographes ont produit des prévisions quant à l'avenir des francophones moins pessimistes que celles d'Henripin. Charbonneau et Maheu, par exemple, ont estimé que la proportion de la population francophone de Montréal se situerait entre 61,2 % et 70,2 % en 1991[95]. Henripin lui-même révisa ses projections après avoir analysé les données du recensement de 1971.

Quoi qu'il en soit, tandis que ces scénarios contradictoires faisaient l'objet d'une polémique entre scientifiques, les divisions linguistiques de Montréal se politisaient au grand jour. Quelle qu'ait été la validité des prédictions de «minorisation», de plus en plus de francophones croyaient que la présence des allophones dans les écoles anglaises de Montréal constituait une menace imminente pour leur survie collective. De plus, bien que le sujet ait rarement été discuté ouvertement, certains nationalistes craignaient que les francophones n'imitent leurs concitoyens immigrés en inscrivant eux aussi leurs enfants à l'école anglaise, ce qui aurait eu de graves conséquences culturelles et linguistiques. En 1970, les francophones représentaient 13 % de la population scolaire du secteur anglais de la CECM et presque 5 % de celle de la CEPGM[96]. Les scénarios d'une possible «minorisation» des francophones à Montréal n'avaient prévu pratiquement aucune assimilation des francophones au groupe anglophone. Toutefois, si un nombre significatif de parents francophones commençaient à envoyer leurs enfants à l'école anglaise, la possibilité d'une telle assimilation augmentait et pourrait contribuer à la constitution d'une majorité non francophone à Montréal.

À ce propos, William Coleman va trop loin en soutenant que ce qui préoccupait le plus les francophones par rapport à la langue d'enseignement était la perspective de perdre des leurs; manifestement, la question de la présence des immigrants à l'école anglaise était un sujet d'inquiétude bien réel à la fin des années soixante. En réalité, le nombre d'élèves francophones à l'école anglaise n'était pas particulièrement élevé (environ 8000 en 1970 ou 3,1 % des écoliers francophones de l'île de Montréal) ni en croissance rapide (le nombre de francophones dans le secteur anglo-catholique était passé de 4518 en 1960 à 5373 en 1970[97]). Néanmoins, il est vrai que certains groupes de la communauté francophone voyaient l'anglicisation des francophones par le biais de l'école anglaise comme une véritable menace; l'inquiétude était suffisamment grande pour que le rapport de la commission Gauthier, déposé en janvier 1967, recommande que l'on interdise aux francophones d'inscrire leurs enfants à l'école anglaise.

Outre les craintes quant à la survie culturelle des francophones, certains enjeux économiques majeurs étaient liés à la question de la répartition de la population scolaire. En termes concrets, la diminution des inscriptions à l'école française menaçait les emplois du personnel enseignant et non enseignant francophone. Ainsi, la concurrence entre les deux secteurs pour gagner la faveur des communautés culturelles ne se rattachait pas seulement à un enjeu démographique, mais aussi à la question de savoir quelle communauté, dans un contexte de baisse de la natalité, attirerait suffisamment d'enfants immigrés pour garder ses écoles ouvertes et protéger ses emplois. Il n'est pas étonnant que les enseignants et les étudiants francophones aient formé le noyau de la coalition qui réclamait des mesures pour limiter l'accès à l'école anglaise; leurs intérêts matériels étaient en jeu.

Dès l'automne 1967, la question de l'anglicisation des immigrants par le biais de l'école publique avait pris de l'ampleur dans la communauté francophone. Les lettres et les articles sur le sujet se multipliaient dans Le Devoir, porte-parole des intellectuels francophones de Montréal. Le programme de l'Union nationale, qui remporta les élections de 1966, comprenait de vagues promesses sur le besoin de «services d'accueil» pour intégrer les immigrants à la communauté francophone[98]. Les francophones modérés approuvaient des programmes d'aide aux immigrants et l'amélioration de l'enseignement de l'anglais pour inciter les parents allophones à inscrire leurs enfants à l'école française.

Mais des voix nationalistes plus militantes se faisaient entendre. La SSJBM, les États généraux du Canada français et le RIN répétaient leurs appels en faveur d'une nouvelle politique scolaire à Montréal qui obligerait les immigrants (et, dans certains cas, les anglophones) à envoyer leurs enfants à l'école française. Le rapport de la commission Gauthier contenait une recommandation percutante: l'abolition de «la liberté de choix» dans l'éducation à Montréal. La commission recommandait aussi, nous l'avons vu, que les élèves francophones soient obligés de fréquenter exclusivement l'école française; de plus, elle recommandait que les allophones (et, par la suite, les anglophones) soient placés dans un nouveau réseau scolaire bilingue où le français prédominerait. «L'équilibre linguistique, soutenait le rapport, ne peut être rétabli et le mouvement ne peut être renversé que par intervention énergique des pouvoirs publics. [...] Penser qu'un accueil chaleureux de la part des Franco-Québécois à l'immigrant et l'amélioration de l'enseignement de l'anglais dans les écoles canadiennes-françaises modifieraient progressivement l'état des choses actuel, c'est décidément croire au père Noël[99].»

Malgré le militantisme grandissant chez les francophones, le consensus social qui avait traditionnellement régi les relations entre les communautés linguistiques de Montréal restait puissant, même s'il montrait des signes évidents de fissure. Les personnalités politiques francophones de premier plan n'étaient pas prêtes à attaquer de front la place de l'anglais à Montréal, et le gouvernement de Daniel Johnson, surpris par les recommandations vigoureuses de la commission Gauthier, décida de taire le rapport qui ne sera rendu public qu'en 1968.

Cependant, en 1967, la question de l'anglicisation des immigrants avait attiré l'attention d'une portion significative de la communauté francophone de Montréal. Si on se fiait à la configuration de la fréquentation scolaire, Montréal était en voie de devenir une ville multiethnique où l'*anglais* servirait de langue d'intégration des nouveaux arrivants. Pour les néo-nationalistes issus de la Révolution tranquille, une pareille situation était tout simplement inacceptable. En dépit d'une absence d'unanimité dans la communauté francophone sur la façon d'agir, les pressions en faveur d'une intervention gouvernementale augmentèrent.

À la fin des années soixante, Montréal était à la fois le cœur de la nouvelle culture urbaine québécoise et le lieu où l'anglicisation des immigrants menaçait cette culture. Montréal était simultanément le centre du nationalisme québécois et le centre du pouvoir anglophone. Dans ce contexte, les craintes des francophones au sujet de leur survie culturelle et des emplois dans le système scolaire étaient une bombe à retardement. Il ne fallait qu'une étincelle, un événement catalyseur, pour faire de la langue d'enseignement un enjeu politique de premier plan. L'étincelle qui mit le feu aux poudres fut une décision prise en novembre 1967 par la Commission scolaire catholique de Saint-Léonard, en banlieue de Montréal, qui faisait du français la seule langue d'enseignement pour les enfants allophones de la ville. En 1968 et en 1969, dans le climat linguistique tendu de l'époque, cette décision d'intérêt local eut rapidement des répercussions à l'échelle métropolitaine et provinciale. Autrefois la préoccupation de quelques puristes francophones, la question linguistique était sur le point de devenir une affaire d'intérêt général.

Notes du chapitre II

1. Dominique Clift et Sheila McLeod Arnopoulos, *The English Fact in Quebec*, 2e éd., Montréal, McGill-Queen's University Press, 1984, p. 153 (propos absent de la version française *Le fait anglais au Québec*, Montréal, Libre Expression, 1979).
2. François-Pierre Gingras, «Le Rassemblement pour l'indépendance nationale ou l'indépendantisme: du mouvement social au parti politique», dans Réjean Pelletier (dir.), *Partis politiques au Québec*, Montréal, Hurtubise HMH, 1976, p. 238.
3. Louis Fournier, *F.L.Q., histoire d'un mouvement clandestin*, Montréal, Québec/Amérique, 1982, p. 46. Malgré tout, le RIN organisa une manifestation à Québec qui fut durement réprimée par la police et passa à l'histoire comme le «samedi de la matraque».
4. *Ibid.*, p. 108-109.
5. *Ibid.*, p. 13-29.
6. *Victoire*, organe de liaison interne du FLQ (mars 1969), cité dans Gérard Pelletier, *La crise d'octobre*, Montréal, Éditions du Jour, 1971, p. 251.
7. George Nader, *Cities of Canada: volume 2, Profiles of Fifteen Metropolitan Centres*, Toronto, Macmillan, 1971, p. 224.
8. Pierre Dagenais, «La métropole du Canada: Montréal ou Toronto?», *Revue de géographie de Montréal*, vol. 23, n° 1, 1969, p. 36.
9. Jacques Léveillée, *Développement urbain et politiques gouvernementales urbaines dans l'agglomération montréalaise, 1945-1975*, Montréal, Société canadienne de science politique, 1978, p. 202.
10. Jane Jacobs, *The Question of Separatism*, New York, Vintage Books, 1980, p. 15.
11. Dominique Clift et Sheila McLeod Arnopoulos, *Le fait anglais au Québec*, ouvr. cité, p. 153.
12. Paul-André Linteau et autres, *Le Québec depuis 1930: histoire du Québec contemporain*, Montréal, Boréal, 1986, p. 691-710.
13. Selon Michael Behiels, ces tendances avaient augmenté en importance en suivant la croissance de Montréal au XXe siècle; refoulées pendant la répression de Duplessis, elles ont éclaté au grand jour pendant les années soixante (Michael Behiels, *Prelude to Quebec's Quiet Revolution*, Montréal, McGill-Queen's University Press, 1985).
14. Kenneth McRoberts et Dale Posgate, *Développement et modernisation du Québec*, Montréal, Boréal Express, 1983, p. 115-144. Il existe un débat de fond au sujet du rôle de la nouvelle classe moyenne par rapport à d'autres groupes sociaux dans la promotion de la Révolution tranquille. William Coleman et Dorval Brunelle, par exemple, avancent que les politiques étatistes de la Révolution tranquille étaient l'initiative des gens d'affaires francophones et que la montée de la

nouvelle classe moyenne était la conséquence plutôt que la cause de ces politiques. Mon argument au sujet des rôles respectifs de la nouvelle classe moyenne et de la bourgeoisie d'affaires francophone montante dans l'élaboration des changements des années soixante rejoint la thèse de McRoberts. En fait, les capitalistes francophones se sont opposés à plusieurs initiatives de la Révolution tranquille, dont la nationalisation de l'électricité. Le poids de la nouvelle classe moyenne se fera sentir dans le cadre des débats sur la question linguistique.

15. Kenneth McRoberts et Dale Posgate, *Quebec: Social Change and Political Crisis*, 2ᵉ éd., Toronto, McClelland and Stewart, 1980, p. 99 (texte un peu différent de la version française *Développement et modernisation du Québec*, ouvr. cité).
16. *Ibid.*, p. 100.
17. Paul-André Linteau et autres, ouvr. cité, p. 277.
18. Lysiane Gagnon, «Les conclusions du rapport B.B.: de Durham à Laurendeau-Dunton: variation sur le thème de la dualité canadienne», *Économie québécoise*, Montréal, Presses de l'Université du Québec, 1969, p. 251.
19. Charles Taylor, «Nationalism and the Political Intelligentsia: A Case Study», *Queens Quarterly*, vol. 72, printemps 1965, p. 150-168.
20. Marcel Fournier, «La question nationale: enjeux et impasses», dans Jean-François Léonard (dir.), *La chance au coureur: bilan de l'action du gouvernement du Parti québécois*, Montréal, Nouvelle Optique, 1978, p. 177-179.
21. Albert Breton, «The Economics of Nationalism», *Journal of Political Economy*, vol. 72, août 1964, p. 381.
22. Henry Milner, *Politics in the New Quebec*, Toronto, McClelland and Stewart, 1978, p. 134.
23. Cité dans Mordecai Richler, *Home Sweet Home: My Canadian Album*, New York, Penguin Books, 1985, p. 237.
24. Les calculs ont été faits à partir des données publiées dans André Blais et Kenneth McRoberts, «Public Expenditure in Ontario and Quebec, 1950-1980: Explaining the Differences», *Journal of Canadian Studies*, vol. 18, n° 1, printemps 1983, p. 30.
25. James I. Gow, «Modernisation et administration publique», dans Edmond Orban (dir.), *La modernisation politique du Québec*, Montréal, Boréal Express, 1976, p. 165.
26. Ministère de l'Éducation du Québec, *Livre vert: l'enseignement primaire et secondaire au Québec*, Québec, MEQ, 1977, p. 4.
27. Kenneth McRoberts et Dale Posgate, *Quebec: Social Change and Political Crisis*, ouvr. cité, p. 104-105.
28. René Lévesque, *Attendez que je me rappelle...*, Montréal, Québec/Amérique, 1986, p. 227-253; Dale C. Thomson, *Jean Lesage et la révolution tranquille*, Saint-Laurent, Éditions du Trécarré, 1984, p. 302.
29. Yves Bélanger et Pierre Fournier, *L'entreprise québécoise: développement historique et dynamique contemporaine*, Montréal, Hurtubise HMH,

1987, p. 134-135; Douglas Fullerton, *The Dangerous Delusion: Quebec's Independence Obsession*, Toronto, McClelland and Stewart, 1978, p. 53-61; Dale C. Thomson, ouvr. cité, p. 305-306.
30. Dans les années soixante, le terme «Québécois», dénotant une nationalité dynamique et ouverte sur l'avenir, a remplacé «Canadien français» comme descriptif pour les personnes d'origine française au Québec. L'expression «société normale», dans laquelle les francophones ne seraient plus des citoyens de deuxième classe dans leur propre pays, était souvent employée par René Lévesque.
31. Paul-André Linteau et autres, ouvr. cité, p. 691-711.
32. Michael Stein, «Bill 22 and the Non-Francophone Population in Quebec: A Case Study of Minority Group Attitudes on Language Legislation», dans John R. Mallea (dir.), *Quebec's Language Policies: Background and Response*, Québec, Presses de l'Université Laval, 1977, p. 258. Les leaders anglophones du monde des affaires s'opposaient à l'étatisme non seulement pour des raisons culturelles, mais aussi parce que, en tant qu'hommes d'affaires, ils jugeaient que la réglementation de la propriété privée n'était pas du ressort de l'État.
33. Dominique Clift et Sheila McLeod Arnopoulos, *Le fait anglais au Québec*, ouvr. cité, p. 134.
34. Commission royale d'enquête sur le bilinguisme et le biculturalisme, rapport, vol. 2: *L'éducation*, Ottawa, Information Canada, 1967, p. 25.
35. *Ibid.*, p. 36-37.
36. Dominique Clift et Sheila McLeod Arnopoulos, *Le fait anglais au Québec*, ouvr. cité, p. 111-114; Pierre Fournier, *Le patronat québécois au pouvoir: 1970-1976*, Montréal, Hurtubise HMH, 1979, p. 170.
37. Léon Dion, *Le Bill 60 et la société québécoise*, Montréal, Hurtubise HMH, 1967, p. 67-80.
38. La commission Parent, ou Commission royale d'enquête sur l'enseignement dans la province de Québec — c'était là son titre officiel —, présidée par Mgr Alphonse-Marie Parent, a publié un rapport en cinq volumes qui a servi d'esquisse à la refonte du système scolaire québécois.
39. Commission Parent, rapport, 3e partie, *L'administration de l'enseignement*, Gouvernement du Québec, 1966, p. 100.
40. *Ibid.*, p. 195; voir également Lise Duval et Jean-Pierre Tremblay, *Le projet de restructuration scolaire de l'île de Montréal et la question linguistique au Québec*, Québec, Centre international de recherche sur le bilinguisme, 1974, p. 8-10.
41. Commission Parent, ouvr. cité, p. 196.
42. Commission royale d'enquête sur le bilinguisme et le biculturalisme, ouvr. cité, p. 65.
43. William Coleman, «The Class Basis of Language Policy in Quebec, 1949-1975», *Studies in Political Economy*, vol. 3, printemps 1980, p. 104.
44. George Nader, ouvr. cité, p. 152.
45. *Ibid.*, p. 150.
46. Abe Limonchik, «The Montreal Economy during the Drapeau Years», dans Dimitrios Roussopoulos (dir.), *The City and Radical Social Change*,

Montréal, Black Rose Books, 1982, p. 183, 187; Andrew Sancton, *Governing the Island of Montreal: Language Differences and Metropolitan Politics*, Berkeley, University of California Press, 1985, p. 73-74.
47. Cité dans Jean-Pierre Proulx, «Tocqueville a lancé le débat sur l'affichage en... 1831», *Le Devoir*, 12 décembre 1988, p. 4.
48. Mémoire de la Société Saint-Jean-Baptiste de Montréal, reproduit dans Guy Bouthillier, «Éléments d'une chronologie politique de l'action linguistique du Québec pour la décennie 1960-1969, précédée d'un aperçu sur la période 1935-1969», dans *L'État et la planification linguistique*, t. 2: *Étude de cas particuliers*, Québec, Éditeur officiel du Québec, 1981, p. 32.
49. Cité dans Réjean Pelletier, «Les militants du R.I.N. et les autorités politiques québécoises», dans Réjean Pelletier (dir.), ouvr. cité, p. 261.
50. Guy Bouthillier et Jean Meynaud, *Le choc des langues au Québec, 1760-1970*, Montréal, Presses de l'Université du Québec, 1972, p. 45.
51. Cité dans Réjean Pelletier, art. cité, p. 261.
52. *Programme politique du Rassemblement pour l'indépendance nationale*, article 111, Montréal, 1965, p. 37.
53. *Le Devoir*, 8 septembre 1967; Louis Fournier, ouvr. cité, p. 150-151.
54. Réal Pelletier, «Contre l'unilinguisme, Lévesque retient l'indépendance comme solution», *Le Devoir*, 4 novembre 1963. Comme nous le verrons, la sensibilité aux droits des anglophones a toujours été présente tout au long de la carrière politique de René Lévesque.
55. Dale C. Thomson, ouvr. cité, p. 397.
56. William Coleman, *The Independence Movement in Quebec, 1945-1980*, Toronto, University of Toronto Press, 1984, p. 139-140.
57. Dale C. Thomson, ouvr. cité, p. 392.
58. Ministère des Affaires culturelles, *Livre blanc sur la politique culturelle*, inédit, 1965, p. 4, 24.
59. *Ibid.*, p. 28, 35-36.
60. Dale C. Thomson, ouvr. cité, p. 397.
61. *Ibid.*, p. 398.
62. Jean-Louis Roy, *Les programmes électoraux du Québec: un siècle de programmes politiques québécois*, Montréal, Leméac, 1970, t. 2, p. 433.
63. Réjean Pelletier, art. cité, p. 263.
64. Statistique Canada, *Recensement du Canada, 1971*, catalogue 92-726.
65. Hubert Charbonneau et Robert Maheu, *Les aspects démographiques de la question linguistique*, étude préparée pour la Commission d'enquête sur la situation de la langue française et sur les droits linguistiques au Québec, 1973, p. 269.
66. Voir Fernand Harvey, «La question de l'immigration au Québec: genèse historique», dans *Le Québec français et l'école à clientèle pluriethnique*, Québec, Conseil de la langue française, 1987, p. 16-19; Jean-Marc Léger, «Immigration, problème social, drame national», *Le Devoir*, 12 décembre 1957.
67. Commission des écoles catholiques de Montréal (CECM), *Mémoire à la Commission d'enquête sur la situation de la langue française et sur les droits linguistiques au Québec*, septembre 1969, p. 45.

68. Calculs faits à partir des données de la Commission d'enquête sur la situation de la langue française et sur les droits linguistiques au Québec, *Les groupes ethniques*, Québec, Éditeur officiel du Québec, 1972, p. 218. (Dans les prochaines notes, cette commission sera dite commission Gendron.)
69. Commission Gendron, ouvr. cité, p. 218-221.
70. Jeremy Boissevain, *Les Italiens de Montréal*, études de la Commission royale d'enquête sur le bilinguisme et le biculturalisme, n° 7, Ottawa, Imprimeur de la Reine, 1971, p. 38.
71. Paul Cappon, *Conflit entre néo-Canadiens et francophones de Montréal*, Québec, Presses de l'Université Laval, 1974, p. 17, 28.
72. Commission Gendron, ouvr. cité, p. 231.
73. Commission Gauthier (ministère de l'Éducation et ministère des Affaires culturelles), *Rapport du comité interministériel sur l'enseignement des langues aux néo-Canadiens*, 27 janvier 1967, p. 34-36.
74. Commission Parent, ouvr. cité, p. 99-100; Commission Gendron, ouvr. cité, p. 193-194.
75. Donat J. Taddeo et Raymond C. Taras, *Le débat linguistique au Québec*, Montréal, Presses de l'Université de Montréal, 1987, p. 51-52.
76. William Coleman, ouvr. cité, p. 147.
77. Gary Caldwell, «Assimilation and the Demographic Future of Quebec», dans John R. Mallea (dir.), ouvr. cité, p. 67.
78. Donat Taddeo et Raymond C. Taras, ouvr. cité, p. 60-75; Michael D. Behiels, «The Commission des écoles catholiques de Montréal and the Néo-Canadien Question, 1947-1963», *Canadian Ethnic Studies*, vol. 18, n° 2, 1986, p. 38-64.
79. Michael D. Behiels, art. cité, p. 46; Donat Taddeo et Raymond C. Taras, ouvr. cité, p. 60.
80. Michael D. Behiels, art. cité, p. 46.
81. *Ibid.*, p. 54.
82. Donat Taddeo et Raymond C. Taras, ouvr. cité, p. 69-76.
83. Michael D. Behiels, art. cité, p. 55.
84. Henry Milner, *La réforme scolaire au Québec*, Montréal, Québec/Amérique, 1985, p. 61.
85. Fernand Harvey, art. cité, p. 16-19.
86. Sur les arrangements entre les Juifs et la CEPGM, voir David Rome, *On the Jewish School Question in Montreal, 1903-1931*, Montréal, Congrès juif canadien, 1975.
87. Conseil scolaire de l'île de Montréal, *Prévision des populations scolaires du territoire du Conseil scolaire de l'île de Montréal*, Montréal, 9 septembre 1983; Statistique Canada, *Recensement du Canada, 1971*, catalogue 92-726.
88. Gary Caldwell, art. cité.
89. Calculs effectués par le Conseil scolaire de l'île de Montréal pour différentes années, *Prévisions des populations scolaires*.
90. Commission Gauthier, ouvr. cité, p. 44.
91. Analyse reproduite dans Jacques Henripin, «Quebec and the Demographic Dilemma of French-Canadian Society», dans Dale C. Thomson

(dir.), *Quebec Society and Politics: Views from the Inside*, Toronto, McClelland and Stewart, 1973, p. 162.
92. *Ibid.*, p. 155-160.
93. Réjean Lachapelle et Jacques Henripin, *La situation démolinguistique au Canada*, Montréal, Institut de recherches politiques, 1980, p. 235.
94. Hubert Charbonneau et Robert Maheu, ouvr. cité, p. 180-183; Réjean Lachapelle et Jacques Henripin, ouvr. cité, p. 235.
95. Commission Gendron, ouvr. cité, p. 177.
96. *Ibid.*, p. 220-221.
97. William Coleman, art. cité, p. 107; les données sur les inscriptions sont tirées de Commission Gendron, ouvr. cité, p. 220-221, et de CECM, ouvr. cité, p. 45.
98. Jean-Louis Roy, ouvr. cité, p. 409.
99. Commission Gauthier, ouvr. cité, p. 44.

CHAPITRE III

1967-1969: crises linguistiques et réactions des pouvoirs publics

Saint-Léonard est une municipalité autonome située à environ huit kilomètres au nord-est du centre-ville de Montréal. Jusqu'au milieu des années cinquante, Saint-Léonard-de-Port-Maurice, son nom à l'époque, était un village paisible de quelque 1000 habitants, presque tous francophones. L'ouverture de l'autoroute Métropolitaine en 1960, la principale voie rapide traversant l'île d'est en ouest, a accéléré le développement commercial et résidentiel de la partie nord-est de l'île et, à la fin de la décennie, Saint-Léonard était une dynamique ville de banlieue de 52 000 habitants. Attirés par le bas prix des maisons et la proximité des lieux de travail, des milliers de francophones, ouvriers et employés, et d'Italiens, une communauté en pleine croissance, se sont établis à Saint-Léonard pendant les années soixante. À la fin de la décennie, la population se répartissait comme suit: 60 % francophone, 30 % italienne et 10 % provenant de communautés diverses, dont des anglophones[1].

Bien sûr, avant l'arrivée des nouveaux résidants, les écoles de Saint-Léonard étaient exclusivement françaises; en 1963, la commission scolaire catholique locale réagissait à la modification de la composition ethnique de la ville en ouvrant des écoles primaires où l'enseignement était dispensé en français et en anglais, des écoles semblables à celles que le Comité des néo-Canadiens de la CECM avait tenté d'implanter. L'objectif était que les enfants immigrés maîtrisent le français tout en acquérant la bonne connaissance de l'anglais que leurs parents souhaitaient tant. La commission scolaire s'attendait à ce que les écoles bilingues n'attirent qu'une minorité d'écoliers, mais le programme a connu une grande popularité parmi les Italiens de Saint-Léonard. En 1967, plus de 90 % des écoliers allophones de Saint-Léonard étaient inscrits dans les 57 classes bilingues de la commission scolaire[2].

Or, au grand désespoir de la communauté francophone de plus en plus politisée, l'école bilingue semblait, au milieu des années soixante, avoir pour effet pervers d'intégrer les enfants immigrés de Saint-Léonard au milieu anglophone et non au milieu francophone. En effet, plus de 85 % des élèves qui terminaient leurs études primaires dans ces écoles se dirigeaient vers les écoles secondaires de langue anglaise de la Commission scolaire Jérôme-Le Royer (qui comprend Saint-Léonard[3]). Bref, Saint-Léonard était un microcosme de la situation scolaire à Montréal à la fin des années soixante, c'est-à-dire que l'école publique semblait mener à l'anglicisation graduelle de la population. Fait encore plus troublant, certains parents *francophones*, probablement à la recherche d'un avenir meilleur pour leurs enfants dans un marché du travail segmenté, envoyaient aussi leurs enfants à l'école bilingue. En 1967, 6 % des écoliers francophones de Saint-Léonard étaient inscrits dans une classe bilingue[4].

C'est dans ce contexte que la Commission scolaire catholique de Saint-Léonard, à dominante francophone, décida en novembre 1967 de fermer ses écoles bilingues, décision qui devait changer à jamais le cours de la politique linguistique à Montréal. Les écoliers qui fréquentaient déjà ces écoles au moment de la décision pouvaient y rester jusqu'à la fin de leurs études primaires, mais tous les autres enfants qui entraient à l'école en septembre 1968 devaient s'inscrire à l'cole française. Comme le programme des classes bilingues englobait la septième année du primaire, la commission scolaire prévoyait une élimination graduelle de ces classes pendant les six années à venir.

La réaction — négative, il s'entend — des parents allophones ne se fit pas attendre. Ils fondèrent l'Association des parents de Saint-Léonard qui appuyait la liberté des parents de choisir la langue d'enseignement et réclamait le rétablissement des classes bilingues. Les membres de l'Association des parents menaçaient de ne pas payer les taxes scolaires, de garder leurs enfants à la maison et de poursuivre en justice la commission scolaire pour défendre leurs droits en matière d'éducation. L'intensité de la réaction des parents allophones prit les commissaires par surprise et, dans l'espoir de désamorcer les tensions linguistiques, ils décidèrent en avril 1968 de retarder d'une année l'application de la nouvelle politique linguistique[5].

Les conflits linguistiques avaient maintenant éclaté au grand jour à Saint-Léonard et l'indécision de la commission scolaire ne fit qu'exacerber les tensions interethniques. En avril 1968, un organisme francophone, le Mouvement pour l'intégration scolaire (MIS), fut fondé pour «exiger le français comme seule langue d'enseignement dans les écoles publiques de Saint-Léonard[6]». Dirigé par Raymond Lemieux, architecte, indépendantiste et résidant de Saint-Léonard, le MIS voulait non seulement défendre les «droits des francophones» dans Saint-Léonard, mais aussi politiser la question de la langue d'enseignement à Montréal et dans tout le Québec. «Dès la première réunion du MIS, dit Lemieux, les parents étaient assez conscients des implications plus vastes, c'est-à-dire l'anglicisation de Montréal[7].» Le MIS ne tarda pas à afficher un effectif de 3000 membres et déclara plus tard qu'il comptait «créer 10, 20, 50 Saint-Léonard» à la grandeur du Québec[8]. Lié au noyau dur du mouvement indépendantiste, y compris à des membres du FLQ, le MIS et sa stratégie «d'action directe» à Saint-Léonard pendant les deux années suivantes ont joué un rôle important dans la polarisation des communautés linguistiques et forcé les dirigeants québécois à aborder l'épineuse question de la politique linguistique[9].

En mai 1968, dans le but d'avoir la haute main sur la politique linguistique dans les écoles de Saint-Léonard, le MIS et l'Association des parents annoncèrent qu'ils présenteraient tous deux des candidats aux élections scolaires de juin. La campagne, que tout Montréal suivit de près, fut mouvementée et âprement disputée, ponctuée d'accusations de fraude et de contestations devant les tribunaux. La moitié des électeurs exercèrent leur droit de vote alors que la participation habituelle aux élections scolaires n'était que de 5 % à 10 %. Le MIS remporta une victoire décisive en faisant élire Jean Girard et Raymond Langlois. Un autre partisan de l'unilinguisme, Jacques Deschênes, fut réélu, ce qui permettait au MIS de détenir le pouvoir au conseil scolaire. Par ailleurs, dans un référendum tenu simultanément, plus de 75 % des électeurs s'étaient prononcés en faveur du français comme seule langue d'enseignement[10]. Fort de ce résultat, le nouveau conseil scolaire ne tarda pas à agir. Le 27 juin, il annonça que «dans toutes les écoles primaires de la juridiction de la commission scolaire de Saint-Léonard, la langue d'enseignement sera le français et ce, dès septembre 1968[11]».

En été et au début de l'automne, alors que l'Association des parents et le MIS se mobilisaient chacun de son côté, la tension monta à Saint-Léonard et la question des droits linguistiques en matière d'éducation déborda rapidement les frontières de la ville. Célébrant encore sa victoire aux élections scolaires de Saint-Léonard, le MIS annonça qu'il étendrait son action à Laval, à Anjou et à Saint-Laurent[12]. Quant à l'Association des parents, revigorée par son nouveau président, un anglo-catholique du nom de Robert Beale, elle préconisait la création d'une commission scolaire séparée de langue anglaise à Saint-Léonard. Elle obtint l'appui d'hommes d'affaires, de dirigeants du milieu de l'éducation et des médias anglophones. De plus, elle recourut aux tribunaux pour contester la décision de la commission scolaire, annonça un boycottage des classes unilingues françaises et ouvrit des écoles privées et de «sous-sol» — l'une d'elles fut appelée l'«école des citoyens» — où les élèves allophones de première année pouvaient recevoir un enseignement en anglais[13]. En septembre, 5000 partisans de l'Association des parents manifestèrent devant le Parlement à Ottawa pour alerter le Canada anglais «de la violation des droits de la communauté anglophone de Saint-Léonard[14]» et tenter d'obtenir l'appui du nouveau premier ministre, Pierre Elliott Trudeau.

Plusieurs organismes de Montréal prirent la défense des parents allophones. Tandis que la CECM gardait le silence sur «l'affaire Saint-Léonard», craignant peut-être que des enseignants francophones ne réclament l'unilinguisme dans ses propres écoles, la CEPGM annonça que les écoliers catholiques de Saint-Léonard pouvaient s'inscrire dans ses écoles, sous réserve de disponibilité des places et moyennant le versement d'une «contribution spéciale[15]». L'Association des professeurs catholiques de langue anglaise, qui craignait sans doute que les emplois de ses membres soient menacés si d'autres commissions scolaires suivaient l'exemple de Saint-Léonard et obligeaient les enfants immigrés à fréquenter l'cole française, appuya les parents allophones[16]». Beale viendra à reprocher aux hommes d'affaires anglophones «leur apathie et leur indifférence». «Quand nous avions besoin d'aide et que je frappais aux portes des grandes entreprises [...] en disant que nous devions recueillir 50 000 $, elles répondaient: "Calmez-vous. Nous devons garder de bonnes relations d'affaires avec les Français[17]."» Pourtant, comme nous le verrons, la pression des milieux d'affaires anglophones, dans la tradition du pacte historique de consensus social, jouera un rôle déterminant dans l'adoption d'une loi protégeant la liberté de choix de la langue d'enseignement.

Tandis que des organismes francophones comme le RIN, la SSJB et la Fédération des enseignants de Montréal appuyaient les mesures en faveur de l'unilinguisme à Saint-Léonard, l'opinion francophone majoritaire n'était pas encore acquise à l'idée de restreindre l'accès à l'école anglaise. Les éditorialistes du *Devoir*, porte-parole influent des milieux intellectuels de Montréal, écrivaient: «La majorité, même en démocratie, n'est jamais autorisée à fouler aux pieds les droits de la minorité», et défendaient la liberté de choix en notant que «la tradition et la pratique sont suffisamment claires pour que l'on puisse parler de droits acquis[18]». Claude Ryan, directeur respecté de ce journal, qualifiait Saint-Léonard de «cas témoin» qui met en jeu tout l'avenir de la politique linguistique et scolaire au Québec. Il écrivait: «Certains fanatiques qui ont pu se glisser dans les rangs des manifestants de Saint-Léonard sursauteront en lisant ces propos [...] Montréal fut, demeure et doit demeurer une ville à vocation bilingue. [...] Elle doit le demeurer si elle veut conserver son rang de métropole économique et sociale en Amérique du Nord[19].»

Les dirigeants du parti au pouvoir, l'Union nationale, prêchaient la modération. Jean-Jacques Bertrand, ministre de la Justice et bientôt premier ministre, disait: «Le bilinguisme est encore officiel au Québec et il le demeurera aussi longtemps que le Parlement n'en décidera pas autrement. On ne joue pas avec les droits acquis comme avec des jouets[20].» Dans une de ses dernières déclarations publiques avant de mourir subitement, le premier ministre Daniel Johnson reconnut que le conflit de Saint-Léonard était révélateur du besoin d'une politique linguistique globale et dit: «Nous ne pouvons pas admettre que des droits aussi importants que ceux de la langue soient manipulés par une commission scolaire locale[21].»

La situation à Saint-Léonard se dégrada rapidement à la rentrée scolaire de 1968. La Commission scolaire régionale Jérôme-Le Royer, à direction francophone, avait décidé, au nom de l'efficacité, de convertir en école anglaise l'école Aimé-Renaud, une école secondaire française située à Saint-Léonard mais fréquentée par des élèves de tout l'est de l'île. Comme l'établissement était situé tout près de la concentration italienne de Saint-Léonard, la commission scolaire régionale avait calculé, compte tenu de la tendance des allophones à envoyer leurs enfants à l'école secondaire anglaise, que la conversion de l'école Aimé-Renaud en école anglaise permettrait une économie de 150 000 $ en frais de transport et empêcherait l'éparpillement des élèves anglophones dans ce district scolaire majoritairement francophone[22].

La décision de la commission scolaire était strictement d'ordre administratif et n'était aucunement liée au conflit au sujet de la langue d'enseignement. Néanmoins, dans le climat tendu qui régnait, la question d'Aimé-Renaud prit rapidement un tour linguistique. En exprimant le besoin de plus d'espace pour une école anglaise dans une ville qui comptait peu d'anglophones, la commission scolaire régionale mettait le doigt sur un sujet délicat, celui du choix des immigrants en faveur de l'école anglaise. Aimé-Renaud avait valeur de symbole: à cause des choix linguistiques des immigrants, les francophones «perdaient» une école au profit des anglophones. Cela était-il un présage de l'avenir du français à Montréal? Le MIS annonça qu'il prendrait des «mesures énergiques pour protéger le français à l'école» et, en septembre, organisa l'occupation de l'école Aimé-Renaud par des élèves. L'occupation était appuyée par des manifestants postés devant l'école, dont Pierre Bourgault, chef du RIN, Yvon Groulx, de la SSJB, et des membres de la Fédération des enseignants de Montréal. Groulx affirma que «Saint-Léonard dev[enait] la conscience du Québec[23]». Des appels à la bombe et la crainte de violence entre factions rivales marquèrent les négociations pour mettre fin à l'occupation.

Le soutien francophone aux manifestants d'Aimé-Renaud était loin d'être unanime. Sous la plume de l'éditorialiste Vincent Prince, *Le Devoir* appuyait la décision de la commission scolaire. «Aimé-Renaud, notait Prince, ne doit pas devenir le symbole de la suprématie anglophone ou francophone. Aimé-Renaud est une bâtisse qu'il faut utiliser dans les meilleurs intérêts des contribuables de la régionale[24].» René Lévesque, qui avait déclaré son soutien à l'indépendance et qui était à la veille de fonder le Parti Québécois, provoqua la colère de Lemieux et du MIS en refusant d'appuyer les manifestants. Dans ses mémoires rédigés ultérieurement, Lévesque condamna les «propos nettement haineux» du MIS et «le danger que représentait la tentation d'intolérance à laquelle nous étions nous-mêmes exposés[25]». Finalement, la question de l'école Aimé-Renaud se régla par un compromis: l'école Aimé-Renaud resta française et l'école George-Étienne-Cartier, une école neuve qui aurait eu des classes françaises et anglaises, devint entièrement de langue anglaise[26].

La controverse au sujet de l'école Aimé-Renaud, jumelée au boycottage de l'Association des parents, montrait à quel point la question de la langue d'enseignement créait une véritable poudrière à Montréal. D'autres événements en 1968 et au début de 1969 haussèrent la tension d'un cran. Le 24 juin 1968, le défilé traditionnel de la Saint-Jean-Baptiste fut le théâtre d'une des pires émeutes de l'histoire récente de Montréal, le «lundi de la matraque». Des militants indépendantistes affrontèrent la police et lancèrent des pierres à l'estrade d'honneur où le premier ministre du Canada, Pierre Elliott Trudeau, prenait place. Cent trente-cinq personnes furent blessées et plus de 300, arrêtées[27]. Les attentats à la bombe se poursuivirent en 1968 et 1969, visant entre autres des institutions anglophones aussi visibles que le Board of Trade, Eaton, le siège social de Domtar, la gare centrale du Canadien

National et la Bourse de Montréal. En octobre 1968, stimulés «par la fièvre nationaliste [qui] a monté d'un cran lors des événements de Saint-Léonard[28]», des étudiants, des chauffeurs de taxi et des militants indépendantistes participèrent à une action unifiée de «guérilla urbaine» pour protester contre le monopole du transport des voyageurs à l'aéroport de Dorval accordé à la compagnie anglophone Murray Hill. La circulation fut paralysée à l'aéroport de Dorval et ailleurs pendant plusieurs heures, et l'événement sembla refléter la dissolution de la tradition de paix linguistique.

De plus en plus, les francophones se préoccupaient de la question de la place du français et de l'anglais à Montréal, ce qui contribua à la montée du mouvement indépendantiste. Mais le plus important reste, bien sûr, la fondation en 1967, par René Lévesque, du Mouvement souveraineté-association (MSA), qui devint le Parti Québécois en octobre 1968. Les indépendantistes s'entendaient sur le fait que, dans un Québec indépendant, «la langue française sera la seule langue officielle» et préconisaient la fréquentation de l'école française pour les enfants immigrés[29]. Toutefois, ils étaient très divisés sur d'autres aspects de la politique scolaire et linguistique. Par exemple, François Aquin et Pierre Bourgault réclamaient l'abolition de toutes les écoles anglaises du Québec, tandis que René Lévesque insistait sur la garantie du maintien du réseau scolaire public anglophone pour les enfants dont la langue maternelle était l'anglais. Dans ses mémoires, Lévesque écrit: «Le maintien, non pas des privilèges excessifs, mais des droits scolaires fondamentaux des Québécois anglophones m'apparaît comme un test de notre maturité, de notre aptitude aussi à maintenir des relations convenables avec l'ensemble de l'Amérique du Nord[30].» Quant à la position d'Aquin et de Bourgault, Lévesque la qualifiait «d'injustice en réaction à l'injustice». Lorsque la position radicale l'emporta au congrès de fondation du MSA, Lévesque démissionna et ne réintégra son poste qu'une fois les délégués revenus sur leur position pour appuyer la sienne. C'était le premier d'une série d'épisodes entre 1968 et 1980 où Lévesque interviendra personnellement pour empêcher les radicaux indépendantistes du parti d'adopter des positions pures et dures en faveur de l'unilinguisme. Grâce en grande partie au pouvoir que Lévesque détenait dans le parti, les premiers programmes du PQ ont tous reconnu que «les écoles primaires et secondaires (anglaises) doivent être subventionnées au prorata de la population[31]».

Alors que la question linguistique devenait rapidement le principal enjeu politique chez les francophones montréalais, la communauté anglophone commençait elle aussi à s'inquiéter de la détérioration du climat linguistique. En décembre 1968, dans le cadre d'une élection complémentaire dans la circonscription majoritairement anglophone de Notre-Dame-de-Grâce, le *Montreal Star*, principal journal de langue anglaise de la ville, exhorta les électeurs à se souvenir de Saint-Léonard et à voter pour le parti qui promettrait de corriger la situation et de restaurer les droits scolaires de la communauté anglophone. Les deux candidats, le libéral William Tetley et l'unioniste John Lynch-Staunton, dénoncèrent l'abolition de la liberté de choix à Saint-Léonard et promirent de défendre avec vigueur les droits des anglophones[32]. De toute évidence, l'inquiétude régnait dans les deux communautés linguistiques de Montréal. Le gouvernement provincial ne pouvait plus négliger le besoin d'une politique claire et globale sur la question de la langue d'enseignement à Montréal.

Une première réaction des pouvoirs publics: le projet de loi 85

Vu la dégradation de la situation linguistique à Montréal, le premier ministre Jean-Jacques Bertrand annonça à la fin de novembre 1968 son intention de présenter un projet de loi pour protéger les droits scolaires de la minorité et «résoudre le problème de Saint-Léonard[33]». Accusé de courtiser indûment l'électorat anglophone à la veille de l'élection complémentaire de Notre-Dame-de-Grâce, Bertrand retarda la présentation du projet de loi jusqu'au début de décembre. Entre-temps, le MIS, la SSJB et d'autres groupes nationalistes organisèrent une manifestation à Québec pour dénoncer la liberté de choix dans l'éducation que le gouvernement s'apprêtait à garantir. Trois mille personnes, y compris bon nombre d'adolescents de douze et treize ans amenés de Montréal en autobus, manifestèrent devant l'hôtel du gouvernement. Bertrand, Lévesque et Lesage dénoncèrent le «fanatisme» du MIS et «l'embrigadement» des jeunes par des enseignants nationalistes[34].

En décembre 1968, le gouvernement Bertrand dévoila plusieurs mesures pour prouver sa volonté d'agir relativement à la question linguistique. Au début de l'année, le gouvernement avait ouvert des Centres d'orientation et de formation des immigrants (COFI) «pour répondre à ce besoin initial d'apprentissage des langues» et aussi «pour assurer le contact, et ensuite favoriser l'intégration avec la majorité francophone[35]». En décembre, le ministre de l'Éducation, Jean-Guy Cardinal, annonça l'expansion des COFI pour enseigner le français et aussi l'anglais aux adultes. De plus, le premier ministre forma une commission d'enquête sur la situation de la langue française et sur les droits linguistiques au Québec, présidée par l'éminent linguiste Jean-Denis Gendron[36].

Cependant, la pièce maîtresse de la réponse de Bertrand à la crise linguistique de Montréal était le projet de loi 85, une loi dont le but était de «préciser le rôle de la langue française dans le domaine de l'éducation au Québec». Présenté le 9 décembre, le projet de loi visait un équilibre entre faire du français la langue prioritaire du Québec et préserver la liberté individuelle de choisir la langue d'enseignement. L'obligation pour toutes les commissions scolaires de dispenser un enseignement en français ou en anglais et la liberté donnée à *tous* les parents, sans égard à la langue maternelle, de choisir la langue d'enseignement pour leurs enfants composaient le cœur du projet de loi 85. Il prévoyait la mise sur pied d'une «commission linguistique» pour tout le Québec, formée de dix francophones et de cinq non-francophones, chargée de résoudre des controverses au sujet de la langue d'enseignement comme celle de Saint-Léonard. Enfin, le projet de loi 85 exigeait que tous les diplômés des écoles secondaires du Québec possèdent une connaissance d'usage du français. Vraisemblablement, Bertrand croyait que cette exigence suffirait à rassurer les nationalistes[37].

Bref, le projet de loi 85 tentait de désamorcer les conflits linguistiques à Montréal en enchâssant dans la législation québécoise le principe de la liberté de choix. À cette occasion comme à d'autres pendant son triste et court mandat, Bertrand avait grandement sous-estimé l'ampleur des inquiétudes des francophones au sujet de l'avenir du français à Montréal. Le MIS, la SSJB et un grand nombre de témoins qui se sont présentés à la commission parlementaire qui étudiait le projet de loi se sont livrés à une attaque en règle contre celui-ci. Pour Raymond Lemieux, il s'agissait «d'un projet de loi qui légalis[ait] le vol du français au Québec par les minorités[38]». Le père Richard Arès, dont les analyses sociologiques et les prévisions démographiques ont contribué à sensibiliser les francophones à la question de la langue, concluait que «le bill 85 [...] s'il était adopté sans autre garantie pour le français, ne pourrait qu'aggraver une situation déjà fort alarmante, une situation qui [était] en train de compromettre à jamais l'avenir même de la communauté de langue française dans la région de Montréal[39]». René Lévesque, qui siégeait à l'Assemblée législative comme chef du Parti Québécois, accusa le projet de loi 85 de maintenir «un *statu quo* dont l'effet pernicieux [était] au cœur même du sentiment d'insécurité linguistique et culturelle qui grandi[ssait] au Québec français». Il proposa un contre-projet qui obligerait tous les nouveaux immigrants à fréquenter l'école française à partir du 1er janvier 1969. Les anglophones continueraient d'avoir accès à un réseau scolaire public en anglais où le nombre maximal de places serait déterminé par les inscriptions à l'école anglaise en 1968. Toutefois, Lévesque et le PQ étaient vagues quant à la manière de prévoir le nombre de places à l'école anglaise pour les années suivantes[40].

Les audiences devant la commission permanente de l'éducation tenues en janvier et en février 1969 fournirent aux nationalistes l'occasion de livrer une guerre à fond de train contre le projet de loi 85. Aux yeux de Bertrand, les audiences publiques étaient devenues une «tribune pour les extrémistes[41]». En outre, au début de mars, le Conseil supérieur de l'éducation recommanda de surseoir à l'adoption du projet de loi à cause de ses «ambiguïtés[42]». Plus grave encore, le Conseil laissa entendre que son adoption risquait de déclencher d'autres crises comme celle de Saint-Léonard. Craignant une scission dans son propre parti au sujet du projet de loi 85 et constatant la virulence de l'opposition nationaliste, Bertrand retira son projet de loi en mars 1969, le qualifiant de «bébé dont personne ne veut[43]». Tout en réaffirmant son soutien au libre accès à l'école anglaise, Bertrand indiqua qu'il attendrait le dépôt du rapport de la commission Gendron avant de proposer une nouvelle politique linguistique.

Du conflit à la crise: les querelles linguistiques de 1969

Le projet de loi 85 n'avait proposé aucune solution acceptable aux tensions provoquées par la question de la langue d'enseignement à Montréal. Néanmoins, son retrait laissait la question en suspens. Par conséquent, le conflit à Saint-Léonard s'éternisa pendant le printemps et l'été 1969. De plus, d'autres conflits linguistiques éclatèrent à Montréal pendant cette période et aggravèrent les tensions existantes. Sans contredit, le plus passionné et le plus symbolique de ces conflits fut la campagne en faveur de la francisation de l'Université McGill.

L'Université McGill avait été fondée en 1821 à la suite d'un legs en argent et en terres du riche marchand anglo-montréalais James McGill. L'université avait atteint une renommée internationale en médecine et en sciences et elle était l'équivalent anglo-montréalais de l'Ivy League, «la maison d'enseignement qu'il fallait fréquenter pour espérer accéder aux hautes sphères du monde des affaires[44]». Pendant une bonne partie du XXe siècle, McGill fut le symbole de la classe dirigeante britannique dans tout ce qu'elle avait de hautain et de discriminatoire. Des quotas limitaient l'admission des étudiants juifs et, encore en 1965, le conseil d'administration de l'université (l'Assemblée des gouverneurs) était presque exclusivement composé d'Anglo-Saxons[45]. Comme l'écrit Douglas Fullerton, les liens unissant McGill à la grande bourgeoisie anglo-protestante de Montréal étaient étroits. «Vous aviez atteint le sommet de cette classe lorsque vous aviez été invité à siéger à l'Assemblée des gouverneurs, un club encore plus sélect que le meilleur club privé de Montréal, le Mount Royal, situé quelques rues plus loin, rue Sherbrooke[46].» Pour plusieurs francophones, l'Université McGill représentait «le parfait symbole de cette domination [anglaise], le château fort d'une minorité possédante qui vivait en ghetto au cœur du Québec majoritairement français[47]».

Si cette vision de McGill avait collé à la réalité à une certaine époque, à la fin des années soixante, elle était quelque peu exagérée et ethnocentrique, car la population étudiante de McGill s'était diversifiée. Néanmoins, pour les francophones de Montréal, McGill demeurait une université «étrangère» qui attirait de nombreux étudiants de l'extérieur du Québec et qui avait peu d'attaches avec la société francophone. Même si, à la fin des années soixante, McGill était moins britannique et moins aristocratique qu'au début du siècle, elle continuait de former l'élite financière et intellectuelle anglophone de Montréal et représentait toujours un symbole éloquent de la hiérarchie linguistique que les francophones de Montréal voulaient voir disparaître.

En mars 1969, une coalition de militants nationalistes, dont des membres du FLQ, de la Ligue pour l'intégration scolaire (une version agrandie du MIS de Saint-Léonard) et du Conseil central de la Confédération des syndicats nationaux, annonça la tenue d'une «Opération McGill français», un rassemblement populaire pour protester contre le caractère anglais de l'université. Les étudiants francophones étaient particulièrement actifs dans le milieu nationaliste à Montréal depuis 1968, et les organisateurs de l'Opération McGill français voulaient canaliser l'opinion étudiante en faveur de la création d'une deuxième université de langue française à Montréal dans une attaque symbolique contre une des institutions clés du Montréal anglophone[48]. La direction de l'université défendait son institution comme un lien vital entre Montréal et le reste de l'Amérique du Nord, garantie de la croissance et de la prospérité de Montréal. De plus, elle se disait plus ouverte au fait français, car elle proposait un plus grand nombre de cours et de conférences en français et avait instauré un programme d'études canadiennes-françaises. Depuis 1964, elle permettait aux étudiants de passer leurs examens ou de rédiger leurs travaux en français et s'était fixé un objectif de 20 % d'inscriptions francophones pour 1974[49]. Toutefois, ces arguments ne convainquirent pas les nationalistes francophones.

L'Opération McGill français se déroula le 28 mars. Plus de 15 000 personnes manifestèrent devant l'entrée de l'université rue Sherbrooke et, malgré la crainte de violence, les dégâts se limitèrent, sans doute grâce à une présence policière massive, à quelques vitres brisées dans les commerces des rues avoisinantes. Les autorités universitaires et municipales avaient craint que les manifestants n'investissent le campus et n'occupent les locaux comme cela s'était produit aux États-Unis, à Harvard, à Columbia et à Berkeley. Mais ces appréhensions ne se confirmèrent pas, et l'université ne subit aucun dégât. Une quarantaine de manifestants furent arrêtés et une vingtaine subirent des blessures mineures[50]. Somme toute, l'Opération McGill français demeura un événement isolé. L'attention des nationalistes se tourna rapidement vers d'autres dossiers et, à l'automne, l'ouverture de l'Université du Québec à Montréal (UQAM) réduisit la pression en faveur de la francisation de McGill. En 1974, l'UQAM comptait plus de 14 000 étudiants (environ la moitié des inscriptions du réseau de l'Université du Québec) et avait pris sa place parmi les institutions importantes de Montréal[51].

La contestation ouverte des institutions anglophones, exprimée au cours d'événements tels que l'Opération McGill français, témoigne de l'étendue de la désagrégation chez les francophones du consensus autour de la division linguistique caractérisant toujours Montréal au début de 1969. Quoi qu'il en soit, la menace la plus immédiate pour la paix linguistique de Montréal restait le conflit scolaire à Saint-Léonard. Après le retrait du projet de loi 85, l'Association des parents et le MIS avaient tous deux intensifié leurs moyens de pression. La première tentait de convaincre le ministre de l'Éducation, Jean-Guy Cardinal, de casser la décision de la commission scolaire et d'ouvrir des classes anglaises à Saint-Léonard. En attendant la réponse du gouvernement, elle organisait des classes parallèles pour les enfants allophones touchés par la nouvelle politique scolaire unilingue.

Cardinal ne se fit pas d'amis au sein de l'Association des parents en répondant qu'il n'avait pas le pouvoir de casser la décision de la commission scolaire. Robert Beale réagit en accusant Cardinal d'utiliser Saint-Léonard comme «projet pilote» pour imposer l'unilinguisme français dans tout le système scolaire québécois[52]. Cardinal était d'accord sur le fait que les autorités locales ne devaient pas prendre de décisions sur une question aussi fondamentale que la langue d'enseignement. Par ailleurs, il croyait que la crise se résorberait toute seule lorsque le gouvernement présenterait, à l'automne, un projet de loi qui abolirait les commissions scolaires locales comme celle de Saint-Léonard et réorganiserait le système scolaire dans l'île de Montréal selon la langue. En attendant, il proposait comme compromis que les allophones de Saint-Léonard tirent parti de la nouvelle loi sur l'enseignement privé, la loi 56. Les parents pourraient ouvrir une école privée de langue anglaise à Saint-Léonard et recevoir une subvention qui couvrirait jusqu'à 80 % de ce que coûte, en moyenne, l'enseignement dans les écoles publiques. Beale et l'Association des parents rejetèrent immédiatement cette solution et demandèrent à l'Assemblée nationale du Québec de garantir la liberté de choix de la langue d'enseignement et d'obliger les commissions scolaires à dispenser l'enseignement public en français ou en anglais[53].

Tout en maintenant la pression sur Cardinal et le gouvernement unioniste, l'Association des parents organisa aussi un boycottage des classes de première et de deuxième année (celles qui avaient été touchées par la décision de juin 1968 en faveur de l'unilinguisme) et ouvrit des classes parallèles qui furent maintenues malgré des problèmes constants de financement. De plus, pour la rentrée scolaire de 1969, la CEPGM fit en sorte que près de 60 % des écoliers touchés par le boycottage s'inscrivent dans son réseau (moyennant des frais de scolarité de 25 $ par mois, somme considérable pour les parents allophones). Cardinal qualifia l'action de la CEPGM «d'affront à la société québécoise», et même un modéré comme Claude Ryan jugea que la commission scolaire protestante «jetait de l'huile sur le feu» et diminuait les possibilités de compromis dans la situation de Saint-Léonard pour apaiser les inquiétudes légitimes de la communauté francophone[54].

Entre-temps, la Ligue pour l'intégration scolaire (LIS), la version agrandie du MIS, continuait son agitation à Saint-Léonard. Des réunions houleuses, qui finissaient parfois en escarmouches entre partisans francophones de la LIS et opposants allophones, étaient tenues dans le but de rallier les francophones au soutien de politiques unilingues. Le discours de la LIS devint plus extrémiste lorsque son président, Raymond Lemieux, demanda au gouvernement provincial de «fermer les portes à l'immigration jusqu'à ce que le problème linguistique au Québec soit réglé». Au début de septembre, le maire de Saint-Léonard sonnait l'alarme au sujet de l'imminence d'une «explosion raciale[55]».

Cette explosion se produisit le 10 septembre dans le cadre d'une manifestation organisée par la LIS en faveur de l'unilinguisme au cœur du quartier italien de Saint-Léonard! Malgré les appels au calme lancés par Robert Beale et des dirigeants municipaux, les Italiens se massèrent le long du parcours et chahutèrent les manifestants. Les affrontements dégénérèrent en violence et une émeute éclata entre un millier de manifestants et des résidants italiens. Cent personnes furent blessées et 50, arrêtées. Pour la première fois à Montréal depuis 1957, la Loi de l'émeute fut appliquée, imposant un couvre-feu et d'autres mesures pour rétablir l'ordre. Un journaliste décrivit l'événement comme «la pire explosion d'hostilité entre Français et Anglais depuis la crise de la conscription[56]».

L'émeute de Saint-Léonard, point culminant d'une année de tensions grandissantes à Montréal, était probablement le signe le plus probant jusqu'alors que les relations intercommunautaires à Montréal ne pouvaient plus être régies comme autrefois par le cloisonnement linguistique, l'accommodement entre élites et la docilité des francophones. Dans un éditorial magistral écrit après l'émeute, Claude Ryan déclarait: «Montréal est aujourd'hui déchirée par l'affaire de Saint-Léonard. On finira pas éteindre cet incendie. Rien ne garantit que d'autres ne se préparent pas déjà. [...] La paix linguistique a historiquement été maintenue par l'acceptation des "deux villes", une anglaise, l'autre française, séparées et inégales. Or, cette époque est révolue et les anglophones doivent maintenant participer à la reconstruction de "l'esprit de Montréal[57]".» Tout en protégeant les droits légitimes de la minorité anglophone, faisait-il valoir, les pouvoirs publics devaient tenir compte des inquiétudes de la communauté francophone au sujet de l'inégalité économique et de l'anglicisation des immigrants. Ryan préconisait une approche modérée et graduelle et condamnait le «fanatisme» de la LIS et de ses partisans à Saint-Léonard. Néanmoins, le message de ce modéré francophone influent était limpide: les griefs de la communauté francophone de Montréal étaient légitimes et s'ils restaient non résolus, d'autres conflits violents pourraient éclater.

Une deuxième réaction des pouvoirs publics: le projet de loi 63

Craignant une répétition des débats passionnés qui avaient entouré le projet de loi 85, le premier ministre Bertrand s'était résolu à ne pas aborder la question avant le dépôt du rapport Gendron. Mais le désordre à Saint-Léonard le pressa d'intervenir. Malgré un Conseil des ministres fortement divisé sur le sujet, Bertrand tenta de nouveau de légiférer en matière de langue d'enseignement. Le 23 octobre 1969, le gouvernement présenta le projet de loi 63, soit la Loi pour promouvoir la langue française au Québec[58]. Il s'agissait essentiellement d'une version à peine remaniée du projet de loi 85, mais le gouvernement le décrivait comme «le premier pas vers l'établissement du français comme langue prioritaire du Québec[59]». Plusieurs clauses visaient à renforcer la place du français: par exemple, tous les diplômés des écoles du Québec devaient posséder une «connaissance d'usage» du français et les programmes des COFI étaient améliorés pour encourager les immigrants à apprendre le français. Un nouvel Office de la langue française serait chargé d'évaluer la situation du français au Québec et de conseiller le gouvernement sur la nécessité de mesures pour protéger la langue française.

Comme on s'y attendait, les principales dispositions avaient trait à la langue d'enseignement. À la suite des pressions de la bourgeoisie d'affaires anglophone de Montréal, le gouvernement Bertrand garantissait explicitement que les cours «[seraient] donnés en langue anglaise à chaque enfant dont les parents ou les personnes qui en tiennent lieu en [feraient] la demande lors de son inscription[60]». Les immigrants ne seraient pas obligés de fréquenter l'école française, et l'école anglaise était ouverte à tous, y compris aux francophones. Bref, le projet de loi se posait comme une retentissante affirmation du dualisme historique qui définissait Montréal, comme un affront à la coalition en faveur de l'unilinguisme et, en ce qui concernait la crise de Saint-Léonard, comme un appui aux parents allophones.

D'une façon générale, la réaction de la communauté anglophone au projet de loi 63 fut favorable. Par contre, dans la communauté francophone, la réponse fut particulièrement passionnée. Peu impressionnés par les mesures de promotion du français contenues dans le projet de loi, les médias francophones, les associations culturelles, les syndicats, les associations d'étudiants et d'enseignants et les groupes nationalistes furent unanimes dans leur dénonciation du projet de loi 63. Un sondage réalisé par des chercheurs de l'Université de

Montréal révéla que 56 % des Britanniques et des néo-Canadiens approuvaient le projet de loi (13 % étaient contre), tandis 46 % des Canadiens français de l'île de Montréal étaient contre et 26 % pour (les autres répondants étaient indécis ou avaient refusé de répondre). Le taux d'insatisfaction était particulièrement élevé chez les jeunes francophones âgés de 18 à 24 ans: 55 % étaient contre et seulement 21 % pour[61].

À l'Assemblée nationale, l'opposition au projet de loi venait de René Lévesque, chef du nouveau Parti Québécois, ainsi que de députés dissidents de l'Union nationale (Antonio Flamand et Jérôme Proulx) et du Parti libéral (Yves Michaud). Surnommée l'«opposition circonstancielle», le quatuor recourut à l'obstruction en utilisant «toutes les motions possibles et imaginables» pour paralyser les travaux parlementaires[62]. Lévesque déclara que la liberté de choix de la langue d'enseignement mènerait à la «minorisation» des francophones et que l'école anglaise devrait être réservée aux anglophones selon leur pourcentage de la population; les allophones seraient obligés d'envoyer leurs enfants à l'école française[63]. Flamand soutenait que le projet de loi achèverait la tâche que Lord Durham n'avait pu terminer, c'est-à-dire la disparition du français au Québec[64], tandis que Proulx affirmait que le projet de loi faisait fausse route en plaçant les choix individuels au-dessus du «bien-être de la collectivité et des intérêts supérieurs de la nation[65]».

Bertrand était déterminé à ne pas répéter l'erreur qui, selon lui, avait coulé le projet de loi 85, c'est-à-dire l'étude en commission parlementaire qui donnait une tribune de choix aux groupes de pression. Le projet de loi 63 fut présenté directement à l'Assemblée nationale; les tactiques d'obstruction de l'«opposition circonstancielle» fournissaient le sursis nécessaire à l'opposition extraparlementaire pour faire campagne contre le projet de loi. Pendant que Lévesque et ses alliés multipliaient les amendements et paralysaient les travaux au moyen de motions de procédure, une vaste coalition avait eu le temps de se former qui regroupait les partisans de l'unilinguisme ainsi que des nationalistes modérés qui croyaient que l'anglais avait sa place au Québec, mais étaient d'avis que la sécurité culturelle des francophones passait par la restriction de l'accès à l'école anglaise. À Montréal, la SSJBM prit l'initiative de fonder un Front du Québec français (FQF) qui comprenait la LIS, les syndicats d'enseignants francophones et la Confédération des syndicats nationaux (CSN). Le FQF étendit ses activités à la grandeur du Québec en multipliant les moyens de pression, les campagnes, les manifestations et les pétitions. Il présenta une solution de rechange intitulée Projet de loi Québec numéro 1 qui proposait que le français devienne «la seule langue des usines, des bureaux et des autres lieux de travail», que toutes les activités de l'administration publique se fassent en français et que soit graduellement abolie l'école anglaise non seulement pour les immigrants et les francophones, mais aussi pour les «descendants britanniques installés au Québec[66]».

Même si le FQF représentait la position la plus radicale sur l'unilinguisme français, il gagnait de nouveaux appuis parmi les gens qui trouvaient que le gouvernement Bertrand ne prêtait pas suffisamment attention aux dangers qui menaçaient le français à Montréal. Pour François-Albert Angers, président de la SSJBM et éminence grise du FQF, la loi 63 posait la question de la définition de l'identité québécoise: Est-ce que le Québec est fondamentalement une société française ou une société biculturelle[67]? Le projet de loi 63 s'inscrivait dans la tradition «dualiste» typique de Montréal qui plaçait le français et l'anglais sur le même pied. Or, à la fin de 1969, de vastes pans de la société francophone, des enseignants aux ouvriers d'usine en passant par la nouvelle classe moyenne, n'étaient plus d'accord avec cette conception. Tandis que le gouvernement provincial continuait de faire la sourde oreille aux craintes de ces francophones, des milliers de Montréalais se radicalisèrent par rapport à la question linguistique et adhérèrent à l'idée de l'unilinguisme.

La tactique du FQF qui obtint probablement le plus grand succès fut la mobilisation des enseignants et des élèves à Montréal pour participer à des grèves et des manifestations contre le projet de loi 63. Durant la dernière semaine d'octobre 1969, une vague de grèves et de colloques déferla sur Montréal. Le 28 octobre, environ 10 000 étudiants participèrent à un colloque qui se termina par un rassemblement monstre au Centre sportif de l'Université de Montréal où ils entendirent des orateurs du FQF, dont François-Albert Angers, Raymond

Lemieux, Pierre Bourgault, et Michel Chartrand (de la CSN) dénoncer le projet de loi 63 et préconiser l'unilinguisme français[68]. Le lendemain, 25 000 manifestants, surtout des étudiants, défilèrent calmement dans les rues de Montréal. «Le monde étudiant totalement paralysé», lisait-on à la une des journaux[69]. La semaine d'opposition se termina le 31 octobre par une manifestation à Québec devant l'Assemblée nationale qui attira entre 15 000 et 25 000 participants. Bertrand et l'ancien premier ministre Jean Lesage dénoncèrent les enseignants qui recrutaient leurs élèves pour manifester contre le projet de loi 63. Claude Ryan condamna «cette utilisation des adolescents pour des spectacles politiques» comme «un chapitre honteux de l'histoire du Québec[70]». Néanmoins, comme l'a fait remarquer Robert MacDonald, la politisation des élèves et des étudiants francophones marquait un tournant dans la question linguistique de Montréal:

> Les désordres [...] illustraient l'étendue de la politisation des jeunes du Québec, ce qui devait avoir des conséquences importantes pour la vie politique de la province. Un lien avait été forgé entre l'unilinguisme français et la libération économique. Il était donc logique de croire que le fait d'imposer l'unilinguisme français à l'école signifierait une province française [...]. Bref, l'unilinguisme français dans l'enseignement était le symbole de la libération économique, politique et culturelle[71].

À la suite des protestations des francophones contre le projet de loi 63, des analystes posés, comme le politologue Léon Dion de l'Université Laval, qualifièrent tout ce tumulte d'«escalade vers l'anarchie». Dion et d'autres modérés invitaient néanmoins Bertrand à retirer ce «bill mal conçu et malvenu» et de revoir, à tête reposée, la politique linguistique[72]. Conscient de l'effet négatif du projet de loi sur les divisions linguistiques de Montréal et sachant que son adoption menait à un suicide politique, Bertrand était tout de même déterminé à tenir la promesse qu'il avait faite aux dirigeants anglophones et à promulguer la loi[73]. Bien que certains députés unionistes aient voté contre leur parti, Bertrand put compter sur l'appui de ses députés et de ceux du Parti libéral; le projet de loi fut finalement adopté par 89 voix contre 5 le 27 novembre 1969. La crise de Saint-Léonard venait de connaître son dénouement; les parents italiens avaient de nouveau la permission d'envoyer leurs enfants à l'école anglaise. Mais, comme nous le verrons, la loi 63 était loin de mettre fin aux conflits linguistiques à Montréal. Entre 1970 et 1974, les nationalistes tireront parti de l'impopularité de cette loi parmi la très grande majorité des francophones de Montréal pour recueillir de plus en plus d'appuis en faveur de son retrait et de l'établissement d'une politique linguistique plus radicale visant à promouvoir le français à Montréal et dans le reste du Québec.

La langue et la restructuration scolaire

Le projet de loi 63 ne fut pas le seul projet de loi majeur qui touchait à la langue et à l'éducation à Montréal présenté par le gouvernement Bertrand à l'automne de 1969; l'autre fut le projet de loi 62 qui réorganisait la structure scolaire de l'île de Montréal. Le ministre de l'Éducation, Jean-Guy Cardinal, avait présenté les deux projets de loi comme un «ensemble législatif[74]» qui, espérait-il, rassurerait à la fois les anglophones en maintenant la liberté de choix et les nationalistes francophones en remplaçant les 42 commissions scolaires catholiques et protestantes de l'île de Montréal par 11 commissions scolaires unifiées (sans égard à la langue ou à la religion). Fidèle aux recommandations des commissions Parent et Pagé, le projet de loi 62 prévoyait la mise sur pied d'un puissant conseil scolaire pour coordonner les politiques scolaires et réduire les disparités de revenus entre les régions. Étant donné la réalité démographique et le découpage proposé pour les nouveaux districts scolaires, le Conseil scolaire et au moins sept des 11 commissions unifiées seraient dirigées par la majorité francophone de l'île de Montréal. Ainsi, malgré le fait que la loi 63 garantissait le libre accès à l'école anglaise, le gouvernement Bertrand espérait que les nationalistes seraient apaisés par l'accroissement de l'influence des francophones sur l'éducation à Montréal promis par le projet de loi 62[75].

Bien que les groupes francophones aient majoritairement été favorables au projet de loi 62[76], la stratégie du gouvernement Bertrand échoua, car cette approbation n'avait pas réussi à faire taire l'opposition au projet de loi 63. D'autre part, l'establisment anglo-protestant, sauf assez curieusement le *Montreal Star*, protesta vigoureusement contre le projet de réorganisation[77]. Des organismes comme la CEPGM, la Montreal Association of Protestant Teachers et la Quebec Federation of Home and School Associations décrivaient le projet de loi 62 comme une menace[78]. Plus précisément, ces groupes déploraient la perte de l'autonomie pour le système scolaire anglais et critiquaient l'absence de garantie de représentation anglophone aux commissions scolaires unifiées ou au Conseil scolaire. Ayant en mémoire l'épisode de Saint-Léonard, les anglophones se demandaient si les dispositions de la loi 63 protégeant la liberté de choix seraient respectées par les commissions scolaires dirigées par des francophones. H. Rocke Robertson, recteur de l'Université McGill, lançait l'avertissement que les francophones domineraient les commissions scolaires unifiées, imposant leurs programmes et leur pédagogie, et que les écoles anglaises n'auraient «aucune possibilité de faire entendre leur voix dans les décisions d'importance vitale [...] ni de contact formel avec les écoles anglophones des autres municipalités[79]». Stanley Frost, vice-recteur de McGill, était plus alarmiste: le projet de loi 62, disait-il, «est l'arrêt de mort de la profession enseignante de langue anglaise au Québec[80]». À la place du projet de loi 62, les critiques anglophones préféraient des commissions scolaires linguistiques autonomes que soutiendrait la garantie constitutionnelle de la liberté de choix. C'étaient plus ou moins les recommandations de la commission Pagé d'octobre 1968 qui avait proposé le remplacement des commissions scolaires existantes par neuf commissions scolaires régionales francophones et quatre anglophones, mais avec un Conseil scolaire qui aurait détenu trop de pouvoir au goût des anglophones[81].

Les dirigeants scolaires anglo-protestants furent solidement épaulés par les grandes sociétés de Montréal, ce qui n'a rien d'étonnant compte tenu du fait «qu'on retrouv[ait] fréquemment les mêmes personnes à la tête des milieux de l'enseignement (anglo-protestant) et des affaires[82]». Pendant les audiences publiques sur le projet de loi 62, la CEPGM fit une prédiction qui deviendra un argument que les anglophones invoqueront pendant les dix années suivantes dès qu'il sera question de lois linguistiques. «L'adoption du projet de loi 62, avait fait valoir la CEPGM, pourrait entraîner un grave exode des capitaux du Québec[83].» De même, le Board of Trade déclara que «la création d'un système d'enseignement totalement unifié aurait un effet inhibiteur sur la croissance économique de Montréal et de la province de Québec[84]». Selon le Board of Trade, «les attitudes des anglophones sont généralement mieux adaptées à la poursuite de buts purement économiques que celles des francophones qui sont marquées par des préoccupations d'un ordre tout à fait différent[85].» Puisque l'éducation contribuait au maintien de ces différences, la conclusion allait de soi: l'avenir économique du Québec reposait sur la protection des valeurs pédagogiques anglophones contre l'influence pernicieuse des valeurs francophones.

En définitive, comme le faisaient les grandes sociétés pour dicter la ligne de conduite des pouvoirs publics dans les villes américaines, la grande bourgeoisie d'affaires anglophone de Montréal agitait le spectre de la fuite des capitaux dans l'éventualité de l'adoption de mesures qui remettraient en question la place historique de l'anglais ou l'autonomie des institutions anglophones[86]. Bertrand décida donc de ne pas poursuivre et laissa le projet de loi 62 mourir au feuilleton en avril 1970. La structure confessionnelle restait inchangée et, de plus, elle était désormais encadrée par une loi qui protégeait la liberté de choix de la langue d'enseignement. «L'ensemble législatif» proposé par Cardinal n'avait rien consenti à la coalition nationaliste francophone.

Conclusion

Bien que le climat linguistique de Montréal ait changé à la fin des années soixante, il est révélateur que les protestations massives des francophones aient échoué à convaincre Bertrand de retirer le projet de loi 63, tandis que l'opposition du grand capital anglophone au projet de loi 62 avait réussi à tuer dans l'œuf le projet de restructuration scolaire. À plusieurs égards, la lutte autour des projets de loi 62 et 63 marque l'agonie de l'ancien ordre à Montréal, c'est-à-dire une société où les élites des deux grandes communautés linguistiques concevaient Montréal comme une ville dualiste et bilingue (plutôt qu'une ville principalement française comptant une importante minorité de langue anglaise) et où les hommes politiques francophones cédaient quand l'élite anglophone intervenait dans des questions intéressant la communauté anglophone. Après avoir retiré le projet de loi 62, Bertrand déclencha une élection anticipée en avril 1970. La grogne des francophones à la suite de son comportement dans le dossier de la langue lui coûta l'élection; qui plus est, son parti, l'Union nationale, le parti de Duplessis qui avait régné en maître sur le Québec de 1936 à 1960 (mis à part un intermède pendant la guerre) fut battu à plate couture et presque éliminé comme parti politique viable. La leçon de la déroute de l'UN était limpide: tout gouvernement québécois qui ignorait le sentiment d'insécurité des francophones au sujet de la langue mettait en jeu son avenir politique.

La crise scolaire de Saint-Léonard et la mobilisation des nationalistes francophones contre les projets de loi 85 et 63 ont marqué un tournant dans la redéfinition des relations intercommunautaires à Montréal. Pour la première fois, les francophones contestaient ouvertement le *statu quo* qui régissait les rapports entre les groupes linguistiques. Une puissante coalition populaire francophone s'était regroupée dans un «front commun» sans précédent, déterminée à utiliser la politique de l'État comme arme pour obtenir la suprématie linguistique dans l'île. Pour la première fois, les francophones contestaient au grand jour les prétentions anciennes des anglophones à des droits linguistiques à Montréal, et les événements qui se produisirent de 1967 à 1969, ponctués d'une forte dose d'invectives entre les deux groupes, révélèrent que les règles traditionnelles de compromis entre les élites ne pouvaient plus juguler les conflits linguistiques. Même si la bourgeoisie d'affaires était encore capable de contrecarrer les revendications nationalistes en 1969, la colère dans le milieu francophone au sujet des projets de loi 85 et 63 était un présage. La question linguistique interpellait désormais l'ensemble de la société, et l'intensité de la réaction francophone aux projets de loi 85 et 63 prouvait que les demandes pour une politique relative à la langue à Montréal étaient loin d'avoir été satisfaites par la loi de 1969.

La question des écoles, liée comme elle l'était au sentiment d'insécurité des francophones au sujet de leur avenir démographique et de leur survie culturelle, devint le vecteur des tensions intercommunautaires, particulièrement quand les enseignants et les étudiants, soucieux de leur avenir économique et culturel, prirent l'initiative de politiser la question de la langue d'enseignement. Les anglophones n'étaient pas disposés à céder sur ce qu'ils percevaient comme les droits fondamentaux de leur communauté, pas plus qu'ils n'étaient prêts à voir disparaître des emplois dans le réseau scolaire, ce qui arriverait si les allophones n'avaient plus accès à l'enseignement en anglais. Les dirigeants anglophones défendaient le *statu quo* à coups de maximes philosophiques («la liberté de choix», «les droits individuels») et de menaces de retrait des capitaux et de fermeture d'usines. Cependant, après les crises de 1967-1969, des groupes de plus en plus nombreux de la communauté francophone approuvèrent des politiques qui affirmeraient la primauté des «droits collectifs» des francophones, surtout le «droit» à la survie culturelle, pour réorganiser l'éducation et d'autres aspects essentiels de la vie montréalaise.

À la fin de 1969, la communauté francophone avait atteint un quasi-consensus au sujet de la menace que l'anglicisation des immigrants par le biais de l'école publique représentait pour le français à Montréal (et ultérieurement au Québec si Montréal s'anglicisait progressivement). La principale division parmi les francophones, et elle est de taille, concernait la manière d'orienter les enfants allophones vers le secteur français. Est-ce que les immigrants seraient obligés de fréquenter l'école française ou «encouragés» à le faire au moyen de diverses mesures incitatives comme des classes d'accueil? Cette question sera débattue tout au long des années soixante-dix pendant que la vague nationaliste grandissante continuait de faire pression sur le gouvernement pour qu'il adopte une politique linguistique globale qui confirme la primauté du français dans l'enseignement à Montréal ainsi que dans d'autres sphères de la vie publique et privée de la métropole.

Notes du chapitre III

1. Statistique Canada, *Recensement du Canada, 1971*, catalogue 92-726.
2. Henry Égretaud, *L'Affaire Saint-Léonard*, Montréal, Société d'éducation du Québec, 1970.
3. *Ibid.* Dans les années soixante, les écoles à Montréal étaient administrées par un fouillis de commissions scolaires locales et régionales. À Saint-Léonard, les écoles primaires relevaient de la Commission scolaire catholique de Saint-Léonard; pour leurs études secondaires, les élèves passaient à des écoles administrées par la régionale Jérôme-Le Royer qui englobait les municipalités d'Anjou, de Montréal-Est, de Pointe-aux-Trembles et de Saint-Léonard.
4. Calculs effectués à partir des données fournies par Henry Égretaud, ouvr. cité, p. 7.
5. *Le Devoir*, 10 avril 1968.
6. *Le Devoir*, 2 avril 1968.
7. Robert Issenman, «L'Affaire Saint-Léonard Put in Perspective», *The Montreal Star*, 14-17 mars 1970.
8. *Le Devoir*, 28 octobre 1968.
9. Sur les liens entre le MIS et le FLQ, voir Louis Fournier, *F.L.Q., histoire d'un mouvement clandestin*, Montréal, Québec/Amérique, 1982, p. 186.
10. *Le Devoir*, 12 et 13 juin 1968.
11. *Le Devoir*, 28 juin 1968. La résolution du 27 juin prévoyait que les élèves déjà inscrits à l'école bilingue pouvaient y terminer leurs études primaires.
12. *Le Devoir*, 12 juin 1968.
13. *Le Devoir*, 14 septembre 1968.
14. *Le Devoir*, 13 septembre 1968.
15. *Le Devoir*, 12 juin 1968.
16. *Le Devoir*, 4 juin 1968. D'autres partisans des parents anglophones de Saint-Léonard étaient le Montreal Council of PTAs et la Quebec Parents Association for Catholic Education.
17. Gerald Clark, *Montreal: The New Cité*, Toronto, McClelland and Stewart, 1982, p. 96.
18. *Le Devoir*, 2 juillet 1968.
19. *Le Devoir*, 4 septembre 1968.
20. *Le Devoir*, 19 septembre 1968.
21. *Le Devoir*, 26 septembre 1968.
22. *Le Devoir*, 28 août-12 septembre 1968.
23. *Le Devoir*, 5 septembre 1968.
24. *Ibid.*
25. René Lévesque, *Attendez que je me rappelle...*, Montréal, Québec/Amérique, 1986, p. 306. On dit que Raymond Lemieux aurait déchiré

sa carte de membre du MSA après que Lévesque eut refusé de se prononcer sur son action à l'école Aimé-Renaud (*Le Devoir*, 5 septembre 1968).
26. Cette «solution» inspira le commentaire suivant à René Lévesque, critique envers le MIS: «On n'a rien gagné à Saint-Léonard. Je ne parle pas de victoire quand les élèves francophones se voient accorder une bâtisse en blocs de ciment sur le boulevard Métropolitain tandis que les élèves anglophones, eux, vont avoir une école moderne et luxueuse, située dans le secteur le plus tranquille de cette banlieue.» (*Le Devoir*, 9 septembre 1968, p. 3.)
27. *Le Devoir*, 25 juin 1968.
28. Louis Fournier, ouvr. cité, p. 186.
29. Don Murray et Vera Murray, *De Bourassa à Lévesque*, Montréal, Éditions Quinze, 1978, p. 81.
30. René Lévesque, ouvr. cité, p. 306.
31. Vera Murray, *Le Parti québécois, de la fondation à la prise du pouvoir*, Montréal, Hurtubise HMH, 1976, p. 114.
32. *The Montreal Star*, 22 novembre 1968. Voir également William Tetley, «Les anglophones et la législation sur les langues: une histoire vécue», dans Gary Caldwell et Eric Waddell (dir.), *Les anglophones du Québec: de majoritaires à minoritaires*, Québec, Institut québécois de recherche sur la culture, 1982, p. 391-411.
33. *Le Devoir*, 23 novembre 1968.
34. Robert J. MacDonald, «In Search of a Language Policy: Francophone Reactions to Bills 85 and 63», dans John R. Mallea (dir.), *Quebec's Language Policies: Background and Response*, Québec, Presses de l'Université Laval, p. 221.
35. Commission d'enquête sur la situation de la langue française et sur les droits linguistiques au Québec, *Les groupes ethniques*, Québec, Éditeur officiel du Québec, 1972, p. 238.
36. *Ibid.* Tout immigrant qui voulait apprendre l'anglais dans un COFI devait déjà connaître le français.
37. Projet de loi 85, Loi modifiant la loi du ministère de l'Éducation, la Loi du Conseil supérieur de l'éducation et la Loi sur l'instruction publique, 9 décembre 1968.
38. Cité dans Robert J. MacDonald, art. cité, p. 227.
39. Richard Arès, «Autour du Bill 85: langues parlées par les néo-Québécois à Montréal», *Relations*, vol. 337, avril 1969, p. 105.
40. *Le Devoir*, 14 décembre 1968. Le plafond des inscriptions avait pour but de limiter la croissance du secteur anglais tout en permettant aux enfants immigrés déjà inscrits à l'école anglaise de terminer leurs études dans cette langue.
41. Robert J. MacDonald, art. cité, p. 227.
42. *Ibid.*
43. *Le Devoir*, 14 décembre 1968.
44. Douglas Fullerton, *The Dangerous Delusion: Quebec's Independence Obsession*, Toronto, McClelland and Stewart, 1978, p. 24.

45. *Ibid.*, p. 86. Aussi Mordecai Richler, *Home Sweet Home: My Canadian Album*, New York, Penguin Books, 1985, p. 239.
46. Douglas Fullerton, ouvr. cité, p. 24.
47. Louis Fournier, ouvr. cité, p. 208.
48. L'autre université de langue française était, bien entendu, l'Université de Montréal.
49. *Le Devoir*, 24 mars 1969.
50. *Le Devoir*, 29 mars 1969; Louis Fournier, ouvr. cité, p. 210.
51. Benoit Gendreau et André Lemieux, *L'organisation scolaire au Québec: référentiel de connaissances*, Montréal, Éditions France-Québec, 1979, p. 225.
52. *Le Devoir*, 22 septembre 1969.
53. *Le Devoir*, 5 septembre 1969.
54. *Le Devoir*, 20 septembre 1969.
55. *Le Devoir*, 4 septembre 1969.
56. Robert Issenman, art. cité; *Le Devoir*, 11-13 septembre 1969.
57. *Le Devoir*, 18 septembre 1969.
58. Projet de loi 63, Loi pour promouvoir la langue française au Québec, sanctionnée le 28 novembre 1969.
59. Robert J. MacDonald, art. cité, p. 229.
60. Voir l'article 2 du projet de loi 63, qui modifie l'article 203 de la Loi sur l'instruction publique.
61. *Le Devoir*, 7 et 10 novembre 1969.
62. René Lévesque, ouvr. cité, p. 318. Le groupe était surnommé l'«opposition circonstancielle» parce que c'était l'opposition de chacun à la loi 63 plutôt que l'appartenance à un parti politique qui les unissait. Dans les années soixante-dix, Yves Michaud, René Lévesque et Antonio Flamand se retrouveront en tant que péquistes et, ironiquement, Jean-Guy Cardinal les rejoindra.
63. *Journal des débats*, 30 octobre 1969, p. 3459.
64. *Journal des débats*, 4 novembre 1969, p. 3539.
65. *Ibid.*, p. 3527, 3541.
66. *Le Devoir*, 10 novembre 1969.
67. *Le Devoir*, 31 octobre 1969.
68. *Le Devoir*, 29 octobre 1969.
69. *Le Devoir*, 30 octobre 1969.
70. *Le Devoir*, 29 octobre 1969.
71. Robert J. MacDonald, art. cité, p. 237-238.
72. *Le Devoir*, 1er novembre 1969.
73. René Lévesque (ouvr. cité, p. 318) raconte qu'il a croisé Jean-Jacques Bertrand en larmes, conscient du tort causé par la loi 63, mais qui se faisait un «point d'honneur» de respecter la promesse faite à «quelque cercle anglophone». Il est d'autant plus étonnant que Bertrand se soit entêté à faire adopter ce projet de loi quand on connaît l'assise rurale et francophone de l'UN, traditionnellement boudée par l'électorat anglophone. Pierre Fournier propose l'hypothèse que le

parti avait besoin de fonds pour sa prochaine campagne électorale et espérait attirer de gros donateurs anglophones. Selon une autre hypothèse formulée par le futur ministre Gérald Godin, «l'UN a offert de stabiliser la situation linguistique en échange d'une attitude plus ouverte des milieux financiers à l'égard des obligations du Québec». Fournier conclut: «Étant donné que les élites commerciales, tant canadiennes-anglaises que françaises, étaient les seuls groupes importants à appuyer le projet de loi, on est autorisé à croire que le gouvernement ait été obligé de s'incliner devant leurs pressions.» (Pierre Fournier, *Le patronat québécois au pouvoir: 1970-1976*, Montréal, Hurtubise HMH, 1979, p. 161 et 185.)

74. Henry Milner, *La réforme scolaire au Québec*, Montréal, Québec/Amérique, 1984, p. 50.
75. Pour des analyses de la loi 62, voir Lise Duval et Jean-Pierre Tremblay, *Le projet de restructuration scolaire de l'île de Montréal et la question linguistique au Québec*, Québec, Centre international de recherche sur le bilinguisme, 1974; Pierre Fournier, ouvr. cité, p. 170-172; Henry Milner, ouvr. cité, p. 50-51; Andrew Sancton, *Governing the Island of Montreal: Language Differences and Metropolitan Politics*, Berkeley, University of California Press, 1985, p. 155-157.
76. Pierre Fournier, ouvr. cité, p. 171; Lise Duval et Jean-Pierre Tremblay, ouvr. cité, p. 40-43.
77. Les anglo-catholiques appuyaient le projet de loi 62 parce qu'ils croyaient qu'ils seraient moins isolés dans les commissions scolaires unifiées que dans les commissions scolaires catholiques de Montréal à dominante francophone et auraient comme alliés les anglo-protestants.
78. Lise Duval et Jean-Pierre Tremblay, ouvr. cité, p. 40-43.
79. *Le Devoir*, 2 décembre 1969.
80. Cité dans Andrew Sancton, ouvr. cité, p. 157.
81. Joseph Pagé, *Rapport du Conseil de la restructuration scolaire de l'île de Montréal*, Montréal, CECM, 1968; *Le Devoir*, 10 octobre 1968.
82. Pierre Fournier, ouvr. cité, p. 188. Fournier fait particulièrement allusion au chevauchement des conseils d'administration de la CEPGM et du Board of Trade de Montréal.
83. Protestant School Board of Greater Montreal, *Memorial to the Standing Parliamentary Committee on Education*, mars 1970.
84. Montreal Board of Trade, *Memorial to the Standing Parliamentary Committee on Education*, mars 1970.
85. *Ibid*. Citation traduite dans Dominique Clift et Sheila McLeod Arnopoulos, *Le fait anglais au Québec*, Montréal, Libre Expression, 1979, p. 113.
86. Sur le rôle du grand capital dans la «mise au pas» des gouvernements municipaux aux États-Unis, voir John Mollenkopf, *The Contested City*, Princeton, Princeton University Press, 1983.

CHAPITRE IV

1970-1976: une ville divisée

La décennie 1960 se termina dans un climat de tension linguistique sans précédent. En 1969, le mécontentement des francophones au sujet de la crise à Saint-Léonard et de la loi 63 s'était exprimé par des manifestations, des discours enflammés, des attentats terroristes et des émeutes. Malgré ces événements mouvementés, peu de Montréalais s'attendaient aux bouleversements qui allaient inaugurer la décennie suivante. Montréal n'avait pas joint les rangs de Belfast ou de Beyrouth, loin de nous cette pensée! Mais l'année 1970, qui commença par des élections âprement disputées au printemps et finit avec la Crise d'octobre, confirma le début d'une ère nouvelle dans les relations intercommunautaires à Montréal. Désormais, la rupture entre les communautés francophone et anglophone était assez grande pour constituer une menace réelle à l'ordre social. Pendant toute la décennie, les querelles linguistiques dominèrent la vie montréalaise et la violence demeurait latente. Le gouvernement fédéral mit en œuvre des politiques qui visaient à réduire les tensions linguistiques et, en 1974, le gouvernement du Québec, poussé par la clameur nationaliste, adopta avec réticence une loi qui faisait du français la seule langue officielle du Québec. Mais à Montréal, la crise linguistique restait entière.

Montréal en 1970: une ville dans la tourmente

La décennie s'ouvrit avec une des campagnes électorales les plus contestées de l'histoire du Québec. Les élections d'avril étaient la première élection générale pour le Parti Québécois et ses adversaires recoururent à tous les moyens pour dissuader la population de voter pour les «séparatistes». L'establishment anglophone de Montréal se livra à une campagne de salissage contre le PQ. Un éditorial du *Montreal Star* notait «le penchant des dirigeants francophones pour l'autoritarisme et la dictature» et comparait René Lévesque, chef du PQ, à Kerenski avant la révolution bolchevique, un révolutionnaire bienveillant «supplanté ensuite par des fanatiques sans foi ni loi[1]». De plus, la bourgeoisie d'affaires anglophone s'immisça dans la campagne en orchestrant des incidents qui laissaient présager la catastrophe économique qui s'abattrait sur la province si le PQ remportait les élections. Le 4 avril, *La Presse* obtint copie d'une lettre de la firme de courtage Lafferty, Harwood, et Co. qui conseillait à ses clients de placer leurs valeurs et leurs liquidités à l'extérieur du Québec jusqu'au lendemain de l'élection du 29 avril. Une autre lettre «confidentielle» de la même firme publiée le 11 avril prédisait que la cote de crédit de la province, c'est-à-dire sa capacité d'emprunter pour financer ses projets d'immobilisations, pourrait chuter si le PQ faisait bonne figure aux élections[2].

L'ingérence la plus flagrante fut le «coup de la Brinks». Le Trust Royal assembla un convoi de neuf camions blindés de la compagnie Brinks prétendument pour transporter des valeurs mobilières de son siège social de Montréal à Toronto. Organisée à quelques jours des élections, l'opération était un coup monté, car «la presse avait été avertie et était présente au lieu du départ à Montréal et à la traversée de la frontière entre le Québec et l'Ontario[3]». Habituellement, les banques ne font pas du transport des valeurs un événement médiatique. L'attention souhaitée fut obtenue puisque l'affaire fit la une des grands quotidiens de Montréal[4]. L'épisode était une mise en scène savamment préparée qui donnait tout son poids à l'argument principal de l'establishment anglophone contre le nationalisme francophone: les anglophones sont aux commandes de l'économie du Québec et, par conséquent, pour éviter une fuite massive des capitaux hors de Montréal et de la province, les francophones doivent résister au fruit défendu du nationalisme et du séparatisme.

Il est possible que ces manigances aient eu un effet contraire à l'effet espéré, car les francophones réservèrent un assez bon accueil au Parti Québécois, qui recueillit 23 % des suffrages exprimés au Québec, ce qui dépassait le pourcentage obtenu par le RIN en 1966, et qui termina deuxième, derrière le Parti libéral de Robert Bourassa[5]. Le PQ obtint un appui substantiel parmi les électeurs francophones de Montréal, remportant cinq sièges dans les circonscriptions ouvrières de l'est où les centrales syndicales avaient fait campagne en sa faveur et recueillant 39,5 % des suffrages exprimés dans les circonscriptions à majorité francophone de l'île[6]. Il semble que le mécontentement au sujet de la loi 63 ait avantagé le Parti Québécois à Montréal pour ce qui est du vote francophone; ainsi, selon un sondage préélectoral réalisé par l'Université de Montréal, les francophones opposés à la loi 63 appuyaient majoritairement le PQ[7].

Les élections d'avril sont un bon exemple de la bipolarisation selon la langue de la vie politique à Montréal. L'électorat de l'île paraissait divisé en deux camps hostiles: le PLQ qui recueillait les votes des anglophones, des allophones et des francophones fédéralistes et le PQ qui gagnait des appuis parmi les francophones nationalistes. De plus, la campagne et l'après-campagne avaient donné lieu aux discours les plus enflammés sur les relations intercommunautaires jamais prononcés dans les milieux politiques établis. L'élite anglophone continuait à dénigrer le nationalisme francophone qui mènerait, disait-on, à la ruine de l'économie de Montréal. «Imaginez Montréal sans gratte-ciel, sans train de banlieue, sans métro. Imaginez la ville privée de ses nombreux taxis et de sa diversité de restaurants et d'hôtels.» Selon le *Montreal Star*, il fallait envisager l'éventualité que les sociétés dirigées par les anglophones quittent Montréal si le PQ prenait le pouvoir[8].

Dans l'autre camp, les dirigeants du PQ réservaient leur fiel pour les actions anglophones comme le «coup de la Brinks» et la partialité de la presse anglophone. «Ces gens sont comme ceux qui agitent un drapeau rouge devant un taureau déchaîné [...] ils courent après les ennuis[9]», avertit Jacques Parizeau. René Lévesque exprima son «dégoût complet» de «la façon que l'on a tripoté dans l'Establishment anglo-saxon l'information, les moyens de propagande, son mépris manifeste pour toute une population qui, pour cet Establishment, demeure des indigènes[10]». Il mit en garde contre «ces forces, de la rue Saint-Jacques au *Montreal Star*, qui semblent tenir à empoisonner le climat du Québec avec toutes sortes de paniques afin de créer des divisions entre la majorité francophone et ses nombreuses minorités[11]». Lévesque était particulièrement furieux contre la campagne de peur du *Star*, surtout l'éditorial du 21 avril qui prédisait «le chaos et la dictature», qu'il décrivait comme une «insulte à la collectivité canadienne-française». «Nous n'avons pas de leçons à recevoir de la part des propriétaires du *Montreal Star* — ni de quiconque a dominé le Québec comme une bande de Rhodésiens, comme une minorité de Blancs le fait en Rhodésie. S'il y avait des gens de couleurs ici, vous le sentiriez[12].» Cette rare sortie anti-anglaise de René Lévesque stimula l'aile radicale de son parti qui présenta une résolution au congrès de 1971 pour éliminer les droits scolaires de la minorité anglophone dans un Québec souverain, résolution à laquelle Lévesque, essentiellement modéré, opposa son veto. Néanmoins, le comportement des anglophones pendant la campagne électorale de 1970 et la réplique cinglante de Lévesque eurent nettement pour effet de durcir le sentiment nationaliste dans la communauté francophone.

    La même année, Montréal connut la pire vague de violence sur fond de tensions linguistiques. Peu après les élections, la «guérilla urbaine» du FLQ reprit ses attentats à la bombe, visant entre autres le siège social du Board of Trade dans le Vieux-Montréal et des résidences de Westmount[13]. En octobre, le FLQ alla plus loin en enlevant l'attaché commercial de Grande-Bretagne, James Cross, et, cinq jours plus tard, le ministre du Travail Pierre Laporte, qui sera assassiné par la suite[14]. Le gouvernement Bourassa se retira sous bonne garde à l'hôtel Reine-Élisabeth et, pendant trois semaines, personne ne sut exactement quelle était l'ampleur de l'opération du FLQ ni si un véritable soulèvement était en cours. Le FLQ imposa la diffusion de son manifeste, un mélange de marxisme et de nationalisme québécois qui appelait les francophones à «chasser par tous les moyens, y compris la dynamite et les armes, les *big shot*... tant qu'il y aura des Westmount, des Town of Mount Royal, des Hampstead, des Outremont, tous ces châteaux forts de la haute finance de la rue Saint-Jacques et de la Wall Street[15]...»

Le manifeste toucha une corde sensible parmi les étudiants des universités francophones qui lancèrent une Opération débrayage et une vague de colloques. Le 15 octobre, le gouvernement fédéral déclara que Montréal était dans un état «d'insurrection appréhendée» et ordonna l'intervention de l'armée à Montréal. Il appliqua la Loi des mesures de guerre qui suspendit les libertés fondamentales et mena à l'arrestation de 500 présumés sympathisants du FLQ[16]. Montréal était une ville occupée.

Quelques semaines après le meurtre de Laporte, James Cross fut libéré et ses ravisseurs obtinrent un sauf-conduit pour Cuba. Le FLQ, dont la taille avait été grandement surestimée pendant la Crise, fut décapité par la police. Pendant quelque temps, les antiséparatistes exploitèrent la Crise d'octobre pour discréditer le PQ et le mouvement nationaliste. Le Parti Québécois perdit 45 000 membres entre avril 1970 et le milieu de 1971 (de 80 000 à 35 000), mais refit ses forces avant les élections de 1973[17]. La Crise d'octobre resta un événement isolé: le FLQ était un mouvement marginal et le PQ fournissait un exutoire démocratique et non violent au sentiment nationaliste des francophones. Malgré tout, la Crise d'octobre a été un exemple dramatique de ce qui arriverait si les passions linguistiques à Montréal se déchaînaient.

**Le gouvernement fédéral
et la question linguistique à Montréal**

À part l'utilisation extraordinaire de la force militaire pendant la Crise d'octobre, le gouvernement fédéral commença, à la fin des années soixante et au début des années soixante-dix, à mettre en œuvre des politiques visant à atténuer le mécontentement grandissant des francophones de Montréal. La montée du mouvement indépendantiste, que nourrissaient les tensions linguistiques à Montréal, était perçue comme une menace réelle pour l'unité canadienne. Pierre Elliott Trudeau avait été élu premier ministre du Canada en 1968 en partie parce que le Canada anglais le voyait comme celui qui pouvait «résoudre» le problème du Québec. Trudeau s'opposait fermement au nationalisme francophone — et à tout particularisme ethnique — qu'il qualifiait de réactionnaire et d'autoritaire[18]. À ses yeux, les intérêts des francophones ne seraient pas servis s'ils se repliaient sur eux-mêmes et créaient une enclave française sécurisante au Québec. Trudeau envisageait plutôt un Canada bilingue d'un océan à l'autre où les droits linguistiques des minorités seraient enchâssés dans la Constitution et où les francophones pourraient préserver leur langue et leur culture tout en étant citoyens à part entière du Canada. «La réponse au séparatisme, dit-il, est de faire en sorte que les Canadiens de langue française se sentent chez eux [...] à Vancouver et à Toronto comme à Montréal[19].»

Avant les années soixante, il était difficile pour les Canadiens de langue française de se sentir «chez eux» hors du Québec. Les gouvernements provinciaux de l'Ouest et de l'Ontario refusaient systématiquement d'ouvrir des écoles de langue française[20]. Dans la capitale nationale, la fonction publique fédérale et les forces armées, l'anglais était la seule langue d'usage, et les francophones étaient sous-représentés aux échelons intermédiaires et supérieurs de la fonction publique[21]. Les lois fédérales étaient rédigées en anglais et les versions françaises laissaient souvent à désirer. En l'absence de traduction simultanée, les francophones qui se rendaient au Parlement canadien, à Ottawa, y entendaient rarement parler français[22]. Le «visage» du gouvernement fédéral était indéniablement anglais; par exemple, selon une enquête menée en 1960 par le Conseil de la vie française, un groupe de pression québécois, seulement 13,2 % des affiches devant les édifices publics étaient bilingues, 36,8 % contenaient un peu de français et 50 % étaient en anglais seulement[23]. À l'extérieur du Québec, il était presque impossible d'obtenir des services en français.

Tel était le constat auquel était arrivée la Commission royale d'enquête sur le bilinguisme et le biculturalisme, dite commission Laurendeau-Dunton, créée en 1963 pour «faire enquête et rapport sur l'état présent du bilinguisme et du biculturalisme au Canada et recommander les mesures à prendre pour que la Confédération canadienne se développe d'après le principe de l'égalité entre les deux peuples qui l'ont fondée[24]». La commission Laurendeau-Dunton, du nom de ses coprésidents, recommanda un train de mesures visant à garantir l'égalité des langues au Canada, et ses recommandations devinrent la pierre angulaire de la politique linguistique de Trudeau. Les principales propositions furent incorporées dans la Loi sur les langues officielles de 1969 et beaucoup se retrouvèrent dans la réalisation politique suprême de Trudeau, la Charte canadienne des droits et libertés, qui fut enchâssée dans la Loi constitutionnelle de 1982[25]. Plus précisément, la politique fédérale sur la langue reposait sur les principes suivants:

> 1. Les deux langues officielles du Canada sont le français et l'anglais.
> 2. Les Canadiens peuvent obtenir des services dans l'une ou l'autre des langues officielles dans la capitale nationale et ailleurs «lorsque la demande justifie» des services bilingues.
> 3. Des districts bilingues seront désignés dans des régions où la minorité francophone ou anglophone dépasse 10 % de la population; dans ces districts, une gamme complète de services fédéraux, provinciaux et municipaux seront dispensés dans les deux langues officielles.
> 4. Les Canadiens appartenant à l'un ou l'autre groupe linguistique jouissent de l'égalité des chances dans la fonction publique fédérale et peuvent travailler dans la langue officielle de leur choix.
> 5. Bien que l'éducation soit du ressort des provinces, le gouvernement fédéral fournit une aide financière pour l'enseignement de la langue seconde et encourage l'ouverture d'écoles dans chacune des deux langues officielles lorsque le nombre le justifie (une «mesure incitative» qui sera incorporée à la Constitution de 1982).

Le gouvernement fédéral consentit cinq milliards de dollars pour atteindre ces objectifs entre 1969 et 1982[26]. Une décennie aura suffi à transformer le gouvernement fédéral. Les services gouvernementaux étaient désormais bilingues et, bien que l'usage du français comme langue de travail dans la fonction publique fédérale ait été inégal, la proportion des fonctionnaires francophones avait atteint 27 % à la fin des années soixante-dix, un pourcentage légèrement supérieur à celui des francophones dans la population du Canada[27]. Un poste de Commissaire aux langues officielles fut créé pour servir la cause du bilinguisme, et l'aide financière du gouvernement fédéral stimula l'enseignement de la langue seconde dans les écoles publiques et accrût l'accessibilité de l'enseignement en français à l'extérieur du Québec.

Si plusieurs Montréalais francophones profitèrent de la politique de bilinguisme pour poursuivre leur carrière à Ottawa, les mesures fédérales n'eurent dans l'ensemble qu'une faible incidence sur la situation linguistique à Montréal. La mobilisation des francophones depuis le début des années soixante prenait sa source dans l'inégalité des langues et la vulnérabilité de la langue et de la culture françaises à Montréal et dans le reste du Québec. C'est pourquoi la garantie de services en français en Ontario ou de soutien aux écoles françaises du Manitoba trouva peu d'écho auprès des nationalistes.

La seule mesure qui aurait pu modifier la dynamique linguistique à Montréal, soit les «districts bilingues», avait été fort mal accueillie en milieu francophone. En 1971, le Conseil consultatif des districts bilingues[28] recommanda que toute la province de Québec soit désignée district bilingue fédéral à cause de son importante minorité anglophone. L'opposition du gouvernement Bourassa, pourtant fédéraliste, ainsi que des groupes nationalistes fit avorter ce projet[29]. En 1975, un deuxième conseil consultatif étudia la possibilité de désigner Montréal district bilingue. Comme en 1971, le gouvernement du Québec protesta énergiquement, arguant que les questions relatives à la langue relevaient du champ de compétence des provinces et devaient être réglées par Québec. Après un long débat, le Conseil décida de ne pas recommander de district bilingue pour Montréal à cause de l'effet que pourrait avoir cette désignation sur la situation de la langue française. «À Montréal, dans l'ensemble, la communauté anglophone est forte, nombreuse, influente et bien située.» Selon le Conseil, «la Loi sur les langues officielles visait à assurer aux deux langues officielles un statut égal et [...] un district bilingue accentuerait la disparité qui existe déjà entre le français et l'anglais en traitant Montréal d'une façon différente de celle des autres grands centres urbains du Canada[30]». Finalement, vu la résistance des gouvernements provinciaux, le gouvernement fédéral abandonna le concept des districts bilingues en 1977, qui avait été considéré à l'origine comme la pierre angulaire de la politique linguistique fédérale. Désormais, le régime linguistique qui régira Montréal sera déterminé sur la scène provinciale.

1970-1973: une politique en veilleuse
Le choc de la Crise d'octobre et peut-être la lassitude qui s'installa après les événements dramatiques de 1969 et de 1970 semblaient avoir réduit l'intensité de la question linguistique à Montréal. Néanmoins, elle continuait à mobiliser les groupes francophones. En mars 1971, des syndicats, des enseignants et des groupes nationalistes fondèrent le Mouvement Québec français (MQF) pour réclamer l'abrogation de la loi 63 et son remplacement par une loi qui ferait du français la seule langue officielle du Québec. Le MQF, qui avait pignon sur rue au siège social de la Société Saint-Jean-Baptiste de Montréal, était un important groupe de pression en faveur de l'unilinguisme; il a maintenu l'intérêt du public pour la question linguistique en organisant des campagnes de pétitions, des manifestations, des défilés et des réunions populaires. En 1974, lorsque la politique linguistique revint à l'avant-scène, le MQF jouera un rôle de premier plan dans la défense de la position nationaliste francophone[31].

Le nouveau premier ministre du Québec, Robert Bourassa, âgé de 37 ans, ne se pressa pas d'entrer sur le terrain miné de la politique linguistique pendant son premier mandat (1970-1973). La commission Gendron, nommée par son prédécesseur pour étudier la question linguistique et recommander une politique provinciale, fournissait une échappatoire parfaite: avant d'agir sur une question aussi piégée que la langue d'enseignement, déclarait Bourassa, il était préférable d'attendre les conclusions de la commission. Bourassa espérait qu'en misant sur la croissance économique il ferait entre-temps oublier quelque peu les tensions linguistiques. N'avait-il pas promis 100 000 emplois pendant la campagne électorale de

1970[32]? Quoi qu'il en soit, le premier ministre restait prudent et ne voulait pas précipiter les choses. Il n'était pas vraiment fâché que la commission Gendron multiplie les retards dans le dépôt de son rapport final.

Bien que Bourassa ait réussi à s'esquiver relativement à une politique linguistique globale pendant son premier mandat, son gouvernement est néanmoins intervenu dans certains dossiers se rapportant à la situation de la langue à Montréal. En janvier 1971, le ministère de l'Éducation adopta le Règlement 6, une directive qui précisait la manière dont les écoles anglaises du Québec évalueraient la «connaissance d'usage» du français que la loi 63 exigeait[33]. Le Règlement 6 exigeait six ans de français langue seconde au primaire et cinq ans au secondaire. Lorsque c'était possible sur le plan pédagogique, on incitait les écoles anglaises à employer le français dans le plus de matières possible[34]. Avant d'obtenir leur diplôme d'études secondaires, les élèves du secteur anglais devaient passer un examen oral et écrit visant à mesurer leur connaissance de la langue française. Dès le milieu de la décennie, toutes les commissions scolaires de Montréal appliquaient le Règlement 6 et la multiplication des classes d'immersion en français dans les écoles anglaises prouvait l'intérêt des parents anglophones pour le bilinguisme, en réaction au nouveau climat linguistique de Montréal[35].

Toutefois, le Règlement 6 n'eut aucun effet sur l'agitation grandissante des francophones en matière de langue et d'éducation. Certes, tous désiraient que les élèves anglophones améliorent leur connaissance du français, mais cela ne réglait pas la question centrale de l'anglicisation des immigrants par le biais de l'école publique. En outre, certains dirigeants scolaires francophones craignaient que le Règlement 6 n'ait l'effet pervers de rendre l'école anglaise encore plus attrayante auprès des parents immigrés qui souhaitaient que leurs enfants maîtrisent le français *et* l'anglais[36].

Le gouvernement Bourassa entreprit également de réorganiser l'administration scolaire dans l'île de Montréal. En juillet 1971, le ministre de l'Éducation, Guy Saint-Pierre, présenta le projet de loi 28 qui reprenait les principaux éléments du projet de loi 62 du gouvernement Bertrand. Le projet de loi 28 conservait l'intention de simplifier l'imbroglio des commissions scolaires confessionnelles de Montréal au profit de 11 commissions scolaires unifiées, mais était augmenté de plusieurs dispositions pour calmer les inquiétudes des anglophones au sujet du projet de loi précédent. Les commissaires seraient élus au suffrage universel, mais la représentation des minorités linguistiques serait garantie. De plus, chaque commission scolaire compterait un comité catholique et un comité protestant pour administrer les écoles confessionnelles. Enfin, la centralisation qui faisait si peur aux anglophones était atténuée: la minorité avait une représentation garantie au Conseil scolaire et les commissions scolaires locales conservaient la propriété et la gestion de leurs installations[37].

Malgré les efforts de Saint-Pierre pour faire l'unanimité autour de son projet de loi, celui-ci fit les frais de la division grandissante au sujet de la langue à Montréal. Bien que certains groupes anglophones comme le Board of Trade aient appuyé le projet de loi, la CEPGM et le syndicat des enseignants anglophones s'y opposèrent, alléguant que les intérêts des anglophones étaient menacés, et se prononcèrent en faveur des commissions scolaires linguistiques et autonomes[38]. D'autre part, les syndicats d'enseignants francophones et le mouvement ouvrier avançaient que l'affaiblissement du pouvoir du Conseil scolaire minait la lutte contre les inégalités linguistiques dans l'enseignement à Montréal. Les nationalistes avaient espéré un conseil scolaire puissant qui serait capable de redistribuer les ressources provenant des commissions scolaires mieux nanties, majoritairement anglophones, en faveur des commissions scolaires défavorisées, majoritairement francophones, mais avec le projet de loi 28 «les commissions scolaires des quartiers économiquement défavorisés se voyaient, comme par le passé, aux prises avec des édifices, de l'équipement et des installations de qualité inférieure[39]».

Le Parti Québécois et les enseignants francophones donnèrent un tour linguistique au débat sur le projet de loi 28 en faisant intervenir la question de la langue d'enseignement. Bien que le PQ ait appuyé l'unification des commissions scolaires, il lia la réorganisation de l'administration scolaire à l'abrogation de la loi 63. De plus, il proposa des amendements au projet de loi 28 pour interdire l'accès de l'école anglaise aux non-anglophones et imposer le français comme langue de travail à toutes les commissions scolaires. La Centrale de l'enseignement du Québec (CEQ), le principal syndicat d'enseignants francophones, critiqua la garantie de représentation anglophone dans les commissions scolaires unifiées comme une politique de «districts bilingues» en éducation, une référence au projet fédéral tant décrié, et affirma que «les structures [devaient] être au service de la majorité francophone[40]». À cause de cette opposition et de l'obstruction faite à l'Assemblée nationale par les députés du PQ, le gouvernement retira son projet de loi le 23 décembre 1971. En liant le projet de loi 28 à la question controversée de l'accès à l'école anglaise, le PQ avait transformé la restructuration scolaire en question linguistique plutôt qu'administrative, et le gouvernement Bourassa n'était pas encore prêt à se lancer dans un débat aussi délicat et possiblement explosif[41].

Enfin, en décembre 1972, le nouveau ministre de l'Éducation, François Cloutier, réussit à faire accepter un projet de réorganisation scolaire à l'Assemblée nationale. Reculant sur la question controversée des commissions scolaires unifiées, le projet de loi 71 conservait la structure confessionnelle des écoles de Montréal, mais réduisait le nombre de commissions scolaires à huit; six catholiques et deux protestantes. Le projet de loi 71 prévoyait aussi un conseil scolaire de l'île de Montréal qui serait composé de 16 représentants: cinq de la CECM, deux de la CEPGM, six des six autres commissions scolaires et enfin trois nommés par le gouvernement. Par contre, le pouvoir du conseil serait aussi restreint que ce que prévoyait le projet de loi 28. Enfin, dans un effort de désamorcer l'opposition possible, le projet de loi 71 revêtait un caractère temporaire: le Conseil scolaire de l'île aurait le mandat d'élaborer un projet définitif de restructuration avant le 31 décembre 1975[42].

Bien que le projet de loi 71 ait été rédigé de manière à amadouer les principaux acteurs du milieu scolaire montréalais, seuls les anglo-protestants et l'establishment scolaire franco-catholique l'appuyèrent[43]. Les anglo-catholiques s'y opposèrent parce qu'ils demeureraient sous la gouverne des commissions scolaires francophones, situation devenue de plus en plus intenable depuis la crise de Saint-Léonard. Le Comité pour la coordination de l'éducation catholique anglophone demanda à Cloutier de mettre sur pied deux commissions scolaires anglo-catholiques dans l'île pour «assurer la survie culturelle», mais Cloutier refusa[44].

Les groupes nationalistes francophones s'opposèrent également au projet de loi 71, car «il ne changeait rien d'important à la situation existante. Il ne corrigeait pas les menaces pesant sur la majorité francophone. Bref, il n'allait pas assez loin[45]». Claude Charron, critique du PQ en matière d'éducation, soutenait que les écoles confessionnelles minaient la sécurité culturelle des francophones et perpétuaient «les privilèges et les injustices dans l'enseignement public montréalais. Ces dernières avantageaient les nantis (les anglo-protestants[46])». Charron laissa entendre que l'influence des anglophones dans le Parti libéral du Québec expliquait la teneur «pro-anglophone» du projet de loi sur la réorganisation scolaire.

Finalement, tant à cause de la portée restreinte et temporaire du projet de loi 71 que de l'apathie de la population devant la question[47], le gouvernement Bourassa réussit à faire adopter le projet de loi. Après que le Conseil scolaire de l'île, à qui l'on avait confié la tâche de préparer un plan de restructuration permanent, eut rendu public son rapport, en novembre 1976 (avec plus d'un an de retard), ses membres votèrent à 8 contre 7 en faveur du maintien des commissions scolaires confessionnelles et d'un conseil scolaire aux pouvoirs affaiblis; les autres solutions proposées furent toutes rejetées[48]. Il n'existait aucune unanimité sur la question de la restructuration scolaire et la population ne tenait pas mordicus à ce qu'il y en ait une. Le PQ s'en rendit compte au début des années quatre-vingt lorsque, enfin au pouvoir, il tenta à son tour de restructurer l'administration scolaire à Montréal.

Bourassa se prépare à agir

Le 31 décembre 1972, Robert Bourassa perdit son excuse pour différer l'action en matière de politique linguistique. Après de nombreuses audiences publiques, la préparation de plus de 40 études et des dépenses de 2,3 millions de dollars, la commission Gendron déposait enfin son rapport tant attendu et souvent retardé. La commission offrait une analyse exhaustive de la situation du français et de l'anglais dans l'enseignement, l'administration et l'économie au Québec. Ses conclusions ressemblaient à celles de la commission Laurendeau-Dunton. Elle mettait en évidence la place dominante de l'anglais dans l'économie de Montréal, qu'elle considérait comme la principale menace pour le français à Montréal et dans le reste du Québec, et la raison pour laquelle les immigrants choisissaient d'envoyer leurs enfants à l'école anglaise. Néanmoins, malgré le pouvoir d'attraction de l'anglais sur les communautés allophones de Montréal, les études démographiques menées pour le compte de la commission Gendron prévoyaient une majorité francophone ferme à Montréal pendant tout le XXe siècle. Même les scénarios pessimistes, qui plaçaient les francophones en situation défavorable au chapitre de la fécondité et de l'immigration, laissaient entrevoir peu de risque de «minorisation[49]».

Dans l'ensemble, les recommandations de la commission étaient essentiellement modérées. Comme politique linguistique, elle suggérait que le français soit désigné «langue officielle» du Québec, mais que l'anglais conserve un statut particulier de «langue nationale». Cela semblait reprendre le concept de français comme langue prioritaire mis de l'avant en 1965 par Pierre Laporte. Le rapport Gendron ne précisait pas l'incidence de ces désignations sur l'usage des langues[50]. La commission estimait que le français langue de travail était essentiel à la survie et à l'épanouissement de la langue et de la culture françaises, mais ne proposait aucun programme pour obliger les entreprises à faire du français la langue de travail ou à embaucher plus de francophones.

Face à la question la plus brûlante, soit la langue d'enseignement, les auteurs du rapport se montrèrent particulièrement timides. Ils recommandaient un sursis de trois à cinq ans avant que soit étudiée la possibilité d'abroger la loi 63, afin d'en sonder les répercussions réelles. Ils laissaient entendre que les immigrants, plutôt que d'être «forcés» à fréquenter l'école française, devraient y être «encouragés» par le biais de la francisation de l'économie de Montréal et de programmes particuliers comme des garderies pour les enfants d'âge préscolaire, des colonies de vacances pour les enfants d'âge scolaire et l'expansion des cours de langue dans les COFI pour les adultes[51]. «Il faut éviter à tout prix une nouvelle crise de

Saint-Léonard, dit la commission. Il y a des situations où la décision de ne pas agir constitue la solution positive par rapport à l'intervention trop hâtive[52].»

La communauté anglophone de Montréal réagit favorablement aux recommandations modérées du rapport Gendron, surtout à celles qui avaient trait à la loi 63. Elles reçurent l'aval des représentants les plus en vue de sa bourgeoisie d'affaires qui avaient défilé aux audiences publiques de la commission pour faire la sombre prédiction qu'une politique linguistique coercitive aurait pour effet de chasser le capital et les entreprises du Québec[53].

D'autre part, l'espoir que les francophones approuvent les recommandations du rapport Gendron pour ainsi trouver un juste milieu dans le débat linguistique s'évanouit rapidement. Des groupes comme le MQF, les centrales syndicales et le PQ les qualifièrent de «froussardes» et de «cheval de Troie» en ce qui concernait la sécurité culturelle et linguistique des francophones[54]. Même des analystes tempérés comme Claude Ryan et Léon Dion, professeur de science politique à l'Université Laval, critiquaient l'ambiguïté et la timidité du rapport[55]. Ultérieurement, le président de la commission, Jean-Denis Gendron, reconnaîtra le mauvais accueil fait par les francophones et se désolidarisera des recommandations en matière de langue et d'éducation de sa propre commission. Les études démographiques auraient dû rassurer la communauté francophone, mais Gendron admettra «qu'il n'[avait] pas tenu compte de la question psychologique: la crainte de la "minorisation" des francophones», et dira que, étant donné l'humeur francophone, il ne reste plus «d'autre choix que de modifier la loi 63 pour obliger les immigrants à envoyer leurs enfants à l'école française[56]».

Le premier ministre Bourassa prit ces divergences en considération et, dès le printemps 1973, commença à rencontrer en privé les représentants anglophones du monde des affaires pour discuter de politique linguistique. Bourassa dit aux dirigeants de la Banque Royale, du Trust Royal, de la Banque de Montréal, de Molson et d'autres grandes sociétés dirigées par des anglophones qu'il ne pouvait plus retarder le moment de légiférer en matière de langue, car «il risquait d'être chassé de l'arène politique[57]». Il fallait abroger la loi 63, déclarer symboliquement le français langue officielle du Québec et adopter des mesures pour inciter les entreprises à utiliser davantage le français. Tandis que les dirigeants anglophones répétaient à Bourassa qu'ils étaient prêts à «fermer les yeux sur certains points insignifiants» pour atteindre l'objectif ultime, c'est-à-dire désamorcer la crise linguistique[58], ils l'avertissaient que toucher à la langue des affaires mènerait à l'exode des sièges sociaux et freinerait les investissements au Québec[59].

Lors des élections provinciales d'octobre 1973, Bourassa évita la question de la politique linguistique, à part quelques vagues allusions au besoin de faire du français la langue du travail. Il mena sa campagne sur le thème de «la souveraineté culturelle dans un marché commun canadien» pour récupérer le sentiment nationaliste croissant à Montréal[60]. Le Parti libéral de Bourassa fut réélu à une majorité écrasante, raflant 102 des 110 sièges à l'Assemblée nationale. Fort de cette majorité, Bourassa jugea que le moment était propice pour agir sur la question linguistique. Deux facteurs d'ordre politique importants influèrent sur sa manière d'envisager les choses. Le premier est que, malgré la victoire éclatante du PLQ aux élections, le PQ continuait de gagner du terrain, recueillant 44,5 % des suffrages exprimés dans les circonscriptions majoritairement francophones de l'île de Montréal[61]. Il était évident que le PQ ralliait une partie grandissante de l'électorat francophone avec ses positions explicites sur la langue, et Bourassa voulait étouffer la question de manière à couper l'herbe sous le pied du PQ et éviter «d'hypothéquer son avenir politique[62]». Deuxièmement, les Anglo-Montréalais constituaient de 25 % à 30 % de l'électorat du PLQ et Bourassa devait éviter de s'aliéner ces partisans fidèles[63]. Dans sa volonté de trouver un terrain d'entente, Bourassa courra droit à la catastrophe politique.

La Loi sur la langue officielle: une catastrophe politique

Pendant l'automne 1973 et l'hiver 1974, Bourassa et son ministre de l'Éducation François Cloutier collaborèrent à la rédaction d'un projet de loi sur la langue. Apparemment, il y eut peu de consultations avec les autres membres du Conseil des ministres et les seuls anglophones que Bourassa rencontra pour discuter de politique linguistique furent des dirigeants du monde des affaires⁶⁴. Ce travail en vase clos peut expliquer le fiasco qui suivit, car le projet de loi de Bourassa fut contesté tant par les anglophones et les allophones que par les nationalistes francophones; de plus, même si l'opposition grandissait, le premier ministre sembla ignorer l'humeur réelle de l'opinion publique. Quelques éléments de la politique de Bourassa circulèrent dans les journaux de Montréal en février 1974⁶⁵. Les fuites laissaient entendre que des mesures encourageraient l'usage du français au travail, que la loi 63 serait abrogée et que l'accès à l'école anglaise serait réglementé au moyen de tests de compétence linguistique. La réaction à ces «ballons d'essai» n'augurait rien de bon: les groupes de pression francophones, des personnalités influentes de la communauté anglophone et les médias des deux langues ne tardèrent pas à critiquer ces mesures. La presse anglaise de Montréal dénonça l'abrogation de la loi 63, la montrant comme «une intrusion de l'État dans les choix personnels et les libertés individuelles⁶⁶». De son côté, le Mouvement Québec français clamait que «l'hésitation du gouvernement Bourassa à formuler une politique linguistique "claire et nette" contribu[ait] à la détérioration du climat social et risqu[ait] d'aboutir à un affrontement brutal entre anglophones et francophones du Québec⁶⁷».

Malgré ces signes avant-coureurs, Bourassa fonça à pleine vapeur. Le 22 mai 1974, il présenta à l'Assemblée nationale le projet de loi 22 intitulé «Loi sur la langue officielle». Ce projet de loi marquait la fin de l'égalité officielle entre le français et l'anglais qui existait au Québec depuis la Confédération. Le projet de loi 22 affirmait en toutes lettres: «Le français est la langue officielle du Québec», et signalait l'intention du gouvernement de promouvoir le français comme «langue usuelle des communications» dans toutes les sphères de la vie québécoise. Le motif était clairement exposé dans le préambule:

> Attendu que la langue française constitue un patrimoine national que l'État a le devoir de préserver et qu'il incombe au gouvernement du Québec de tout mettre en œuvre pour en assurer la prééminence et pour en favoriser l'épanouissement et la qualité⁶⁸...

Selon les dispositions du projet de loi 22, tous les documents gouvernementaux devraient être rédigés en français et « la langue française [devrait] être omniprésente dans le monde des affaires, particulièrement en ce qui concerne la direction des entreprises, les raisons sociales, l'affichage public [...] et les contrats conclus par les consommateurs[69] ». Malgré ces exigences, le projet de loi 22 n'avait rien d'une politique axée sur l'unilinguisme. Même s'il imposait la prééminence du français dans la plupart des domaines, il reconnaissait explicitement les droits des anglophones, et ceux-ci conservaient la gestion de leurs institutions communautaires. Par exemple, les municipalités et les commissions scolaires situées dans des régions qui comptaient au moins 10 % d'anglophones étaient obligées de rédiger des documents officiels dans les deux langues. De plus, les deux langues étaient permises comme langues des communications internes dans les institutions publiques de ces régions. Enfin, bien que les panneaux-réclames et les autres affiches dussent être en français — une concession aux nationalistes qui critiquaient le visage trop anglais de Montréal —, l'anglais n'était pas interdit. Bref, malgré la rhétorique audacieuse de la promotion du français, il y avait une bonne dose de bilinguisme tout au long du projet de loi[70].

Le projet de loi 22 abordait les deux dimensions clés de la question linguistique, soit l'économie et l'éducation. En matière de promotion du français comme langue de travail au Québec, il prévoyait la mise en œuvre d'un programme de francisation des entreprises administré par la Régie de la langue française. Les entreprises qui souhaitaient recevoir des subventions, des contrats ou faire affaire avec le gouvernement provincial devraient obtenir un certificat de francisation délivré par la Régie. Le projet de loi expliquait comment une entreprise pouvait prouver sa francisation: « la connaissance de la langue officielle que doivent posséder les dirigeants et le personnel, la présence francophone dans l'administration » et l'utilisation quotidienne du français comme langue de communications orales et écrites dans l'entreprise[71]. En s'appuyant sur ces critères, la Régie analyserait les habitudes linguistiques de l'entreprise pour déterminer son admissibilité à un certificat de francisation.

Cependant, l'ambiguïté de ces dispositions, combinée à un certain vide au chapitre des mécanismes d'application, ne permettait pas de voir jusqu'à quel point le projet de loi 22 modifierait la dynamique linguistique dans l'économie de Montréal. Par exemple, la façon dont les critères de francisation seraient pondérés et évalués par la Régie n'était pas précisée. Des concepts tels que «la présence francophone dans l'administration» ou «la connaissance de la langue officielle» que possède le personnel de l'entreprise étaient ambigus: combien de cadres francophones fallait-il pour constituer une présence francophone? Cette ambiguïté signifiait que la Régie aurait une marge de manœuvre assez grande pour appliquer la politique de francisation du gouvernement. Les nationalistes craignaient que, vu l'absence de principes directeurs fermes dans la loi, la Régie soit indulgente envers les grandes sociétés[72]. La Régie obtint une latitude encore plus grande après que le ministre de l'Industrie et du Commerce, Guy Saint-Pierre, eut fait ajouter au projet de loi que l'évaluation des programmes de francisation dans les grandes entreprises tiendrait compte de «la situation et de la structure de chaque entreprise, de son siège social et de ses filiales et succursales[73]». Pas besoin d'être futé pour comprendre que, selon ces critères, de nombreuses entreprises montréalaises tout à fait anglophones, surtout celles qui exerçaient leur activité à l'extérieur du Québec, recevraient leur certificat de francisation, la Régie ayant à cœur le maintien d'un cadre d'investissement favorable.

En plus de ces ambiguïtés, le projet de loi 22 avait une portée limitée du fait que la promotion du français dans le milieu des affaires reposait sur des mesures facultatives plutôt qu'obligatoires. Économiste de formation, Bourassa adhérait au néolibéralisme propre à la majorité des membres de sa profession qui répugnaient à intervenir dans les rouages internes de l'entreprise privée. De plus, la bourgeoisie d'affaires anglophone, qui avait été consultée pendant la préparation du projet de loi, lui avait fait savoir que la coercition était inacceptable. Comme le Board of Trade de Montréal l'avait dit dans son mémoire:

> Le Board est opposé à l'instauration de certificats de «francisation» prévue dans le projet de loi à cause du risque élevé de discrimination et d'arbitraire. Si les certificats sont institués, ils ne devraient servir que pour permettre à leurs titulaires d'être admissibles à des subventions. [...] Le Board réaffirme que les mesures volontaires plutôt que la coercition sont plus susceptibles d'accélérer le progrès déjà réalisé dans l'augmentation de la participation des francophones à tous les niveaux de l'entreprise au Québec[74].

Ainsi, la seule coercition contenue dans le projet de loi 22 visait les entreprises qui traitaient avec le gouvernement; si une compagnie était prête à se passer de contrats et de subsides gouvernementaux, elle pouvait se soustraire au processus de francisation. Bien que certains hommes d'affaires anglophones se soient inquiétés du pouvoir discrétionnaire laissé à la Régie[75], la plupart avaient compris que le projet de loi 22 n'allait pas contester le pouvoir anglophone ni l'usage de l'anglais dans l'économie de Montréal.

L'aspect le plus controversé, et finalement le plus désastreux pour la paix sociale, avait trait à l'accès à l'école anglaise. La liberté de choix de la langue d'enseignement, permise par la loi 63, avait mené à une anglicisation progressive de l'enseignement public à Montréal. Des programmes «incitatifs» comme les COFI et les classes d'accueil de la CECM n'avaient pas renversé la tendance des allophones à inscrire leurs enfants à l'école anglaise. En 1973-1974, 88,6 % des écoliers allophones fréquentaient l'école anglaise[76]. Quoi qu'en eût dit le discours nationaliste, il n'y avait pas eu de hausse des inscriptions de *francophones* à l'école anglaise[77]; environ 3 % des élèves francophones de Montréal étaient inscrits à l'école anglaise avant la présentation du projet de loi 22[78].

Résultat de ces tendances, la proportion de la population scolaire de Montréal qui fréquentait l'école anglaise avait augmenté, passant de 36,8 % en 1970 à 40,3 % en 1974[79]. Le ralentissement de la natalité et de l'immigration avait réduit l'effectif scolaire dès 1970. Mais, sous le régime de la loi 63, la population scolaire du secteur français diminuait à un rythme trois fois plus rapide que celle du secteur anglais (18,4 % pour le premier comparativement à 5,7 % pour le second). Dans certaines commissions scolaires, comme Jérôme-Le Royer qui desservait les banlieues de l'est de l'île (y compris le «point chaud» de Saint-Léonard), la tendance était encore plus inquiétante du point de vue des francophones. Par exemple, les inscriptions aux écoles anglaises de la Commission scolaire Jérôme-Le Royer avaient augmenté de 69,7 % entre 1970 et 1974 à cause des écoliers d'origine italienne qui représentaient plus de 80 % de la population scolaire «anglophone» du district[80]. En contrepartie, les inscriptions aux écoles françaises de cette commission scolaire avaient diminué de 1,4 % pendant la période d'application de la loi 63.

Ces tendances renforçaient les craintes des francophones au sujet de la langue d'enseignement qui avaient fait surface pendant les années soixante. Le discours du MQF, du PQ et de la CEQ avait commencé à toucher l'opinion publique et, comme Jean-Denis Gendron l'observa en 1974, l'idée d'une éventuelle «minorisation» des francophones à Montréal par le biais de l'anglicisation de l'école publique avait gagné du terrain parmi les francophones. De plus, la diminution des inscriptions à l'école française, suivie de fermetures d'écoles et de mises à pied, augmentait les pressions de la part des dirigeants scolaires francophones en faveur de politiques imposant l'école française à tous les non-anglophones. La très militante Centrale de l'enseignement du Québec (CEQ) réclamait la fin immédiate de la liberté de choix et le «rapatriement» à l'école française de tous les francophones inscrits à l'école anglaise depuis l'adoption de la loi 63 en 1969[81]. De façon identique, en 1973-1974, les dirigeants de la CECM s'étaient publiquement déclarés en faveur de la fréquentation de l'école française par les non-anglophones. Thérèse Lavoie-Roux, présidente de la CECM, déclara: «La CECM, témoin quotidien de l'anglicisation de la majorité des immigrants qui arrivent à Montréal et d'un pourcentage de la population canadienne-française, a pris des positions vigoureuses sur la nécessité d'intégrer les non-anglophones à l'école française et également pour qu'un statut prioritaire soit accordé au français en tant que langue d'enseignement[82].»

Conscient de l'ampleur qu'avait prise la mobilisation des nationalistes, ce qui risquait de livrer Montréal à des «tensions sociales» perpétuelles[83], Bourassa décida de mettre fin à la liberté de choix de la langue d'enseignement. Le projet de loi 22 instituait le français comme langue de l'enseignement public, bien que «les commissions scolaires [...] continuent de donner l'enseignement en langue anglaise[84]». L'accès à l'école anglaise serait restreint aux élèves qui possédaient une «connaissance suffisante» de la langue anglaise; les autres devraient suivre leurs cours en français. Il incombait aux commissions scolaires de mesurer la connaissance de l'anglais en faisant passer des tests, mais la loi 22 permettait au ministère de l'Éducation «d'imposer des tests pour s'assurer que les élèves ont une connaissance suffisante de la langue d'enseignement pour recevoir l'enseignement dans cette langue[85]». Sur la foi de ces tests, le ministère pouvait casser la décision prise par une commission scolaire. Bien que le projet de loi n'ait pas obligé les immigrants ou les francophones à fréquenter l'école française, le gouvernement espérait que les tests de compétence atteindraient cet objectif.

Bourassa fut complètement abasourdi par la levée de boucliers qui accueillit la présentation du projet de loi 22. Sidérés par l'abolition du libre accès à l'école anglaise et par la diminution du rôle de l'anglais dans la société, les groupes anglophones réagirent avec colère. La presse de langue anglaise de Montréal, comme celle du reste du Canada, condamna la loi 22, la considérant comme une négation des droits des anglophones. Les ambiguïtés du projet de loi ainsi que le pouvoir discrétionnaire laissé au ministère de l'Éducation et aux commissions scolaires concernant les tests de compétence linguistique ouvriraient, disait-on, la porte aux abus de la part d'«extrémistes». Selon *The Gazette*,

> Par ce projet de loi, les anglophones perdraient le droit à l'enseignement en anglais, droit établi par la coutume et la tradition. L'enseignement en anglais deviendrait plutôt un privilège réservé à un petit nombre. Il s'agit d'une loi qui régit non par le droit, mais par décret[86].

Le milieu anglophone de l'éducation ne ménagea pas ses attaques contre le projet de loi 22. Des mémoires furent présentés par la CEPGM, les associations d'enseignants protestants de Montréal et du Québec, la Federation of English-speaking Catholic Teachers (FESCT) et la Quebec Association of School Administrators pour demander à Bourassa de retirer son projet de loi[87]. Certains thèmes étaient communs à tous ces mémoires. Premièrement, le projet de loi 22 était inacceptable pour des raisons philosophiques, car il lésait les libertés individuelles au nom d'un concept étriqué de droits collectifs pour les francophones. Deuxièmement, en déclarant le français seule langue officielle du Québec, la loi niait le rôle historique de l'anglais à Montréal et dans la société québécoise. Troisièmement, les inquiétudes des francophones au sujet de leur avenir culturel étaient exagérées: la présence du français au Québec était acquise et les anglophones reconnaissaient ce fait en inscrivant de plus en plus leurs enfants à des classes d'immersion en français. Quatrièmement, le projet de loi était mal conçu et donnait trop de pouvoir discrétionnaire à des bureaucrates zélés. Enfin, les dirigeants scolaires anglophones prédisaient que le projet de loi aurait des conséquences catastrophiques pour leurs commissions scolaires, car le bassin d'élèves serait considérablement réduit.

Bien qu'opposée au projet de loi, la communauté italienne de Montréal fit preuve de plus de retenue, car elle voulait éviter une répétition de la crise de Saint-Léonard dans le cadre de laquelle ses revendications en faveur de l'école anglaise avaient conduit les nationalistes francophones à la dépeindre comme une menace pour la société francophone. La Fédération des associations italiennes du Québec, dirigée par Pietro Rizzuto, était d'accord avec l'objectif général de la loi 22 de construire un Québec français. Mais la Fédération dénonçait les dispositions sur l'enseignement, les qualifiant d'arbitraires et de discriminatoires. Ce serait, faisait-elle valoir, traumatisant pour des enfants de quatre et cinq ans de passer des tests. Elle critiquait en outre l'absence de «droits acquis» pour les enfants italiens déjà inscrits à l'école anglaise au moment de l'adoption de la loi 22. De plus, les parents italiens redoutaient la possibilité que leurs enfants plus jeunes échouent aux tests linguistiques et ne puissent rejoindre leurs frères et sœurs plus âgés à l'école anglaise. Comme les parents immigrés comptaient sur les aînés pour aider les cadets dans leurs travaux scolaires, ils craignaient une division de la famille selon la langue d'enseignement[88].

La réaction du milieu nationaliste francophone fut tout aussi négative. Les tests de compétence linguistique étaient perçus comme un écran de fumée, compte tenu principalement du vaste pouvoir décisionnel du ministère de l'Éducation. Des groupes francophones du milieu de l'éducation se présentèrent devant la commission parlementaire chargée d'étudier le projet de loi 22 pour décrire la précarité de l'enseignement français à Montréal et demander une intervention plus vigoureuse de la part du gouvernement[89]. On croyait que les tests seraient inefficaces, surtout si le ministère de l'Éducation se montrait trop souple. Le MQF critiqua les concessions faites au bilinguisme tout au long du projet de loi, mais dénonça celui-ci particulièrement pour avoir maintenu l'anglais comme langue d'enseignement plutôt que comme un privilège réservé aux authentiques anglophones[90]. Il incitait les Québécois à «s'unir d'une seule voix pour protester vigoureusement contre cette trahison hypocrite contre nos droits les plus sacrés[91]». Après l'adoption de la Loi sur la langue officielle, le MQF intensifia ses moyens de pression et organisa en octobre 1974 une manifestation à Québec où 15 000 personnes réclamèrent une nouvelle loi linguistique plus sévère.

Bourassa croyait sincèrement que l'opposition au projet de loi 22 provenait d'une minorité d'extrémistes et que la «majorité silencieuse» se rallierait à lui[92]. Il considérait le projet de loi 22 comme le juste milieu sur la question de la langue, à mi-chemin entre les revendications des «orangistes» anglophones et des «séparatistes» du Parti Québécois. Les protestations n'étaient qu'une passade, pensait-il[93]. Mais, dans les faits, il n'existait pas de juste milieu; Bourassa avait proposé une loi qui se situait «entre deux pôles d'une opinon publique représentant deux visions irréconciliables[94]». De plus, la tentative de Bourassa d'esquiver la question de l'accès à l'école anglaise en laissant plusieurs décisions à la discrétion de son ministre de l'Éducation déplaisait aux deux communautés linguistiques qui craignaient que leurs intérêts en matière d'éducation ne soient pas respectés par la loi 22. L'incertitude au sujet de l'application de la loi ne pouvait qu'alimenter l'appréhension et mener à de futurs conflits.

Les audiences publiques eurent lieu en juin et à peine une poignée des 74 mémoires présentés appuyaient le projet de loi. Les opinions favorables émanaient surtout d'associations patronales comme la Chambre de commerce du district de Montréal et de grandes sociétés comme Bell Canada[95]. De plus, Bourassa avait sur les bras une mini-révolte dans son propre parti, car les députés anglophones et certains ministres francophones exprimaient leur dissidence[96]. Pour calmer les inquiétudes des deux communautés linguistiques, le projet de loi fut légèrement amendé en juillet. La première version ne garantissait pas formellement l'enseignement de langue anglaise; cela fut corrigé dans la version finale, bien qu'un frein fût imposé à son expansion. Le programme de francisation des entreprises fut renforcé. Toutefois, malgré ces changements, le projet de loi 22 présenté à l'Assemblée nationale suivait de près le projet initial. Les débats à l'Assemblée nationale furent houleux; le Parti Québécois fit de l'obstruction et, à un certain moment, des protestataires s'enchaînèrent dans la galerie des visiteurs pour interrompre le débat. Néanmoins, Bourassa était déterminé à faire adopter le projet de loi avant la fin de juillet. Comptant sur son écrasante majorité à l'Assemblée, le premier ministre réclama la clôture du débat et, le 31 juillet 1974, la loi 22 fut adoptée à 92 voix contre 10.

La mise en application de la Loi sur la langue officielle engendra toutes les incertitudes, les injustices et tous les conflits que les critiques avaient prédits. Bien que la loi eût été adoptée en juillet 1974, les articles concernant la langue d'enseignement n'entraient en vigueur que pour l'année scolaire 1975-1976; ce retard d'un an alimenta la controverse au sujet des tests de compétence linguistique. Un organisme appelé le Consiglio Educativo Italo-Canadese, qui disait représenter la communauté italienne relativement aux questions de la langue, organisa des cours privés le samedi matin dans des sous-sols d'église et des maisons pour préparer les enfants italiens de quatre et cinq ans à passer les tests exigés pour être admis à l'école anglaise[97].

Entre-temps, la controverse prenait de l'ampleur, car il devenait évident que les critères d'admissibilité à l'école anglaise varieraient fortement selon les commissions scolaires. À la CEPGM, le «test» consistait en une simple déclaration de la part des parents sur la compétence linguistique de leurs enfants. La CECM était un peu plus exigeante et faisait passer une entrevue avec l'enfant pour évaluer sa connaissance de l'anglais, mais les dispenses étaient faciles à obtenir[98]. La CECM accepta 76 % des candidats à l'école anglaise pour l'année scolaire 1975-1976; des 24 % refusés, 8 % firent leur inscription à l'école française et les autres ne s'inscrivirent pas du tout (ils fréquentèrent soit le secteur anglais de la CECM illégalement ou une école de la CEPGM).

Contrairement à la CEPGM et à la CECM, l'accès à l'école anglaise était plus difficile à la Commission scolaire Jérôme-Le Royer. La loi 22 contenait une disposition, ajoutée à la dernière minute pour faire taire les critiques nationalistes, stipulant que:

> Une commission scolaire [...] actuelle ou future ne peut valablement prendre la décision de commencer, de cesser, d'accroître ou de réduire l'enseignement en langue anglaise à moins d'avoir reçu l'autorisation préalable du ministre de l'Éducation, lequel ne la donne que s'il est d'avis que le nombre d'élèves de langue maternelle anglaise relevant de la compétence de l'organisme le justifie[99].

Cette disposition n'avait aucun effet sur les commissions scolaires touchées par une diminution des inscriptions comme la CEPGM et la CECM. Mais elle pouvait occasionner des problèmes dans une commission scolaire en pleine expansion comme Jérôme-Le Royer, où la hausse des inscriptions à l'école anglaise était redevable au nombre accru d'élèves d'origine italienne. Pour augmenter le nombre de places à l'école anglaise, il fallait recevoir l'assentiment du ministre de l'Éducation, et ces places supplémentaires étaient exclusivement réservées à des écoliers de langue maternelle anglaise. Autrement dit, des enfants italiens pouvaient réussir le test de compétence et néanmoins se voir refuser l'admission à l'école anglaise à cause de ce «plafond» des inscriptions. C'est exactement ce qui arriva à 350 enfants italiens à la Commission scolaire Jérôme-Le Royer en août 1975. Les parents italiens demandèrent l'aide du Consiglio pour faire admettre leurs enfants à l'école anglaise — après tout, n'avaient-ils pas réussi ces tests odieux? —, mais Jérôme Choquette, le nouveau ministre de l'Éducation, insista pour maintenir le plafond des inscriptions. Cependant, à la fin de septembre, Bourassa sembla pencher du côté du Consiglio et le bouillant Choquette démissionna subitement[100]. Les places supplémentaires furent enfin accordées aux écoliers italiens de Jérôme-Le Royer, une autre preuve pour les nationalistes que le gouvernement Bourassa n'utiliserait pas la loi 22 pour franciser l'enseignement à Montréal.

La situation floue à Jérôme-Le Royer accrût l'incertitude au sujet des critères d'admissibilité à l'école anglaise, ce qui aviva l'insécurité des communautés anglophone et allophone quant à leurs droits linguistiques en matière d'éducation. L'inquiétude parmi ces deux groupes monta d'un cran en 1976 quand le ministère de l'Éducation (MEQ) utilisa les pouvoirs qui lui avaient été confiés par la loi 22 pour administrer ses propres tests de compétence linguistique et obliger les commissions scolaires à réviser leurs décisions relativement à l'attribution des places à l'école anglaise selon ses tests[101]. Par exemple, en mai 1976, le MEQ accepta seulement 499 des 2413 candidats que la CECM avait reconnus comme admissibles à l'école anglaise; les autres enfants devaient passer le test du MEQ. Environ la moitié de ces enfants réussirent le test; les autres se retrouvèrent dans une «zone grise», car la commission scolaire avait jugé suffisante leur connaissance de l'anglais alors que le MEQ ne partageait pas cet avis[102]. Ultérieurement, le ministre confia aux commissions scolaires la responsabilité de l'attribution des places. Toutefois, le processus de double évaluation, combiné au pouvoir du ministère de casser les décisions prises par la commission scolaire, était éprouvant pour les parents allophones et multipliait les tensions et la confusion dans l'éducation à Montréal.

En application pendant deux années, la loi 22 eut un effet multiple sur les tendances concernant la fréquentation scolaire à Montréal. La loi n'a certes pas orienté la majorité des immigrants vers l'école française, mais, en 1976-1977, 22,3 % des écoliers allophones de l'île de Montréal étaient inscrits à l'école française, soit plus du double de la proportion enregistrée avant l'adoption de la loi 22[103]. Par le fait même, la loi 22 a ralenti le rythme du dépeuplement de l'école française qui se produisait sous le régime de la loi 63. De la promulgation à l'abrogation de la loi 22, les inscriptions à l'école française diminuèrent de 11,5 %, comparativement à une baisse de 7,8 % à l'école anglaise. De toute évidence, l'écart entre les deux secteurs pour ce qui est de la décroissance des inscriptions avait rétréci sous le régime de la loi 22[104]. Mais bien que l'écart se rétrécît, les inscriptions diminuaient toujours à un rythme plus rapide dans le secteur français que dans le secteur anglais. Par conséquent, le secteur anglais vit sa part du total des inscriptions dans l'île de Montréal passer de 40,3 % à 41,2 % pendant l'application de la loi 22. En 1976, le Conseil scolaire de l'île de Montréal prédisait que si la loi 22 restait en vigueur jusqu'en 1985, 43,3 % de la population scolaire de Montréal fréquenterait alors l'école anglaise[105].

À la fin de 1976, le mécontentement continuant de se faire entendre au sujet de la loi 22, il devint évident que la solution de Bourassa au problème qui était au cœur du conflit linguistique, c'est-à-dire la réglementation de l'accès à l'école anglaise à Montréal, ne satisfaisait personne. Des appels en faveur de l'abrogation de la loi 22 venaient de tous les milieux et, au début de novembre, pendant une campagne électorale serrée, Bourassa annonça qu'il verrait à «humaniser» le mode d'attribution des places à l'école anglaise prévu par la loi 22[106]. Mais les résultats de cette élection devaient en décider autrement.

Conclusion

Rejetée par les nationalistes qui jugeaient insuffisantes les mesures de promotion du français, la loi 22 a néanmoins marqué un tournant dans la modification des rapports de force à Montréal. Pour la première fois depuis l'émeute et l'incendie du Parlement en 1849, la communauté anglophone de Montréal se rendait compte qu'elle avait perdu la maîtrise de la gestion du dossier linguistique. La loi 22 avait proclamé le français langue officielle au Québec — Montréal n'était plus officiellement bilingue —, et bien qu'elle ait protégé les privilèges des anglophones dans plusieurs domaines importants, elle avait bouleversé leur mentalité de groupe majoritaire[107]. Ces derniers étaient furieux et confus devant la tournure des événements. Étant donné que l'anglais était la langue de la majorité au Canada, comment une province canadienne pouvait-elle restreindre les droits de citoyens canadiens à envoyer leurs enfants à l'école anglaise[108]? Même si la situation linguistique à Montréal avait considérablement changé depuis le début des années soixante, la plupart des anglophones n'avaient pas vraiment envisagé la possibilité de quelque restriction que ce soit à l'anglais. Montréal en 1974 était encore pour la majorité d'entre eux une ville où l'anglais était la langue la plus influente, même si l'élite anglophone avait commencé à faire quelques concessions tactiques quant aux notions de dualisme et de bilinguisme. Ainsi, la nouvelle ère en matière linguistique qui s'ouvrit avec l'adoption de la loi 22 mit les anglophones dans un état de choc collectif.

Les Montréalais anglophones étaient mal préparés à la modification des pratiques linguistiques imposée par la loi 22, et particulièrement à la dégradation de la structure fondée sur le consensus social qui, par le passé, avait permis aux élites anglophones de jouir d'une autonomie complète pour leurs institutions. Les Anglo-Montréalais avaient toujours compté sur le pouvoir économique de leurs élites et la menace de fuite des capitaux pour discipliner la dynamique linguistique de Montréal. Pour jeter les bases des articles de la loi 22 touchant l'économie, Bourassa avait mené de nombreuses négociations dans la coulisse avec des membres de la bourgeoisie d'affaires anglophone. Or, ayant historiquement compté sur ces tractations d'arrière-scène, la communauté anglophone n'avait jamais vraiment appris à se regrouper et à débattre de questions politiques, si bien que, lorsque le compromis entre les élites ne réussit plus à protéger leurs acquis en matière de langue et d'enseignement, les anglophones se mirent en colère, organisèrent de grandes réunions dans des endroits comme le collège Loyola pour dénoncer Bourassa et la «répressive» loi 22, attisant les tensions en comparant sans discernement le Québec des années soixante-dix à l'Allemagne nazie[109].

Il faut voir que, pour élaborer la loi 22, Robert Bourassa avait fait deux mauvais calculs. Premièrement, il avait cru que les nationalistes seraient satisfaits de l'abrogation de la loi 63 et du programme de francisation des entreprises et qu'il pourrait ainsi damer le pion au PQ en matière de langue. Or non seulement Bourassa s'attira-t-il l'inimitié des groupes de pression nationalistes, mais il perdit le soutien des francophones modérés et contribua à la popularité accrue du Parti Québécois. Loin de calmer les tensions linguistiques et de ramener le climat au beau fixe, la loi 22 effrita la confiance dans la capacité de Bourassa à gérer le dossier linguistique.

Deuxièmement, Bourassa avait parié que, dans l'ensemble, les anglophones et les allophones approuveraient sa politique linguistique parce que la seule autre solution — le Parti Québécois — serait pire à leurs yeux. Le premier ministre s'était encore fourvoyé. Il déclencha une élection-surprise à l'automne 1976 en espérant être réélu et tourner la page sur la question linguistique. Mais les anglophones et les allophones n'oublièrent pas la loi 22 et leur colère se refléta dans le résultat des élections. Un nouveau parti, l'Alliance démocratique, fit campagne à Montréal en faveur de la liberté de choix de la langue d'enseignement en disant que la francisation devait être volontaire plutôt qu'imposée. Ses candidats recueillirent respectivement 10 % et 13 % des suffrages dans les circonscriptions à majorité anglophone de Notre-Dame-de-Grâce et de Westmount[110].

Mais c'est en votant pour l'Union nationale, un parti à l'agonie, que les Anglo-Montréalais se vengèrent du gouvernement Bourassa et de la loi 22. Par opportunisme, l'UN avait promis d'annuler les dispositions de la loi 22 concernant la langue d'enseignement[111]. Comme le montre le tableau qui suit, le soutien à l'UN décupla dans les cinq principales circonscriptions anglophones de l'île de Montréal. Cela n'était qu'un vote de protestation; après les élections de 1981, l'UN sera pour ainsi dire rayée de la scène politique québécoise, et les anglophones retourneront au bercail du PLQ qui n'était plus dirigé par Robert Bourassa, battu en 1976.

Tableau 6
Résultats des élections de 1973 et de 1976 dans cinq circonscriptions de Montréal majoritairement anglophones (en %)

Circonscription	PLQ		UN	
	1973	1976	1973	1976
D'Arcy-McGee	93,8	68,0	0,5	22,5
Pointe-Claire	87,8	35,1	0,9	45,0
Jacques-Cartier	69,2	35,4	2,5	31,1
Notre-Dame-de-Grâce	81,6	43,9	1,5	29,1
Robert-Baldwin	81,0	35,9	0,8	26,2
Westmount	76,9	50,7	0,9	20,6

Sources: Rapport du président général des élections, Gouvernement du Québec, 1973, 1976.

En 1976, donc, les anglophones punirent Bourassa d'avoir imposé la loi 22 et exprimèrent la profondeur de leur contrariété devant les changements apportés au paysage linguistique de Montréal. Mais la satisfaction d'avoir défait Bourassa fut de courte durée, car le vainqueur fut nul autre que le Parti Québécois qui remporta une victoire éclatante. En fin de compte, le résultat sera une nouvelle politique linguistique plus radicale qui non seulement effacera les derniers vestiges du régime linguistique consensuel à Montréal, mais qui exercera son action sur les institutions anglophones, à tel point que certains anglophones regretteront... la loi 22.

Notes du chapitre IV

1. «The Parti Québécois and Its Grave Defects», *The Montreal Star*, 21 avril 1974.
2. Pierre Saint-Germain, «Beaulieu: nous ferons enquête sur la firme Lafferty, Harwood, et Co.», *La Presse*, 4 avril 1970; Francine Charest, «Lafferty, Harwood, et Co. revient à la charge», *La Presse*, 11 avril 1970.
3. Henry Milner et Sheilagh Hodgins Milner, *The Decolonization of Quebec: An Analysis of Left-Wing Nationalism*, Toronto, McClelland and Stewart, 1973, p. 200.
4. Voici les grands titres du 27 avril: «Inquiétude face aux élections: des Québécois déménagent leurs valeurs en Ontario» (*La Presse*); «Des valeurs mobilières sont transférées à Toronto» (*Le Devoir*); «Securities Shipment Confirmed» (*The Montreal Star*).
5. L'Union nationale a fait les frais de l'impopularité de la loi 63 en arrivant troisième selon les suffrages exprimés. Cela marquait le début d'une série de revers électoraux pour le parti fondé par Maurice Duplessis qui, après les élections de 1981, sera au bord de la dissolution.
6. Calculs effectués à partir du *Rapport du président général des élections. Élections 1970*, Québec, Éditeur officiel du Québec, 1971.
7. Serge Carlos et Daniel Latouche, «La composition de l'électorat péquiste», dans Daniel Latouche, Guy Lord et Jean-Guy Vaillancourt, *Le processus électoral au Québec: les élections provinciales de 1970 et 1973*, Montréal, Hurtubise HMH, 1976, p. 202.
8. Robert Stewart, «The City's Forgotten Assets: Head Offices», *The Montreal Star*, 25 mai 1971.
9. Jacques Parizeau, cité dans John Saywell, *Quebec 70: A Documentary Narrative*, Toronto, University of Toronto Press, 1971, p. 26.
10. René Lévesque, cité dans John Saywell, ouvr. cité, p. 27.
11. Jean V. Dufresne, «Lévesque Solicits English Support», *The Montreal Star*, 22 avril 1970.
12. «Lévesque Hits Star Editorial», *The Star*, 23 avril 1970. Le PQ a aussi fustigé le découpage de la carte électorale qui fit en sorte que le parti recueillît 23 % des voix, mais seulement 7 des 108 sièges à l'Assemblée nationale. Un dépliant du PQ faisait référence au «coup d'État du 29 avril» et Lévesque demanda: «Est-ce que Montréal va être suffisamment annexée année après année pour qu'il soit désormais impossible pour la majorité au Québec de remporter la victoire dans un plus grand nombre de circonscriptions à Montréal?» (Cité dans John Saywell, ouvr. cité, p. 24, 27.)
13. Louis Fournier, *F.L.Q., histoire d'un mouvement clandestin*, Montréal, Québec/Amérique, 1982, p. 259-262.
14. Ce même Pierre Laporte qui, en 1955, avait mené la bataille contre le choix du nom de Queen Elizabeth Hotel et qui était l'auteur du livre

blanc de 1965 sur la politique linguistique, lequel n'a pas été rendu public parce que le premier ministre Lesage le trouvait trop nationaliste.
15. «Le manifeste du F.L.Q.», cité dans Louis Fournier, ouvr. cité, p. 309.
16. Pour une description de ces événements, voir Louis Fournier (ouvr. cité, p. 287-372). Selon des révélations qui ont commencé à filtrer dans les années quatre-vingt, le gouvernement Trudeau aurait délibérément exagéré l'ampleur de la crise dans le but de réprimer le PQ et les indépendantistes de toutes tendances.
17. Don Murray et Vera Murray, *De Bourassa à Lévesque*, Montréal, Éditions Quinze, 1978, p. 141.
18. La philosophie de Trudeau sur ce sujet est contenue dans *Federalism and the French Canadians*, Toronto, Macmillan, 1968.
19. *The Globe and Mail* (Toronto), 25 novembre 1976.
20. Quelques exemples: province bilingue à sa fondation, le Manitoba a aboli le statut officiel du français en 1890 et, en 1916, a mis fin à l'enseignement bilingue et a déclaré l'anglais seule langue de l'enseignement public. Des politiques semblables ont éliminé l'enseignement en français en Alberta et en Saskatchewan quand ces provinces ont adhéré à la Confédération en 1905. En 1912, l'Assemblée législative de l'Ontario faisait de l'anglais la seule langue d'enseignement dans la province et limitait même l'enseignement du français comme matière scolaire. Voir Robert Craig Brown et Ramsay Cook, *Canada, 1896-1921: A Nation Transformed*, Toronto, McClelland and Stewart, 1974, p. 1-26, 256-262.
21. Kenneth D. McRae et autres, *The Federal Capital: Report Prepared for the Royal Commission on Bilingualism and Biculturalism*, Ottawa, Imprimeur de la Reine, 1967.
22. Commission royale d'enquête sur le bilinguisme et le biculturalisme, vol. 1: *Les langues officielles*, Ottawa, Imprimeur de la Reine, 1967, p. 56-57.
23. Cité dans William Coleman, *The Independence Movement in Quebec, 1945-1980*, Toronto, University of Toronto Press, 1984, p. 194.
24. Commission royale d'enquête sur le bilinguisme et le biculturalisme, ouvr. cité, p. 173-174.
25. La Loi concernant le statut des langues officielles du Canada (abrégée en Loi sur les langues officielles), sanctionnée le 9 juillet 1969. La Charte canadienne des droits et libertés de 1981 contient des garanties sur les langues officielles (art. 16 à 22) et définit les droits à l'instruction dans la langue de la minorité (art. 23).
26. Alfred Olivier Hero, Jr., et Louis Balthazar, *Contemporary Quebec and the United States, 1960-1985*, Boston, University Press of America, 1988, p. 157.
27. *Ibid.* Voir Christopher Beattie, *Minority Men in a Majority Setting*, Toronto, McClelland and Stewart, 1975, et les remarques de Max Yalden, Commissaire aux langues officielles, citées dans *Le Devoir* du 22 octobre 1980.
28. Il s'agissait de l'organisme nommé pour appliquer les dispositions de la Loi sur les langues officielles concernant les districts bilingues.

29. Voir Kenneth D. McRae, «Bilingual Districts in Finland and Canada: Adventures in the Transplanting of an Institution», *Canadian Public Policy*, vol. 4, été 1978, p. 331-351. Pour une critique nationaliste du concept de district bilingue appliqué à Montréal, voir Charles Castonguay, «Pour une politique des districts bilingues au Québec», *Revue d'études canadiennes*, vol. 11, n° 3, août 1976, p. 50-58, et Claude Jasmin, «Notre culture en péril coin de Peel et Sainte-Catherine», *Le Devoir*, 19 décembre 1968.
30. *Rapport du Conseil consultatif des districts bilingues*, Ottawa, octobre 1975, p. 34 et 108.
31. Denis Turcotte, *La culture du Mouvement Québec français*, Québec, Presses de l'Université Laval, 1976.
32. Dominique Clift et Sheila McLeod Arnopoulos, *Le fait anglais au Québec*, Montréal, Libre Expression, 1979, p. 147; Gilles Gariépy, «Créer 100 000 emplois durant l'année 1971», *La Presse*, 7 avril 1970.
33. Règlement n° 6 du ministère de l'Éducation, approuvé par l'arrêté en conseil n° 155 daté du 13 janvier 1971; Projet de loi 63, Loi pour promouvoir la langue française au Québec, sanctionnée le 28 novembre 1969, art. 1.
34. *Ibid.*
35. Jean-Marie Mathieu et Edmund J. Malone, *Quelques aspects de la situation linguistique dans les huit commissions scolaires de l'île de Montréal*, Montréal, Conseil scolaire de l'île de Montréal, 1976, p. 39-47.
36. Donat J. Taddeo et Raymond C. Taras, *Le débat linguistique au Québec*, Montréal, Presses de l'Université de Montréal, 1987, p. 117.
37. Lise Duval et Jean-Pierre Tremblay, *Le projet de restructuration scolaire de l'île de Montréal et la question linguistique au Québec*, Québec, Presses de l'Université Laval, 1974, p. 18-19.
38. *Ibid.*
39. Pierre Fournier, *Le patronat québécois au pouvoir: 1970-1976*, Montréal, Hurtubise HMH, 1979, p. 172.
40. Lise Duval et Jean-Pierre Tremblay, ouvr. cité, p. 36-37.
41. Andrew Sancton, *Governing the Island of Montreal: Language Differences and Metropolitan Politics*, Berkeley, University of California Press, 1985, p. 162.
42. Projet de loi 71, Loi pour favoriser le développement scolaire dans l'île de Montréal, sanctionnée le 21 décembre 1972.
43. Pierre Fournier, ouvr. cité, p. 174; Lise Duval et Jean-Pierre Tremblay, ouvr. cité, p. 52.
44. Robert J. MacDonald, «Education, Language Rights, and Cultural Survival in Quebec: A Review Essay», *Journal of Educational Thought*, vol. 9, avril 1975, p. 53.
45. Lise Duval et Jean-Pierre Tremblay, ouvr. cité, p. 30.
46. *Ibid.*, p. 63.
47. La faible participation aux élections scolaires — habituellement inférieure à 15 % — a permis aux militants catholiques de défaire leurs adversaires «laïques» et de garder la haute main sur les structures

scolaires de Montréal. En 1973 et en 1977, par exemple, les candidats du Mouvement scolaire confessionnel ont facilement défait les candidats proches du Parti Québécois qui défendaient le réaménagement des structures scolaires. Voir Lise Duval et Jean-Pierre Tremblay, ouvr. cité, p. 60-68, et *Le Devoir*, 9 juin 1977.

48. Rapport du Comité de restructuration au Conseil scolaire de l'île de Montréal, 1er novembre 1976; Jules Leblanc, «Par un vote très serré, le Conseil scolaire de l'île choisit les commissions confessionnelles», *La Presse*, 1er février 1977.
49. Commission d'enquête sur la situation de la langue française et sur les droits linguistiques au Québec, *Les groupes ethniques*, Québec, Éditeur officiel du Québec, 1972, p. 272. Dans les prochaines notes, cette commission sera dite commission Gendron.
50. La commission Gendron laissait entendre que la désignation de l'anglais comme «langue nationale» pourrait mener à un statut officiel, ce qui signifierait que l'anglais serait une langue d'enseignement dans les écoles publiques et une langue de communication avec le gouvernement.
51. Commission Gendron, ouvr. cité, p. 272, 275-281.
52. *Ibid.*, p. 272 et 275.
53. Pierre Fournier, ouvr. cité, p. 166-167. À titre d'exemple, les mémoires de Bell Canada et de Molson présentés à la commission Gendron et qui sonnaient l'alarme sur l'«unilinguisme» (*Le Devoir*, 30 septembre 1969). Les audiences de la commission Gendron à Montréal, tenues à la fin de 1969 et au début de 1970, avaient été dominées par les grandes sociétés anglophones et avaient été généralement boycottées par les groupes nationalistes francophones. Voir Claude Ryan, «Le dilemme de M. Bertrand», *Le Devoir*, 3 octobre 1969.
54. Clément Trudel, «Un nouveau "Cheval de Troie" dit Lévesque», *Le Devoir*, 14 février 1973; Pierre O'Neill, «La commission Gendron voit juste, mais ses recommandations sont froussardes (le MQF)», *Le Devoir*, 20 février 1973; «MQF: la philosophie inacceptable du rapport Gendron», *Le Devoir*, 20 février 1973.
55. Claude Ryan, «Sur un sujet capital, un document raté», *Le Devoir*, 28 février 1973.
56. «La Loi 63 doit être amendée: Gendron», *Le Devoir*, 26 février 1974; «M. Gendron s'en tient aux conclusions de son rapport», *Le Devoir*, 22 février 1974.
57. Eric Molson, cité dans Gerald Clark, *Montreal: The New Cité*, Toronto, McClelland and Stewart, 1982, p. 89-90.
58. Pierre Fournier, ouvr. cité, p. 167. Les «points insignifiants» auxquels il est fait allusion seraient peut-être l'abrogation de la loi 63. Dominique Clift et Sheila McLeod Arnopoulos (ouvr. cité, p.151-152) avancent que l'élite économique, de plus en plus centralisée à Toronto, était prête à accepter une restriction à l'accès à l'école anglaise à Montréal en échange de la non-intervention dans le secteur privé, de la paix linguistique et d'un climat favorable aux affaires.

Cette hypothèse semble exagérée quand on observe l'opposition virulente des associations d'affaires comme le Board of Trade aux restrictions à l'accès à l'école anglaise contenues dans la loi 22 et surtout dans la loi 101 en 1977.
59. Pierre Fournier, ouvr. cité, p. 167.
60. Guy Bouthillier, «Tenants et aboutissants de l'action linguistique», dans Edmond Orban (dir.), *La modernisation politique du Québec*, Montréal, Boréal Express, 1976, p. 223.
61. *Rapport préliminaire — Élections générales 1973*, Québec, Président général des élections, 1974.
62. Don Murray et Vera Murray, ouvr. cité, p. 183.
63. Guy Bouthillier, art. cité, p. 216.
64. Don Murray et Vera Murray, ouvr. cité, p. 181-183.
65. *Le Devoir*, 14 février 1974.
66. *The Montreal Star*, 14 février 1974.
67. «L'hésitation du Québec pourrait conduire à un affrontement brutal», *Le Devoir*, 28 février 1974. Claude Ryan, éditorialiste au *Devoir*, émettait des doutes sur le projet de loi proposé («Où tracer la ligne de démarcation?», 25 février 1974, et «Ce que pourrait être une solution réaliste», 26 février 1974).
68. Projet de loi 22, Loi sur la langue officielle, sanctionnée le 31 juillet 1974, préambule.
69. *Ibid.*
70. *Ibid.*, chap. II et chap. IV.
71. *Ibid.*, art. 26 à 29.
72. Kenneth McRoberts, «Bill 22 and Canadian Language Policy», *Queen's Quarterly*, vol. 83, automne 1976, p. 464-477.
73. Loi sur la langue officielle, art. 29.
74. Débats de l'Assemblée nationale du Québec, Commission permanente de l'éducation, des affaires culturelles et des communications, *Étude du projet de loi n° 22: Loi sur la langue officielle*, 20 juin 1974, p. B-3973 (référence abrégée en Débats dans les prochaines notes).
75. Débats, p. B-3974.
76. Ministère de l'Éducation du Québec, *Fichier élèves standard 1973-1974*.
77. En fait, entre 1971 et 1974, le nombre d'élèves francophones dans le secteur anglais de la CECM avait diminué, passant de 5274 à 5103. Voir Donat J. Taddeo et Raymond C. Taras, ouvr. cité, p. 44.
78. Calculs effectués à partir de Conseil scolaire de l'île de Montréal, *Série de données d'inscription depuis 1970 et prévision des populations scolaires du territoire du Conseil scolaire de l'île de Montréal*, 20 juin 1986; les données sur la CECM sont présentées dans Donat J. Taddeo et Raymond C. Taras, ouvr. cité, p. 44; Commission Gendron, ouvr. cité, p. 491-492.
79. Conseil scolaire de l'île de Montréal, ouvr. cité, p. 6.
80. *Ibid.*, p. 12-14.
81. «La CEQ multiplie les feux contre le bilinguisme», *Le Devoir*, 5 avril 1974.
82. Cité dans Donat J. Taddeo et Raymond C. Taras, ouvr. cité, p. 106.

83. «Bourassa craint des tensions s'il retarde l'adoption du projet 22», *Le Devoir*, 5 juillet 1974.
84. Loi sur la langue officielle, art. 40.
85. *Ibid.*, art. 43.
86. *The Gazette*, 22 mai 1974.
87. Par exemple, voir Débats, 17 juin 1974, p. B-3577-3589 (Quebec Association of Protestant School Boards); 19 juin 1974, p. B-3910-3919 (Federation of English-speaking Catholic Teachers Inc.); 20 juin 1974, p. B-4026-4037 (Quebec Association of School Administrators); 26 juin 1974, p. B-4241-4252 (CEPGM); 27 juin 1974, p. B-4269-4277 (Provincial Association of Catholic Teachers).
88. Débats, 17 juin 1974, p. B-3562-3576. Sur l'inquiétude au sujet de la division des familles, voir Donat J. Taddeo et Raymond C. Taras, ouvr. cité, p. 150.
89. Voir, par exemple, Débats, 25 juin 1974, p. B-4112-4141 (Alliance des professeurs de Montréal); 25 juin 1974, p. B-4112-4124 (Société Saint-Jean-Baptiste de Montréal); 26 juin 1974, p. B-4228-4240 (CECM); 27 juin 1974, p. B-4303-4314 (Mouvement national des Québécois).
90. Débats, 18 juin 1974, p. B-3762-3786.
91. Gérald LeBlanc, «La fièvre linguistique s'empare du Parlement», *Le Devoir*, 23 mai 1974.
92. Dominique Clift et Sheila McLeod Arnopoulos, ouvr. cité, p. 151.
93. *The Montreal Star*, 24 mai 1974.
94. Michael Stein, «Bill 22 and the Non-Francophone Population in Quebec: A Case Study of Minority Group Attitudes on Language Legislation», dans John R. Mallea (dir.), *Quebec's Language Policies: Background and Response*, Québec, Presses de l'Université Laval, 1977, p. 253.
95. Débats, 25 juin 1974, p. B-4069-4079; Lysiane Gagnon, «Les libéraux clouent le bec des adversaires du bill 22», *La Presse*, 11 juillet 1974.
96. «La loi 22 ne rallie pas encore le caucus libéral», *Le Devoir*, 4 juillet 1974.
97. Donat J. Taddeo et Raymond C. Taras, ouvr. cité, p. 155-192.
98. Ces exemptions comprenaient les élèves qui *a*) avaient fréquenté une école anglaise pendant l'année antérieure, *b*) étaient de langue maternelle anglaise, ou *c*) avaient un frère ou une sœur déjà inscrits à l'école anglaise. Voir *ibid.*, p. 152.
99. Loi sur la langue officielle, art. 40.
100. Angèle Dagenais, «Bourassa engage le dialogue avec le Consiglio», *Le Devoir*, 21 septembre 1976; et la lettre de démission de Jérôme Choquette publiée dans *Le Devoir*, 27 septembre 1976. Étonnamment, Choquette fit un virage complet et se présenta aux élections de 1976 comme défenseur de la liberté de choix de la langue d'enseignement.
101. Loi sur la langue officielle (L. Q., 1974, chap. VI). Texte réglementaire, A.C. 1347-75 du 2 avril 1975; Règlement 75-129 du 2 avril 1975.
102. Donat J. Taddeo et Raymond C. Taras, ouvr. cité, p. 175-183.
103. Ministère de l'Éducation du Québec, *Fichier élèves standard 1976-1977*.
104. Conseil scolaire de l'île de Montréal, ouvr. cité.

105. Conseil scolaire de l'île de Montréal, *Prévisions des populations scolaires de l'île de Montréal pour 1980 et 1985*, 23 juin 1976, p. 8.
106. Pierre Dupont, *15 novembre 1976...*, Montréal, Éditions Quinze, 1976, p. 84-86. Parmi les modifications promises par Bourassa, qui avaient pour but de maintenir la fidélité de l'électorat anglophone et italien de Montréal, notons la dispense des tests de compétence pour les frères et sœurs des enfants déjà inscrits à l'école anglaise et l'amélioration de l'enseignement de l'anglais à l'école primaire française.
107. Pour une excellente analyse de la mentalité de groupe majoritaire chez les Anglo-Montréalais, voir Michael Stein, art. cité.
108. Les anglophones de Montréal n'étaient pas conscients du fait que l'AANB ne garantissait pas les droits linguistiques en éducation.
109. Le député Kenneth Fraser déclara: «On voit la même chose que ce que les nazis ont fait en Allemagne quand ils ont empêché les Juifs d'aller à l'école.» (*The Gazette*, 23 mai 1974.)
110. André Bernard, *Québec. Élections 1976*, Montréal, Hurtubise HMH, 1976, p. 110-111.
111. *Ibid.*, p. 117.

CHAPITRE V

1977-1996: la Charte de la langue française et la politique linguistique

Le 15 novembre 1976 fait date dans l'histoire politique du Québec. Ce jour-là, le Parti Québécois triomphait aux élections et, dès la tombée de la nuit, les Montréalais savaient qu'une ère nouvelle, encore indéfinissable, venait de s'ouvrir dans les relations intercommunautaires. Les sondages préélectoraux avaient fait état d'une victoire possible du Parti Québécois, mais personne — pas même son chef René Lévesque — ne pensait vraiment que le PQ remporterait une élection générale si tôt. Le mécontentement de la population à la suite des maladresses du gouvernement libéral explique en grande partie la victoire du PQ, mais plusieurs indices montrent que le succès du parti résultait en outre de la montée du sentiment nationaliste francophone à Montréal. Toujours est-il que le PQ rafla les 17 circonscriptions à majorité francophone de l'est de l'île de Montréal et remporta plusieurs circonscriptions dans la banlieue francophone de la rive nord et de la rive sud[1]. Devant une foule de partisans en délire réunis au centre Paul-Sauvé, René Lévesque, chef du Parti Québécois et futur premier ministre, déclara avec émotion: «Je n'ai jamais pensé que je pourrais être aussi fier d'être Québécois.» Les célébrations se poursuivirent dans les rues de Montréal pendant le reste de la nuit et l'exaltation rejoignit même les francophones non indépendantistes. Roger Lemelin, dont les convictions fédéralistes ne faisaient aucun doute, dit: «Plusieurs personnes se sentaient émues sans trop savoir pourquoi[2].»

La réaction fut tout autre dans la communauté anglophone de Montréal. La surprise, la déception, la crainte, voire la panique, accueillirent la victoire des «séparatistes». «Ne vous faites pas d'illusions, ces salauds veulent notre peau», dit Charles Bronfman, le puissant homme d'affaires dont l'empire comprenait Seagram, CEMP (le portefeuille immobilier de la famille) et le club de baseball des Expos[3]. «Dans les semaines qui suivirent la victoire du PQ, écrit Mordecai Richler, les enseignes *For Sale* — À vendre poussaient plus rapidement que les fleurs sur les pelouses dans la ville cossue de Westmount et il était facile d'acheter une maison dans l'ouest de l'île à prix réduit[4].» Un organisme excentrique, appelé le Comité préparatoire pour une onzième province, déclara que, si le Québec se séparait du Canada, jamais il n'obtiendrait le «territoire anglophone» du centre et de l'ouest de Montréal[5]. Ces réactions illustrent la secousse subie par la communauté anglophone de Montréal le 15 novembre. L'impossible était arrivé: les «séparatistes» étaient désormais au pouvoir et les anglophones de Montréal étaient pris au dépourvu. Sans influence auprès d'un gouvernement hostile, les anglophones ne pouvaient plus prétendre que Montréal était composée de «deux majorités» ni s'attendre à ce que le pouvoir de la bourgeoisie d'affaires protège automatiquement les intérêts de la communauté comme par le passé. Les Anglo-Montréalais étaient subitement devenus une minorité vulnérable qui cherchait désespérément une stratégie cohérente pour s'adapter aux changements qui découleraient de la victoire du Parti Québécois.

L'accession au pouvoir du PQ signifiait qu'un nouveau «régime linguistique» entrerait en vigueur pour remplacer le défunt consensus social. Le principal scénario envisagé avait trait à l'éventualité que le Québec devienne bientôt un État souverain francophone qui réserverait peu de place aux anglophones et où le statut officiel de l'anglais serait amoindri, voire aboli[6]. Il n'est donc pas surprenant que, pendant le début du mandat du PQ, les deux communautés linguistiques de Montréal aient concentré leurs énergies sur la question de l'unité nationale jusqu'à ce que le référendum tant attendu sur la possibilité d'amorcer les négociations sur la souveraineté avec Ottawa soit tenu en mai 1980[7].

À la question de l'indépendance se superposait la question linguistique. Parmi les pionniers du Parti Québécois, les «travailleurs du langage» montréalais voient dans le résultat des élections du 15 novembre le point culminant des luttes de la décennie précédente et l'occasion d'adopter une politique linguistique qui «accompagnera, symbolisera, favorisera une *reconquête* par la majorité francophone du Québec[8]». Pendant les années soixante-dix, le PQ avait gagné du terrain en tirant profit de l'insatisfaction des nationalistes à l'endroit de la situation de la langue à Montréal et, pendant la campagne électorale de l'automne 1976, il avait promis de remplacer la Loi sur la langue officielle (loi 22) par une politique linguistique plus forte. Maintenant qu'il était au pouvoir, le PQ devait livrer la marchandise. Résultat: à peine neuf mois après l'élection de novembre, le PQ mit au monde la Charte de la langue française (dite loi 101) qui a transformé de façon irréversible le paysage linguistique de Montréal.

Le Parti Québécois adopte une politique linguistique

Le Parti Québécois n'a jamais constitué un bloc monolithique et il a toujours été divisé sur la politique linguistique. Depuis la fondation du parti en 1968, Lévesque avait souvent croisé le fer avec des partisans de l'unilinguisme, particulièrement avec ceux de la section de Montréal-Centre, au sujet de garanties pour le maintien des institutions de langue anglaise dans un Québec souverain[9]. Tant que l'indépendance n'était pas réalisée, Lévesque reconnaissait que la situation à Montréal exigeait des mesures législatives pour renforcer la place du français. Néanmoins, il trouvait le processus «fondamentalement humiliant» et considérait que les lois linguistiques étaient «un instrument dont seule une société coloniale peut avoir à se doter[10]». Lévesque croyait que la solution de la question linguistique résidait dans la souveraineté du Québec: un Québec indépendant, de langue officielle française, serait un «pays normal» qui pourrait se débarrasser de ses «béquilles législatives» comme les lois linguistiques restrictives[11].

Contrairement à Lévesque, Camille Laurin ne voyait rien d'humiliant dans le recours à des lois linguistiques[12]. Dès l'entrée en fonction du gouvernement, Laurin, ministre d'État au développement culturel, reçut le mandat d'élaborer une nouvelle politique linguistique. Pour Laurin, cette politique était plus qu'une loi; c'était un projet de société qui coucherait sur papier l'affirmation collective des francophones amorcée pendant la Révolution tranquille. L'adoption d'une loi sur la langue serait une étape dans l'affirmation nationale qui aiguillerait le Québec sur la voie de la souveraineté[13]. Pour Camille Laurin, qui était psychiatre, «la législation sur la langue devait constituer l'équivalent d'une thérapie de choc [...] qui permettrait aux francophones de recouvrer le sens de leur identité et ramènerait la communauté anglophone "à ses proportions réelles[14]"». Cette ligne dure représentait l'opinion majoritaire au sein du PQ et la politique en matière de langue adoptée en 1977 était l'œuvre de Laurin.

En décembre 1976, Laurin forma un groupe de travail pour le seconder dans la rédaction d'un livre blanc qui servirait de base à la politique linguistique du gouvernement. Composé des sociologues nationalistes connus Guy Rocher et Fernand Dumont, du vieux routier du MQF Henri Laberge, de l'ancien directeur de l'Office de la langue française Gaston Cholette et du militant péquiste David Payne, le groupe travailla avec ardeur, car il se croyait investi d'une mission historique. Son zèle était également renforcé par les théories sociologiques, psychologiques et sociolinguistiques sur lesquelles il s'appuyait. Laurin percevait la politique linguistique comme la «psychothérapie collective» indispensable pour annuler «l'expérience de la conquête et de la domination, de la frustration et de l'insécurité[15]». Pour Dumont et Rocher, la langue en général, y compris le français au Québec, était non seulement un outil de communication, mais le noyau de l'identité collective, du raisonnement social et de la conscience[16]. Bref, le groupe de travail estimait son entreprise déterminante pour l'avenir de la culture française; il n'est donc pas étonnant qu'une ferveur «messianique» ait transpiré dans le livre blanc qu'il a rédigé.

Le livre blanc, intitulé *La politique québécoise de la langue française* et rendu public à la fin de mars 1977, a sous-tendu l'élaboration de la Charte de la langue française. Fidèle aux perspectives de Rocher et de Dumont, le livre blanc avançait que si la langue était le cœur de la culture collective, la culture franco-québécoise ne pourrait survivre dans un contexte bilingue. Le livre blanc est explicite:

> Ce que les francophones réclament n'a rien à voir avec les procédés de «traduction de l'anglais» que veulent garantir des politiques de bilinguisme. Il s'agit de protéger et de développer dans sa plénitude une culture originale: un mode d'être, de penser, d'écrire, de créer, de se réunir, d'établir des relations entre les groupes et les personnes et même de conduire les affaires. Cette exigence [...] ne saurait être atteinte du simple fait que l'on a condescendu à accorder une terminologie française pour des réalités qui demeurent culturellement étrangères ou hostiles[17].

Ainsi, quelle qu'ait été la tradition de dualisme linguistique au Québec, le PQ clamait qu'«il ne sera donc plus question d'un Québec bilingue[18]».

> Le Québec que nous voulons construire sera essentiellement français. Le fait que la majorité de sa population est française y sera enfin nettement visible: dans le travail, dans les communications et dans le paysage. C'est aussi un pays où serait modifié l'équilibre traditionnel des pouvoirs, particulièrement pour ce qui concerne l'économie: l'usage du français ne sera pas simplement généralisé pour masquer la prédominance de puissances étrangères aux francophones[19].

Le livre blanc faisait siennes les inquiétudes souvent exprimées par les francophones après 1960 au sujet de leur avenir culturel. On y trouve des déclarations telles que: «Si l'évolution démographique du Québec se maintient, les Québécois francophones seront de moins en moins nombreux.» L'anglicisation des immigrants était perçue comme une grave menace à la survie du français; par conséquent, il ne faisait aucun doute que la situation de la langue française au Québec justifiait la vigilance et l'intervention du gouvernement[20].

Le document précisait ensuite la nature de cette intervention en commençant par un vaste programme de francisation de l'économie (que nous verrons plus en détail au chapitre VI). L'affichage public et commercial se ferait uniquement en français, principalement pour donner à Montréal le visage français qui convient à une ville française (et effacer les preuves de la domination historique de Montréal par les anglophones). Bien que le premier ministre Lévesque y ait été opposé à l'origine, le livre blanc proposait que le Québec passe outre à l'article 133 de l'AANB et déclare le français seule langue officielle de la législation et des tribunaux[21]. De plus, le livre blanc réclamait que toutes les municipalités, commissions scolaires, services de santé et services sociaux au Québec, peu importe la composition linguistique de leur personnel ou de leur population, utilisent le français dans leurs communications internes et leurs documents et communiquent avec le gouvernement ou les pouvoirs publics en français exclusivement. L'engagement et la promotion d'un employé seraient conditionnels à sa «connaissance appropriée» du français[22].

Enfin, le livre blanc abordait le sujet qui déchaînait les passions à Montréal depuis la fin des années soixante, soit la langue d'enseignement. Le livre blanc était franc: il ne saurait être question d'abolir l'enseignement en anglais, mais «l'école anglaise, qui constitue un système d'exception accordé à la minorité actuelle du Québec, doit cesser d'être assimilatrice et doit donc être réservée à ceux pour qui elle a été créée. S'il y a lieu de garantir à la minorité anglaise du Québec l'accès à l'école anglaise, il est légitime de s'assurer que les personnes qui viendront s'installer au Québec dans l'avenir enverront leurs enfants à l'école française[23]».

On sait que la liberté de choix n'existait plus depuis l'adoption de la loi 22, mais une difficulté demeurait: Comment déterminer l'accès à l'école anglaise? Le programme électoral du PQ avait proposé que «le nombre maximum de places [soit] fixé une fois pour toutes en fonction du pourcentage de la population anglophone[24]», mais le groupe de travail de Laurin rejeta cette suggestion à cause de la difficulté à définir ce qu'était un anglophone et à vérifier qui constituait un véritable anglophone[25]. L'usage de la langue maternelle comme critère d'admissibilité, sur la foi d'une déclaration sous serment et de registres comme à Bruxelles, avait aussi été rejeté sous prétexte qu'une telle modalité «ouvrait la porte à la duplicité et aux fausses déclarations[26]». La modalité instituée par la loi 22, c'est-à-dire soumettre l'enfant à des tests pour vérifier sa connaissance de sa langue maternelle, avait été jugée trop ambiguë, inefficace pour ce qui était de limiter les inscriptions à l'école anglaise et plutôt désagréable du fait qu'elle forçait des enfants de cinq ans à passer un examen qui, selon les parents, déterminerait leur avenir[27].

Le livre blanc se prononçait en faveur de règlements précis qui ne permettraient l'accès à l'école anglaise qu'aux élèves appartenant aux catégories suivantes:

1. Les enfants dont un des parents a fréquenté l'école primaire anglaise au Québec;
2. Les enfants qui reçoivent déjà l'enseignement en anglais, ainsi que leurs frères et sœurs cadets;
3. Les enfants dont un des parents a fréquenté l'école primaire anglaise hors du Québec, pourvu que ce parent soit domicilié au Québec au moment de l'adoption de la Charte[28].

Cette «clause Québec», bien que plus souple que la position radicale qui réclamait l'abolition de l'enseignement en anglais au Québec, rompait néanmoins avec la tradition montréalaise et québécoise. À la longue, les clauses de droits «ancestraux» de la Charte ne s'appliqueraient plus, et l'école anglaise ne recevrait plus que des anglophones ayant des racines historiques au Québec. Non seulement les futurs immigrants allophones seraient tenus d'envoyer leurs enfants à l'école française, mais aussi les anglophones en provenance des États-Unis, de Grande-Bretagne et — décision controversée — du reste du Canada. Les dirigeants anglo-montréalais voyaient avec raison la «clause Québec» comme une politique qui restreindrait de façon draconienne les inscriptions à l'école anglaise, entraînant une diminution de la taille et du dynamisme de cette institution fondamentale pour leur communauté. De plus, en utilisant les frontières du Québec pour déterminer l'accès à l'école anglaise, le livre blanc exprimait la volonté de choisir le Québec et non le Canada comme communauté prééminente[29]. Dans l'esprit de beaucoup, la «clause Québec» était un geste séparatiste.

Le caucus du Parti Québécois était lui-même divisé sur cette mesure. L'idée d'imposer l'école française aux allophones faisait l'unanimité, mais des ténors du parti tels René Lévesque, Claude Morin, alors ministre des Affaires intergouvernementales, et le député Gérald Godin préféraient la «clause Canada» qui permettrait aux enfants en provenance du Canada anglais de fréquenter l'école anglaise au Québec[30]. Lévesque, qui tentait d'arriver à un compromis, proposa la signature «d'accords de réciprocité» avec les autres provinces canadiennes selon lesquels un enfant anglophone venant au Québec pourrait s'inscrire à l'école anglaise à condition que sa province d'origine garantisse l'enseignement en français à sa minorité francophone. Mais l'offre de Lévesque fut rejetée par les premiers ministres des provinces anglaises qui arguèrent que de tels accords bilatéraux légitimeraient les aspirations souverainistes du PQ[31]. Le compromis de Lévesque échoua et la «clause Québec» resta au programme linguistique du parti.

Le 27 avril, après un mois de débats publics sur le livre blanc, le PQ déposa son projet de loi sur la langue, intitulé symboliquement Projet de loi 1, à l'Assemblée nationale. La Charte de la langue française était une transcription législative fidèle du livre blanc; elle contenait une déclaration des droits fondamentaux en matière linguistique (reconnaissant le droit de travailler et de s'instruire en français, d'être informé et servi en français, d'exiger que l'administration publique, les services de santé, les services sociaux et les diverses entreprises communiquent en français) et posait les grands principes relativement à la langue dans l'éducation, l'économie et la fonction publique. En outre, le projet de loi prévoyait la création d'une nouvelle structure qui serait chargée de l'application de la Charte et surveillerait les tendances linguistiques au Québec[32]. Ces nouveaux organismes publics étaient l'Office de la langue française, qui appliquerait les programmes de francisation en entreprise et dans les secteurs public et parapublic en plus de normaliser et de diffuser des expressions et des termes français, le Conseil de la langue française, qui s'occuperait de recherche sur les questions de langue et préparerait des rapports pour conseiller le ministre responsable de l'application de la Charte, et la Commission de surveillance de la langue française, qui ferait enquête sur les violations présumées à la Charte, arbitrerait les différends et, en dernier recours, signalerait les infractions au ministre de la Justice qui porterait la cause devant les tribunaux. Des amendes variant de 25 $ à 5000 $ étaient prévues pour ceux qui contrevenaient aux dispositions de la Charte.

Le débat sur le projet de loi 1 porta les tensions linguistiques à Montréal à un niveau inégalé depuis la Crise d'octobre 1970. Les médias anglophones de Montréal étaient braqués sur les travaux de la commission parlementaire qui étudiait le projet de loi[33]. Dans le mémoire qu'elle y présenta, la CEPGM protestait contre le projet de loi, soutenant qu'il traitait les anglophones comme si leur existence même constituait une menace pour la langue et pour la culture françaises. Selon la CEPGM, la Charte mettait en danger «la survie du système scolaire anglais[34]», tandis que d'autres parlèrent de génocide culturel et comparèrent le PQ aux nazis[35]. D'autre part, les mémoires de la SSJBM et du MQF, bien que généralement favorables au projet de loi 1, affirmaient qu'il n'allait pas assez loin parce qu'il permettait aux allophones et aux francophones déjà inscrits à l'école anglaise, ainsi qu'à leurs frères et sœurs, de poursuivre leurs études en anglais. De fait, ces deux organismes visaient rien de moins que l'abolition graduelle de l'école anglaise[36]. Les groupes anglophones et allophones déclarèrent que le projet de loi 1, particulièrement les articles sur l'affichage public et l'enseignement, violait les droits fondamentaux[37], tandis que les groupes liés au milieu des affaires faisaient la sombre prédiction que le projet de loi mènerait à la fuite des capitaux et à la ruine[38].

Camille Laurin rabaissa le caquet à l'opposition anglophone. «Les Québécois de langue anglaise, avertit-il, font mieux d'apprendre à se percevoir comme une minorité et non comme l'aile québécoise de la majorité canadienne-anglaise[39].» Sur un ton qui évoquait le stéréotype des «Rhodésiens de Westmount» de la fin des années soixante et du début des années soixante-dix, Laurin se moquait de la prétention des anglophones à défendre les droits humains:

> Les privilèges de la minorité anglo-québécoise sont ainsi le fruit d'un rapport de forces historique et accidentel, mais celle-ci tente de masquer ce fait incontestable et elle cherche surtout à le perpétuer en le présentant comme l'expression d'un droit formel qu'il faut maintenir au nom des intérêts supérieurs de l'humanité. [...] Or, il est devenu clair que le respect des droits individuels [...] devient un mensonge et une hypocrisie si on ne tient pas compte des inégalités sociales qui en limitent l'exercice[40].

Les anglophones ne furent pas les seuls Montréalais que troublaient le projet de loi 1 et Laurin. Dans une série d'éditoriaux dans *Le Devoir*, Claude Ryan critiqua Laurin pour sa division manichéenne en «bons Québécois» (pro-Laurin) et «mauvais Québécois» (les anglophones et les francophones opposés au projet de loi 1[41]). Parlant du projet de loi 1, Ryan écrivait que «le gouvernement Lévesque aura réussi à imposer au Québec l'un des carcans les plus étouffants qu'on ait jamais connus en matière linguistique et administrative. Ce qui choque d'abord dans le projet de loi, c'est la manière raide, dogmatique, jalouse et autoritaire dont on prétend imposer l'usage exclusif du français[42]». Mais les appréhensions de Ryan, comme celles de la communauté anglophone, furent balayées du revers de la main par Laurin.

Les audiences sur le projet de loi 1 se poursuivirent jusqu'en juillet, et le gouvernement, qui voulait que la loi prenne effet avant la rentrée scolaire de septembre, commençait à craindre que le Parti libéral ne fasse de l'obstruction, ce qui aurait retardé son adoption. Pour éviter ce risque, il retira le projet de loi 1 et représenta la Charte comme le projet de loi 101. Selon René Lévesque, le nouveau projet de loi avait été «purgé de quelques passages d'un autoritarisme excessif[43]». Par exemple, le projet de loi 1 abondait en maximes comme «le français est la langue du peuple québécois», ce qui sous-entendait que les non-francophones n'étaient pas de «vrais Québécois». Le projet de loi 101 avait été récrit de manière à donner une définition plus ouverte, qui incluait les non-francophones parmi les Québécois[44].

Le nouveau projet de loi modifiait aussi la Charte à plusieurs égards. Le changement le plus important concernait le programme de francisation pour le secteur privé qui avait été pris à partie par les associations patronales anglophones et francophones (nous y reviendrons dans le chapitre VI). Le projet de loi 101 avait également assoupli le programme de francisation dans la fonction publique et parapublique. Bien que les municipalités soient toujours tenues d'utiliser exclusivement le français comme langue de communication interne, le projet de loi 101 permettait aux commissions scolaires, aux services de santé et aux services sociaux «d'utiliser à la fois la langue officielle et une autre langue» s'ils fournissaient des services à des personnes en majorité non francophones. L'Office de la langue française serait chargée de désigner les institutions «anglophones[45]». Les municipalités auraient jusqu'au 31 décembre 1983 pour se conformer à la loi. Parmi les autres modifications majeures, notons l'assouplissement des mécanismes de surveillance de la Charte, l'exemption de l'affichage exclusif en français pour les entreprises de moins de cinq employés (un sujet qui touchait particulièrement Lévesque) et la permission donnée aux résidents temporaires de choisir la langue d'enseignement de leurs enfants.

Malgré ces remaniements, le projet de loi 101 conservait intact le fond du projet de loi 1, dont les règlements controversés sur la langue d'enseignement[46]. La communauté anglophone maintint fermement son opposition au projet de loi 101 qu'elle considérait comme une version légèrement diluée, mais tout aussi odieuse, du projet de loi 1. Enfin, le PQ compta sur sa forte majorité à l'Assemblée nationale pour mettre fin au débat et réclamer le vote. Le 26 août 1977, par 54 voix contre 32, la Charte de la langue française devint loi. Dans un discours triomphal, Laurin salua la loi 101 comme «un geste capital qui renverse le cours de notre histoire des deux derniers siècles[47]». L'héritage de la Conquête était du coup balayé: «Ce Québec est désormais et pour toujours français[48].» François-Albert Angers, le dirigeant nationaliste du Front du Québec français (FQF) qui avait mené la bataille contre la loi 63 en 1969, qualifia l'adoption de la loi 101 «du plus grand moment de notre histoire depuis, pourrait-on dire, la fondation de Québec en 1608[49]».

Malgré l'enthousiasme des nationalistes et les scénarios apocalyptiques prédits par certains dirigeants anglophones, la loi 101 n'était pas la politique radicale de l'unilinguisme qu'avaient envisagée les combattants des années soixante. Dans la majorité des domaines, la loi 101 ne faisait que poursuivre le travail commencé par la loi 22[50]. Plus précisément, tandis que le projet de loi 1 contenait des règlements stricts sur la langue et l'économie, les pressions des associations patronales de Montréal avaient fait en sorte que le programme de francisation de la loi 101 soit à peine plus sévère que celui de la loi 22[51]. Certes, la loi 101 était plus restrictive que la loi 22 au chapitre de la langue d'enseignement; pourtant, en permettant aux frères et sœurs des enfants déjà inscrits à l'école anglaise de fréquenter l'école anglaise, la loi 101 était plus libérale que la loi 22.

Néanmoins, la loi 101 témoignait sans contredit des vues officielles d'un parti indépendantiste qui changeait de cap par rapport à des questions comme celle de la «clause Québec», l'affichage public unilingue et l'usage du français comme langue de travail dans le secteur parapublic sans égard à la composition linguistique. Faisant écho aux préoccupations culturelles et économiques des «travailleurs du langage», ces dispositions de la loi 101 étaient visiblement celles d'un «état-nation embryonnaire» qui plaçait presque toutes les institutions sociales sous une bannière française[52]. Il ne faut pas oublier que les institutions anglophones fondamentales, comme les écoles, continuaient non seulement d'exister, mais d'être financées par l'État. Par contre, leur autonomie était réduite et, sous le règne de la loi 101, le nombre et la taille des écoles anglaises étaient appelés à diminuer. Par-dessus tout, l'affirmation sans équivoque d'un Québec français chambardait les règles du jeu en matière linguistique. La loi 101 était le point culminant du mouvement amorcé pendant la Révolution tranquille pour imposer une hégémonie francophone à Montréal, et elle gagna rapidement un appui quasi unanime dans la communauté francophone en tant que symbole de la reconquête francophone[53].

D'autre part, l'opposition à la loi 101 devenait le point de ralliement des anglophones qui résistaient à la nouvelle politique linguistique. Cela n'avait rien d'étonnant, car la loi 101 limitait les droits et les privilèges des anglophones, menaçait les écoles anglaises de crise démographique et déclassait la communauté anglophone de Montréal qui voyait son statut de peuple cofondateur — et historiquement dominant — se changer en statut de plus importante des «communautés culturelles» dans une société francophone. Comme nous le verrons, le Montréal anglophone a subi de grandes mutations après l'adoption de la loi 101, mais un fait est resté constant, relevé dans un sondage après l'autre: son opposition à tous les aspects de la loi 101[54]. Au milieu des années quatre-vingt, les Montréalais anglophones avaient, dans l'ensemble, appris à composer avec la loi 101 et le nouvel ordre qu'elle avait instauré, mais très peu d'entre eux acceptaient sa légitimité et la plupart la qualifiaient d'opprimante.

Les anglophones et la Charte de la langue française
Une fois remise de ses émotions, la communauté anglophone de Montréal s'est adaptée au nouveau régime linguistique du Québec de diverses manières. Chez bon nombre d'anglophones incapables d'accepter la victoire du PQ et la loi 101, la réaction fut simple: quitter le Québec. Les Anglo-Montréalais ont toujours été un groupe très mobile: selon un sondage réalisé en 1978, par exemple, seulement 58,6 % des répondants étaient nés au Québec[55]. Malgré cette tradition de mobilité, la population anglophone de Montréal avait augmenté dans le passé parce que les départs étaient compensés par les arrivées provenant de trois sources: 1) les anglophones qui quittaient les régions du Québec (par exemple les Cantons-de-l'Est) à destination de Montréal, 2) les allophones qui s'intégraient à la communauté anglophone, 3) les migrants des autres provinces et les immigrants attirés par les débouchés qu'offrait Montréal, le centre urbain de l'économie canadienne.

Or, au milieu des années soixante, lorsque Montréal fut détrônée comme métropole du Canada et que le climat linguistique se dégrada, la situation migratoire changea du tout au tout. Le nombre de départs anglophones vers l'Ontario et l'Ouest augmenta et il y eut de moins en moins de Canadiens anglais venus d'ailleurs pour prendre leur place. Par conséquent, entre 1966 et 1976, la grande région de Montréal perdit 68 000 anglophones au profit des autres provinces, bien que le nombre absolu d'anglophones[56] à Montréal ait augmenté jusqu'au début des années soixante-dix grâce à l'immigration internationale et aux transferts linguistiques[57]. Cependant, après 1976, le mouvement migratoire vers les autres provinces des années soixante-dix prit l'allure d'un véritable exode. Entre 1976 et 1981, le nombre d'anglophones habitant la région métropolitaine de Montréal diminua de 83 000, ou 14 %. Bien que le rythme des sorties ait considérablement ralenti pendant les années quatre-vingt, la population anglophone de cette région a néanmoins diminué de 30 000 personnes entre 1981 et 1991[58].

Ainsi, pendant les quinze années qui suivirent la victoire du Parti Québécois en 1976, la population anglophone de la grande région de Montréal a décru de près de 20 % (113 000 personnes). Le tableau 7 indique à quel point l'exode anglophone a modifié la composition linguistique de l'ouest de l'île, château fort du Québec anglophone. En 1986, la majorité des résidants de l'ouest de l'île n'était plus de langue maternelle anglaise, bien que la région ait conservé un caractère anglais marqué à cause de l'adoption de l'anglais comme langue parlée à la maison par bon nombre d'allophones et certains francophones Des municipalités auparavant quasi exclusivement anglophones comme Beaconsfield, Hampstead, Côte-Saint-Luc, Kirkland et Pointe-Claire comptaient désormais une minorité francophone significative ainsi qu'un nombre grandissant d'allophones[59].

Tableau 7
Évolution de la répartition linguistique
dans l'ouest de l'île, 1971-1991 (en %)

| | Selon la langue maternelle | | | Selon la langue parlée à la maison | | |
	Anglais	Français	Autre	Anglais	Français	Autre
1971	62,7	27,2	10,4	68,9	25,7	5,3
1976	62,7	27,6	9,7	n.d.*	n.d.	n.d.
1981	53,2	30,1	16,7	64,9	28,8	6,3
1986	48,9	33,2	17,9	61,8	31,8	6,4
1991	46,2	31,5	22,3	57,5	29,8	12,7

Sources: Statistique Canada, *Recensement du Canada*, 1971, 1976, 1981, 1986, 1991, catalogues 92-726, 92-822, 93-929, 95-130, 95-329.
* Données non disponibles.

Pourquoi tant d'anglophones quittèrent-ils Montréal après 1976? Une étude fouillée du sociologue Uli Locher signale que les émigrants anglophones plaçaient les aspects économiques au premier rang dans leur décision de partir: mutations, offres d'emploi, recherche de meilleurs avantages économiques. Ainsi, Locher peut conclure que «rien ne suggère que "l'exode des anglophones" devrait être interprété comme une fuite motivée principalement par des facteurs politiques ou linguistiques[60]».

Toutefois, il n'est pas si simple de départager les facteurs strictement «économiques» et les facteurs «politico-linguistiques». Comme nous le verrons au chapitre VII, la loi 101 a influé grandement sur les «canaux de promotion» à Montréal en haussant la valeur du français sur le marché du travail et en réduisant les options ouvertes aux anglophones unilingues. Ainsi, une émigration pour des raisons dites économiques peut très bien avoir à sa source des conditions mises en place par la loi 101. De plus, l'enquête de Locher révèle que plus de 73 % des expatriés anglophones attachaient «une certaine importance» aux lois sur la langue comme raison de leur départ, et 28,9 % des répondants ont évoqué ces lois et le climat politique comme principale raison de leur départ[61]. Il est indéniable que la date de l'exode est à rapprocher des facteurs politiques; tandis que les tendances économiques à long terme avaient incité les anglophones à quitter Montréal et dissuadé les Canadiens anglais de venir s'y installer, l'accélération du mouvement après 1976 ne pouvait être qu'une réaction à la nouvelle politique linguistique adoptée par le Parti Québécois.

Au cours des années quatre-ving-dix, dans le contexte de la loi 101 et, surtout, en raison du succès grandissant du mouvement souverainiste québécois, «l'exode» des anglophones est devenu une des préoccupations majeures de cette communauté. Tous les sondages indiquent qu'une grande proportion d'anglophones, particulièrement les jeunes, expriment leur désir de quitter le Québec dans les cinq prochaines années. Par exemple, selon un sondage Créatec réalisé en mai 1996, 60 % des anglophones quitteraient le Québec s'il se séparait du Canada, et près d'un tiers pensent quitter la province dans les cinq années peu importe l'issue d'un prochain référendum.

Un éditorial de la *Gazette* commentait: «Plusieurs anglophones sont épuisés par ce débat interminable et amer et décident qu'ils en ont assez. La vie est trop courte pour dépenser autant d'énergie à se préoccuper constamment de l'avenir politique du Québec[62].»

L'exode anglophone des vingt dernières années a influencé la dynamique linguistique à Montréal de différentes manières. L'existence d'une «soupape», c'est-à-dire l'Amérique du Nord anglophone, a pu préserver la paix sociale à Montréal à la fin des années soixante-dix en ce qu'elle permettait aux unilingues anglophones mécontents de s'établir à Toronto et dans l'Ouest. Mais, d'un autre côté, le départ d'anglophones jeunes et instruits a eu des conséquences négatives non seulement sur le dynamisme des institutions anglophones de Montréal, mais aussi, comme Marcel Côté, Pierre Arbour et d'autres l'ont affirmé, sur le développement économique de Montréal qui a souffert de cette «fuite des cerveaux[63]» (nous y reviendrons au chapitre VII).

Dans les années quatre-vingt-dix, alors que s'annonce un nouvel exode anglophone, certains commencent à douter de la «viabilité» de la communauté anglophone de Montréal. Richard Gwyn exagère à peine quand il écrit: «Il y a quarante ans, les Anglo-Montréalais étaient synonymes de Montréal sur le plan financier, économique, culturel; aujourd'hui, ils sont un groupe vieillissant et en déclin[64].» Selon Statistique Canada, le nombre d'anglophones de moins de 25 ans habitant la ville de Montréal a chuté de 40 % entre 1971 et 1991, tandis que ceux du même groupe d'âge qui habitaient la banlieue de Montréal ont vu leur nombre diminuer de 26 % pendant la même période[65]. Le départ des anglophones est loin de se limiter aux jeunes: entre 1986 et 1991, les anglophones de plus de 45 ans composaient le plus grand groupe de ceux qui quittaient le Québec[66]. Certes, le départ de milliers de jeunes anglophones — et les sondages montrent que de moins en moins de jeunes anglophones ont l'intention de demeurer au Québec pour poursuivre leurs études ou suivre leur carrière — ne peut que constituer une menace pour la vitalité à long terme de la communauté anglophone.

Un déclin démographique semblable à celui qu'a connu le Montréal anglophone a des effets négatifs sur les institutions d'une communauté, car il mine leur dynamisme et met en jeu leur survie à long terme. Une certaine partie de ces effets est symbolique: les départs nuisent à l'image de la ville, ce qui décourage l'installation de nouveaux venus et entraîne à son tour d'autres départs. Concrètement, le déclin démographique force les écoles et les hôpitaux à fermer leurs portes ou à repenser leur vocation et complique le maintien d'institutions aussi essentielles que les journaux et les bibliothèques. Par exemple, le tirage quotidien des journaux anglophones du Québec a diminué de 45 % entre 1970 et 1990 et, comme nous le verrons, les inscriptions aux écoles anglaises de Montréal ont chuté de 60 % depuis 1971[67]. Cette baisse du nombre d'inscriptions est une conséquence directe de la loi 101 qui restreint l'accès des non-anglophones à l'école anglaise, mais on estime que plus de 40 % de ces «pertes» sont dues à des «facteurs démographiques», soit, principalement, un bassin d'élèves en voie de réduction à cause de la décroissance de la natalité et de l'exode des jeunes[68].

Ces tendances ne sont peut-être pas la manifestation d'une «crise de survie», comme le soutenaient beaucoup de dirigeants anglophones au début des années quatre-vingt-dix. L'anglicisation d'une partie de la communauté allophone ainsi que la force de l'anglais en Amérique du Nord assurent que l'anglais n'est pas à la veille de disparaître à Montréal. Toutefois, l'exode anglophone fait indiscutablement écho au recul de la place de l'anglais — et des anglophones — dans la société montréalaise d'après la loi 101.

Bien que de nombreux anglophones aient quitté Montréal après 1976, la grande majorité est restée et beaucoup d'entre eux ont choisi de défier la loi 101. Le théâtre des affrontements était l'enseignement, car les dispositions de la loi 101 menaçaient les écoles anglaises de Montréal de crise démographique. En septembre 1977, la CEPGM et le secteur anglais de la CECM ont tous deux décidé de braver la nouvelle loi. La CEPGM déclara que ses portes étaient ouvertes à «tous les élèves qui désiraient recevoir l'enseignement en langue anglaise» et annonça son intention de traîner le gouvernement devant les tribunaux si ses subventions étaient diminuées à cause de la présence d'élèves non admissibles dans ses écoles[69]. Désirant éviter des incidents disgracieux, le ministre de l'Éducation, Jacques-Yvan Morin, déclara que le gouvernement n'avait nullement l'intention d'envoyer la police pour expulser les enfants inscrits illégalement à l'école anglaise[70]. Néanmoins, Morin précisa qu'il n'y aurait pas de subventions gouvernementales pour les «clandestins» et avertit les anglophones que la désobéissance civile mettait en péril la paix sociale. L'action de la CEPGM fut dénoncée par de vastes pans de la communauté francophone. Comme Michel Roy le fit valoir en éditorial dans *Le Devoir*:

> Par tous les moyens légitimes à leur disposition, les milieux scolaires de la communauté anglophone de Montréal peuvent dénoncer, combattre et contester la loi 101, en particulier les chapitres sur la langue de l'enseignement. [...] Rien ne justifie présentement, au plan moral comme au plan politique, la campagne de désobéissance civile qui s'amorce dans les milieux scolaires de la communauté anglophone. Elle ne contribuera qu'à empoisonner les relations entre Québécois des deux langues, appelés à vivre ensemble, quoi qu'il arrive[71].

Le ministère de l'Éducation soutint que, parmi les 47 234 élèves inscrits à la CEPGM pour l'année 1977-1978, seulement 42 000 étaient admissibles à l'enseignement en anglais. Morin menaça donc de retenir neuf millions de dollars en subventions pour les 5200 «clandestins». En juillet 1978, la Cour supérieure du Québec conclut que la CEPGM avait utilisé «la guérilla pour faire obstruction à la loi» et que le ministère de l'Éducation était dans son droit de réduire son financement jusqu'à ce que la commission scolaire se conforme à la loi 101[72].

Au début, la CEPGM s'engagea à garder les élèves non admissibles dans les classes anglaises et fit appel à la générosité du public pour compenser le manque à gagner en subventions gouvernementales[73]. Toutefois, comme peu d'anglophones étaient prêts à payer la note pour défier la loi, la CEPGM fit marche arrière. Le 1er août 1978, le conseil d'administration vota à 9 voix contre 3 pour l'acheminement des élèves clandestins qui restaient (on évaluait leur nombre à 1600) au secteur français de la CEPGM. Pour les médias anglophones de Montréal, cette décision «sonnait le glas de la liberté de choix de la langue d'enseignement[74]».

Les écoles anglo-catholiques ont aussi défié la loi 101, mais la résistance s'exerçait davantage école par école plutôt que dans l'ensemble du réseau[75]. Chaque direction d'école décidait si elle acceptait ou non des élèves non admissibles. Dans l'affirmative, l'école se chargeait des dépenses supplémentaires en augmentant le nombre de places par classe et en engageant des enseignants «bénévoles». Le Comité pour la coordination de l'enseignement anglo-catholique tenta de recueillir 300 000 $ pour couvrir les frais supplémentaires, mais les allophones perdirent vite tout intérêt pour une situation qui les plaçait en marge du système scolaire. Néanmoins, pendant les années quatre-vingt, entre 1200 et 1600 élèves allophones non admissibles restèrent inscrits au secteur anglais de la CECM[76].

Dans certains quartiers italiens où les parents se conformaient à la loi 101 et envoyaient leurs enfants à l'école française, la résistance à la loi 101 se manifesta par la création d'écoles bilingues *de facto* où les cours intensifs d'anglais langue seconde commençaient dès les premières années du primaire. Cela était contraire à la politique du ministère de l'Éducation, et Morin fit une sortie contre ces «classes diversifiées», les qualifiant d'abus de pouvoir de la part de la CECM. Or, malgré le travail acharné du commissaire Angelo Montini, ces classes n'ont jamais attiré une proportion importante des élèves de la communauté italienne[77].

La désobéissance civile fut une stratégie de courte durée et, dès le début des années quatre-vingt, plusieurs indices montraient que les anglophones s'adaptaient à la nouvelle norme établie par la loi 101, mis à part des «bizarreries» comme le Comité pour une onzième province et un candidat de l'éphémère parti Freedom of Choice qui obtint un assez grand nombre de voix dans une élection complémentaire en 1978. Les Montréalais anglophones commençaient à se regrouper en tant que minorité linguistique pour faire valoir leurs droits «dans le cadre des règles du jeu politique démocratique[78]». Après avoir flirté avec l'UN aux élections de 1976, ils retournèrent au Parti libéral qu'ils considéraient comme le mieux placé pour défendre les intérêts politiques de la communauté. On vit émerger une nouvelle génération de libéraux anglophones, comme les députés Reed Scowen, Richard French, Herbert Marx et Clifford Lincoln, qui se servaient de la politique comme tribune pour que les anglophones aient «le droit de partager de façon raisonnable avec le groupe majoritaire l'espace politique, économique et social du Québec[79]». Les dirigeants anglophones abandonnèrent le combat futile pour le retour de la liberté de choix de la langue d'enseignement, reconnurent le besoin pour les anglophones d'accepter la prédominance du français au Québec et concentrèrent leurs efforts sur l'obtention d'assouplissements à la loi 101, comme la redéfinition de la «clause Québec», le retour de l'affichage bilingue et la garantie de services en anglais.

Si les anglophones avaient nourri l'espoir que la défaite cuisante du camp du Oui au référendum sur la souveraineté-association de mai 1980 favoriserait un retour à l'ancien ordre des choses, la réélection du Parti Québécois en 1981 porta un coup fatal à leurs illusions. La défense de leurs intérêts collectifs devait maintenant passer par l'organisation de groupes de pression, et la fondation d'Alliance Québec en 1982 fut une étape importante en ce sens. Soutenue par des subventions fédérales annuelles de l'ordre d'un million de dollars, Alliance Québec s'est vite imposé comme l'organisme anglophone le plus visible et le plus sérieux au Québec. Il fit pression sur le gouvernement pour qu'il modifie sa politique linguistique et conseilla ceux qui voulaient porter certains aspects de la loi 101 devant les tribunaux.

Vu l'opiniâtreté d'Alliance Québec à défendre les droits des anglophones, plusieurs francophones ne s'étaient pas rendu compte de la différence entre cet organisme et le leadership anglophone traditionnel. Contrairement à la vieille garde unilingue d'origine britannique, les dirigeants d'Alliance Québec, comme Eric Maldoff, Michael Goldbloom, Peter Blaikie, Royal Orr et Robert Keaton, s'exprimaient aisément en français. Ils reconnaissaient que les anglophones montréalais constituaient une minorité dans une société majoritairement francophone, un aveu qui aurait été taxé de trahison dans leur propre communauté dans les années soixante-dix[80]. Alliance Québec contestait avec vigueur les aspects de la loi 101 qui étaient inadmissibles pour les anglophones et luttait pour imposer sa vision du Québec comme société fondamentalement bilingue, position incompatible avec la conception nationaliste francophone. Mais Alliance Québec menait sa lutte sans préconiser la liberté de choix ou d'autres formules de l'époque de la «ville anglaise» ni utiliser l'élite économique anglophone pour exercer des pressions même voilées sur la haute direction politique. Alliance Québec cherchait plutôt une stratégie réaliste qui assurerait la continuité de la communauté anglophone sur la base principalement de la reconnaissance de ses droits comme minorité linguistique dans une ville et une province qui, l'organisme en était fort conscient, avaient été radicalement transformées par la mobilisation des francophones pendant les deux décennies précédentes.

Toutefois, au milieu des années quatre-vingt-dix, Alliance Québec doit partager la scène politique anglophone de Montréal avec d'autres groupes. De fait, le nombre de membres d'Alliance Québec a commencé à dégringoler à partir de 1990 et, comme nous le verrons au chapitre VIII, des groupes importants de la communauté anglophone ont durci leur discours en dépassant la recherche d'accommodements et les revendications pour l'obtention de droits pour la minorité. C'est ainsi que la bataille sur la langue d'affichage à la fin des années quatre-vingt a favorisé la naissance du Parti Égalité et de son programme rigide touchant les droits des anglophones. En même temps, Reed Scowen présentait une «vision différente» pour le Québec anglophone pour les années à venir, affirmant que, «en étendant l'usage de l'anglais [...] nous construirons la communauté. Les Québécois de langue anglaise devraient utiliser l'anglais où ils peuvent et lorsqu'ils le peuvent, sans hésitation ni sentiment de culpabilité[81]». Pendant une courte période, Scowen a fait valoir son programme revendicateur en tant que président d'Alliance Québec avant de retourner à la sécurité financière de la diplomatie québécoise.

Enfin, à la suite du référendum d'octobre 1995 sur la souveraineté, on a pu sentir un durcissement de l'opinion publique anglophone. De plus en plus de voix réclament explicitement un élargissement des droits des anglophones relativement à la langue d'affichage et à l'accès à l'école anglaise. De plus, des idées qui auraient naguère été qualifiées d'excentriques et de marginales, comme la partition de Montréal dans l'éventualité de la souveraineté du Québec, sont maintenant entendues dans des milieux sérieux. Bref, dans les deux décennies qui ont suivi l'entrée en vigueur de la loi 101, la ligne de conduite des anglophones s'est transformée, et du jeu de coulisses dominé par l'élite pour défendre les intérêts de la communauté qu'elle était, elle est devenue un mouvement de masse où s'opposent des opinions très divergentes sur les meilleures stratégies à adopter pour faire avancer les revendications collectives.

Mis à part ces ajustements à leur stratégie politique, les anglophones avaient entrepris à la fin des années soixante-dix de restructurer leurs principales institutions pour faire face à la nouvelle réalité linguistique à Montréal, surtout dans le domaine de l'éducation. Puisqu'ils ne pouvaient plus accepter les enfants immigrés dans les classes anglaises, les dirigeants de la CEPGM cherchèrent des moyens d'attirer les allophones tout en respectant la loi 101. Historiquement une commission scolaire exclusivement de langue anglaise, la CEPGM annonça son intention de créer «un réseau bilingue qui permettrait à tous de maîtriser les deux langues au sortir du secondaire[82]». Le secteur français de la CEPGM qui ne comptait que 1000 élèves avant la loi 101 prit une expansion fulgurante et, en 1994, accueillait 13 000 élèves, ce qui représentait 41,9 % des inscriptions à la CEPGM. Cette expansion touchait davantage les écoles primaires, ce qui laissait présager une francisation accrue dans l'avenir. En 1994, 45,7 % des écoliers de niveau primaire de la CEPGM fréquentaient des écoles françaises (par rapport à 3,7 % en 1976-1977[83]).

En plus d'agrandir son secteur français, la CEPGM ouvrit plus de classes d'accueil dès 1978. Ces classes avaient vu le jour à la CECM en 1969 pour faciliter la transition des enfants allophones vers l'école française par le biais de cours de langue et de culture. Pour la CEPGM, ces classes étaient un moyen de continuer à attirer les enfants immigrés tout en répondant aux vœux des anglophones de donner à leurs enfants une longueur d'avance dans leur apprentissage des deux langues, et ce aux frais du gouvernement. En 1979-1980, plus de 22 % des enfants inscrits dans les classes d'accueil du

Québec fréquentaient la CEPGM et la Commission scolaire Lakeshore, à majorité anglophone[84].

Le but de ces adaptations n'était un secret pour personne: puisque la loi 101 avait réduit le bassin d'élèves admissibles à l'enseignement en anglais, la CEPGM, auparavant exclusivement de langue anglaise, espérait maintenir sa viabilité en attirant des allophones dans son secteur français. Les emplois seraient conservés, du moins les postes dans l'administration. La «nouvelle» CEPGM était attrayante pour les allophones et possiblement pour les francophones intéressés à l'enseignement bilingue. Les allophones se conformaient à la loi 101, car ils fréquentaient l'école française, mais ces classes franco-protestantes étaient chapeautées par une commission scolaire dirigée par des anglophones et souvent situées dans des écoles mixtes sur le plan de la langue, où l'enseignement de l'anglais langue seconde était meilleur et où les enfants côtoyaient quotidiennement des anglophones. Comme le système scolaire de Montréal était divisé selon la religion plutôt que selon la langue, la CEPGM pratiquait la cohabitation linguistique dans ses écoles, ce qui procurait aux enfants allophones «une connaissance de la langue et de la culture anglaises qu'ils n'auraient pas eu l'occasion d'acquérir autrement[85]». La CEPGM n'était pas la seule commission scolaire à pratiquer la cohabitation linguistique; selon une étude préparée pour le Conseil de la langue française, en 1977-1978, 20 423 écoliers de l'île de Montréal (11 117 dans des classes anglaises et 9306 dans des classes françaises) suivaient leurs cours dans un contexte de cohabitation linguistique, ce qui représentait près de 7 % de la population scolaire de l'île[86].

La cohabitation linguistique et l'ambiance générale dans le secteur français de la CEPGM attirèrent les foudres des francophones. Les critiques notaient combien il était paradoxal de demander «à la communauté anglophone [...] d'intégrer culturellement ces enfants à la vie québécoise qui se définit ailleurs comme française» et critiquaient le PQ qui tolérait un «bilinguisme caché» dans le secteur français de la CEPGM[87]. Ce secteur était qualifié de «contournement de la loi 101» au profit des allophones, car «l'enseignement est en français mais l'environnement [...] et l'enseignement de la langue seconde sont anglais». On accusait le gouvernement péquiste «d'acheter la paix scolaire dans le secteur anglophone, c'est-à-dire [de donner] un consentement actif à la multiplication des écoles "bilingues[88]"». Le Conseil de la langue française critiqua sévèrement la cohabitation qui, selon lui, «ne présent[ait], en termes de pédagogie ou d'apprentissage des langues, aucun avantage[89]».

En réaction à ces critiques et compte tenu des compressions budgétaires exigées par la récession de 1981-1982, le ministère de l'Éducation sabra le budget des classes d'accueil qui passa de 30 à 13 millions de dollars par année. Les critères d'admissibilité furent resserrés pour s'assurer que seuls des immigrants fréquentaient ces classes et non des anglophones, et la cohabitation linguistique fut interdite. Désormais, les classes d'accueil n'étaient ouvertes que dans des écoles où toutes les activités pédagogiques et administratives se passaient en français[90].

Malgré ces prescriptions, une combinaison de trois facteurs — la diminution de la population d'âge scolaire à Montréal, le désir d'éviter de longs parcours en autobus et le maintien des structures confessionnelles — fit persister la cohabitation linguistique pendant les années quatre-vingt, car les administrateurs comptaient rentabiliser leurs installations. Tant que la restructuration scolaire n'était pas réalisée, les dirigeants scolaires anglophones conservaient une certaine marge de manœuvre pour agir en fonction de leurs intérêts.

Finalement, les anglophones s'adaptèrent au nouveau contexte montréalais en suivant le conseil qui transpirait de la loi 101: Apprenez le français ou quittez le Québec. Alliance Québec a toujours réclamé l'amélioration de l'enseignement du français à l'école anglaise[91]. Beaucoup de parents anglophones de l'île de Montréal avaient décidé d'inscrire leurs enfants dans les classes d'immersion à l'intérieur d'écoles théoriquement de langue anglaise. Le phénomène des classes d'immersion avait commencé à Montréal en 1965, lorsque des parents anglophones de Saint-Lambert, municipalité de la Rive-Sud, avaient demandé à la commission scolaire de concevoir un programme permettant aux enfants anglophones d'entreprendre leurs études primaires uniquement en français[92]. En immersion française, l'anglais est introduit peu à peu à l'école primaire, puis on poursuit avec une immersion partielle à l'école secondaire. La plupart des recherches ont montré que les diplômés de ces programmes d'immersion parlent la langue seconde relativement bien[93].

Les programmes d'immersion en français ont gagné en popularité avec le changement de climat linguistique: en 1974, 18,4 % des inscriptions à la maternelle dans le secteur anglophone étaient en immersion[94]. Dans les années quatre-vingt-dix, l'immersion est presque devenue la norme dans plusieurs écoles anglophones. En 1987, à la Commission scolaire catholique Baldwin-Cartier, dans l'ouest de l'île, 90 % des élèves inscrits à l'école primaire anglaise étaient inscrits au programme d'immersion; à la CEPGM, le pourcentage était de 41,6 %[95]. Au total, plus de 35 % des élèves fréquentant l'école anglaise en 1994-1995 étaient inscrits à un programme d'immersion; on évalue la proportion au primaire à entre 50 % et 60 %[96].

En outre, un nombre étonnant de parents anglophones franchirent un pas de plus en décidant d'inscrire leurs enfants au secteur français *ordinaire*, même s'ils étaient admissibles à l'enseignement en anglais, décision qui aurait été impensable à peine une décennie plus tôt. En 1985, 7,8 % des enfants anglophones sur le territoire de la Commission scolaire protestante Lakeshore et 4,9 % des enfants anglophones de la CEPGM étaient inscrits à l'école française[97]. À la grandeur du Québec, plus de 10 000 élèves admissibles à l'enseignement en anglais fréquentaient une école française en 1994-1995[98]. Un journaliste de *La Presse* s'était étonné de voir des parents anglophones dans l'ouest de l'île réclamer des écoles françaises pour leurs enfants, situation qui en dit long sur l'adaptation des anglophones à la francisation de Montréal imposée par la loi 101[99].

1979-1985: conflits et compromis en matière de langue

Tandis que les anglophones s'adaptaient à leur nouvelle vie, les pressions politiques combinées à des décisions des tribunaux menèrent à d'importantes modifications à la loi 101. Entre 1979 et 1988, les tribunaux québécois et la Cour suprême du Canada ont rendu plusieurs jugements qui ont invalidé certains articles de la loi 101[100]. En décembre 1979, la

Cour suprême déclarait que le chapitre III de la loi, en vertu duquel le français était la seule langue officielle de l'Assemblée nationale et des tribunaux, contrevenait à l'article 133 de l'AANB qui garantit l'usage des deux langues dans ces deux instances. Le gouvernement du Québec fut forcé de traduire en vitesse toutes les lois adoptées depuis août 1977 car, théoriquement, en l'absence de version anglaise, ces lois n'étaient pas en vigueur.

En 1982, malgré l'opposition vigoureuse de René Lévesque et de son gouvernement, Pierre Elliott Trudeau réalisa l'objectif de sa carrière, c'est-à-dire le rapatriement de la Constitution canadienne[101]. L'article 23 de la Charte canadienne des droits et libertés de 1981 intégrée à la nouvelle Constitution, qui garantit l'accès à l'école anglaise au Québec aux enfants de parents ayant fait leurs études primaires en anglais n'importe où au Canada, contredisait les articles de la loi 101 sur la langue d'enseignement[102]. En 1984, la Cour suprême confirma la décision prise par les tribunaux québécois qui avaient jugé inconstitutionnel l'article 73 de la loi 101, la «clause Québec», parce qu'il était contraire à l'article 23 de la Charte canadienne des droits. L'essentiel de la loi 101 sur l'enseignement restait toutefois intact, car les immigrants devaient continuer à envoyer leurs enfants à l'école française et la décision ne provoquerait pas une vague d'inscriptions à l'école anglaise. À ce propos, les calculs du Comité interministériel sur la situation de la langue française indiquent que seulement 22 000 élèves ont accédé à l'enseignement en anglais au Québec entre 1983 et 1996 par l'application de l'article 23[103]. Néanmoins, la décision de 1984 inquiéta certains francophones, car l'obligation de respecter la clause Canada que Laurin et l'aile nationaliste militante du PQ avait rejetée en 1977 diminuait la portée de la loi 101. Dans son analyse des décisions des tribunaux depuis 1979, le Conseil de la langue française conclut que «si ces jugements n'ont pas affecté la plupart des dispositions essentielles de la Charte de la langue française, ils ont commencé d'en modifier sérieusement la dynamique interne et son effet d'entraînement social[104]».

Malgré la tendance des décisions des tribunaux, il était évident que, dès le début des années quatre-vingt, la loi 101 avait engendré une relative sécurité linguistique dans la communauté francophone. Ainsi, à la fin de 1983, le gouvernement péquiste annonçait des négociations avec Alliance Québec pour assouplir certains aspects de la loi 101 et gagner les bonnes grâces de la communauté anglophone[105]. Le moment était propice, car certains incidents survenus en 1982 et 1983 donnaient l'impression que la loi 101 était revancharde et mesquine, et Lévesque avait toujours été mal à l'aise devant les excès de zèle de la loi 101. Ainsi, en 1982, malgré l'assurance donnée par Laurin que personne ne serait congédié à cause de la loi 101, une infirmière nommée Joanne Curran avait été forcée de démissionner parce qu'elle avait échoué à l'examen de français écrit exigé par la loi pour les membres des professions exerçant au Québec. Mme Curran parlait assez bien français pour plaider sa cause à la radio et à la télévision de langue française, ce qui couvrit de ridicule les examens et le gouvernement. Un autre incident s'était produit au début de 1983. La Commission de surveillance avait ouvert une enquête sur les transgressions à la loi linguistique à l'hôpital St. Mary's, à Montréal, après une plainte selon laquelle une patiente en phase terminale n'avait pas eu le réconfort de «mourir en français» parce que certains médecins et infirmières qui l'avaient soignée étaient unilingues anglais. Alliance Québec se plaignit de la situation :

> La Commission de surveillance envoya une onde de choc dans notre communauté quand elle condamna l'hôpital St. Mary's parce qu'elle était insatisfaite de la compétence en français de 37 % de son personnel. [...] Des assignations à comparaître furent envoyées aux médecins et aux infirmières. Le personnel était obligé de comparaître devant la Commission pour expliquer sa manière de dispenser les soins. Tout ça donnait l'impression d'un procès criminel sans que «l'accusé» n'ait le droit de prendre connaissance de la plainte portée contre lui ni de connaître l'identité de celui qui l'a mis en accusation. Ces tracasseries se produisaient alors que l'hôpital était en mesure de fournir des services en français n'importe quand[106].

Des incidents de ce genre semblaient corroborer les propos du controversé Mordecai Richler qui décrivait les fonctionnaires chargés de l'application de la loi 101 comme des «flics de la langue» (*tongue troopers*). Même des ministres péquistes demandaient aux «faucons» de la Commission d'être plus conciliants[107]. La presse francophone de Montréal commençait à publier des articles pour réclamer des changements à la loi 101 au nom de la paix et de la justice sociales.

La première étape dans le processus de réexamen de la loi 101 fut la nomination de Gérald Godin, considéré comme modéré dans ce qui regardait la question de la langue, pour remplacer Camille Laurin au poste de ministre responsable de l'application de la loi 101. Il est évident que les négociations auraient été impossibles avec Laurin à cause de sa vision quasi mystique de la loi 101 et de sa réputation de croque-mitaine dans la communauté anglophone. En octobre 1983, Godin ouvrit les séances de la commission parlementaire sur la révision de la loi 101. Son mandat était de taille: trouver un juste milieu entre les nationalistes francophones, pour qui la loi 101 était sacrée et inviolable, et les groupes anglophones, qui voulaient une refonte complète de la loi. Tous s'accordent pour dire que le discours inaugural de Godin a donné le ton à une discussion sereine de la question la plus explosive de la vie politique québécoise. Il résuma le danger constant d'assimilation qui guettait le Québec, un îlot francophone dans une mer nord-américaine anglaise, surtout dans un contexte de haute technologie et de mondialisation des échanges, mais il ajouta: «Entendons-nous bien, les Anglo-Québécois sont pour bien peu dans cette assimilation et ce n'est pas à eux qu'on doit en imputer la responsabilité ni à leurs institutions[108].»

Plus de 60 mémoires furent présentés pendant les audiences publiques, dont ceux du maire de Montréal, Jean Drapeau, et d'Alliance Québec. Drapeau allégua que la loi 101 avait nui à l'économie et à l'image internationale de Montréal et souhaitait obtenir un «statut particulier» qui soustrairait la ville de certaines dispositions de la loi. Plus précisément, il réclama l'affichage bilingue et les services dans les deux langues à Montréal, la «clause Canada» dans l'enseignement et l'assouplissement des examens de français pour les membres des ordres professionnels. Godin rejeta immédiatement l'appel de Drapeau pour un «statut particulier» en faisant remarquer que Montréal était «la ville qui a surtout été l'objet de l'opération visée par la loi 101» et qu'elle devrait tirer sa fierté en tant que métropole de l'Amérique française et non comme ville bilingue[109].

Le mémoire le plus long et le plus attendu, celui d'Alliance Québec, réclamait rien de moins qu'une refonte de la loi 101. Les principales propositions étaient:

> 1. Reconnaître dans la loi 101 des droits explicites pour la langue anglaise et officialiser le dualisme linguistique du Québec;
> 2. Lever l'obligation pour les institutions anglophones d'utiliser le français dans leurs communications internes et pour communiquer entre elles;
> 3. Abolir les examens de français pour les membres des professions;
> 4. Permettre aux personnes de langue maternelle anglaise qui immigrent au Québec d'envoyer leurs enfants à l'école anglaise;
> 5. Permettre l'affichage public et commercial bilingue[110].

Bien entendu, il était impensable qu'un gouvernement péquiste accepte les principales recommandations d'Alliance Québec, surtout en ce qui avait trait à l'élargissement de l'accès à l'école anglaise et à l'affichage bilingue. Ayant entrouvert la porte à une révision de la loi 101, le gouvernement était maintenant exaspéré qu'Alliance Québec remette tout en question plutôt que de limiter sa discussion à certains aspects mineurs. Aux yeux de Godin, «les revendications d'Alliance Québec étaient presque une invitation à démanteler pièce par pièce la Charte de la langue française[111]». Bien qu'une certaine tension ait persisté pendant toutes les audiences publiques, il n'y eut pas de prises de bec ni de prédictions apocalyptiques du genre de celles qui avaient caractérisé les débats sur la langue en 1974 et en 1977, et le gouvernement était résolu à trouver un compromis.

Après deux mois d'audiences publiques, pour apaiser certaines inquiétudes de la communauté anglophone, le gouvernement présenta et fit adopter le projet de loi 57 qui modifiait la loi 101. Le préambule de la Charte de la langue française fut récrit pour reconnaître explicitement les institutions de la communauté anglophone comme «un apport précieux au développement du Québec[112]». Quant à la langue dans les secteurs public et parapublic, la loi 57 avait retenu les revendications anglophones en faveur d'un bilinguisme «institutionnel» plutôt qu'individuel dans les hôpitaux, les écoles et les services sociaux anglophones. L'article 20 de la loi 101 exigeait que tous les employés de ces secteurs maîtrisent le français, peu importe la langue de la clientèle; la nouvelle version de la loi permettait aux institutions anglophones de désigner les employés qui devaient être bilingues pour «assurer que les services au public sont disponibles dans la langue officielle[113]». Les membres des professions qui avaient fait leurs études secondaires en anglais au Québec étaient désormais dispensés des examens de français. De plus, les municipalités anglophones n'étaient plus obligées d'utiliser exclusivement le français dans leurs communications internes. Les commissions scolaires, les services de santé et les services sociaux, qui avaient déjà obtenu dans la loi 101 la permission d'utiliser l'anglais dans leurs communications internes, pouvaient désormais communiquer entre eux en anglais[114]. Bien qu'Alliance Québec ait critiqué le caractère partiel des changements, la *Gazette* salua la loi 57 comme «un pas important pour les institutions anglophones [...] qui leur permet de conserver leur caractère anglais et d'offrir des débouchés intéressants aux Québécois qui ne parlent pas français couramment[115]». La presse francophone de Montréal était également favorable à la loi 57, y voyant le signe que la société francophone avait atteint une nouvelle «maturité» en matière linguistique[116].

1985-1989: Bourassa rouvre le débat linguistique

La loi 57 fut la dernière loi à caractère linguistique du gouvernement péquiste. C'est un parti divisé et déboussolé par le retard dans son projet d'indépendance qui fut battu aux élections du 2 décembre 1985 par les libéraux de Robert Bourassa qui faisait son retour sur la scène politique. La victoire de Bourassa ouvrait une ère «des tergiversations» dans la politique linguistique, selon l'expression juste de Michel

Plourde[117]. Appuyé massivement par les Anglo-Montréalais, Bourassa avait promis pendant sa campagne électorale de modifier les «irritants» de la loi 101, y compris les dispositions sur l'affichage unilingue français[118]. Trois anglophones et un allophone se virent confier des ministères importants et la communauté anglophone s'attendit à ce que la loi 101 soit bientôt sensiblement assouplie.

En 1986, le gouvernement Bourassa présenta trois projets de loi sur la langue. En juin, il adopta le projet de loi 58 qui «amnistiait» les 1013 «clandestins» encore inscrits à l'école anglaise (qui se trouvaient tous dans le secteur anglais de la CECM). En 1982, le gouvernement Lévesque avait tenté de convaincre ces élèves allophones, dont le nombre était estimé à entre 1200 et 1600, d'intégrer le secteur français qui disposait d'un programme de 3,6 millions de dollars de services linguistiques et pédagogiques particuliers[119]. Mais la majorité restèrent dans le secteur anglais, et le ministre libéral de l'Éducation, Claude Ryan, décida de régler ce problème vieux de près de dix ans et de «mettre fin à une phase mouvementée de notre histoire linguistique[120]». La loi 58 régularisait la situation des élèves inscrits illégalement à l'école anglaise et, comme ils avaient reçu leur enseignement primaire en anglais, l'article 23 de la Charte canadienne des droits et libertés garantissait à leurs frères et sœurs ainsi qu'à leurs descendants l'accès à l'école anglaise. Le PQ tenta de rallier l'opinion publique contre ce projet de loi, mais, vu les divisions profondes au sein du parti et la lassitude des forces nationalistes, le projet de loi 58 suscita peu de réactions négatives. Il ne modifiait en rien l'application de la loi 101 et il ne faisait que traiter un nombre défini de cas, ce qui n'aurait pas de conséquence sur l'équilibre démographique dans le secteur scolaire à Montréal.

En novembre, Bourassa présenta deux autres projets de loi à teneur linguistique. Le projet de loi 140 proposait une rationalisation de la structure linguistique mise en place par la loi 101. Il s'inscrivait dans la volonté du gouvernement de réduire la taille de l'appareil d'État et proposait de fusionner l'Office de la langue française (OLF) et la Commission de protection de la langue française, de remplacer le Conseil de la langue française par un conseil consultatif moins complexe et d'abolir la régie d'appel autonome qui analysait les programmes de francisation en entreprise. Les critiques craignaient que ces changements n'affaiblissent la loi 101, car moins d'employés et moins d'argent seraient consacrés à l'aménagement linguistique; en outre, le fonctionnement de ces organismes serait sous la surveillance plus directe du gouvernement. Il serait plus difficile de porter plainte contre ceux qui enfreindraient la loi et il n'existerait plus d'organisme indépendant pour «renseigner le public sur les questions concernant la langue française au Québec[121]». L'intention qui sous-tendait le projet de loi 140 ne faisait aucun doute: contraindre la structure administrative qui appliquait avec vigueur la loi 101. Cependant, la forte opposition à l'intérieur comme à l'extérieur de la fonction publique força Bourassa à abandonner le projet de loi[122].

En plus du projet de loi 140, le gouvernement proposa le projet de loi 142 qui garantissait aux anglophones le droit de recevoir des services de santé et des services sociaux en anglais[123]. La loi 101 était plutôt vague sur la question; sans offrir de garanties explicites, elle autorisait l'OLF à reconnaître comme «anglophones» les institutions qui desservaient une clientèle majoritairement anglophone. Celles-ci avaient le droit de servir leur clientèle en anglais, pour autant que des services existaient également en français. Depuis 1977, dans l'île de Montréal, les centres de services sociaux (CSS) s'étaient développés sur une base linguistico-territoriale et trois centres — le CSS Ville-Marie (surtout anglophone), le Centre de services sociaux du Montréal métropolitain (francophone) et les Services sociaux juifs à la famille — devaient desservir des clientèles concentrées dans des zones distinctes. Il avait été prévu que les autres centres s'arrangeraient entre eux pour donner des services aux minorités linguistiques habitant à l'extérieur de leurs territoires respectifs (par exemple, le CSS du Montréal métropolitain desservirait les francophones de l'ouest de l'île[124]).

Contrairement à ce modèle territorial, le projet de loi 142 proposait d'inscrire dans la loi le droit «individuel» pour «toute personne d'expression anglaise» à recevoir des services de santé et des services sociaux en anglais. Le PQ et les groupes nationalistes protestaient contre cette expression ambiguë qui, selon eux, étendrait la portée des services anglophones. Au lieu d'être un droit spécial pour les anglophones habitant des régions à forte concentration anglophone comme l'ouest de l'île, les services en anglais deviendraient une option offerte dans tous les centres de services du Québec à toute personne parlant anglais. L'idée que la loi exige que les services de santé et les services sociaux soient dispensés en anglais hors des quartiers anglophones, conjuguée à la menaçante possibilité que les minorités ethniques «d'expression anglaise» recourent à ces services partout à Montréal, troublait de nombreux francophones. Aux yeux des nationalistes radicaux, tout enchâssement de droits pour les anglophones équivalait à «franchir un pas de plus dans la voie du retour à un Québec bilingue[125]», tandis que les dirigeants dans le secteur de la santé et des services sociaux percevaient le projet comme un retour en arrière qui contribuerait à l'anglicisation des immigrants[126]. Finalement, la mobilisation des nationalistes et la forte opposition des médias francophones força Bourassa à reculer. Le projet de loi 142 fut adopté en décembre 1986, mais, dans sa version finale, il ne s'appliquait qu'aux régions où la composition linguistique de la population justifiait des services dans les deux langues. Il renforçait modérément un droit contenu implicitement dans la loi 101[127].

Pendant que Bourassa s'employait à faire adopter ces projets de loi à l'Assemblée nationale, la question de la langue de l'affichage commercial refit surface et relança le débat linguistique. Comme nous l'avons vu, pendant sa campagne électorale de 1985, Bourassa avait promis de modifier la loi sur l'affichage. Cette stratégie électoraliste semblait payante à l'époque, car le sujet touchait une corde sensible chez les anglophones («Nous voulons être visibles», disait Eric Maldoff d'Alliance Québec). Par ailleurs, l'appui des Montréalais francophones à l'affichage unilingue avait diminué, passant de 66 % en 1979 à 46 % en 1985[128]. Bourassa considérait que la question de l'affichage était une belle occasion d'apaiser l'électorat anglophone, mais envisageait de laisser inchangés les aspects essentiels de la loi 101 qui étaient sacrés aux yeux des francophones, c'est-à-dire la langue d'enseignement et la langue de travail.

Le premier ministre avait intentionnellement été vague quant au contenu de sa politique en matière de langue d'affichage. Le programme du Parti libéral de 1985 proposait un arrangement qui rappelait la loi 22: priorité au français, mais sans interdire d'autres langues. En 1986, Bourassa laissa entendre qu'il créerait peut-être des «districts bilingues» comme l'ouest de l'île où l'affichage bilingue serait permis. Diverses propositions furent lancées pour tâter l'opinion publique[129].

Quelle que soit la politique que retiendrait Bourassa, son élection donna le coup d'envoi à un assouplissement dans l'application des articles de la loi 101 relatifs à la langue d'affichage (*voir le chapitre VII*), et la prolifération d'affiches illégales bilingues, voire unilingues anglaises, fit bondir les francophones. Les nationalistes accusèrent Bourassa d'être aveugle à la «guérilla» que livraient les anglophones contre la loi 101. Gaston Cholette, président sortant de la Commission de protection de la langue française, reprocha au ministre de la Justice de ne pas poursuivre les contrevenants que la Commission lui signalait[130]. Le Parti Québécois tenta de raviver sa popularité chancelante en se présentant comme le défenseur du «visage français» de Montréal. «À Montréal, la situation est alarmante», dit Claude Filion, porte-parole du PQ en matière linguistique. «Si Montréal tombe, toutes les autres régions suivront. La prolifération des affiches commerciales bilingue et unilingue anglaise a atteint un degré tel qu'on pourrait compter par milliers les cas d'infraction[131].» «Ne touchez pas à la loi 101» devint le cri de ralliement du Parti Québécois.

En décembre 1986, la Cour d'appel du Québec déclara que la loi 101 avait légalement le droit d'exiger le français dans l'affichage, mais que l'interdiction des autres langues violait les dispositions de la Charte canadienne des droits et libertés sur l'égalité des langues et la Charte québécoise des droits qui garantit la liberté d'expression. La décision du tribunal, combinée à la remise en question par les francophones de la politique linguistique de Bourassa, stimula le retour des rassemblements de masse qui rappelaient les batailles des années soixante et soixante-dix. Après la décision de la Cour d'appel, un Mouvement Québec français renouvelé et la SSJB organisèrent une manifestation qui réunit environ 5000 personnes au centre Paul-Sauvé, à Montréal, sur le thème «Québec, je t'aime en français». «La loi 101 n'était pas la loi du PQ, dit Camille Laurin dans son discours, c'était la loi d'un peuple, une loi venue du fond de notre histoire collective[132].» Il y eut même une reprise, quoique modeste, de la violence des années soixante: des nationalistes en colère brisèrent les vitrines d'un magasin Zellers à LaSalle sur lesquelles des affiches bilingues étaient posées. Un groupe qui s'appelait Action pour un Québec français commit quelques actes de vandalisme (graffiti, vitres brisées, etc.) dans des quartiers anglophones de Montréal. La mort subite de René Lévesque le 1er novembre 1987 sembla donner une nouvelle impulsion, empreinte de nostalgie, aux efforts des nationalistes pour rassembler la population autour de la question linguistique. En avril 1988, on assista à un retour des grandes manifestations à Montréal lorsque 25 000 défenseurs de la loi 101 défilèrent dans le centre-ville en scandant des slogans et en portant des pancartes et des drapeaux du Québec[133].

Pris de court par la réaction de l'opinion publique et par l'opposition grandissante à la révision de la loi 101 dans son propre parti, Bourassa tenta d'obtenir un sursis sur la question de l'affichage jusqu'à ce que la Cour suprême ait statué. De plus, il commençait à reculer devant la promesse faite à la communauté anglophone en 1985, alléguant que la «paix sociale passe avant les promesses électorales[134]». Autrement dit, le premier ministre ne prendrait pas le risque d'adopter une politique qui ramènerait sur fond de question linguistique les manifestations et les désordres qui avaient foisonné à Montréal pendant les années soixante et soixante-dix.

Comme il était prévisible, la Cour suprême déclara, en décembre 1988, que la loi 101 était dans l'illégalité en interdisant l'affichage bilingue. Préoccupé par la mobilisation nationaliste, Bourassa soutint que sa «responsabilité première» en tant que premier ministre était la protection de la langue et de la culture françaises, et il invoqua immédiatement la «clause nonobstant» de la Constitution canadienne qui permettait à un gouvernement provincial de se soustraire pendant cinq ans à certaines dispositions de la Charte canadienne des droits et libertés qui entraient en conflit avec une loi provinciale. Après s'être soustrait au jugement de la Cour suprême, Bourassa proposa le projet de loi 178, un compromis qui maintenait l'affichage en français seulement à l'extérieur, mais qui permettait l'affichage bilingue à l'intérieur (avec prédominance du français[135]). Grâce à sa majorité écrasante à l'Assemblée nationale, Bourassa était en mesure d'abréger la durée des débats parlementaires et de faire adopter le projet de loi à toute vapeur avant les vacances de Noël.

Cependant, les actions de Bourassa soulevèrent une très vive controverse au Québec. Quinze mille protestataires francophones se massèrent au centre Paul-Sauvé pour dénoncer le projet de Bourassa, et le nouveau chef du Parti Québécois, Jacques Parizeau, critiqua le gouvernement pour avoir dilué la loi 101 et permis le retour du «français de façade» à Montréal. Les tensions linguistiques montèrent d'un cran le 30 décembre lorsqu'une bombe incendiaire détruisit les locaux d'Alliance Québec au centre-ville de Montréal. Ni l'enquête policière ni une enquête spéciale ne sont parvenues à élucider ce crime.

Les anglophones étaient tout aussi furieux contre le «compromis» de Bourassa et accusaient le premier ministre d'avoir trahi ses promesses électorales de 1985. En guise de protestation, trois des quatre ministres anglophones du cabinet Bourassa démissionnèrent: Richard French, ministre des Communications, Clifford Lincoln, ministre de l'Environnement, et Herbert Marx, ministre de la Justice. Par ailleurs, les Canadiens anglais des autres provinces ne pardonnaient pas à Bourassa d'avoir invoqué la clause nonobstant pour préserver l'affichage français à l'extérieur. Bien que plusieurs raisons soient à l'origine de l'échec de la ratification de l'accord du lac Meech en 1990, les analystes reconnaissent généralement que le ressac canadien-anglais contre la loi 178 a durci l'opposition canadienne-anglaise à l'Accord, surtout ses dispositions constitutionnelles qui reconnaissaient le Québec comme société distincte.

Du moins à première vue, le comportement de Bourassa au sujet de la question de l'affichage était un rappel troublant du fiasco de la loi 22 par rapport à la langue d'enseignement, c'est-à-dire la recherche d'un compromis qui ne satisfait personne. Bien que les deux grands quotidiens francophones de Montréal, *La Presse* et *Le Devoir*, aient donné leur appui à la loi 178 en la qualifiant de «meilleur compromis compte tenu des circonstances[136]», la *Gazette* critiqua Bourassa et les sondages révélèrent une forte opposition au projet de Bourassa parmi les deux communautés linguistiques.[137] L'ambiguïté de la loi 178 et le fait qu'elle dépende de règlements futurs faisaient bondir les deux camps. Les questions fusaient de toutes parts: Qu'est-ce que la prédominance du français à l'intérieur signifie? Est-ce que des affiches bilingues posées à l'intérieur mais visibles de l'extérieur seraient permises? La loi 178 promettait un véritable casse-tête administratif.

Tout au long de l'hiver 1989, le gouvernement Bourassa lança plusieurs ballons d'essai sur l'application de la loi 178 et semblait craindre de s'engager en adoptant des règlements explicites et limpides. À un certain moment, on laissait croire que les deux langues seraient permises dans les centres de ski et les autres sites touristiques ainsi que sur des affiches liées à la santé et à la sécurité publique. Un autre projet affinait la définition de «bilinguisme à l'intérieur»: l'affichage dans les corridors d'un centre commercial serait unilingue, mais les commerces à l'intérieur pourraient afficher dans les deux langues, à moins qu'il s'agisse de franchises employant plus de cinq personnes, auquel cas l'affichage unilingue s'imposait[138]. Plus Bourassa retardait à définir les modalités de l'application de la loi 178, plus il devenait tatillon.

Le premier ministre était persuadé que le calme suivrait la tempête qui avait accueilli sa décision sur l'affichage. «Entre le rejet total du jugement de la Cour suprême et le bilinguisme total, nous avons opté pour une solution équilibrée qui, à la longue, sera appuyée par une majorité silencieuse[139].» Mais la confusion qu'entretenait la loi 178 alimenta l'agitation sur la question de l'affichage jusqu'au début de 1989. En mars, une grande manifestation organisée par le MQF à Montréal pour protester contre la loi 178 et l'affaiblissement de la loi 101 attira environ 60 000 personnes.

Tandis que l'hostilité francophone envers la nouvelle loi continuait de croître et que les dirigeants anglophones semblaient manifester peu d'enthousiasme face aux efforts que déployait Bourassa en vue de trouver un compromis, celui-ci se distancia de l'esprit de la loi 178. En mars 1989, il nomma nul autre que Claude Ryan au poste de ministre responsable de la loi 101, le même Claude Ryan qui avait dénoncé cette loi dans ses éditoriaux dans *Le Devoir*. Mais en 1989, Ryan était conscient de la place spéciale qu'occupait la Charte de la langue française dans le cœur des Québécois francophones et, le 15 mars, il avertit le gouvernement Bourassa que la période d'indécision au sujet de la langue de l'affichage public était terminée. Ryan annonça que «l'affichage autant extérieur qu'intérieur devra continuer à se faire uniquement en français» dans les centres commerciaux, les établissements de 50 employés et plus, les véhicules de transport en commun, les grands magasins comme Eaton et les chaînes comme McDonald's, Dunkin' Donuts et Radio Shack[140]. Essentiellement, la loi 178 ne s'appliquerait qu'à un type particulier de commerce, celui qui compte moins de 50 employés, et Ryan précisa que personne n'était obligé d'afficher dans les deux langues à l'intérieur. Le règlement de mai 1989 définissait la prédominance du français dans l'affichage: en français, le lettrage devait être deux fois plus gros qu'en anglais ou le nombre d'affiches en français, deux fois plus élevé que dans l'autre langue[141].

Bref, intimidé par la réaction des nationalistes francophones à la loi 178 et déterminé à ne pas passer pour «mou» en ce qui touchait la question de la langue, le gouvernement Bourassa en était arrivé, au milieu de 1989, à une politique sur la langue de l'affichage commercial qui était presque aussi rigoureuse que la loi 101. Les critiques accusaient le gouvernement de canaliser le sentiment nationaliste avant les élections de septembre 1989, et les nationalistes du PQ et du MQF répondirent qu'ils n'avaient pas été apaisés. Cependant, les résultats des élections ont prouvé que Bourassa avait dans l'ensemble réussi à rassurer les francophones au sujet de la langue d'affichage, car son parti fut réélu, obtenant une bonne majorité du vote francophone. Par contre, les dirigeants anglophones se sentaient trahis par la volte-face de Bourassa et tentaient de trouver une nouvelle stratégie pour défendre les intérêts de leur communauté. Les anglophones désabusés exprimèrent leur mécontentement en votant pour le Parti Égalité, un nouveau tiers parti anglophone qui avait fait campagne en misant uniquement sur l'opposition à la loi 178. Il remporta quatre sièges dans l'ouest de Montréal.

Le Parti Égalité représentait un retour en arrière: deux de ses députés étaient unilingues anglais et son chef, Robert Libman, un architecte de 28 ans sans expérience politique, était plus un trouble-fête qu'un chef de file crédible. Le succès que remporta le Parti Égalité illustrait l'ampleur du mécontentement des anglophones et leur sentiment d'avoir été abandonnés par Bourassa.

1990-1996: la normalisation de la politique linguistique

Tout bien considéré, la politique linguistique aurait dû être une source de grandes tensions pendant les années quatre-vingt-dix. Après tout, la loi 178 avait provoqué une importante division intercommunautaire qui rappelait celle du milieu des années soixante-dix. L'échec de l'accord du lac Meech et la nouvelle politisation de la question de l'unité nationale qui a mené le Québec à un cheveu de donner un Oui majoritaire à la souveraineté en octobre 1995 ont mis au jour les divergences profondes entre la majorité francophone d'une part et les minorités anglophone et allophone d'autre part. Comme nous le verrons au chapitre VIII, le climat pré et postréférendaire n'encourageait en rien l'harmonie sur la question linguistique.

Toutefois, dans ce contexte peu prometteur, il semble qu'une «normalisation» de la situation linguistique s'est installée à Montréal au milieu de la décennie 1990, c'est-à-dire qu'il existe une certaine flexibilité et une acceptation des règles du jeu fondamentales dans le Québec d'après la loi 101. Toutefois, il serait exagéré de parler de «nouveau consensus linguistique». De profonds différends persistent entre dirigeants anglophones et francophones sur l'accès accru à l'école anglaise, et la question de l'affichage non seulement continue de diviser les anglophones et les nationalistes francophones, mais est devenue une pomme de discorde à l'intérieur de la communauté francophone et même du Parti Québécois. Néanmoins, en 1996, la *Gazette* a exprimé dans un éditorial un point de vue qui représente bien l'opinion des dirigeants anglophones, en signalant que «la plupart des Québécois acceptent que la langue française, pour être florissante en Amérique du Nord, a besoin d'être protégée par des lois linguistiques qui font la promotion de son utilisation et assurent que les francophones puissent vivre et travailler dans leur propre langue[142]». Dans la même veine, comme les débats sur la langue l'ont montré, de vastes segments de la communauté francophone semblaient accepter plus aisément l'idée d'assouplir la loi 101, surtout au chapitre de l'affichage commercial.

Tout en s'éloignant des croisades pour la «liberté de choix» des années soixante-dix, les dirigeants anglophones ont maintenu leur demande pour l'accès accru à l'école anglaise où les inscriptions ont chuté de 60 % depuis le milieu des années soixante-dix. En 1992, un groupe de travail présidé par Gretta Chambers, chancelière de l'Université McGill et chroniqueuse à la *Gazette*, recommandait des modifications à la loi 101 qui permettraient aux enfants d'immigrants en provenance de pays anglophones — la Grande-Bretagne, l'Australie, les États-Unis, etc. — de fréquenter l'école anglaise, recommandation qui aurait pour conséquence une augmentation du nombre d'inscriptions à l'école anglaise et à laquelle le ministre libéral de l'Éducation de l'époque, Michel Pagé, semblait donner son aval[143]. Toutefois, en 1993, alors que le Parti libéral préparait un projet de loi qui modifierait la législation portant sur la langue d'affichage, Claude Ryan opposa son veto à tout changement à la loi 101 qui autoriserait les enfants immigrés, peu importe leur origine, à fréquenter l'école anglaise. «Le choix a déjà été fait depuis quelques années et il a été respecté par tous les partis qui ont dirigé le Québec depuis ce temps», dit le ministre responsable de l'application de la Charte de la langue française. «Il existe un consensus [...] au Québec à ce sujet[144].» Les groupes anglophones comme Alliance Québec avaient poursuivi leur campagne pour accroître l'accès à l'école anglaise. À l'occasion, des suggestions vagues surgissent à ce propos, au nom de la promotion du développement économique comme le laissera entendre le maire de Montréal, Pierre Bourque, à l'automne 1995[145]. Mais le Parti Québécois, qui reprendra le pouvoir en 1994, fera la sourde oreille à cette demande, ce que le nouveau premier ministre Lucien Bouchard et la ministre de l'Éducation Pauline Marois confirmeront au printemps 1996. Même au PLQ, il existe peu de volonté politique de rouvrir le dossier.

Les indices de la normalisation de la situation linguistique à Montréal ont donc commencé à apparaître en 1993, après que le gouvernement Bourassa eut adopté le projet de loi 86 qui permettait l'affichage commercial bilingue à l'intérieur et à l'extérieur. Préoccupé par la montée du Parti Égalité qui avait grugé des votes dans l'électorat anglophone fidèle au PLQ en 1989 et faisant face à une échéance constitutionnelle qui l'obligerait à invoquer de nouveau la clause nonobstant pour maintenir la loi 178, le gouvernement Bourassa jugea le moment opportun, au printemps 1993, pour libéraliser la politique linguistique du Québec. La loi 86 levait l'interdit sur l'affichage commercial en anglais imposé par la loi 101: désormais, les commerçants avaient le droit d'afficher dans les deux langues à l'extérieur comme à l'intérieur de leur établissement pourvu que le français conserve sa «prédominance», comme l'exigeait la loi 178. Toutefois, le gouvernement maintenait le seul français pour les panneaux-réclames, la signalisation routière (sauf exception) et la publicité dans les transports en commun.

Des groupes comme le Mouvement Québec français et la Société Saint-Jean-Baptiste ont tenté de mobiliser une opposition de masse contre le projet de loi 86 en organisant un grand rassemblement, du genre de celui qui avait amené 60 000 Québécois dans la rue en mars 1989 pour protester contre le projet de loi 178. Mais cette fois, la réaction fut tiède, car seulement 2000 personnes participèrent à une manifestation au parc La Fontaine en mai 1993, et une assistance décevante de 3500 personnes fut présente à l'aréna Maurice-Richard[146]. Malgré l'opposition du Parti Québécois au projet de loi 86 et les critiques acerbes de certains commentateurs influents comme Lise Bissonnette (qui associait au projet de loi 86 le début de la «rebilinguisation» de Montréal), la question de la langue d'affichage, si explosive quatre ans plus tôt, avait clairement perdu son pouvoir de déchaîner les passions. Robert Bourassa expliquait le phénomène par des raisons de realpolitik: «Comme il y avait, à ce moment-là, à la fois négociation avec le secteur public et parapublic et amendement possible à la législation linguistique, les dirigeants syndicaux avaient alors décidé de privilégier la négociation avec le secteur public et parapublic, par rapport à la sauvegarde intégrale de la loi 101[147].» Gérald Larose, président de la CSN, a plus ou moins confirmé les explications de Bourassa en faisant remarquer que les syndicats étaient alors trop occupés à résister au projet de gel de deux ans des salaires dans le secteur public pour se battre aussi sur le front linguistique[148].

Toutefois, des facteurs autres que la simple question de logistique peuvent expliquer la faible mobilisation face au projet de loi 86. Il ressort clairement qu'au début des années quatre-vingt-dix un nouveau sentiment de sécurité linguistique *relative* favorisait des discussions sur la langue dans une perspective de «compromis», ce qui aurait été impensable à peine quelques années plus tôt. Dans un texte qui a attiré l'attention, la politologue Josée Legault et l'avocat et activiste anglophone Julius H. Grey ont proposé une nouvelle entente sur la langue en prenant comme point de départ que «la loi 101 n'est ni un trésor national, ni une panacée, ni le symptôme d'une nervosité collective ou d'un antilibéralisme atavique[149]». À la base, le compromis Legault-Grey posait que «l'acceptation du français comme *lingua franca* du Québec par les élites et la population anglophones devra s'accompagner d'une acceptation par les francophones de la présence et d'une certaine visibilité de la langue anglaise à Montréal». Les auteurs continuaient: «Nous devons également nous éloigner des rhétoriques extrémistes en faisant le deuil de ces deux grands fantasmes voulant que Montréal devienne un deuxième Paris ou l'incarnation du bonheur éternel trouvé dans les bras d'un bilinguisme euphorique[150].» Dans les faits, le compromis Legault-Grey proposait une version modérée, et à titre expérimental, des mesures relatives à l'affichage commercial bilingue ainsi qu'un accès accru à l'école anglaise pour les immigrants anglophones dans des conditions très précises[151]. D'autres intellectuels francophones proposèrent des «pactes linguistiques» qui réaffirmaient le français comme langue commune du Québec, mais qui laissaient plus de place à l'anglais comme «langue d'ici», plus précisément dans l'affichage public[152]. Bref, selon des voies qui auraient conduit au suicide politique dans les années quatre-vingt, des personnalités francophones acceptaient au début de la décennie suivante d'examiner la possibilité d'apporter des adoucissements importants à la Charte de la langue française.

En 1996, même à l'intérieur du Parti Québécois, des divisions existaient quant à la pertinence de conserver la loi 101 dans son intégralité. Dans son programme électoral de 1994, le PQ présentait ses grandes orientations au chapitre de la politique linguistique, lesquelles comprenaient l'abrogation de la loi 86 et le rétablissement de l'affichage unilingue français, la restriction de l'accès aux cégeps de langue anglaise et l'extension des programmes de francisation des entreprises aux petites entreprises. L'étude de ces sujets fut retardée par les préparatifs en vue du référendum de 1995 sur la souveraineté, mais au début de 1996, alors que le comité interministériel présentait son bilan sur la situation du français, les militants péquistes favorisaient un renforcement de la loi 101.

Toutefois, en avril 1996, dans un épisode qui rappelait les affrontements entre René Lévesque et les purs et durs de son parti quant à la question linguistique, le premier ministre Lucien Bouchard, misant sur sa grande popularité et sur son pouvoir, s'opposa à des résolutions des militants péquistes au conseil national du parti qui demandaient au gouvernement d'abroger la loi 86[153]. Néanmoins, pour calmer la mauvaise humeur de ses troupes, le gouvernement Bouchard annonça une série de mesures pour renforcer le statut du français[154]. La plus importante consistait à rétablir la Commission de protection de la langue française, l'organisme de surveillance de l'application de la loi 101 que le gouvernement Bourassa avait aboli en 1993[155]. La Commission ne jouissait pas d'une grande popularité parmi les anglophones qui l'appelaient «police de la langue», et son rétablissement signalait aux militants péquistes que, même si la loi 86 demeurait, son respect serait étroitement surveillé et que le gouvernement Bouchard s'engageait «résolument en faveur de l'intégrité du caractère francophone de la métropole[156]». Il reste à voir comment Bouchard réussira à manœuvrer entre les modérés et les purs et durs de son parti pour ce qui concerne la langue, surtout dans le contexte des tensions qui accompagneront la marche inexorable du Québec vers un autre référendum sur la souveraineté[157].

Bien que la politique linguistique ait été mise en veilleuse dans les années quatre-vingt-dix par la «grande question» de la souveraineté, la langue demeure un des sujets les plus chauds de la vie politique québécoise. Tant que les francophones penseront que le français est menacé à

Montréal et tant que les anglophones croiront que les lois linguistiques violent leurs droits individuels, le sujet continuera de déchaîner les passions. Mais les anglophones dans l'ensemble ne remettent plus en question, contrairement à ce qui se passait en 1977, l'existence de la loi 101, pas plus qu'il n'existe un soutien de masse parmi les francophones, comme il y en avait en 1989, pour le principe de l'immuabilité de la loi 101 comme «texte sacré». C'est pourquoi on peut dire que vingt ans après l'adoption de la Charte de la langue française, la politique linguistique a été «normalisée» comme sujet de débat — bien que les discussions soient parfois houleuses — dans le contexte de la démocratie québécoise.

L'incidence de la loi 101 sur l'enseignement
Ayant examiné les principes directeurs de la politique linguistique au moment de l'adoption de la loi 101 et par la suite, nous porterons maintenant notre attention sur les effets de cette loi au chapitre de la transformation des diverses tendances sociales et économiques à Montréal. La Charte de la langue française visait deux grands objectifs: franciser l'économie pour améliorer les perspectives économiques des Québécois francophones et réaménager l'enseignement public pour protéger la situation démographique de la communauté francophone de Montréal. Nous verrons dans le chapitre VII les répercussions de la loi 101 sur l'économie; ici, nous examinons l'effet qu'a eu la loi 101 dans le secteur tout aussi névralgique de l'éducation.

Comme les tableaux 8 et 9 l'indiquent, la loi 101 a réussi à endiguer l'accès à l'école anglaise et à réduire le pourcentage des élèves qui s'y inscrivent. Dans le cadre des lois 63 et 22, les écoles anglaises de Montréal continuaient de recevoir un pourcentage grandissant de la population scolaire de l'île de Montréal. Comme on le voit dans le tableau 8, la loi 101 a renversé la vapeur et étouffé la menace possible de «minorisation» des francophones dans l'enseignement public à Montréal. Les écoles anglaises des huit commissions scolaires de Montréal accueillaient 41,5 % des élèves de l'île de Montréal en 1977-1978, la première année de l'application de la loi 101; en 1994-1995, cette part était tombée à 25,7 %[158].

Tableau 8
Inscriptions à l'école publique dans l'île de Montréal selon la langue d'enseignement, 1970-1995 (en %)

	Langue d'enseignement	
	Français	Anglais
1970-1971	63,2	36,8
1974-1975	59,7	40,3
1976-1977	58,8	41,2
1977-1978	58,5	41,5
1982-1983	64,9	35,1
1987-1988	69,7	30,3
1989-1990	71,0	29,0
1994-1995	74,3	25,7

Sources: Conseil scolaire de l'île de Montréal, *Série de données d'inscription depuis 1970 et prévision des populations scolaires du territoire du Conseil scolaire de l'île de Montréal*, Montréal, CSIM, 20 juin 1986; Conseil scolaire de l'île de Montréal, *Les inscriptions officielles au 30 septembre 1987*, Montréal, CSIM, 7 décembre 1987; Conseil scolaire de l'île de Montréal, *Les inscriptions officielles au 30 septembre 1989*, Montréal, CSIM, 6 décembre 1989; et Comité interministériel sur la situation de la langue française, *Le français, langue commune: enjeu de la société québécoise*, Québec, Direction des communications, ministère de la Culture et des Communications, 1996, p. 293.

Tableau 9
Répartition des élèves allophones selon la langue d'enseignement, île de Montréal, 1970-1995 (en %)

	Langue d'enseignement	
	Français	Anglais
1970-1971	7,9	92,1
1973-1974	11,4	88,6
1976-1977	22,3	77,7
1983-1984	45,4	54,6
1984-1985	51,3	48,7
1985-1986	54,0	46,0
1986-1987	60,0	40,0
1987-1988	66,2	33,8
1994-1995	78,5	21,5

Sources: Commission Gendron, *Les groupes ethniques*, Québec, Éditeur officiel du Québec, 1972, p. 218, 485; Conseil de la langue française, *Vivre la diversité en français: le défi de l'école française à clientèle pluriethnique de l'île de Montréal*, Québec, CLF, 1987, p. 162; Michel Paillé, *Nouvelles tendances démolinguistiques dans l'île de Montréal, 1981-1986*, Québec, CLF, 1989, p. 70; et Comité interministériel sur la situation de la langue française, *Le français, langue commune: enjeu de la société québécoise*, Québec, Direction des communications, ministère de la Culture et des Communications, 1996, p. 296.

Le renversement de la tendance des allophones à inscrire leurs enfants à l'école anglaise était un des buts principaux de la Charte de la langue française. Presque tous les commentateurs s'entendent pour dire que cette réorientation des enfants allophones à l'école française est un des grands succès de la loi 101. Comme nous l'avons vu, il avait résulté de la loi 22 un certain progrès en ce sens, puisque le pourcentage des allophones inscrits à l'école française avait doublé. Cependant, à la veille de l'adoption de la loi 101, plus des trois quarts des élèves allophones de Montréal étaient inscrits à l'école anglaise. La loi 101 a infléchi la tendance et, au milieu des années quatre-vingt-dix, comme on peut le voir dans le tableau 9, les trois quarts des élèves allophones de Montréal fréquentaient l'école française, exactement le contraire de la situation antérieure à la loi 101. Le passage au secteur français de la population scolaire allophone a été graduel en raison des clauses de droits acquis de la loi 101 qui permettaient aux élèves déjà inscrits à l'école anglaise, ainsi qu'à leurs frères et sœurs, de rester dans le secteur anglais. Par exemple, en 1995, 70 % des enfants de langue maternelle italienne inscrits à la CECM continuaient à fréquenter le secteur anglais parce que la majorité de ces enfants détenaient des «droits acquis» d'accès à l'école anglaise enchâssés dans la loi 101[159]. Dans l'ensemble toutefois, dès le milieu des années quatre-vingt, plus de 75 % des nouvelles inscriptions d'allophones à l'école publique se faisaient à l'école française[160]. L'anglicisation des immigrants par le biais de l'école publique ne soulève donc plus d'inquiétude parmi les francophones, mais le débat n'est pas clos pour autant et a trait désormais à la francisation réelle des immigrants dans les écoles françaises de Montréal, ainsi que nous le verrons plus loin.

Le virage allophone vers l'école française a transformé les secteurs scolaires français et anglais à Montréal. Avant la loi 101, les inscriptions étaient en baisse dans les deux réseaux à cause de la décroissance de la natalité et de l'exode vers la banlieue. Par contre, comme nous l'avons vu dans les chapitres II et IV, le secteur anglais se renouvelait grâce à l'apport constant d'allophones, tandis que la diminution des inscriptions était plus rapide dans les écoles françaises de Montréal.

La loi 101 a renversé la vapeur. Entre 1976 et 1995, le nombre d'enfants inscrits à l'école anglaise dans l'île de Montréal a chuté de 56 %. Du côté de l'école française, dorénavant renforcée par la présence allophone, les inscriptions n'ont diminué que de 18,1 % pendant cette période, et pourraient avoir légèrement augmenté dans les années quatre-vingt-dix. Il faut rappeler que ces chiffres surestiment le nombre d'élèves étudiant en anglais parce que plus du tiers des élèves dans le secteur anglais sont inscrits dans des classes d'immersion en français.

Certes, ces tendances mettent en péril la viabilité de l'enseignement en anglais à Montréal. Les chiffres en disent long: le nombre d'inscriptions dans les écoles anglaises est passé de 154 000 en 1970-1971 à 61 000 en 1994-1995[161]. À la CEPGM, plus de 50 écoles anglaises ont soit fermé leurs portes, soit été converties en écoles françaises entre 1977 et 1987[162] et le nombres d'emplois pour les enseignants et le personnel de soutien anglophones a diminué d'environ 35 %. Ces résultats n'ont rien de surprenant: tous les nouveaux arrivants, sauf ceux à qui s'appliquent la «clause Canada», doivent fréquenter l'école française, l'exode des anglophones a réduit le bassin d'élèves potentiels et un nombre non négligeable de parents anglophones choisissent d'envoyer leurs enfants à l'école française même s'ils sont admissibles à l'enseignement en anglais.

La loi 101 a permis d'atteindre le but visé par les nationalistes, c'est-à-dire que l'enseignement en anglais à Montréal soit un «privilège» réservé aux seuls anglophones et non un réseau qui intègre les immigrants et contribue à l'anglicisation de Montréal. Le pourcentage d'élèves de langue maternelle autre qu'anglaise dans le secteur anglais de la CECM est passé de 74 % en 1972 à 54 % en 1995, et il est inévitable que la population scolaire anglophone deviendra de plus en plus exclusivement anglophone[163]. Ainsi, à moins d'une forte croissance du taux de natalité chez les anglophones ou d'une vague d'émigration en provenance du Canada anglais, deux choses peu probables, la loi 101 a éliminé les sources de renouvellement de population dans les écoles anglaises de Montréal.

L'effet de la loi 101 dans le secteur scolaire français de Montréal a été tout aussi considérable. Premièrement, la loi 101 a ralenti le rythme de dépeuplement des écoles françaises de Montréal et rassuré quelque peu les enseignants francophones, militants et fortement syndiqués, quant à leur avenir. Les emplois dans le milieu scolaire étaient un des enjeux de la lutte que se livraient les deux secteurs pour gagner les nouveaux venus et, avec la loi 101, le PQ a défendu les intérêts économiques d'un groupe d'électeurs parmi les plus fidèles, les enseignants francophones[164].

Deuxièmement, la loi 101 a décuplé la croissance du secteur franco-protestant et créé une nouvelle source de conflits scolaires dans l'île de Montréal. Malgré l'expansion rapide de ce secteur, la CEPGM était restée jusqu'aux années quatre-vingt-dix une commission scolaire à direction anglophone. Avant 1988, aucun francophone ne siégeait parmi les commissaires de la CEPGM et certaines écoles françaises étaient dirigées par des directeurs issus du secteur anglais qui y avaient été mutés[165]. Les parents francophones se plaignaient de la qualité inférieure des services comparativement à ceux du secteur anglais: pénurie de manuels et de personnel de soutien pédagogique, surpeuplement (alors que certaines écoles anglaises étaient presque vides[166]). La CEPGM niait pratiquer la discrimination, jetant le blâme sur le déséquilibre que créait la poussée de croissance du secteur français causée par la loi 101, et refusa aux francophones protestants l'autonomie administrative que les anglophones catholiques avaient obtenue en 1940[167]. Bref, il semble que, tant que les structures scolaires resteront confessionnelles, la coexistence d'un secteur anglais en déclin (mais qui exerce encore son emprise) et d'un secteur français en pleine explosion démographique restera malaisée à l'intérieur de la CEPGM[168].

Enfin, conséquence la plus grande, la loi 101 a confié à l'école française un rôle que les écoles urbaines aux États-Unis et au Canada anglais jouent depuis le milieu du XIXe siècle, c'est-à-dire celui de l'intégration des immigrants à la langue et à la culture de la majorité. Comme nous l'avons vu, jusqu'au milieu des années soixante-dix, les minorités ethniques de Montréal fréquentaient l'école anglaise, et les écoles françaises accueillaient presque exclusivement des Québécois francophones. Cependant, en 1995, à la suite de la loi 101, le pourcentage des élèves non francophones atteignait 33 %

et plus de 43 % des élèves étaient allogènes[169]. En plus des enfants des communautés culturelles d'implantation ancienne (Italiens, Grecs, Portugais), les écoles françaises accueillent les enfants issus des nouvelles communautés: Haïtiens, Vietnamiens, Salvadoriens, Jamaïcains. Comme dit un analyste, le secteur français de la CECM, qui abrite trois races et 80 nationalités, est une véritable «société des nations[170]». En 1995, selon une étude du Conseil scolaire de l'île de Montréal (CSIM), 160 langues différentes étaient parlées parmi les élèves inscrits dans les écoles publiques de l'île[171].

La rapidité avec laquelle ces institutions traditionnellement homogènes sont devenues pluriethniques a été remarquable. Le rapport du CSIM montre que dans plus d'une école publique française sur cinq dans l'île de Montréal, plus de 50 % des élèves sont allophones[172]. Étant donné que la taille des écoles varie, ces chiffres sous-estiment la concentration des allophones dans certaines écoles françaises. Une étude réalisée par le Conseil supérieur de l'éducation en 1993 indique que 42,7 % des élèves allophones fréquentaient une école où ils constituaient la majorité; 28,1 % fréquentaient une école où ils représentaient plus des deux tiers de l'effectif[173]. La situation a inspiré cette boutade au directeur de l'école secondaire Saint-Luc, dont la population étudiante est à plus de 80 % allophone: «Dans certaines classes régulières de français de secondaire IV, la seule personne d'origine francophone, c'est le professeur[174].»

De l'avis de tous, l'adaptation à la diversité ethnique à l'école est un des défis les plus importants que la communauté francophone doit relever. Les éducateurs ont à faire face à plusieurs problèmes pédagogiques auxquels ils n'étaient pas préparés:

1. Enseigner le français à des élèves qui maîtrisent peu cette langue[175];
2. Intégrer un contenu interculturel dans un programme et auprès d'un personnel franco-catholique homogène. Les représentants des différentes communautés culturelles se plaignent que les cultures non francophones sont tout au plus «folklorisées[176]». De

plus, le personnel de ces écoles reste en grande majorité de «vieille souche». Par exemple, jusqu'en 1986, seulement 3,2 % des directeurs et des cadres supérieurs de la CECM étaient issus de minorités culturelles (6 sur 186) et seulement 10,7 % des enseignants n'étaient pas franco-québécois[177]. À l'opposé, les allophones constituent environ le quart du personnel de la CEPGM, ce qui incite plusieurs immigrants à inscrire leurs enfants au secteur franco-protestant, plus sensible à la réalité de l'immigration. Mais dans un contexte de compressions budgétaires, il sera difficile de modifier les proportions à la CECM en engageant des nouveaux enseignants issus des communautés culturelles.

3. Composer avec les problèmes découlant de l'enseignement aux enfants venant de milieux défavorisés (dont la pauvreté est aussi associée à une faible connaissance du français). Un nombre effarant (94,5 %) de jeunes Haïtiens à l'école secondaire accusent un retard d'au moins une année et les leaders communautaires craignent que les directions d'école n'escamotent les problèmes particuliers des Haïtiens en les aiguillant dans des programmes allégés[178]. Dans l'ensemble, selon un rapport publié en 1996 par le Conseil supérieur de l'éducation, 58 % des écoles de l'île de Montréal peuvent être classées comme «défavorisées», c'est-à-dire des écoles qui «correspondent aux plus bas revenus et aux conditions de vie moins favorables pour leurs élèves[179]». Ainsi, les écoles françaises de Montréal font face au double défi de voir à l'intégration d'un nombre sans précédent d'enfants immigrés à la société francophone dans des conditions d'appauvrissement et de dégradation grandissante du tissu social.

Il faut dire que les écoles françaises de Montréal ont fait beaucoup de progrès pour ce qui concerne ces aspects. La diversité ethnique des enseignants et du personnel de soutien est beaucoup plus grande que pendant les années soixante. De plus, des classes spéciales de francisation ont été ouvertes pour les immigrants ayant besoin d'une aide particulière en français et les classes d'accueil pour faciliter la transition vers le secteur ordinaire sont maintenues[180]. En 1977, la CECM a lancé le Programme d'enseignement des langues d'origine (PELO) qui permet aux élèves allophones d'apprendre leur langue maternelle; en 1992, le programme comptait 6500 élèves[181]. Plusieurs programmes d'éducation interculturelle ont été instaurés pendant la dernière décennie et il y a eu «diffusion d'outils de sensibilisation[182]». Ces programmes ne sont qu'un début et les éducateurs francophones continuent de chercher des solutions aux difficultés pédagogiques immenses qui les attendent. Le Conseil supérieur de l'éducation est franc: bien que les commissions scolaires locales ainsi que le ministère de l'Éducation aient vu «la mise en œuvre de mesures de plus en plus nombreuses et diversifiées», il persiste dans le secteur français «un manque de perspective d'ensemble» sur tout le processus d'intégration des immigrants[183].

Les écoles françaises pluriethniques font aussi face à plusieurs problèmes d'ordre sociolinguistique. La principale question lorsqu'on examine l'incidence de la loi 101 sur l'enseignement est de savoir si les écoles françaises de Montréal réussissent à intégrer leurs nouveaux élèves allophones et immigrés à la langue et à la culture de la majorité. Dans quelle mesure «les enfants de la loi 101» adoptent-ils le français comme langue d'usage? De toute évidence, le degré de maîtrise du français chez les enfants allophones, combiné à leur tendance à utiliser le français dans leurs activités quotidiennes, jouera un rôle déterminant dans le renforcement du français comme langue commune à Montréal.

Conséquemment à la loi 101, un nouveau sujet d'inquiétude est apparu dans la communauté francophone qui se demande si l'arrivée massive et la concentration des allophones dans certaines écoles françaises nuisent à l'intégration culturelle et linguistique des immigrants et si une telle concentration ne constitue pas une menace pour les enfants québécois eux-mêmes. Comme l'a fait observer Jean-Marc Léger, «la concentration de 30 %, 40 %, 50 % d'enfants allogènes, voire davantage, dans certaines écoles publiques fait que l'institution scolaire ne peut remplir son rôle de facteur normal d'intégration et risque de devenir à l'inverse un facteur de déracinement pour les jeunes Franco-Québécois[184]».

À l'automne 1989, la CECM a fait circuler un questionnaire qui demandait aux parents s'ils voulaient que les enfants francophones et immigrés fréquentent des écoles françaises séparées. La commission scolaire a dû retirer son questionnaire devant le tollé qu'il a provoqué, mais il reflétait néanmoins les inquiétudes grandissantes dans une partie de la population francophone. Au début de 1990, des observateurs, dont Paul Gérin-Lajoie, figure de proue de la réforme de l'éducation pendant la Révolution tranquille, proposaient de répartir (en assurant le ramassage scolaire) les enfants immigrés entre les écoles de façon que la proportion d'allophones dans chacune ne dépasse pas 30 %[185]. Mais s'y sont opposés des groupes comme l'Alliance des professeurs de Montréal, qui pourtant voient la sur-représentation des immigrants dans certaines écoles comme un obstacle à l'intégration et une forme de ghetto qui nuirait à la société québécoise.

L'épisode le plus troublant du malaise francophone au sujet de l'évolution de la composition ethnoculturelle des écoles françaises de Montréal s'est produit au début de 1990. Une controverse au sein de la CECM éclata à propos de la langue (l'anglais, prétendait-on) qu'utilisaient les enfants immigrés à l'école française comme langue véhiculaire dans des activités à l'extérieur de la classe. En avril, le conseil de la CECM, dominé par les catholiques conservateurs nationalistes du Regroupement scolaire confessionnel (RSC) et dirigé par Michel Pallascio, proposa que la politique de la commission scolaire interdise d'autres langues que le français dans les salles de classe, les édifices, les cours d'école et les activités parascolaires des écoles françaises. Les élèves qui enfreindraient le règlement seraient envoyés dans d'autres écoles, suspendus, voire renvoyés. La politique recevait l'appui de l'Association des directeurs d'école de Montréal (ADEM), ainsi que de plusieurs groupes nationalistes.

Toutefois, le projet coercitif de Pallascio a été immédiatement et vigoureusement attaqué par une vaste coalition d'organismes de toutes les communautés linguistiques. «On ne peut pas imposer une culture par la peur, dit un porte-parole du syndicat des professeurs. C'est le meilleur moyen de dégoûter les élèves de cette culture.» Finalement, devant l'ampleur de l'opposition, la CECM retira son projet de règlement et, en novembre 1990, Pallascio fut battu à plate couture aux élections scolaires (bien qu'il ait ensuite été réélu et demeure président de la CECM). L'affaire Pallascio — ainsi que quelques cas ponctuels de tensions interethniques dans les écoles françaises au cours des années quatre-vingt-dix — constitue un événement isolé dans un processus de transformation ethnique des écoles francophones qui a été généralement harmonieux, une situation remarquable compte tenu du peu d'expérience des francophones montréalais en matière d'intégration des immigrants et vu les conflits violents qui sont survenus dans d'autres sociétés, comme la France et l'Allemagne, elles aussi sans longue tradition à ce chapitre.

Que disent les chiffres sur l'intégration linguistique des enfants allophones à l'école française? D'une façon générale, les études montrent une croissance lente, mais sûre, non seulement de la connaissance du français mais de l'adoption de cette langue comme langue d'usage. La recherche de Jean-François Dubois conclut que «les allophones se tournent maintenant de plus en plus vers le français» dans les écoles françaises de l'île de Montréal, mais que «la force d'attraction de l'anglais est encore très forte[186]». Une mesure courante du pouvoir d'attraction d'une langue est le taux de mobilité linguistique qui rend compte du pourcentage des personnes d'une langue maternelle donnée qui déclarent une autre langue d'usage à la maison. Le taux de mobilité linguistique parmi les allophones fréquentant les écoles françaises de Montréal est passé de 8,9 % à 13,6 % entre 1983-1984 et 1989-1990[187]. Résultat de ces tendances, le taux de mobilité linguistique en faveur du français pour l'ensemble des élèves allophones de l'île de Montréal a connu une croissance soutenue depuis le début des années quatre-vingt. En 1983-1984, parmi tous les élèves allophones de l'île, 24,9 % étaient passés à l'anglais tandis que seulement 4,6 % étaient passés au français (70,5 % continuaient de parler leur langue maternelle à la maison). En 1994-1995, les transferts en faveur du français atteignaient 12 % comparativement à 13,6 % du côté de l'anglais[188].

Bien que les progrès de l'intégration des immigrants à l'école française soient indéniables, le processus est contrasté et fragile. Par exemple, les données de Dubois montrent «un lien étroit entre la concentration d'élèves de langue maternelle française et la propension des autres élèves à utiliser le français comme langue d'usage[189]». Cette recherche fournit une certaine preuve que la forte concentration de jeunes non francophones dans certaines écoles entrave l'adoption du français comme langue parlée à la maison par les allophones. De plus, comme le Conseil scolaire de l'île de Montréal l'a observé en 1995, le taux de transfert linguistique de la langue maternelle vers l'anglais comme langue parlée à la maison parmi les élèves allophones inscrits à l'école anglaise est beaucoup plus élevé que le taux de transfert vers le français parmi les allophones inscrits à l'école française. Ainsi, en 1994-1995, seulement 16,6 % de ces derniers déclaraient avoir adopté le français, tandis que 57,1 % des allophones inscrits à l'école anglaise disaient parler anglais à la maison[190]. Tout de même, les titres alarmistes qui ont suivi la publication de cette étude comme «les jeunes allophones boudent le français[191]» étaient exagérés et sensationnels. Comme le rapport du CSIM lui-même le fait remarquer, l'écart entre les transferts linguistiques des allophones inscrits à l'école française et à l'école anglaise est causé par la nouveauté relative de l'immigration dans le secteur français, étant donné que les immigrants plus récents sont plus susceptibles de conserver leur langue maternelle comme langue d'usage à la maison[192]. De plus, les parents des élèves allophones inscrits à l'école anglaise appartiennent à une génération d'immigrants plus ancienne qui étaient plus susceptibles d'avoir adopté l'anglais que les parents des écoliers allophones fréquentant l'école française[193]. Quoi qu'il en soit, les données sur les transferts linguistiques parmi les écoliers indiquent que l'intégration linguistique à la société francophone, qui évolue de façon perceptible, est une réalité en devenir, un *work in progress*.

D'autres indicateurs signalent l'intégration linguistique de membres de la nouvelle génération de jeunes allophones à l'école française. Par exemple, 63,9 % des allophones qui ont fréquenté l'école secondaire française se sont inscrits dans un cégep francophone en 1994[194], et cela bien que la loi 101 permette le «libre choix» au niveau postsecondaire. De plus, dans une enquête intéressante menée parmi les élèves allophones inscrits à l'école française secondaire, Luc Giroux et ses collègues à l'Université de Montréal ont trouvé que, contrairement à ce qu'on avait clamé au sujet de «l'anglais dans la cour d'école» au début des années quatre-vingt-dix, les jeunes allophones vivent une situation complexe d'intégration linguistique dans laquelle le français prend de plus en plus de place. Les deux tiers des élèves de leur étude se déclaraient trilingues, mais 56 % disaient s'exprimer mieux en français qu'en anglais (seulement 21 % affirmaient maîtriser mieux l'anglais). Trois quarts des élèves utilisaient leur langue maternelle à la maison, mais 40 % parlaient français avec leurs frères et sœurs, 43 % utilisaient principalement le français dans leurs loisirs et 57 % disaient utiliser surtout le français à l'école à l'extérieur de la classe[195]. Ainsi, la vie linguistique des jeunes allophones est complexe et nuancée: «On parle sa langue maternelle avec ses parents, le français en classe et des langues différentes selon les activités et les interlocuteurs[196].»

Dans l'ensemble, le processus d'intégration des allophones semble être bien enclenché dans les écoles françaises de Montréal et des progrès remarquables ont été faits depuis l'adoption de la loi 101. Toutefois, la pénétration multiculturelle dans les écoles françaises a été extrêmement rapide, ce qui a amené le Conseil scolaire de l'île de Montréal, entre autres, à «s'interroger sérieusement sur la capacité d'accueil et sur la disponibilité des services en fonction de la spécificité montréalaise[197]...»

Dans ce contexte de transformation rapide, le Conseil supérieur de l'éducation a raison de pointer l'absence d'un authentique «dialogue interculturel» à l'intérieur d'une culture publique commune qui s'est épanouie au Québec comme obstacle au processus d'intégration dans les écoles publiques françaises de Montréal[198]. «Le premier défi qui se pose à la société québécoise, note le Conseil, concerne donc la participation à la construction d'un espace civique commun à l'intérieur duquel pourront s'effectuer des échanges et des collaborations entre les Québécois de toutes origines: l'intégration acquiert ici tout son sens[199].» La loi 101 a transformé les écoles françaises de Montréal en un creuset de cultures duquel émergera sans doute une nouvelle identité québécoise francophone multiethnique; toutefois, c'est seulement depuis le début des années quatre-vingt-dix que les décideurs s'intéressent sérieusement aux outils nécessaires pour construire cet espace civique commun. Un tel espace ne se développera pas automatiquement.

Tout compte fait, bien que l'école française soit l'assise de la politique linguistique du Québec, «on croit trop souvent que l'école peut, à elle seule, porter le poids de l'intégration linguistique des nouveaux arrivants[200]». Comme le Comité interministériel sur la situation de la langue française l'a fait remarquer au début de 1996, 75 % des immigrants arrivent au Québec à l'âge adulte. Dès lors, même à un niveau d'efficacité maximal, l'école ne peut intégrer qu'une partie des nouveaux arrivants à la société d'accueil, mais il s'agit du groupe des jeunes qui composeront la génération montante des nouveaux Québécois[201]. Comme nous le verrons au chapitre VIII, les écoles publiques ne sont qu'une institution parmi d'autres qui devront contribuer à l'édification d'une culture publique commune dans un Montréal français.

Conclusion

Malgré le débat sur l'avenir de la culture francophone qui s'annonce, la loi 101 obtient l'appui de la grande majorité des Montréalais francophones. Comme Camille Laurin l'avait espéré, la loi est reconnue comme l'assise de la sécurité linguistique des francophones et un symbole puissant de la «reconquête». La levée de boucliers qui accueillit Bourassa en 1988 lorsqu'il tenta de modifier la loi 101 au chapitre de la langue d'affichage témoigne de l'attachement des francophones pour cette loi.

La Charte de la langue française a consacré l'ascension du pouvoir francophone à Montréal et a bouleversé les règles du jeu en matière linguistique. Les immigrants étaient tenus d'envoyer leurs enfants à l'école française et les institutions anglophones voyaient leur autonomie réduite. Dans le nouveau climat linguistique, le français servait désormais de «langue d'usage» à Montréal, «celle que les gens utilisent lorsqu'ils achètent un journal, montent à bord d'un taxi ou commandent un repas. [...] Les francophones perdirent peu à peu l'habitude de recourir automatiquement à l'anglais lorsqu'un anglophone leur adressait la parole[202]». Tandis que des enjeux comme la langue de l'affichage commercial illustrent la persistance des inquiétudes des francophones quant au caractère français de Montréal, on ne peut nier le sentiment accru de sécurité linguistique que la loi 101 a inspiré chez les francophones. Ironiquement, comme René Lévesque et d'autres l'avaient évoqué, cette nouvelle sécurité engendrée par la loi 101 a pu réduire l'insatisfaction des francophones à l'égard de la fédération canadienne pendant les années quatre-vingt et saper les efforts du PQ pour obtenir l'appui de la majorité en faveur de l'indépendance du Québec[203].

Le problème qui avait mené aux conflits linguistiques à Montréal au milieu des années soixante, c'est-à-dire la crainte de l'anglicisation de l'île par le biais de l'école publique, a été résolu par la loi 101. Les dispositions de la loi qui dirigent les immigrants vers l'école française sont inviolables et nul gouvernement n'oserait y toucher. Aucun groupe anglophone ou allophone sérieux ne remet en question, du moins publiquement, la politique de francisation des immigrants, un revirement extraordinaire compte tenu du caractère explosif de la question dans les années soixante-dix. En matière d'éducation, les revendications d'Alliance Québec ont trait à l'élargissement de l'accès à l'école anglaise pour les immigrants anglophones — ironiquement, une demande qui reprend dans une certaine mesure les prescriptions de la loi 22 que certains anglophones associaient au nazisme en 1974. Pour leur part, les groupes allophones veulent obtenir un meilleur enseignement de l'anglais langue seconde à l'école française et la reconnaissance de la diversité ethnique dans les programmes scolaires. Les dispositions de la loi 101 concernant la langue d'enseignement continuent à déplaire aux non-francophones — tous les sondages montrent que près de 70 % sont contre —, mais tous sont conscients que rouvrir ce dossier mettrait en péril la paix sociale à Montréal et qu'il s'agit là d'une voie politiquement impraticable[204].

Plus qu'une expérience d'aménagement linguistique, la loi 101 est le symbole politique le plus important du nouveau régime linguistique de Montréal. Si les anglophones espéraient que le néonationalisme francophone serait éphémère et que les «erreurs» de la loi 22 seraient corrigées, l'élection et la réélection du PQ ainsi que l'adoption de la loi 101 ont dû dissiper leurs illusions. Plusieurs anglophones ont quitté Montréal, ce qui fit dire au rédacteur en chef d'un journal local en 1987: «Nous avons été très affaiblis, notre population est en déclin, nous avons perdu beaucoup de nos écoles, et surtout nous avons perdu notre langue qui n'est même plus reconnue au Québec[205].» Malgré ces changements éprouvants, les anglophones demeurent une minorité linguistique plutôt privilégiée, possédant des écoles et des institutions autonomes et, comme nous le verrons au chapitre VII, dont la situation dans l'économie de Montréal reste enviable. De plus, près de 60 % des Anglo-Montréalais qui ont répondu à un sondage en 1987 ont dit que, malgré la loi 101, «on peut encore vivre exclusivement en anglais à Montréal[206]». Mais l'avenir démographique de la communauté reste incertain à cause du faible apport de l'extérieur et de l'attrait économique du Canada anglais. Les nouveaux dirigeants anglophones, très différents de la «minorité majoritaire» d'origine britannique du passé, doivent relever le défi et élaborer une stratégie de continuité collective.

Pour les Montréalais francophones, la loi 101 a eu d'importantes conséquences sur le plan culturel, lesquelles continuent de se manifester. En dirigeant les allophones vers l'école française, la loi 101 a semblé assurer un Montréal français. Mais, au fur et à mesure que les immigrants s'intègrent dans une société francophone dont l'identité s'était appuyée traditionnellement sur l'homogénéité et l'isolement, cette société se transforme en une société multiethnique. Une nouvelle culture franco-québécoise émergera de ce processus d'intégration et des compromis importants devront être faits entre les francophones de vieille souche et les nouvelles minorités ethniques francisées. Comme nous le verrons au chapitre VIII, des conflits ethniques et raciaux prévisibles ont déjà accompagné cette grande transformation et la montée d'une francophonie multiculturelle pourrait avoir des conséquences profondes pour le nationalisme québécois et les divisions régionales à l'intérieur du Québec. La langue sera toujours un enjeu à Montréal, puisque les francophones sentent le besoin de la protéger, ainsi que leur culture, dans un continent anglais. Or maintenant, à la suite de l'application de la loi 101, le Montréal francophone doit faire face à une «question culturelle interne» qui pourrait s'avérer aussi complexe et porteuse de conflits que la question linguistique.

Notes du chapitre V

1. Les données sur les résultats de l'élection proviennent du *Rapport préliminaire des présidents d'élection — Élections générales 1976* (compilation du 30 novembre). Pour une analyse de l'élection historique de 1976, voir André Bernard, *Québec: élections 1976*, Montréal, Hurtubise HMH, 1976. En plus des controverses ayant entouré la Loi sur la langue officielle (loi 22), le sentiment nationaliste était avivé à l'automne 1976 par un conflit entre pilotes francophones et anglophones au sujet du bilinguisme dans l'espace aérien québécois.
2. Roger Lemelin, cité dans Henry Milner, *Politics in the New Quebec*, Toronto, McClelland and Stewart, 1978, p. 17.
3. Cité dans Mordecai Richler, *Home Sweet Home: My Canadian Album*, New York, Penguin Books, 1985, p. 232.
4. *Ibid.*
5. William F. Shaw et Lionel Albert, *Partition — The Price of Quebec's Independence*, préface de Eugène Forsey, Montréal, Thornhill Publishing, 1980, p. 27-28.
6. Les activistes de la section Montréal-Centre du Parti Québécois et les groupes nationalistes proches de ceux-ci, comme la SSJBM et le Mouvement Québec français, ne prévoyaient aucun statut officiel pour l'anglais dans un Québec souverain.
7. Le référendum organisé par le gouvernement péquiste sur un mandat pour amorcer les négociations sur la «souveraineté-association» (l'option indépendantiste du parti combinée à une association économique avec le reste du Canada) fut rejeté à 59 %. Une légère majorité des francophones ont voté non.
8. Gouvernement du Québec, *La politique québécoise de la langue française*, mars 1977, p. 36. C'est moi qui souligne.
9. Voir Vera Murray, *Le Parti Québécois: de la fondation à la prise du pouvoir*, Montréal, Hurtubise HMH, 1976, p. 109-116.
10. René Lévesque, *Attendez que je me rappelle...*, Montréal, Québec/Amérique, 1986, p. 388.
11. *Ibid.*
12. Il est ironique que Camille Laurin soit passé à l'histoire comme un irréductible sur la question linguistique alors qu'au début des années soixante-dix René Lévesque et lui avaient exprimé avec force leur opposition aux résolutions «unilinguistes» adoptées par le congrès général du PQ. Voir Vera Murray, ouvr. cité, p. 116.
13. Par exemple, voir les remarques faites par Camille Laurin dans sa conférence de presse qui présentait le projet de loi 1 (*La Presse*, 28 avril 1977).
14. Graham Fraser, *Le Parti Québécois*, Montréal, Libre Expression, 1984, p. 118.
15. *Ibid.*, p. 117.

16. Une excellente analyse des théories sociolinguistiques qui ont inspiré la politique sur la langue, en particulier les théories controversées de Benjamin Whorf, est contenue dans William Coleman, *The Independence Movement in Quebec, 1945-1980*, Toronto, University of Toronto Press, 1984, p. 184-186.
17. Gouvernement du Québec, ouvr. cité, p. 21.
18. *Ibid.*, p. 37.
19. *Ibid.*, p. 36.
20. *Ibid.*, p. 4, 6. Plusieurs critiques ont fait valoir que les données démographiques sur lesquelles le livre blanc s'appuyait étaient périmées, car ses auteurs s'étaient référés à l'étude de Hubert Charbonneau et Robert Maheu réalisée pour la commission Gendron en 1972 (la commission avait prédit une majorité résolument francophone à Montréal et au Québec jusqu'aux années quatre-vingt-dix selon le flux migratoire et le taux de natalité d'alors).
21. Sur l'opposition de Lévesque, voir Graham Fraser, ouvr. cité, p. 122.
22. Gouvernement du Québec, ouvr. cité, p. 38-40. Le livre blanc et la loi qui a suivi comptaient sur des règlements ultérieurs pour définir la «connaissance appropriée» du français.
23. *Ibid.*, p. 50.
24. Programme du Parti Québécois, 1973, p. 23.
25. Gouvernement du Québec, ouvr. cité, p. 52.
26. *Ibid.*, p. 52.
27. *Ibid.*, p. 52.
28. *Ibid.*, p. 51.
29. Kenneth McRoberts, *Quebec: Social Change and Political Crisis*, 3e éd., Toronto, McClelland and Stewart, 1988, p. 276.
30. «Le cabinet ne fait pas l'unanimité», *La Presse*, 31 mai 1977; Don Murray et Vera Murray, *De Bourassa à Lévesque*, Montréal, Éditions Quinze, 1978, p. 236; Graham Fraser, ouvr. cité, p. 125-130.
31. L'offre de Lévesque a d'abord été rejetée en août 1977, à la conférence des premiers ministre à St. Andrews, au Nouveau-Brunswick, et une deuxième fois en février 1978, au cours d'une rencontre des premiers ministres à Montréal. Voir «Pas de "clause Canada" dans la loi 101», *Le Devoir*, 20 août 1977, et «Premiers Slam Door on Language Trade-Off», *The Montreal Star*, 24 février 1978.
32. En 1984, cette instance employait plus de 600 personnes (dont la moitié à Montréal) et gérait un budget annuel de plus de 20 millions. Voir *Le Québec statistique, édition 1985-1986*, Québec, Éditeur officiel du Québec, 1985, p. 261; Office de la langue française, *Rapport d'activité 1983-1984*, Québec, Éditeur officiel du Québec, 1984; Conseil de la langue française, *Rapport d'activité 1985-1986*, Québec, Éditeur officiel du Québec, 1986; Commission de protection de la langue française, *Rapport d'activité 1985-1986*, Québec, Éditeur officiel du Québec, 1986.
33. Pour une analyse intéressante du traitement des projets de loi 1 et 101 dans la presse anglophone, voir Nadia Bredimas-Assimopoulos et Michel Laferrière, *Législation et perceptions ethniques: une étude du*

contenu de la presse anglaise de Montréal au vote de la Loi 101, Québec, Office de la langue française, 1980.
34. Commission des écoles protestantes du Grand Montréal, *Mémoire présenté à la commission parlementaire étudiant le projet de loi 1*, juin 1977, p. 1.
35. Voir Nadia Bredimas-Assimopoulos et Michel Laferrière, ouvr. cité, p. 58.
36. Société Saint-Jean Baptiste de Montréal, *Mémoire à la commission parlementaire étudiant le projet de loi 1*, juin 1977, p. 23; Mouvement Québec français, *Mémoire à la commission parlementaire étudiant le projet de loi 1*, juin 1977, p. 15.
37. Voir, par exemple, «La communauté italienne a tout juste pu présenter son mémoire», *La Presse*, 18 juin 1977.
38. La réaction du milieu des affaires au projet de loi 1 sera décrite dans le chapitre VI.
39. «PQ Attacks Anglophone Resistance», *The Montreal Star*, 20 juillet 1977.
40. Cité dans Don Murray et Vera Murray, ouvr. cité, p. 241.
41. Les éditoriaux de Ryan sur le projet de loi 1 sont rassemblés dans *Une société stable*, Montréal, Éditions Héritage, 1978, p. 193-208.
42. *Ibid.*, p. 193.
43. René Lévesque, ouvr. cité, p. 389.
44. La Charte de la langue française, sanctionnée le 26 août 1977, préambule. La Charte sera, dans les prochaines notes, désignée comme loi 101.
45. Loi 101, art. 113f.
46. Loi 101, art. 73, qui contient la «clause Québec».
47. Cité dans Don Murray et Vera Murray, ouvr. cité, p. 244.
48. *La Presse*, 27 août 1977.
49. François-Albert Angers, «La montée vers un Québec maître de sa destinée», *L'Action nationale*, vol. 68, 1978, p. 28.
50. Pour les parallèles entre les lois 22 et 101, voir William Coleman, «From Bill 22 to Bill 101: The Politics of Language Under the Parti Québécois», *Revue canadienne de science politique*, vol. 14, n° 3, septembre 1981, p. 459-485.
51. *Ibid.*, p. 481.
52. *Ibid.*, p. 463.
53. Les enquêtes réalisées depuis 1977 indiquent un appui constant à la loi 101 parmi les francophones. Un sondage *Le Devoir*/Créatec réalisé en 1988 révèle que «93 % des francophones pensent que des mesures législatives seront toujours nécessaires pour protéger le français au Québec» (Gilles Lesage, «La loi 101: une police d'assurance pour les francophones», *Le Devoir*, 20 juin 1988).
54. Voir, par exemple, Daniel Monnier, *La question linguistique: l'état de l'opinion publique*, Montréal, Conseil de la langue française, 1984, p. 11-21.
55. Uli Locher, *Les anglophones de Montréal: émigration et évolution des attitudes, 1978-1983*, Québec, Éditeur officiel du Québec, 1988, p. 21.
56. Définis comme étant de langue maternelle anglaise.

57. Pour les données sur les migrations interprovinciales entre 1976 et 1986, voir Réjean Lachapelle et Jacques Henripin, *La situation démolinguistique au Canada: évolution passée et prospective*, Montréal, Institut de recherches politiques, 1980, p. 235. Le concept de transfert linguistique fait référence aux membres d'un groupe linguistique qui adoptent la langue d'un autre groupe comme langue d'usage. Le chapitre VIII fait le point sur les transferts linguistiques à Montréal dans les années soixante-dix.
58. Statistique Canada, *Recensement du Canada, 1981*, catalogue 94-109; Statistique Canada, *Recensement du Canada: rétention et transfert linguistiques, 1991*, catalogue 94-319.
59. Par exemple, entre 1976 et 1991, la population anglophone est passée de 82,5 % à 64,2 % à Beaconsfield, de 76,1 % à 63,2 % à Pointe-Claire, de 71 % à 51,6 % à Kirkland et de 55,2 % à 36,1 % à Mont-Royal (Statistique Canada, *Recensement du Canada, 1976*, catalogue 92-822, et Statistique Canada, *Recensement du Canada, 1991*, catalogue 95-329.
60. Uli Locher, ouvr. cité, p. 44.
61. *Ibid.*, p. 42-43.
62. «The High Cost of Uncertainty», *The Gazette*, 9 juin 1996, p. B2.
63. *Ibid.* Voir aussi Marcel Côté, *Un cadre d'analyse pour le Comité interministériel permanent de développement du Grand Montréal*, Montréal, SECOR, 1990, et Pierre Arbour, *Québec Inc. et la tentation du dirigisme*, Montréal, l'Étincelle, 1993.
64. Richard Gwyn, *Nationalism Without Walls: The Unbearable Lightness of Being Canadian*, Toronto, McClelland and Stewart, 1995, p. 116.
65. Cité dans Terrance Wills, «Falling Birthrate And Exodus to Blame», *The Gazette*, 18 mai 1996.
66. Statistique Canada, *Recensement de 1991: mobilité et migration*, catalogue 93-322.
67. Comité interministériel sur la situation de la langue française, *Le français, langue commune: enjeu de la société québécoise*, Québec, Direction des communications, ministère de la Culture et des Communications, 1996, p. 161.
68. *Ibid.*, p. 136.
69. «PSBGM to Offer Freedom of Choice», *The Montreal Star*, 30 août 1977, et «Pupils Enroll Illegally as Teachers Defy Quebec», *The Montreal Star*, 7 septembre 1977.
70. «Police Won't Evict Children», *The Montreal Star*, 3 septembre 1977.
71. Michel Roy, «De la protestation à la désobéissance», *Le Devoir*, 20 mars 1978, p. 4. C'est moi qui souligne.
72. «PSBGM Loses Court Fight over $9 Million», *The Gazette*, 21 juillet 1978.
73. «Illegal Pupils to Stay With Us», *The Gazette*, 22 juillet 1978.
74. «PSBGM Ends Language Defiance», *The Gazette*, 2 août 1978. La présidente de la commission scolaire, Joan Dougherty, défend ses actions dans «Le BEPGM n'a jamais pratiqué la guérilla», *Le Devoir*, 17 mars 1978. (Le BEPGM est le Bureau des écoles protestantes du Grand Montréal.)

75. Voir Donat J. Taddeo et Raymond C. Taras, *Le débat linguistique au Québec*, Montréal, Presses de l'Université de Montréal, 1987, p. 197; «Les écoles anglo-catholiques sont prêtes à défier encore la loi 101», *Le Devoir*, 17 mars 1978, p. 3.
76. Donat J. Taddeo et Raymond C. Taras, ouvr. cité, p, 202-204.
77. *Ibid.*, p. 198. Moins d'une cinquantaine d'élèves étaient inscrits dans ces classes en 1978.
78. Michael Stein, «Changement dans la perception de soi des Anglo-Québécois», dans Gary Caldwell et Eric Waddell (dir.), *Les anglophones du Québec: de majoritaires à minoritaires*, Québec, Institut québécois de recherche sur la culture, 1982, p. 121. Le candidat Freedom of Choice, David DeJong, un nouveau venu en politique, se présenta contre le libéral Reed Scowen dans une élection complémentaire en 1978 dans la circonscription très anglophone de Notre-Dame-de-Grâce. DeJong recueillit environ le tiers des votes anglophones en faisant campagne sur un seul thème: la loi 101 est la plus grande ignominie jamais légiférée dans ce pays (*The Gazette*, 4 juillet 1978).
79. Reed Scowen, «Il y a deux nations au Québec», *Le Devoir*, 14 septembre 1981, p. 13.
80. Fred Reed, «Les anglophones: du statut de majorité canadienne à celui de minorité québécoise», *Le Devoir*, 31 janvier 1985 (supplément), p. 50. Voir le programme d'Alliance Québec, *A Policy for English-Speaking Quebec*, avril 1983 et juin 1987.
81. Reed Scowen, *A Different Vision: The English in Quebec in the 1990s*, Don Mills, Maxwell Macmillan Canada, 1991, p. 105.
82. *Le Devoir*, 2 mai 1978.
83. Conseil scolaire de l'île de Montréal, *Statistiques et commentaires sur les origines des élèves, 1993-1994 et 1994-1995*, CSIM, juin 1995.
84. *Le Devoir*, 24 septembre 1978. Ces deux commissions scolaires ne représentaient que 9 % des inscriptions totales au Québec. Lakeshore est la deuxième commission scolaire protestante en importance dans la région de Montréal.
85. Dominique Clift et Sheila McLeod Arnopoulos, *Le fait anglais au Québec*, Montréal, Libre Expression, p. 123.
86. Édith Bédard et Claude Saint-Germain, *La cohabitation linguistique en milieu scolaire au Québec*, Québec, Conseil de la langue française, 1980, p. 10; CSIM, *Série de données d'inscription...*, ouvr. cité, p. 3.
87. Jean-Pierre Proulx, «La communauté anglophone en déclin», *Le Devoir*, 25 mars 1981; Lise Bissonnette, «Le bilinguisme béni par Québec», *Le Devoir*, 24 janvier 1980, p. 4, et Lise Bissonnette, «De Penetangue à Ville Mont-Royal», *Le Devoir*, 13 octobre 1979.
88. Lise Bissonnette, «Le bilinguisme béni par Québec», art. cité.
89. Édith Bédard et Claude Saint-Germain, ouvr. cité, p. 7.
90. «Enfants de 4 ans et anglophones ne seront plus admis en classe d'accueil», *Le Devoir*, 21 février 1981.
91. Alliance Québec, *A Policy for the English-Speaking Community*, avril 1983, p. 26-27.

92. W. E. Lambert et G. R. Tucker, *Bilingual Education of Children: The St. Lambert Experiment*, Rowley (Mass), Newberry House, 1972.
93. Il existe un débat entre chercheurs sur le degré d'aisance en français atteint dans ces classes d'immersion. Certaines études laissent entendre que ces classes composées de non-francophones dans une école de langue anglaise demeurent un environnement artificiel où est absent le contexte socioculturel nécessaire pour atteindre un «bilinguisme instinctif» et que les diplômés des programmes d'immersion ont de la difficulté à suivre une conversation complexe en français. Voir Kathleen Connors et autres, «Testing Linguistic and Functional Competence in Immersion Programs», dans Michel Paradis (dir.), *Aspects of Bilingualism*, Columbia (S.C.), Hornbeam Press, 1979, p. 65-75.
94. *Le Devoir*, 3 juillet 1974.
95. Danielle Bonneau, «Les classes d'immersion française plus populaires que jamais», *La Presse*, 13 avril 1987.
96. Comité interministériel sur la situation de la langue française, ouvr. cité, p. 105.
97. Danièle Bonneau, art. cité. La différence entre l'immersion française et l'école française ordinaire est qu'en classe d'immersion, l'anglais est graduellement amené comme langue d'enseignement tandis qu'il reste une matière à l'école française ordinaire.
98. Comité interministériel sur la situation de la langue française, ouvr. cité, p. 135.
99. *La Presse*, 15 avril 1987.
100. Voir Conseil de la langue française, *Avis du Conseil de la langue française au ministre responsable de l'application de la Charte de la langue française sur la situation linguistique actuelle*, 1985, p. 1-5.
101. Le rapatriement signifiait élaborer une Constitution canadienne qui remplacerait l'Acte de l'Amérique du Nord britannique, la loi fondamentale du Canada; par la suite, la Constitution pourrait être modifiée au Canada sans que la sanction du Parlement britannique soit nécessaire.
102. L'article 23 garantit un même droit aux francophones dans tout le Canada.
103. Comité interministériel sur la situation de la langue française, ouvr. cité, p. 133.
104. Conseil de la langue française, ouvr. cité, p. 5. Pour une analyse de l'effet prévu de l'article 23, voir le rapport du groupe de travail interministériel, *Effets démolinguistiques de l'article 23 du projet fédéral de Charte des droits et libertés*, CLF, 1981.
105. *The Gazette*, 1er octobre 1983.
106. Alliance Québec, «Audition de personnes et d'organismes sur la Charte de la langue française», *Journal des débats*, Assemblée nationale du Québec, 26 octobre 1983, #159, p. B-8458.
107. *The Gazette*, 22 novembre 1983.
108. *Journal des débats*, 19 octobre 1983, #154, p. B-8361.
109. *Journal des débats*, 26 octobre 1983, #156, p. B-8462-8463.

110. Alliance Québec, «Audition de personnes...», art. cité, p. B-8539-8576.
111. *La Presse*, 27 octobre 1983.
112. Voir Projet de loi 57: Loi modifiant la Charte de la langue française.
113. *Ibid.*, art. 20, 23.
114. *Ibid.*, art. 26.
115. *The Gazette*, 17 décembre 1983.
116. *La Presse*, 17 décembre 1983.
117. Michel Plourde, *La politique linguistique du Québec: 1977-1987*, Québec, Institut québécois de recherche sur la culture, 1988, p. 65.
118. Clément Trudel, «Le PLQ entend conserver l'essentiel de la loi 101», *Le Devoir*, 20 octobre 1985.
119. Clément Trudel, «Les "illégaux" ont jusqu'à septembre 1982», *Le Devoir*, 4 novembre 1981.
120. *Journal des débats*, 3 juin 1986, #37, p. 2111.
121. Michel Plourde, ouvr. cité, p. 70.
122. Paul-André Comeau, «Et un pas en arrière», *Le Devoir*, 15 novembre 1986; Jean-Pierre Proulx, «Les enjeux du projet de loi 140», *Le Devoir*, 12 décembre 1986.
123. Jean-Pierre Proulx, «Anglais par référendum», *Le Devoir*, 8 décembre 1986.
124. Voir Jean-Bernard Robichaud, «Assurer l'équité linguistique sur une base territoriale», *Le Devoir*, 10 décembre 1986; et Andrew Sancton, *Governing the Island of Montreal: Language Differences and Metropolitan Politics*, Berkeley, University of California Press, 1985, p. 184-189.
125. «La loi 142 mécontente le MQF», *Le Devoir*, 20 décembre 1986, p. 3.
126. Jean-Bernard Robichaud, art. cité, et «Les hôpitaux ne veulent pas être obligés d'offrir des services en anglais», *Le Devoir*, 3 décembre 1986.
127. Voir Paul-André Comeau, «Faut-il une loi 142?», *Le Devoir*, 11 décembre 1986, et Gilles Lesage, «Québec n'assurera pas les services en anglais partout», *Le Devoir*, 10 décembre 1986.
128. Daniel Monnier, ouvr. cité, p. 17, et Daniel Monnier, *La perception de la situation linguistique*, Québec, Conseil de la langue française, 1980, p. 28.
129. Voir Rudy Le Cours, «Bourassa: créer des districts bilingues en étendant la loi 101», *Le Devoir*, 29 novembre 1986, et Michel Plourde, ouvr. cité, p. 66-69.
130. Voir les lettres de Gaston Cholette à Lise Bacon, ministre des Affaires culturelles, publiées dans le *Rapport d'activité 1985-1986* de la Commission de protection de la langue française, p. 24, 29-30.
131. Sylvain Blanchard, «Le PQ déposera 101 demandes d'enquête», *Le Devoir*, 3 octobre 1987.
132. Pierre Cayouette, «Sous l'égide du MQF, un week-end pour galvaniser la défense de la loi 101», *Le Devoir*, 11 décembre 1986; «La loi 101 attise 5000 défenseurs», *Le Devoir*, 15 décembre 1986.
133. Rollande Parent, «La manifestation géante n'a pas surpris Bourassa», *Le Devoir*, 19 avril 1988.
134. Bernard Descôteaux, «La paix sociale passera avant tout amendement à la loi 101», *Le Devoir*, 30 septembre 1987.

135. Voir Michel C. Auger, «L'affichage unilingue est inconstitutionnel», *Le Devoir*, 16 décembre 1988; et Bernard Descôteaux, «Bourassa repousse l'application de la loi 178 après les élections», *Le Devoir*, 24 décembre 1988.
136. Benoît Lauzière, «La solution de M. Bourassa», *Le Devoir*, 19 décembre 1988.
137. Bernard Descôteaux, «Une importante majorité rejette la solution linguistique de Bourassa», *Le Devoir*, 24 décembre 1988. Un sondage SORECOM réalisé entre le 19 et le 21 décembre 1988 a révélé que 69 % des anglophones et 60 % des francophones s'opposaient à la solution de Bourassa.
138. Bernard Descôteaux, «Il n'y aura pas de bilinguisme sur les routes, dit Bourassa», *Le Devoir*, 17 février 1989; Jean-Pierre Proulx, «Le bilinguisme peut s'afficher sans délai dans certains commerces», *Le Devoir*, 27 décembre 1988.
139. «Bourassa n'est nullement inquiet», *Le Devoir*, 24 janvier 1989, p. 14.
140. Claude Ryan, «La loi 178 et la politique linguistique: bilan et perspectives du gouvernement québécois», *Le Devoir*, 17 mars 1989, p. 9.
141. Bernard Descôteaux, «"Deux pour un" pour l'affichage: une route où il devra être facile de circuler, dit Ryan», *Le Devoir*, 4 mai 1989.
142. *The Gazette*, «Mr. Bouchard's Tongue Troopers», 12 juin 1996.
143. Caroline Montpetit, «L'école anglaise crie au secours», *Le Devoir*, 1er avril 1992.
144. Tu Thanh Ha, «No Immigrants to English Schools, Quebec Insists», *The Gazette*, 21 mai 1993.
145. Henry Aubin, «Exempting Montreal from Bill 101's Schooling Provisions has Merit», *The Gazette*, 30 janvier 1996.
146. Josée Boileau, «Les nationalistes dans le brouillard», *Le Devoir*, 13 mai 1993; Josée Boileau, «Une demi-salle pour "sauver" la langue», *Le Devoir*, 12 juin 1993.
147. Robert Bourassa, *Gouverner le Québec*, Montréal, Fides, 1995, p. 174.
148. Don MacPherson, «Fizzling: Language War Becoming Only a Minor Skirmish», *The Gazette*, 16 juin 1993.
149. Josée Legault et Julius H. Grey, «La guerre, yes sir!», *Le Devoir*, 26 janvier 1993.
150. *Ibid.*
151. Le compromis Legault-Grey aurait permis aux élèves anglophones immigrés entrant en IVe ou V^e secondaire de terminer leurs études secondaires à l'école anglaise.
152. Groupe de réflexion sur les institutions et la citoyenneté, «Le pacte de la langue», *Le Devoir*, 4 avril 1993. Voir aussi François Vaillancourt, «Un pacte linguistique raisonnable», *Le Devoir*, 13 juillet 1993.
153. Michel Venne, «Pas question pour Québec de rétablir l'affichage unilingue», *Le Devoir*, 4 avril 1996; Pierre O'Neill, «Le PQ en pleine crise linguistique», *Le Devoir*, 12 avril 1996, et Pierre O'Neill, «La loi 101 sera renforcée», *Le Devoir*, 11 mai 1996.
154. Pierre O'Neill, «La loi 101 sera renforcée», art. cité.

155. Pierre O'Neill, «Un énoncé linguistique au goût du PQ», *Le Devoir*, 9 juin 1996.
156. Pierre O'Neill, «Montréal ne sera jamais bilingue», *Le Devoir*, 28 mai 1996.
157. Julius Grey, «Internal PQ Language Struggle Crucial for Quebec», *The Gazette*, 19 avril 1996.
158. Ces chiffres illustrent à quel point la communauté anglophone de Montréal avait bénéficié de l'anglicisation des immigrants. En 1977-1978, 41,5 % des élèves de l'île de Montréal étaient inscrits à l'école anglaise, mais seulement 25,6 % de la population de l'île avait déclaré l'anglais comme langue maternelle. Même en 1987-1988, bien que la proportion des élèves anglophones soit tombée à 30,3 %, elle restait supérieure à la population de langue maternelle anglaise qui était de 20,8 %.
159. Tam-Hanh Hoang-Tran, *Les caractéristiques démolinguistiques de la population scolaire de la CECM au 30 septembre 1995*, Montréal, CECM: Service du secrétariat général, 28 mars 1997, p. 19-20.
160. Michel Paillé, *Conséquences de politiques linguistiques québécoises sur les effectifs scolaires selon la langue d'enseignement*, Québec, Conseil de la langue française, 1985.
161. Comité interministériel sur la situation de la langue française, ouvr. cité, p. 131.
162. Danielle Bonneau, «Les anglophones tiennent à leurs écoles», *La Presse*, 13 avril 1987. Ce chiffre sous-estime le passage vers le français. En 1980, par exemple, 14 des 45 écoles primaires de la CEPGM étaient des écoles d'immersion française. Au total, le nombre d'écoles anglaises dans le réseau de la CEPGM est passé de 93 en 1976 à 40 en 1986.
163. Comité interministériel sur la situation de la langue française, ouvr. cité, p. 294-295.
164. Ironiquement, au cours de son second mandat, le PQ a rompu son alliance avec les enseignants francophones en adoptant une politique d'austérité qui imposait des baisses salariales aux enseignants. Une dure grève a suivi et qui s'est terminée par une loi forçant le retour au travail en 1983 (loi 111). La lune de miel entre le PQ et les employés du secteur public venait de prendre fin. Pour une excellente analyse de ce revirement, voir Kenneth McRoberts, ouvr. cité, p. 371-375.
165. Jean-Pierre Proulx, «Moins bien desservi que le secteur anglais, le secteur français craque de partout», *Le Devoir*, 10 novembre 1987.
166. *Ibid.*
167. Jean-Pierre Proulx, «À l'école Van Horne, les élèves sont entassés comme des sardines», *Le Devoir*, 11 novembre 1987.
168. Autre preuve de la confusion inhérente à la structure scolaire de Montréal, seulement 21 % des élèves dans le secteur franco-protestant sont des protestants francophones. Voir Jean-Pierre Proulx, «Moins bien desservi...», art. cité.
169. CSIM, *Statistiques et commentaires sur les origines des élèves, 1993-1994 et 1994-1995*, juin 1995, p. 33.

170. André Lachance, «Tiraillé entre deux cultures», *Le Devoir*, 9 août 1986.
171. CSIM, *Répartition des élèves selon leur pays d'origine, le pays d'origine de leurs parents et leur langue pour les huit commissions scolaires de l'île de Montréal*, Montréal, CSIM, 1995.
172. *Ibid.*, p. 215.
173. Conseil supérieur de l'éducation, *Pour un accueil et une intégration réussis des élèves des communautés culturelles*, Québec, CSE, 1993, p. 18-19.
174. Caroline Montpetit, «Pagé est confronté à la pauvreté et au flot d'immigrants dans les écoles», *Le Devoir*, 2 février 1991.
175. Conseil de la langue française, *Vivre la diversité en français, le défi de l'école française à clientèle pluriethnique de l'île de Montréal*, Québec, CLF, 1987, p. 47-52, 105-110.
176. *Ibid.*, p. 66-70.
177. Françoise Coulombe, *Données factuelles concernant le personnel d'origine ethnique étrangère*, CECM, mars 1986, p. 5.
178. *Ibid.* Voir aussi Conseil de la langue française, *Vivre la diversité en français...*, ouvr. cité, p. 127-128.
179. Conseil supérieur de l'éducation, *La réussite à l'école montréalaise: une urgence pour la société québécoise*, Québec, CSE, 1996, p. 25-26.
180. Une étude effectuée par le MEQ en 1988 montre des résultats encourageants pour les classes d'accueil. Lorsque les «diplômés» des classes d'accueil réintègrent le secteur français ordinaire, ils réussissent aussi bien que les élèves du secteur ordinaire. Voir Jean-Pierre Proulx, «Intégrés en classes françaises, les allophones cheminent souvent plus vite que les autres», *Le Devoir*, 3 mars 1988.
181. Conseil supérieur de l'éducation, *Pour un accueil et une intégration réussis des élèves des communautés culturelles*, ouvr. cité, p. 25.
182. *Ibid.*
183. *Ibid.*, p. 23, 27.
184. Jean-Marc Léger, «Primauté du français et pluralisme culturel», *Le Devoir*, 25 octobre 1988.
185. Jean-Pierre Proulx, «Paul Gérin-Lajoie propose le "busing" pour mieux répartir la clientèle allophone», *Le Devoir*, 19 mars 1990. Il est assez étonnant de voir le peu de recherche sur les conséquences sociolinguistiques de la concentration des enfants immigrés dans certaines écoles françaises. Signalons qu'une étude importante sur le phénomène est en cours, dirigée par Marie McAndrew de l'Université de Montréal.
186. Jean-François Dubois, *L'intégration linguistique dans les écoles multiethniques de Montréal*, Québec, MEQ, 1991, p. 80.
187. *Ibid.*, p. 39.
188. *Ibid.*; Comité interministériel sur la situation de la langue française, ouvr. cité, p. 139.
189. Jean-François Dubois, ouvr. cité, p. 61. D'autre part, il faut constater qu'une étude récente de la CECM, bien que limitée, suggère que «là où les élèves sont majoritairement francophones (langue maternelle française), il n'y a pas nécessairement un gain important du français

parlé». Tam-Hanh Hoang-Tran, *Les caractéristiques démolinguistiques de la population scolaire de la CECM au 30 septembre 1995*, Montréal, CECM: Service du secrétariat général, 28 mars 1997, p. 11. Cependant, cette étude n'est pas définitive: l'auteur n'a pas tenu compte de nombreux facteurs (langue dominante du quartier, tendance linguistique des parents, etc.). En outre, la conclusion centrale de l'étude selon laquelle les transferts linguistiques vers le français sont plus élevés dans les écoles avec la plus grande concentration d'élèves allophones est, pour le moins, intrigante.

190. CSIM, *Statistiques et commentaires sur les origines des élèves...*, ouvr. cité, p. 24-25.
191. François Berger, «Les jeunes allophones boudent le français», *La Presse*, 12 août 1995.
192. CSIM, *Statistiques et commentaires sur les origines des élèves...*, ouvr. cité, p. 26.
193. Agnès Gruda, «Les excès de la langue», *La Presse*, 19 août 1995.
194. Comité interministériel sur la situation de la langue française, ouvr. cité, p. 140. Le comité note qu'en 1983 le pourcentage était de 80,6 % mais avance que la diminution apparente des inscriptions n'est pas significative parce que le pourcentage plus élevé au cours des années antérieures reflète la présence d'allophones qui, dans les années soixante-dix, avaient choisi l'école française en vertu du libre choix et qui venaient en général «de familles naturellement plus attirées par le français. Par contre, les finissants du secondaire des années quatre-vingt-dix ont assez souvent fréquenté l'école française par obligation légale».
195. Luc Giroux et autres, *Les adolescents montréalais et la télévision de langue française*, Montréal, département de communication, Université de Montréal, 1992, p. 57.
196. Agnès Gruda, art. cité.
197. CSIM, *Commentaires quant au volume des niveaux d'immigration pour les années 1995, 1996, 1997*, Montréal, CSIM, 1994, p. 10.
198. Conseil supérieur de l'éducation, *Pour un accueil et une intégration réussis des élèves des communautés culturelles*, ouvr. cité, p. 69-75.
199. *Ibid.*, p. 72.
200. Comité interministériel sur la situation de la langue française, ouvr. cité, p. 128.
201. *Ibid.*
202. Graham Fraser, ouvr. cité, p. 131.
203. René Lévesque, ouvr. cité.
204. Mario Fontaine, «Les anglophones montréalais acceptent le Québec français», *La Presse*, 11 avril 1987.
205. John O'Meara, rédacteur en chef du *NDG Monitor*, cité dans George Tombs, «Les Anglo-Québécois: une minorité en quête d'une nouvelle identité», *Le Devoir*, 6 octobre 1988, p. 1.
206. Mario Fontaine et Roch Côté, «Le grand exode des anglophones est terminé», *La Presse*, 11 avril 1987.

CHAPITRE VI

1960-1996: l'État, la langue et l'économie de Montréal

Pendant les années soixante, l'économie de Montréal se caractérisait par une nette hiérarchie linguistique. Les grandes sociétés étaient presque toutes dirigées par des Canadiens anglais et des étrangers, et les anglophones accaparaient les postes de direction[1]. La commission Gendron a bien résumé la situation en 1972: «Le domaine du français est plutôt celui des basses tâches, des petites entreprises, des faibles revenus et des niveaux d'instruction peu élevés. Le domaine de l'anglais est tout à l'inverse: tâches supérieures de conception et de commande, haut niveau d'éducation et de revenu, grandes entreprises[2].»

Il est évident que des raisons matérielles motivent la communauté francophone à vouloir éliminer la division linguistique dans l'économie de Montréal. La question du lien entre la langue et l'économie était d'ailleurs *culturelle* dans la mesure où le pouvoir économique des anglophones semblait menacer la langue et la culture françaises. Comme nous l'avons vu au chapitre II, le phénomène le plus menaçant pour le français à Montréal pendant les années soixante et soixante-dix — l'anglicisation des immigrants — était étroitement lié à la force économique de l'anglais. De plus, tant et aussi longtemps que l'anglais demeurait la langue des affaires, les francophones étaient acculés à un choix peu enviable: rester fidèles à leur langue et à leur culture, mais en se privant de l'avancement économique, ou chercher le succès, mais en adoptant l'anglais comme langue d'usage et en aidant leurs enfants à réussir en les envoyant à l'école anglaise.

Au dire des nationalistes francophones, depuis Jules-Paul Tardivel en 1879 jusqu'à Camille Laurin en 1977, une conséquence plus pernicieuse du pouvoir économique des anglophones était la dévalorisation de la langue et de la culture françaises[3]. Comme le dit Peter Leslie:

> La langue de l'élite économique est censée avoir un effet corrosif sur les autres langues, même celles qui sont parlées par la majorité, car elle les envahit de mots étrangers, de tournures étrangères et de façons de penser étrangères (qui ne peuvent être dissociées de la langue). Tôt ou tard, les langues dominées n'ont plus qu'une valeur «folklorique» et survivent tant bien que mal dans une forme abâtardie[4].

Fidèle à son habitude, René Lévesque a résumé la question de façon lapidaire: ceux qui dirigent la vie économique dirigent la vie linguistique[5]. Pour survivre et s'épanouir, la société francophone de Montréal doit être plus qu'un calque de la société anglophone dominante. «C'est pourquoi, note Leslie, outre les aspirations économiques de la classe moyenne [francophone], la langue de la haute technologie, de la haute direction et des conseils d'administration était une question capitale[6].»

Pendant que les nationalistes se concentraient sur ces questions et d'autres concernant la langue, chaque parti au pouvoir au Québec depuis 1960 déployait un éventail de moyens politiques — programmes de développement économique, réforme de l'éducation, politique linguistique — pour réorienter l'économie de Montréal de façon à favoriser la majorité francophone. Entre la Révolution tranquille et le début des années quatre-vingt, l'État québécois est activement intervenu dans l'économie pour s'attaquer aux disparités de revenus selon la langue, faire du français la langue du travail et des activités commerciales à Montréal, franciser le visage extérieur de l'économie et promouvoir l'accès des francophones aux postes de commande. Même si ces politiques ont été mises en œuvre par le gouvernement provincial, que les francophones dominaient, c'était la situation de Montréal qui motivait les autorités de Québec.

Dans les années quatre-vingt-dix, aidée par certaines tendances du marché, la politique gouvernementale a facilité la transformation de l'économie de Montréal et favorisé en quelque sorte une reconquête économique par les Montréalais francophones. Le pouvoir du capital anglophone et l'usage de l'anglais dans les hautes sphères continuent d'être considérables, mais malgré tout, Montréal compte désormais une élite économique francophone dynamique et innovatrice, l'usage du français en milieu de travail s'est répandu et les disparités de revenus selon la langue ont presque été éliminées.

Les deux prochains chapitres traitent de ces changements économiques et analysent les forces en présence. Le présent chapitre est consacré à l'examen des politiques mises en œuvre depuis 1960 et dont le but était d'améliorer la situation des francophones et de la langue française dans l'économie de Montréal.

**L'État québécois et l'avancement économique
des francophones**

Le rôle de l'État dans l'économie québécoise augmente considérablement après 1960. En 1961, les dépenses publiques représentaient 17 % du produit intérieur brut du Québec; en 1983, près de 30 %. La fonction publique est passée de 30 000 employés en 1960 à près de 100 000 en 1980 et des milliers d'autres personnes travaillaient dans le secteur parapublic — santé, éducation, services sociaux — financé par le gouvernement provincial[7].

Dans toutes les provinces canadiennes, l'appareil d'État s'est considérablement ramifié entre 1960 et 1980; au Québec, la croissance de l'État s'est accomplie à un rythme relativement rapide (plus rapide qu'en Ontario, par exemple[8]). L'expansion de l'État québécois pendant cette période fut influencée par les mêmes forces qui encourageaient la croissance du secteur public dans toutes les sociétés capitalistes avancées: la popularité des théories keynésiennes quant au rôle des dépenses publiques dans la croissance économique et la demande du public pour des programmes sociaux. Mais, comme nous l'avons vu au chapitre II, la montée de l'État québécois a eu lieu dans un contexte nationaliste francophone. Dans l'idéologie de la Révolution tranquille, l'État québécois était explicitement «conçu comme un instrument au service des Canadiens français[9]». À la différence du reste du Canada ou des États-Unis, la promotion ethnique — en l'occurrence francophone — était une préoccupation *centrale* (mais non la seule) et modulait la politique gouvernementale au Québec. Ainsi, au fur et à mesure que l'État jouait un rôle plus grand dans la société québécoise, sa «mission» nationaliste modifiait inexorablement la place du français et de l'anglais dans l'économie de Montréal.

L'expansion rapide de l'appareil d'État a fourni des emplois intéressants aux Montréalais francophones. Jusqu'au début des années soixante-dix, le nombre de Montréalais francophones qui occupaient des postes de cadres intermédiaires et supérieurs dans le secteur privé où dominaient les anglophones était scandaleusement bas. Cependant, la croissance de la fonction publique, combinée à l'expansion des secteurs de l'éducation, des services sociaux et des services de santé, a créé un marché du travail public dirigé par des francophones parallèle au marché du travail du secteur privé dirigé par des anglophones. Contrairement à la situation qui régnait aux échelons supérieurs de l'industrie privée, le français était la langue principale de communications dans le secteur public. D'après une enquête réalisée en 1982 par Arnaud Sales et Noël Bélanger, 88,2 % des cadres intermédiaires et supérieurs dans la fonction publique québécoise travaillaient «presque exclusivement en français» contre 31,6 % des cadres dans l'entreprise privée[10].

En 1981, vingt ans après le début de l'expansion de l'État, 18,1 % de la main-d'œuvre dans la grande région de Montréal travaillait soit pour le gouvernement provincial, la ville de Montréal ou dans le secteur parapublic. Un autre 2,4 % était employé par le gouvernement fédéral. La fonction publique engageait proportionnellement plus de francophones que le secteur privé, et, en 1981, 23,4 % des francophones de la région de Montréal travaillaient dans le secteur public[11]. Ainsi, compte tenu des faibles possibilités d'avancement aux échelons supérieurs des grandes entreprises dirigées par des anglophones, le secteur public à Montréal et dans le reste du Québec a été après 1960 la destination de la classe montante francophone de technocrates, d'enseignants, de travailleurs sociaux et de gestionnaires.

Le secteur public d'après 1960 constituait une pépinière de gestionnaires francophones; en 1982, plus de 98 % des hauts fonctionnaires étaient francophones. Bien entendu, des francophones entraient également dans le secteur privé pendant les années soixante et soixante-dix, mais en nombre assez réduit. En 1970, seulement 12,7 % des diplômés récents de l'Université de Montréal travaillaient dans le secteur privé[12]. Avant que les grandes entreprises prennent le virage de la francisation, la fonction publique et les sociétés d'État représentaient une source importante de postes de direction pour les francophones. En outre, le secteur public a fait office d'école pour les gestionnaires francophones qui se sont ensuite tournés vers le secteur privé, après sa francisation dans les années soixante-dix et quatre-vingt.

En plus de fournir des emplois à la nouvelle classe moyenne francophone de Montréal, l'État a voulu encourager la formation d'une bourgeoisie d'affaires francophone à Montréal et dans le reste du Québec. Dans le chapitre II, j'ai soutenu que la classe moyenne francophone montante de Montréal avait été le moteur de l'expansion de l'État qui avait commencé au début des années soixante. Cependant, comme William Coleman, Dorval Brunelle et d'autres l'ont montré, certains membres de la «bourgeoisie» francophone naissante voyaient eux aussi le «capitalisme d'État» comme un outil essentiel pour promouvoir leurs ambitions économiques[13]. Michael Behiels fait remarquer qu'en 1960 «les hommes d'affaires canadiens-français, qui subissaient la concurrence féroce des sociétés anglophones et américaines, plus grandes et plus dynamiques, étaient de plus en plus favorables aux revendications de la nouvelle classe moyenne pour un État québécois actif, laïque et pro-francophone[14]».

Au début des années soixante, certains hommes d'affaires francophones caressaient d'ambitieux projets de planification étatique corporatiste et complexe au Québec. Les représentants de la Chambre de commerce de Montréal, du Mouvement Desjardins et de plusieurs sociétés dans les secteurs financier et industriel s'allièrent au gouvernement Lesage en 1960 pour fonder le Conseil d'orientation économique du Québec (COEQ), un organisme consultatif bipartite qui ressemblait aux organismes corporatistes qui existaient à la même époque en Europe. Bien que Brunelle ait soutenu que le COEQ constituait «le lieu stratégique d'intervention d'une classe dominante, puisque la politique économique des hommes d'affaires est alors directement articulée au pouvoir politique provincial[15]», tout porte à croire que l'influence du COEQ a été faible. C'est aussi l'avis de Dale Thomson qui fait observer qu'«il ne suffisait pas de se réunir une fois par mois à Québec ou à Montréal pour produire des recommandations étoffées. Les membres du COEQ étaient des hommes occupés qui avaient de la difficulté à faire davantage que d'assister aux réunions». Dans ces circonstances, ajoute Thomson, le COEQ «trouvait qu'il était plus facile d'endosser des recommandations provenant des ministères». Ironiquement, selon Thomson, malgré les projets ambitieux que nourrissaient les hommes d'affaires pour le COEQ, ce sont des hommes associés à la nouvelle classe moyenne francophone, tels René Lévesque, Jacques Parizeau et Claude Morin, qui ont utilisé le COEQ pour infléchir la politique de développement économique du gouvernement Lesage[16].

Bien que les hommes d'affaires francophones n'aient pas dirigé l'étatisme de la Révolution tranquille, les ténors du gouvernement étaient néanmoins favorables au recours à l'État pour renforcer la présence francophone dans le secteur privé. Les artisans de la Révolution tranquille étaient avant tout des nationalistes et non des socialistes; ils percevaient l'État comme un outil important pour corriger la traditionnelle sous-représentation des francophones dans le capitalisme québécois. Dès le début de la Révolution tranquille, deux grandes stratégies de développement économique ont été adoptées: l'aide de l'État aux entreprises du secteur privé et la création de sociétés d'État — ou l'expansion des sociétés d'État existantes — dirigées par des francophones. En 1978, les entreprises québécoises pouvaient bénéficier de plus de 160 programmes d'aide économique, y compris des prêts à taux réduit, des garanties de prêt, l'aide à la recherche et au développement et le financement par emprunt et par actions. Les entreprises dirigées par des francophones ont été choyées par ces programmes[17].

Le programme d'aide le plus important a été la Société de développement industriel (SDI), fondée en 1971. La SDI comble la différence entre le financement dont une entreprise a besoin et la somme prêtée par les institutions bancaires; le but est de stimuler le développement économique dans des secteurs prometteurs quant au taux de productivité, au potentiel d'exportation et aux salaires[18]. Entre 1971 et 1981, la SDI a versé 602 millions de dollars en crédit à des entreprises de la région de Montréal (environ 60 % des prêts consentis par la SDI[19]).

En plus des programmes d'aide aux entreprises, les sociétés d'État donnèrent de l'essor au capitalisme d'État québécois. Cinq sociétés d'État ont été fondées ou agrandies sous le gouvernement Lesage et neuf autres ont vu le jour entre 1967 et 1978[20]. Comme nous le verrons, le but de ces sociétés d'État était explicite: établir de grandes entreprises dirigées par des francophones dans des secteurs névralgiques de l'économie afin de faire contrepoids au pouvoir économique des anglophones tout en favorisant la formation d'une bourgeoisie d'affaires francophone.

La politique économique nationaliste de la Révolution tranquille a atteint son point culminant pendant le gouvernement du Parti Québécois. Le PQ a pris le pouvoir en 1976 en jouant la carte nationaliste, mais aussi avec un programme social-démocrate et la réputation d'être antipatronal. Le PQ obtenait peu d'appuis dans les milieux d'affaires francophones, et les programmes du parti dénonçaient souvent les grandes sociétés et promettaient de faire passer les préoccupations d'ordre social avant les impératifs purement économiques. Dans les premières années du gouverment Lévesque, les énoncés de politique économique vantaient les avantages de l'«économie mixte» et misaient sur l'intervention de l'État pour «suppléer aux déficiences du secteur privé, assurer une cohérence du développement et une présence des autochtones dans des secteurs stratégiques[21].» Néanmoins, à la fin du premier mandat de Lévesque et certainement pendant le deuxième (1981-1985), les impératifs fiscaux du capitalisme avancé et la victoire des technocrates pro-affaires dans le parti ont mené à des politiques économiques qui s'éloignaient du dirigisme et de la social-démocratie et se rapprochaient du modèle plus corporatiste de soutien de l'État à l'entreprise privée. Après 1980, selon Thomas Courchène, le PQ était devenu «le gouvernement le plus favorable au milieu des affaires et à la libre entreprise au Canada[22]». En 1978, Jacques Parizeau, alors ministre des Finances, critiquait les dirigeants des grandes sociétés qui se plaignaient du fardeau fiscal trop lourd et de l'orientation sociale-démocrate du parti; en 1983, Parizeau déclarait que la promotion d'une bourgeoisie d'affaires francophone avait été la plus grande réalisation du PQ[23].

Le PQ a instauré ou consolidé plusieurs programmes pour aider les entreprises francophones. La SDI a pris de l'expansion en mettant l'accent sur les petites et moyennes entreprises (PME), celles qui étaient plus susceptibles d'être dirigées par des francophones. Parmi les nouvelles initiatives de développement économique, notons l'Opération solidarité économique (un programme mixte qui liait les travaux publics à l'aide aux entreprises), l'Office québécois du commerce extérieur (aide à l'exportation) et PME-innovatrice (programme spécial d'aide aux petites et moyennes entreprises[24]).

Trois programmes en particulier témoignent de l'engagement grandissant du gouvernement péquiste envers le milieu francophone des affaires. En 1977, il instaure une politique d'achat au Québec qui alloue cinq milliards de dollars pour acheter des produits fabriqués par des entreprises du Québec (surtout francophones), que ce soit des autobus commandés par les sociétés municipales de transport, des appareils électroménagers commandés par la Société d'habitation du Québec ou des ordinateurs commandés par les commissions scolaires[25]. Créé en 1979, le Régime d'épargne-actions (REA) fournissait des crédits d'impôt pour les achats d'actions; des millions en déductions fiscales ont été consentis aux Québécois fortunés et le régime a permis de ramasser cinq milliards de dollars pour les premières émissions d'actions à la Bourse de Montréal, surtout pour des PME francophones (voir le chapitre VII). Enfin, en 1984, le gouvernement adopta la loi 75 qui déréglementait l'industrie des assurances et permettait aux compagnies d'assurances de diversifier leurs activités dans le secteur des services financiers[26]. Tout compte fait, un remarquable «état de service» pour un gouvernement qui avait la réputation d'être «antibusiness»...

Mais il ne faut pas surestimer le place qu'occupait la promotion des intérêts des gens d'affaires francophones dans les priorités du gouvernement Lévesque. Les critères «ethniques» n'ont jamais complètement supplanté les critères «économiques» classiques dans la politique économique, et ce pour deux raisons. Premièrement, le capital canadien-anglais et américain jouait un rôle essentiel dans l'économie de Montréal et du Québec. Ainsi, tout gouvernement qui voulait stimuler la croissance économique et créer des emplois était à la merci des capitalistes non francophones qui pouvaient menacer de quitter le Québec. Cela était particulièrement vrai à la fin des années soixante-dix, alors que le Parti Québécois s'employait à redresser une économie chancelante tout en tentant de convaincre l'opinion publique que l'option souverainiste ne conduirait pas à la ruine. Il n'est pas surprenant qu'une des premières actions de Lévesque après son élection ait été d'aller à New York pour essayer de rassurer les milieux financiers sur les intentions économiques et fiscales de son parti.

Deuxièmement, contrairement aux thèses avancées par Gilles Bourque, Anne Légaré et Pierre Fournier, le PQ était intéressé à aider les capitalistes francophones, mais ce n'était pas sa priorité[27]. Plusieurs décisions importantes prises pendant la première année du PQ au pouvoir, comme la politique linguistique, l'étatisation de l'assurance automobile, la réforme du financement des partis politiques, la loi anti-briseurs de grève, voire l'option souverainiste, ont souvent déplu aux gens d'affaires francophones.

Les limites du nationalisme en matière économique ont été illustrées en 1977, avec l'octroi par le gouvernement québécois d'un contrat de 92 millions de dollars pour la fabrication de 1200 autobus à General Motors plutôt qu'à Bombardier. René Lévesque a défendu la décision de son gouvernement en soulignant le besoin d'attirer des investissements de multinationales comme GM, rejetant l'idée d'adopter des critères «de pure "préférence culturelle" qui nous amènerait vite à la création d'un véritable ghetto économique[28]». À la veille du référendum sur la souveraineté de 1980, le PQ ne voulait pas se mettre à dos une grande société américaine, même s'il risquait de froisser une importante entreprise francophone qui symbolisait le succès des Québécois en affaires. Comme on pouvait s'y attendre, le président de Bombardier, Laurent Beaudoin, exprima sa déception:

> Je ne m'explique pas qu'un gouvernement qui poursuit une politique d'affirmation nationale ne mesure pas, dans leurs pleines dimensions, les conséquences démobilisatrices pour les industriels québécois d'une décision qui consacre, pour des générations, dans un secteur où, pourtant, les pouvoirs publics détiennent les leviers de commande, la suprématie absolue au Québec et au Canada de la plus grande transnationale au monde et anéantit, de ce fait, tout espoir de développement d'une entreprise québécoise dans ce domaine[29].

Bien entendu, Beaudoin omettait de dire que Bombardier avait reçu de nombreux contrats gouvernementaux pendant les années soixante-dix et une aide financière considérable de la part des sociétés d'État. De plus, les gouvernements du Canada et du Québec s'étaient montrés généreux envers Bombardier pour l'aider à pénétrer le marché mondial de la fabrication de voitures pour le transport en commun. Néanmoins, la controverse GM-Bombardier de 1977 montre bien que l'État québécois n'était pas le jouet des capitalistes francophones et que les préoccupations macroéconomiques traditionnelles — c'est-à-dire stimuler la croissance économique et les investissements — primaient souvent les intérêts immédiats de la bourgeoisie d'affaires francophone.

Les sociétés d'État et l'avancement économique des francophones

Parmi les divers instruments de développement économique mis en place par le gouvernement du Québec après 1960, ce sont les sociétés d'État qui ont le plus contribué à la formation d'une bourgeoisie d'affaires francophone. Trois grandes sociétés d'État — la Société générale de financement (SGF), la Caisse de dépôt et placement et Hydro-Québec —

ont été fondées ou agrandies pendant le gouvernement Lesage pour s'attaquer aux deux principales causes historiques de la faiblesse des francophones dans le secteur privé de l'économie de Montréal: l'insuffisance des capitaux pour la croissance à grande échelle et le manque d'accès aux secteurs stratégiques de l'économie. Il ne faut pas interpréter la création de ces entreprises publiques comme l'expression d'un socialisme à la québécoise; la logique qui les sous-tendait était un authentique capitalisme d'État francophone. Comme Jacques Parizeau le dira en 1970: «Au Québec, il faut faire intervenir l'État. C'est inévitable. C'est ce qui nous donne une allure plus à gauche. Si nous avions au Québec 25 entreprises Bombardier et si nous avions des banques très importantes, la situation serait peut-être différente. Nous n'avons pas de grosses institutions, il faut donc les créer[30].»

Fondée en 1962, la SGF était un fonds d'investissement mixte dont le but était d'investir dans des entreprises francophones modernes, capables de concurrencer les entreprises canadiennes-anglaises et étrangères. Le premier ministre Lesage avait vanté l'importance d'un fonds d'investissement provincial comme outil pour que «les Canadiens français reconquièrent leur place dans l'économie». L'élite d'affaires francophone, sur l'initiative de René Paré de la Chambre de commerce de Montréal, endossa le projet[31], mais l'élite d'affaires anglophone percevait ce fonds comme une menace. George Marler, qui représentait les intérêts de la «rue Saint-Jacques» au Conseil des ministres, exprima son opposition.

Malgré la résistance des milieux d'affaires anglophones, la SGF vit le jour avec une souscription mixte de 25 millions de dollars et Paré comme premier président. Tous s'entendent pour dire que la SGF a déçu pendant les années soixante; elle était plus une entreprise de sauvetage d'entreprises familiales canadiennes-françaises au bord de la faillite qu'une rampe de lancement de nouvelles entreprises dynamiques[32]. En 1965, près de la moitié des fonds de la SGF étaient engloutis dans Marine Industries, le chantier maritime de la famille Simard en grave difficulté financière, et, en 1971, la SGF avait perdu 8 millions sur des placements de 50 millions[33].

Toutefois, dans les années soixante-dix, la SGF a été réorganisée en société d'État autonome et de nouveaux capitaux ont été injectés. Sous la direction de gestionnaires francophones dynamiques issus des universités québécoises renouvelées, la SGF a commencé à avoir un effet réel comme incubateur de grandes entreprises privées dirigées par des francophones. Par exemple, en 1975, un investissement de 6,8 millions a aidé Bombardier à se porter acquéreur du complexe de la Montreal Locomotive Works et à le moderniser. L'aide de la SGF, ainsi que d'autres sociétés d'État, des contrats gouvernementaux et l'aide à la commercialisation ont permis à Bombardier de se tailler une place parmi les entreprises les plus importantes au Québec, avec des débouchés internationaux dans la production de matériel de transport en commun, de motoneiges, de motomarines et dans l'aérospatiale, Bombardier affichait en 1995 un chiffre d'affaires annuel de 7,1 milliards de dollars, dont 54 % provenait de son secteur aérospatial. Plus de 90 % des affaires de Bombardier sont réalisées à l'extérieur du Canada; au cours des années quatre-vingt et quatre-vingt-dix, la compagnie fabriquait des voitures pour le tunnel sous la Manche, pour le chemin de fer américain Amtrak ainsi que pour le métro de New York, de Boston et de Mexico. Elle construisait également le système de transport en commun à Ankara et à Kuala Lumpur. L'entreprise est «un des plus grands succès du soutien de l'État à l'entreprise privée[34]» au Québec. En 1996, Bombardier était la première entreprise appartenant à des Québécois francophones à faire partie du «Global 1000» de la revue américaine *Business Week*, un palmarès des 1000 plus grandes entreprises au monde. Bref, le succès de Bombardier est un exemple éloquent de la contribution de la SGF — dont l'actif atteignait 1,4 milliard de dollars en 1986[35] — au développement d'une bourgeoisie francophone à la fin des années soixante-dix.

Une autre société d'État qui a fourni le levain au capitalisme francophone est la Caisse de dépôt et placement du Québec. La Caisse a été fondée en 1965 malgré l'âpre résistance du gouvernement fédéral et des «représentants de la rue Saint-Jacques[36]». À la suite d'une des nombreuses querelles fédérales-provinciales des années soixante sur le partage des compétences, le gouvernement du Québec décida d'administrer sa propre caisse de retraite et de se retirer du programme fédéral, au grand désespoir d'Ottawa. La Caisse était chargée d'investir les sommes perçues par la Régie des rentes du Québec sur le marché boursier et dans l'achat d'obligations pour financer les immobilisations du gouvernement comme les écoles, les hôpitaux et les routes. Quand on connaît le rôle que jouera la Caisse de dépôt dans l'épanouissement du capitalisme francophone, il est ironique que les hommes d'affaires canadiens-français se soient joints à leurs homologues anglophones pour qualifier le projet de «socialisme débridé[37]». Néanmoins, les gestionnaires nationalistes issus de la nouvelle classe moyenne francophone ne se sont pas laissé impressionner et la Caisse a vu le jour comme fonds d'investissement pour moderniser l'économie du Québec et «contester l'hégémonie économique et politique de la majorité anglo-canadienne au Québec[38]».

Au début, la Caisse de dépôt et placement a concentré ses énergies à faire passer aux mains des francophones le marché des obligations gouvernementales, ce qui était indispensable pour un gouvernement nationaliste qui entreprenait un vaste programme de modernisation de la société. La réglementation du pouvoir d'emprunt des gouvernements est le mécanisme qu'utilisent les élites économiques pour dicter le contenu des décisions de l'État[39]. Jusqu'aux années soixante, les banquiers et les courtiers anglophones de Montréal agissaient comme «chiens de garde» du marché des obligations que le gouvernement du Québec comptait utiliser pour recueillir les milliards nécessaires au financement des grands projets de la Révolution tranquille. Un syndicat financier anglo-montréalais composé du groupe A. E. Ames et de la Banque de Montréal était l'émetteur exclusif des obligations du gouvernement du Québec depuis 1929[40]. Jacques Parizeau rappelle l'ascendant de ces hommes d'affaires sur les gouvernements du Québec:

> Le pouvoir qu'ils [courtiers et banquiers] détenaient était incroyable. Ils avaient coutume de lancer 50 millions de dollars en obligations du Québec sur les marchés après chaque élection provinciale pour effrayer les nouveaux

gouvernements. Au cours des premiers mois, quel que fût le gouvernement élu, l'écart des cours entre l'Ontario et le Québec se situait entre 35 et 40 points de base (soit une différence de taux d'intérêt de 3,5 ou 4 p. cent). Le record a été atteint lorsque l'écart s'est situé à 120 points de base, sous le gouvernement Bourassa, au début des années 70, avant même la Crise d'octobre. J'ai vu des ministres des Finances entrer dans les salles de conseil et en sortir complètement hypnotisés[41].

Au début des années soixante, l'establishment financier de Montréal a bien tenté à plusieurs reprises de «museler» l'étatisme nationaliste du gouvernement du Québec par le biais du marché des obligations sur lequel il avait la haute main. Par exemple, en 1962-1963, le syndicat financier A. E. Ames-Banque de Montréal a essayé de décourager la nationalisation de l'électricité en laissant entendre que les fonds nécessaires ne pourraient être trouvés sur le marché des obligations[42]. Ultérieurement, le gouvernement Lesage constitua un nouveau syndicat financier qui comprenait deux firmes de courtage francophones, soit Lévesque Beaubien et René T. Leclerc, ainsi que la Banque Royale et Wood Gundy («l'oligarchie financière» de Montréal restait assez puissante pour que le groupe Ames-Banque de Montréal obtienne certains contrats d'assurance pour Hydro-Québec[43]). C'est à la suite de ces parties de bras de fer sur fond de tensions linguistiques que la Caisse de dépôt et placement a été fondée. Celle-ci a été un outil indispensable pour briser l'emprise du capital anglo-canadien sur le financement public et empêcher que le gouvernement du Québec soit «publiquement humilié parce qu'il ne pouvait vendre ses obligations[44]». Jusqu'en 1988, plus de 55 % du portefeuille de la Caisse de dépôt était constitué d'obligations émises par le gouvernement du Québec, par des municipalités et par des commissions scolaires québécoises[45].

À l'instar de la SGF, la Caisse de dépôt et placement n'a eu qu'une faible incidence sur l'essor des entreprises francophones jusqu'au début des années soixante-dix. Paradoxalement, les premiers investissements de la Caisse de dépôt, outre les obligations du gouvernement du Québec, ont été faits dans des sociétés stables, à rendement moyen et habituellement canadiennes-anglaises. Apparemment, les premiers administrateurs de la Caisse étaient plus intéressés à obtenir un rendement satisfaisant qu'à atteindre des objectifs de promotion ethnique ou sociale. De plus, certains ont avancé qu'au milieu des années soixante les gestionnaires de l'État n'étaient pas complètement gagnés à l'intervention massive de l'État dans l'économie, même pour promouvoir l'entreprise privée francophone, et agissaient donc avec prudence[46].

Il a fallu l'élection du Parti Québécois en 1976 pour donner une saveur plus nationaliste et plus aventureuse à la Caisse et contribuer à l'accroissement du contrôle par des francophones de l'économie de Montréal. En 1996, la Caisse de dépôt et placement, qui administre le portefeuille d'investissements de 11 fonds publics du Québec et possède un actif de plus de 50 milliards, est la plus importante institution financière francophone du Québec[47]. Elle détient des actions dans une centaine de grandes sociétés canadiennes comme Alcan, Provigo, Domtar, Gaz Métropolitain et la Banque Nationale du Canada qui ont leur siège social à Montréal. En outre, elle possède des milliards en obligations provinciales et municipales au Québec et a investi de façon substantielle dans l'immobilier à Montréal (par le biais de la Société immobilière Trans-Québec dont elle est le principal actionnaire et en association avec des promoteurs comme le Groupe immobilier St-Jacques, Prével, Cadillac Fairview, Devencore et le Groupe Ruel[48]).

Une des contributions les plus importantes de la Caisse de dépôt et placement au développement de l'entrepreneuriat francophone a été d'offrir une aide financière aux sociétés francophones, puis de les soutenir dans leurs démarches de prise de contrôle. Par exemple, au début des années soixante-dix, la Caisse de dépôt a joué un rôle clé dans le financement de trois détaillants en alimentation francophones pour qu'ils fusionnent et forment Provigo qui est vite devenu le chef de file francophone dans l'alimentation. En 1977, Provigo a connu un nouvel essor en se portant acquéreur de la compagnie ontarienne Loeb, absorption rendue possible par la Caisse qui a cédé à Provigo 25,3 % des actions qu'elle détenait dans Loeb⁴⁹. Le prédateur était désormais une proie de choix pour Sobey Stores de Nouvelle-Écosse qui fit une offre publique d'achat. L'offensive de Sobey échoua parce que la Caisse de dépôt et placement qui détenait 24 % des actions de Provigo refusa de les vendre à Sobey, même si son offre était attrayante⁵⁰.

Au début des années quatre-vingt, Provigo avait dépassé Steinberg, alors dirigé par des anglophones, comme premier détaillant en alimentation au Québec. En deux décennies, les ventes annuelles étaient passées de 200 millions à 5,7 milliards et l'entreprise avait pénétré le marché canadien-anglais et américain (plusieurs magasins-entrepôts et supermarchés en Californie). Mais, à la fin de la décennie, Provigo était en mauvaise posture: une expansion et une diversification trop rapides avaient mené à des pertes en 1989, ce qui a apparemment provoqué la démission de son P.D.G., Pierre Lortie, le «jeune loup» du capitalisme québécois. En 1995, le chiffre d'affaires annuel de Provigo avait chuté de près de 25 % depuis le début de la décennie⁵¹. Malgré tout, Provigo était présenté comme un modèle du nouvel esprit d'entreprise francophone qui avait conquis le Québec pendant les années quatre-vingt; Lise Bissonnette avait même qualifié ce culte de l'entrepreneurship «d'État-Provigo⁵²». Ironiquement, ce fleuron de la libre entreprise francophone doit son existence à l'État québécois.

En plus de soutenir les sociétés francophones, la Caisse de dépôt et placement a, au début des années quatre-vingt, servi de «tête de pont» au gouvernement du Québec qui voulait accroître la présence francophone dans les entreprises canadiennes-anglaises. En 1981, de concert avec Power Corporation de Paul Desmarais, la Caisse manœuvra en vue de prendre le contrôle du Canadien Pacifique et exigea deux sièges au conseil d'administration du CP. La direction du CP réagit en réclamant l'intervention du gouvernement fédéral, ce que le très anti-péquiste Pierre Elliott Trudeau fut heureux de faire. Le gouvernement fédéral présenta le projet de loi S-31 qui interdisait aux sociétés d'État provinciales de détenir plus de 10 % des actions dans une société engagée dans le transport interprovincial (comme le CP). Bien que le projet de loi S-31 n'ait jamais été adopté, «il a constitué un avertissement clair à la Caisse de dépôt de limiter ses ambitions à l'égard des entreprises pancanadiennes[53]». La Caisse de dépôt et placement avait acquis un tel pouvoir qu'après avoir modifié l'équilibre intercommunautaire dans le monde de la finance à Montréal elle était en mesure d'influencer des secteurs clés de l'économie canadienne.

Pendant les années quatre-vingt, la Caisse de dépôt a mis ses vastes ressources financières à la disposition d'entreprises dirigées par des francophones à Montréal et dans le reste du Québec. En fait, à la fin de la décennie, sa taille et son influence étaient devenues si grandes que certains critiques disaient qu'elle «faussait» les règles du marché: «Déterminer qui gagne et qui perd dans l'économie du Québec ne devrait pas revenir à une seule société[54].» Aujourd'hui, la Caisse de dépôt et placement se classe au cinquième rang parmi les plus grandes réserves de capital en Amérique du Nord, pas très loin derrière la caisse de retraite des enseignants de Californie qui occupe la première place[55]. Les préoccupations nationalistes de la Caisse en ont fait un «fonds du patrimoine destiné aux francophones[56]» et, quoi qu'en disent les critiques, la bourgeoisie d'affaires francophone de Montréal, si visible depuis les années quatre-vingt, doit beaucoup de sa force à la présence de la Caisse de dépôt et placement dans le marché financier du Québec.

Hydro-Québec est la troisième société d'État qui a contribué autant symboliquement que quantitativement à l'essor de l'entreprise francophone à Montréal. Rappelons que cette société d'État a été formée en deux temps: en 1944, à la suite de la nationalisation de la Montreal Light, Heat, and Power Company, et en 1963, avec l'achat par le gouvernement Lesage du reste du secteur privé de l'électricité au Québec.

Cette étatisation a permis aux francophones d'accéder à un secteur rentable et à la fine pointe de la technologie. Dans les vingt-cinq années qui ont suivi, Hydro-Québec a exercé une influence majeure sur le développement économique et a bousculé les rapports de force linguistiques à Montréal comme dans le reste du Québec. Avec un actif de plus de 52 milliards, Hydro-Québec est une des plus grandes et plus riches entreprises — publiques ou privées — du Canada. Ses investissements annuels représentent une grande partie des nouvelles dépenses d'immobilisation au Québec.

L'importance des investissements et des achats d'Hydro influe fortement sur le cours de l'industrie québécoise. Dès le début, Hydro-Québec a adopté une politique d'achat préférentielle de produits québécois, même si elle devait payer 10 % de plus pour des produits locaux[57]. Depuis 1964, cette politique a valu 10 milliards de dollars en contrats à des fabricants et à des fournisseurs de services montréalais, ce qui a mené à la création de nouvelles entreprises francophones concurrentielles. Par exemple, deux firmes d'ingénierie francophones ayant leur siège social à Montréal, SNC et Lavalin, ont fait leurs premières armes grâce à des contrats d'Hydro-Québec. Par la suite fusionnée, SNC-Lavalin se classe parmi les 10 plus grandes firmes d'ingénierie au monde, et les contrats d'Hydro-Québec ne représentent plus qu'une fraction de ses revenus[58]. En définitive, les achats d'Hydro-Québec ont contribué à la création de 31 entreprises dirigées par des francophones[59]. De plus, Hydro a consenti des escomptes sur les coûts d'énergie à plusieurs entreprises locales pour diminuer leurs coûts de production et augmenter leur compétitivité sur le marché.

Enfin, Hydro-Québec a joué un rôle important comme employeur de gestionnaires et d'ingénieurs francophones et comme modèle de francisation dans une grande entreprise faisant appel à une technologie complexe. Avant la nationalisation, la langue de travail dans les compagnies privées d'électricité était l'anglais et la haute direction était surtout composée d'anglophones unilingues. Pendant la première phase de la nationalisation (l'ancienne Montreal Light, Heat, and Power), malgré la croissance du nombre de gestionnaires et d'ingénieurs francophones au cours des années cinquante à la suite d'une politique d'emploi qui leur était favorable, «l'anglais conservait toujours son statut privilégié à l'Hydro-Québec, surtout aux échelons supérieurs, en raison de la tradition, de l'unilinguisme de certains dirigeants anglophones et du bilinguisme chez les employés francophones[60]».

La nationalisation de 1963 devait changer radicalement les pratiques au chapitre linguistique dans la société d'État. En 1968, le français a été implanté comme langue de travail à

Hydro-Québec, et tout le personnel de gestion et 95 % des employés travaillaient en français; les réunions d'affaires et la correspondance interne se faisaient exclusivement en français[61]. À la fin de la décennie, plus de 80 % des postes de la haute direction étaient occupés par des francophones, pourcentage qui n'était que de 20 % dans les compagnies privées d'avant la nationalisation[62]. Les politiques linguistiques d'Hydro-Québec ont fourni un modèle aux autres sociétés d'État québécoises: en 1982, 82,9 % de leurs cadres déclaraient travailler presque exclusivement en français[63]. En tant que grande entreprise de haute technologie dirigée par des francophones et où la langue de travail est le français, Hydro-Québec a acquis une valeur de symbole de la compétence accrue des élites francophones en matière de technologie et de gestion et a favorisé l'envol des francophones dans le secteur privé de l'économie.

Malgré les problèmes auxquels fait face Hydro-Québec dans les années quatre-vingt-dix — conflits avec les autochtones et les écologistes, controverses au sujet des tarifs d'électricité, pannes embarrassantes et dirigeants grassement rétribués —, la place de la société dans l'histoire du développement économique du Québec francophone est assurée.

Le rôle des grands projets dans l'essor de l'entreprise francophone

Les grands projets comme les aménagements hydroélectriques dans le nord du Québec dans les années soixante et soixante-dix (Manic-5, Baie-James) ont stimulé la croissance d'entreprises francophones à Montréal dans la construction, la consultation, l'architecture et l'ingénierie. Montréal a obtenu sa juste part des travaux d'infrastructure pendant le boom des années soixante et soixante-dix, étant eux aussi des occasions pour les entreprises francophones[64]. Parmi les grands projets réalisés à Montréal pendant la période, notons les principaux:

— l'aménagement d'infrastructures comme des autoroutes, des ponts et un nouvel aéroport (Mirabel);
— la construction d'écoles, d'hôpitaux et d'établissements de services sociaux pour remplir les engagements

pris en matière d'éducation et de programmes sociaux durant la Révolution tranquille;
— la construction de tours à bureaux pour satisfaire les besoins des fonctions publiques provinciale et fédérale en plein essor, comme la place Victoria, le siège social d'Hydro-Québec, le palais de justice, la maison de Radio-Canada et le complexe Guy-Favreau. Des fonds publics ont payé en partie ou en entier la Place des Arts, le complexe Desjardins et le Palais des congrès.
— la réalisation de projets conjoints municipaux et provinciaux comme le métro de Montréal, l'Exposition universelle de 1967 et les Jeux olympiques de 1976.

Ces grands projets ont fourni des contrats payants à des entreprises francophones. Par exemple, la construction du métro de Montréal a permis l'essor de compagnies de construction francophones et de firmes d'ingénierie comme BTM; de plus, des architectes francophones ont été engagés pour concevoir les stations. En 1974, la Société de transport de la Communauté urbaine de Montréal a passé une commande de 98 millions à Bombardier pour la fabrication de 423 voitures de métro à une époque où Bombardier était encore presque exclusivement un fabricant de motoneiges. «Grâce à ce premier contrat, écrira une journaliste en 1987, l'entreprise a développé un nouveau secteur d'activité qui emploie aujourd'hui 1500 personnes à son bureau de Montréal et à son usine de La Pocatière[65].» Enfin, forte de son expérience acquise dans la conception du métro, la Communauté urbaine de Montréal (CUM) a créé BTM International, une firme qui se spécialise dans la conception, la construction et l'implantation de réseaux de transport en commun partout dans le monde[66]. Bref, les grands projets à Montréal ont stimulé le développement d'une expertise francophone dans le secteur privé.

Un niveau d'instruction plus élevé chez les francophones
L'adoption d'une politique de développement économique était une manière de promouvoir l'avancement des francophones dans l'économie montréalaise; une autre initiative importante fut d'investir massivement dans l'éducation.

Comme de nombreuses enquêtes l'ont montré dans les années soixante, le retard des francophones au chapitre du développement économique était dû en partie aux carences du système scolaire de langue française[67]. Autrement dit, la division linguistique du travail avait en partie sa source dans la pénurie de main-d'œuvre francophone qualifiée pour occuper des postes techniques et professionnels dans le secteur privé. Une étude réalisée par trois économistes de l'Université de Montréal pour la Commission royale d'enquête sur le bilinguisme et le biculturalisme (commission Laurendeau-Dunton) a quantifié le phénomène: en 1961, 33 % des disparités de revenus entre les Montréalais d'origine britannique et les Montréalais d'origine française étaient attribuables à une scolarité moindre chez ces derniers[68].

La réforme de l'éducation était un des principaux objectifs de la Révolution tranquille. Le programme d'expansion et de modernisation de l'éducation du gouvernement Lesage a été présenté en grande partie comme une initiative économique: «Qui s'instruit, s'enrichit», disait le slogan[69]. Les dépenses en éducation ont décuplé après 1960, de nouvelles institutions d'enseignement ont été fondées et d'importants changements ont été apportés aux programmes, à la pédagogie et aux exigences[70].

Les effets de la réforme ont été étonnants. La fréquentation de l'école par les jeunes de 16 ans est passée de 51 % en 1961 à 84 % en 1971 et à près de 100 % en 1983. Entre 1976 et 1983, le pourcentage des diplômés du secondaire est passé de 53,9 % à 70,5 %. En 1983, plus de la moitié des titulaires d'un diplôme d'études secondaires fréquentaient un établissement postsecondaire, y compris l'université qui a vu son effectif augmenter[71]. De plus, les disparités quant au niveau d'instruction entre anglophones et francophones sont presque disparues pendant les années quatre-vingt (bien qu'une plus grande proportion de francophones terminent leurs études après le cégep ou ne fréquentent l'université qu'à temps partiel[72]). Même si, au début des années quatre-vingt, les universités anglophones étaient encore sur-représentées au chapitre du nombre de diplômes décernés (*voir le tableau 10*), la différence était moins marquée que pendant les années soixante et, au troisième cycle, les universités francophones ont fait un rattrapage étonnant. Comme le Comité interministériel sur la situation de la langue française fait remarquer en 1996:

> La scolarisation est un élément majeur qui permet aux individus d'accéder à la vie et d'assurer leur promotion socio-économique. On sait que le groupe francophone avait un rattrapage à effectuer à ce chapitre par rapport aux autres groupes linguistiques. Si on considère les personnes actives âgées de 20 à 64 ans possédant un diplôme collégial ou une scolarité d'études supérieures, on observe entre 1971 et 1991 l'évolution suivante: le pourcentage de ces personnes est passé de 27 % à 41 % entre 1971 et 1991 chez les francophones, de 41 % à 53 % chez les anglophones et de 29 % à 46 % chez les allophones[73].

Même dans les universités anglophones, la présence francophone était significative. En 1987, 25 % des étudiants de l'Université McGill, historiquement le château fort de l'élite intellectuelle anglo-montréalaise, étaient francophones[74].

Tableau 10
Nombre de diplômes décernés
par les universités de Montréal,
selon la langue d'enseignement et le cycle, 1983

	Francophones	Anglophones
Premier cycle	6 674 (51,3 %)	6 314 (48,7 %)
Deuxième cycle	1 268 (51,4 %)	1 201 (48,6 %)
Troisième cycle	143 (45,8 %)	169 (54,2 %)

Source: *Le Québec statistique, édition 1985-1986*, Québec, Éditeur officiel du Québec, 1986, p. 444-445.

Les francophones avaient historiquement boudé les facultés de commerce, ce qui n'était pas étonnant compte tenu du peu de débouchés pour eux dans l'entreprise privée. De plus, les élites traditionnelles canadiennes-françaises décourageaient les carrières dans le monde des affaires. Un discours typique de l'idéologie qui avait cours avant la Révolution tranquille est celui qu'a prononcé en 1902 l'évêque de Montréal, Mgr Alphonse Paquet: «Notre mission est moins de manier des capitaux que de remuer des idées; elle consiste moins à allumer le feu des usines qu'à entretenir et à faire rayonner au loin le foyer lumineux de la religion et de la pensée[75].»

Par contre, pendant les années quatre-vingt, la gestion était la nouvelle vogue parmi les étudiants francophones. En 1985, les facultés de commerce du Québec formaient près du tiers des titulaires de MBA du Canada. Sous la direction dynamique de Pierre Laurin, l'École des Hautes Études Commerciales (HEC) de Montréal est devenue la plus grande faculté de commerce au Canada, avec 8000 étudiants inscrits[76]. En outre, plusieurs francophones étaient inscrits en gestion à McGill ainsi qu'à Harvard et à la Wharton School de l'Université de Pennsylvanie. Les diplômés de ces programmes prestigieux font partie de la nouvelle élite de gestionnaires et le corps professoral de l'École des HEC compte plusieurs économistes francophones formés aux États-Unis.

Bref, pendant les années soixante-dix et quatre-vingt, les initiatives gouvernementales en matière d'éducation ont contribué à constituer un capital humain francophone à Montréal qui comblait la demande de cadres qualifiés pour le secteur privé de Montréal. Au début, comme nous l'avons vu, le secteur public absorbait la majorité de ces diplômés francophones. Par contre, en 1985, 95 % des nouveaux diplômés des HEC se destinaient au secteur privé, ce qui en dit long sur l'ampleur de la transformation de l'économie de Montréal[77].

Politique linguistique et réglementation du secteur privé

L'intervention directe de l'État dans les pratiques linguistiques de l'entreprise privée a été la troisième stratégie mise en œuvre pour éliminer la division linguistique du travail à Montréal. On l'a vu, les premiers balbutiements de politique linguistique se sont manifestés au milieu des années soixante. Le livre blanc de 1965 proposait le concept nébuleux de «langue prioritaire» et demandait de renforcer l'Office de la langue française pour veiller à «l'implantation du français comme langue commune dans tous les secteurs de l'activité humaine». Dans «certaines» entreprises privées, lisait-on dans le livre blanc, le français sera la langue principale des documents de travail et des communications entre la direction et le personnel[78]. Mais, comme je l'ai signalé, Lesage s'opposait à toute intervention en matière de langue dans le secteur privé et le livre blanc n'a jamais été rendu public[79].

La première loi sur la langue, la loi 63, mettait l'accent sur la langue d'enseignement. De plus, en inscrivant dans la loi la liberté de choix de la langue d'enseignement, elle défendait les intérêts des élites anglophones plus que ceux des nationalistes francophones. Il n'est pas étonnant que sur les questions de langue et d'économie, la loi 63 ait été vague et inoffensive: elle encourageait les entreprises à travailler davantage en français et permettait à l'Office de la langue française de recevoir les plaintes d'employés francophones dont «le droit d'utiliser le français au travail n'[avait] pas été respecté». Mais la loi ne prescrivait aucune sanction[80].

Au début des années soixante-dix, en vertu des modifications apportées à des lois comme la Loi sur la protection du consommateur (1971) et la Loi sur les compagnies (1973), on exigeait, au minimum, des formulaires bilingues pour les consommateurs et des raisons sociales dans les deux langues. Mais les premiers pas vers la formulation d'une politique linguistique globale sont accomplis en 1974 avec la loi 22, la tentative infructueuse de Bourassa de plaire à la fois aux Anglo-Montréalais et aux nationalistes francophones. La loi 22 imposait le français dans le visage extérieur des entreprises québécoises et encourageait l'usage du français et la promotion des francophones dans le secteur privé. Toutefois, les dispositions de la loi 22 sur la francisation de l'économie étaient trop ambiguës pour les nationalistes. En outre, les mécanismes d'application de la loi étaient faibles. Malgré le renouveau des rapports de force intercommunautaires que la loi promettait, la portée réelle de la loi était laissée à la discrétion des fonctionnaires et des entreprises montréalaises. Les liens serrés entre le gouvernement Bourassa et la bourgeoisie d'affaires anglophone de Montréal incitaient peu à croire que la francisation serait poursuivie avec vigueur ou que le français et les francophones pénétreraient rapidement les hautes sphères de l'économie de Montréal.

Après la défaite du Parti libéral en novembre 1976, le nouveau gouvernement péquiste commença à jongler avec une politique linguistique qui éliminerait les ambiguïtés de la loi 22 et réglementerait de façon plus rigoureuse les habitudes linguistiques des entreprises. On sait que le PQ avait critiqué la faiblesse du programme de francisation de la loi 22. Dès décembre 1976, Camille Laurin avait promis un projet de loi «plus fort et plus sévère[81]». Dans le livre blanc qui servait d'ébauche à la Charte de la langue française, Laurin mettait cartes sur table: «La Charte [...] compense les manques de la loi 22: des objectifs nets, des échéances explicites et des punitions pour les contrevenants[82].»

Avant d'accéder au pouvoir, le Parti Québécois n'avait pas de politique détaillée sur la langue et l'économie. Le cœur de son programme était l'indépendance et on tenait pour acquis qu'une francisation véritable de l'économie québécoise découlerait naturellement de la souveraineté et de la proclamation du français comme langue officielle. Les entreprises qui feraient affaire dans un Québec indépendant et officiellement français utiliseraient le français, de la même manière que les entreprises au Canada anglais et aux États-Unis utilisaient l'anglais. La position du PQ avant 1976 était que les francophones ne seraient «maîtres chez eux» que dans un Québec souverain. L'indépendance et la social-démocratie étaient les deux principales voies qui conduiraient à l'abolition de la division linguistique du travail à Montréal[83]. Le programme du parti précisait que tous les travailleurs québécois «avaient le droit de travailler en français» et que les consommateurs «avaient le droit d'être servis en français[84]»; ainsi, «un gouvernement péquiste s'engagerait à légiférer pour que le français devienne réellement la langue du travail et des communications commerciales[85]». Mais le programme n'indiquait pas précisément les mesures qu'entendait adopter le PQ en matière de langue et d'économie s'il était élu *sans* mandat de réaliser l'indépendance, ce qui se produisit en 1976 quand il dissocia l'élection de l'indépendance qui ferait l'objet d'un référendum ultérieur.

Les grandes lignes de la politique linguistique du gouvernement touchant l'économie ont été tracées au cours des neufs premiers mois de 1977, avec la rédaction et la présentation du livre blanc, puis des projets de loi 1 et 101. Bien que le débat sur la langue et l'économie n'ait pas été aussi émotif et virulent que le débat sur la langue d'enseignement, il suscita néanmoins des passions intenses et âpres. À l'origine, les architectes de la politique linguistique voulaient favoriser la *francophonisation* du secteur privé. Les entreprises québécoises auraient été obligées d'accorder la priorité à des francophones dans l'engagement et l'avancement par le biais d'un programme «d'action positive» à la québécoise[86]. «Les firmes devraient, écrivait Laurin dans le livre blanc en mars 1977, se fixer cet objectif: refléter à tous les niveaux et dans tous les postes la composition ethnique de la population du Québec[87].»

L'idée d'une régulation par l'État en vue d'augmenter la représentation des francophones dans le secteur privé n'était pas nouvelle. Par exemple, la loi 22 donnait la «présence francophone parmi la direction» (bien que cette «présence» n'ait pas été définie) comme un des moyens pour une entreprise de satisfaire aux exigences de la francisation. Dès 1972, la commission Gendron avait conclu que la persistance d'une ségrégation fondée sur la langue dans les entreprises au Québec, qui laissait les postes importants aux anglophones unilingues, était un obstacle insurmontable à la progression du français comme langue de travail à Montréal et dans le reste du Québec:

> La «francisation» des communications de travail et la «bilinguisation» des cadres anglophones passent par la «francophonisation», c'est-à-dire par une présence plus nombreuse de francophones à tous les niveaux administratifs. Encore une fois, la sur-représentation des anglophones, tout comme la ségrégation linguistique qui s'est instituée entre les deux groupes, sont des obstacles qui, s'ils ne sont pas levés, empêcheront tout changement dans l'utilisation des langues au sein des entreprises[88].

La commission Gendron elle-même recommandait une politique explicite de francophonisation, fixant même un calendrier et des quotas (mais sans mécanismes d'exécution). Elle affirmait que

> [...] dans notre climat de laisser-faire linguistique où chacun emploie librement sa langue [...] ceux qui occupent les postes de commande ont tendance à imposer la leur

aux travailleurs qui sont sous leurs ordres. On ne peut penser à corriger la situation dans les secteurs dominés par les anglophones, c'est-à-dire augmenter le niveau d'emploi du français, sans introduire davantage de francophones, soit dans les postes supérieurs, comme pour l'industrie manufacturière, soit à tous les échelons des occupations dans les secteurs de la finance, des services d'utilité publique et des sièges sociaux[89].

Pendant le printemps 1977, tout portait à croire que la politique linguistique du gouvernement touchant l'économie viserait cette «promotion sociale» des francophones[90]. Dans la première version de la loi linguistique du Parti Québécois, le projet de loi 1, l'article 112b exigeait «un nombre accru de Québécois dans tous les paliers du monde des affaires», sous-entendant que «Québécois» désignait les individus d'origine canadienne-française[91]. Or il est vite devenu évident qu'une telle politique serait difficile à appliquer et pourrait provoquer des tensions sociales. Comment définir un «Québécois»? Une personne qui parle français? Une personne de langue française née au Québec? Un Canadien français[92]? Toutes les définitions impliquaient de graves conséquences sociopolitiques, car définir un «Québécois» d'une façon plutôt que d'une autre, par exemple en excluant une personne de langue française qui n'est pas d'origine canadienne-française, équivaudrait en réalité à définir la collectivité québécoise d'une manière exclusive.

Devant l'opposition farouche des milieux d'affaires tant anglophones que francophones, le gouvernement Lévesque fit marche arrière et révisa son plan de francophonisation. Dans la version finale de la loi 101, il était stipulé que les entreprises québécoises devaient augmenter «à tous les paliers hiérarchiques, y compris au conseil d'administration, le nombre de personnes qui possèdent une bonne connaissance du français afin de répandre son utilisation[93]». Aucune mention d'origine ethnique, d'échéance ni de quota. L'Office de la langue française, chargé d'administrer le programme de francisation, reconnaissait que l'article 141b de la loi 101 pouvait s'appliquer à des personnes dont la langue maternelle n'est pas le français, mais qui en possèdent une «bonne connaissance». Ainsi, comme un représentant de l'OLF l'avoua franchement en 1978, la reine Élisabeth serait francophone d'après cette interprétation de la loi 101[94]!

Ayant abandonné son projet de francophonisation directe, le PQ se tourna vers la «promotion linguistique» et définit une politique pour répandre l'usage du français dans le secteur privé[95]. Bien entendu, on s'attendait à ce que la francisation mène ultérieurement à la francophonisation, car les candidats francophones, en raison de leur habileté en français, auraient une longueur d'avance sur le marché du travail.

Dans le projet de loi 1, les mesures en matière de francisation étaient considérablement plus coercitives que celles qu'on trouvait dans la loi 22. Contrairement aux dispositions de la loi 22 qui ne s'appliquaient qu'aux entreprises qui faisaient affaire avec le gouvernement, le projet de loi 1 obligeait *toutes* les entreprises de 50 employés et plus à obtenir un certificat de francisation avant le 31 décembre 1983. L'OLF et les entreprises s'entendaient sur un programme de francisation acceptable et un calendrier, et ces dernières devraient former un comité patronal-syndical qui analyserait les habitudes linguistiques de l'entreprise et négocierait ensuite un programme de francisation approprié avec l'OLF.

Les dispositions du projet de loi 1 en matière de francisation visaient presque toutes les activités de l'entreprise. La logique qui sous-tendait un programme aussi vaste était évidente: toute tentative pour imposer le français comme langue de communication interne dans une entreprise échouerait, à moins qu'on ne mette à sa disposition des documents, des manuels et des directives sur l'utilisation de l'équipement en français, etc. Le programme de francisation devait englober tous les aspects du travail, à tous les échelons. Pour faire du français «la langue générale de travail à tous les paliers de l'entreprise», le projet de loi 1 donnait une liste d'exigences: connaissance du français par les cadres de l'entreprise, augmentation du nombre de «Québécois» à tous les niveaux (une disposition assouplie dans la loi 101), utilisation du français comme langue du travail et des communications internes, rédaction des documents en français, communication en français avec la clientèle, les fournisseurs et le public, utilisation de la terminologie française, publicité en français et politique d'embauche et d'avancement «appropriée». Un employé francophone ne pouvait être congédié parce qu'il était unilingue et les employeurs devaient prouver qu'un poste exigeait la connaissance de l'anglais. Sans preuve à l'appui, il était illégal d'exiger le bilinguisme. Des peines sévères étaient prescrites pour les infractions au programme de francisation, y compris la perte de subventions gouvernementales, voire du permis d'exploitation. Alors que la loi 22 s'était accompagnée d'un processus de surveillance plutôt lâche, le projet de loi 1 prévoyait la création d'une Commission de surveillance pour veiller au grain. La Commission pouvait recevoir les plaintes des citoyens au sujet de violations présumées de la loi, mener des enquêtes, négocier une solution et, à défaut d'une entente négociée, transmettre les noms des entreprises contrevenantes au ministère de la Justice.

Les milieux d'affaires se sont férocement opposés à ces dispositions du projet de loi 1. Les mémoires présentés à la commission parlementaire chargée d'étudier le projet de loi 1 par des organismes comme la Chambre de commerce du district de Montréal et le Board of Trade, et par des sociétés comme Alcan, la Banque de Montréal et la Banque Royale du Canada, dénonçaient tous le programme de francisation[96]. Au début de juin 1977, un groupe formé de 326 hommes d'affaires francophones, dont Claude Castonguay, qui fut président du Groupe La Laurentienne, et Paul Desmarais, de Power Corporation, faisaient publier une lettre ouverte à Camille Laurin où ils exprimaient la crainte que «le projet de loi, tel que conçu, nui[se] au développement économique de notre milieu et donn[e] libre cours à l'intolérance tant à l'intérieur qu'à l'extérieur du Québec[97]». Laurin répliqua en accusant les signataires «d'être inféodés à l'establishment anglophone[98]».

Jusqu'à un certain point, cet «establishment anglophone» représentait un ennemi de choix pour le PQ qui tentait de rallier les francophones à la souveraineté. Par contre, craignant que l'opposition des milieux d'affaires à la loi sur la langue ne détériore le climat économique à la veille du référendum sur la souveraineté, le gouvernement modifia plusieurs aspects de son programme de francisation. Le mécanisme de surveillance fut assoupli dans la loi 101: la

Commission de surveillance devait consulter les présumés contrevenants avant d'entamer des procédures judiciaires et une commission d'appel fut mise sur pied[99]. Malgré tout, la surveillance linguistique prêtait le flanc aux critiques. Dans plusieurs articles polémiques, entre autres dans le mensuel *The Atlantic*, le célèbre romancier montréalais Mordecai Richler ridiculisait les fonctionnaires de la Commission de surveillance en les traitant de «flics de la langue». Les dirigeants péquistes, qui courtisaient les investisseurs américains, craignaient l'effet négatif de ces textes aux États-Unis; l'image d'un État où sévit une police de la langue digne du Troisième Reich n'était pas celle que le PQ voulait que l'on retienne à la veille du référendum[100].

Comme au début des années soixante-dix, la bourgeoisie d'affaires est intervenue pour lancer l'avertissement que la francisation de l'économie provoquerait l'exode des sièges sociaux. En 1977, le Board of Trade de Montréal prépara une étude qui démontrait que les sièges sociaux de 13 grandes sociétés à Montréal créaient 13 000 emplois directs et injectaient 430 millions de dollars dans l'économie du Québec; les emplois indirects, y compris les services professionnels comme le droit, la comptabilité, l'ingénierie, et ainsi de suite, se chiffraient à 40 000 et les retombées économiques, à un milliard de dollars[101]. Deux conseillers en gestion, anciens conseillers du gouvernement Bourassa, laissaient entendre que le projet de francisation du gouvernement Lévesque coûterait quelque 23 000 emplois, surtout dans des entreprises qui faisaient des affaires à l'extérieur du Québec[102].

Les conseillers économiques du gouvernement Lévesque reconnaissaient l'importance stratégique des sièges sociaux. «En effet, les décisions marquantes quant à l'avenir des firmes, qu'il s'agisse d'investissement, d'exportation, de recherche ou de mise en marché, se prennent souvent à ce niveau[103]». Tout de même, le PQ adhérait aux conclusions de la commission Gendron selon lesquelles les sièges sociaux dirigés par des anglophones installés à Montréal représentaient un obstacle de taille à la francisation de l'économie du Québec. En examinant les politiques de recrutement de 10 sièges sociaux montréalais au début des années soixante-dix, la commission Gendron avait relevé qu'ils engageaient deux anglophones pour chaque francophone et que 21,3 % de leur personnel était recruté à l'extérieur du Québec (celui-ci était exclusivement anglophone). Les francophones constituaient 35 % des employés des sièges sociaux qui gagnaient moins de 10 000 $ et seulement 15 % de ceux qui avaient des revenus supérieurs à 22 000 $. La commission avait fait le constat suivant: «Si la présence de sièges sociaux sur un territoire a l'effet bénéfique qu'on décrit souvent en termes d'accès de la population locale à des postes de décision et de contrôle, il faut conclure que les francophones participent bien peu à ces bénéfices au Québec. [...] Ce cas de chasse gardée n'a d'équivalent du côté des francophones que dans l'administration publique provinciale[104].»

Quoi qu'il en soit, craignant la menace d'un exode des sièges sociaux, le gouvernement Lévesque recula devant son programme global de francisation qui se serait appliqué aux activités des sièges sociaux. La loi 101 et les règlements ultérieurs permirent aux sièges sociaux et aux centres de recherche de négocier des ententes spéciales avec l'OLF pour être dispensés des dispositions relatives à la francisation. Les règlements de 1978 précisaient que les sièges sociaux d'entreprises qui réalisaient plus de 50 % de leur chiffre d'affaires brut hors du Québec pouvaient demander de ne pas être assujettis à la loi 101 pour les raisons suivantes: 1) la multiplicité des relations professionnelles à l'extérieur du Québec, 2) la complexité de la technologie, 3) le besoin de personnel spécialisé, 4) les conséquences défavorables d'un programme de francisation sur la position concurrentielle de l'entreprise[105]. En 1983, à la suite d'une modification apportée à la loi 101 dans le but d'attirer des industries de haute technologie dans la région de Montréal, les centres de recherche pouvaient être admissibles à des ententes spéciales qui les soustrayaient à la francisation[106]. Selon Camille Laurin, «les règlements sur l'usage du français dans les sièges sociaux font en sorte qu'aucune entreprise ne sera justifiée de quitter le Québec pour des motifs linguistiques[107]». En 1986, l'OLF avait conclu 224 «ententes particulières» avec des sièges sociaux et des centres de recherche, qui leur permettaient de faire usage de l'anglais uniquement[108].

Outre les dispenses accordées aux sièges sociaux, le gouvernement fit une autre concession au milieu des affaires anglophone en facilitant un peu plus l'accès à l'école anglaise. Pendant le débat sur la langue en 1977, les milieux d'affaires avaient dit que les firmes multinationales n'investiraient pas à Montréal parce que les cadres supérieurs mutés au Québec ne pourraient pas envoyer leurs enfants à l'école anglaise. Les règlements accompagnant la loi 101 permettaient aux personnes «qui peuvent prouver qu'elles ont été affectées au Québec par leur employeur pour une période ne dépassant pas trois ans» d'inscrire leurs enfants à l'école anglaise; cette permission spéciale pouvait être renouvelée par le ministère de l'Éducation pour trois années supplémentaires[109]. Un règlement de 1985 a allongé la première autorisation à cinq ans, suivie d'un renouvellement d'un an[110].

Une fois faites ces concessions importantes au milieu des affaires, la francisation des entreprises a progressé de façon constante après 1977. Les chiffres sont éloquents: en 1984, 33 % des grandes entreprises (100 employés et plus) avaient obtenu leur certificat de francisation attestant que «le français avait atteint un niveau d'usage généralisé dans l'entreprise»; ce pourcentage était de 50 % en 1987 et de 73,5 % en mars 1995. Dans les moyennes entreprises (entre 50 et 99 employés), les progrès en ce sens sont aussi très nets; en 1984, 40 % de celles-ci avaient obtenu leur certificat de francisation, pourcentage qui est passé à 70 % en 1987 et à 81,5 % en 1995[111]. On le voit, la francisation des entreprises a fait des progrès constants, au point où en 1996 le processus de francisation «se rapproche de plus en plus du taux de certification maximum et que, depuis le début des années quatre-vingt-dix, il a tendance à plafonner[112]». De plus, l'OLF a lancé des programmes de soutien à la francisation, comme le programme de terminologie pour la préparation des lexiques français par secteur d'activité.

Les certificats de francisation devaient être obtenus avant la fin de 1983; en théorie, plusieurs entreprises avaient enfreint la loi 101, mais le gouvernement a appliqué les règlements de francisation de façon souple. Cela n'est pas étonnant compte tenu du souci constant de la part du gouvernement d'attirer des investissements et du pouvoir tenace du capital anglophone à Montréal. En fait, jusqu'en 1994, environ 5 % des entreprises de 50 employés et plus (203 firmes) avaient conclu une «entente particulière» avec l'OLF qui autorisait «une certaine utilisation de l'anglais au sein du siège social ou du centre de recherche» et qui permettait d'«adopter une stratégie de francisation particulière[113]; de ces entreprises ayant conclu une entente, seulement la moitié avait obtenu un certificat de francisation, comparativement à 78 % des autres moyennes et grandes entreprises québécoises, un autre indice de la flexibilité de l'application de la loi au milieu des affaires. Néanmoins, l'augmentation de la proportion de certification depuis 1980 indique un progrès réel dans l'usage du français au travail. Dans le prochain chapitre, nous examinerons en quoi les programmes de francisation ont entraîné des changements concrets dans l'usage des langues dans les milieux de travail montréalais.

Le coût de la francisation, sans être minime, n'a pas été aussi élevé que les critiques de la loi 101 ont prétendu. Les principaux coûts directs concernaient la traduction et l'impression de nouveaux documents, la préparation de lexiques, la formation linguistique et une certaine réorganisation interne[114]. Yvan Allaire et Roger Miller ont calculé que, jusqu'en 1980, il en avait coûté environ 96 millions de dollars aux entreprises québécoises pour se conformer aux dispositions de la loi 101[115]. D'autres études ont laissé entendre que les coûts directs de la francisation étaient en moyenne inférieurs à 1 % du chiffre d'affaires de l'entreprise[116]; de plus, les coûts diminuaient considérablement après une période de transition de cinq ans, car les documents et les méthodes de travail en français étaient déjà mis en place. Pour les nouvelles entreprises, les frais de francisation sont minimes.

Les coûts directs de la francisation varient selon le secteur d'activité; ils sont plus élevés dans les entreprises qui dépendent de communications complexes. Mais Allaire et Miller concluent que les frais de francisation sont comparables aux dépenses engagées pour se conformer à d'autres règlements, comme la protection du consommateur ou la santé et la sécurité du travail[117]. D'un autre côté, il semble que la francisation améliore la productivité des employés francophones, surtout dans les postes de direction; ces derniers «rentabiliseraient» donc la francisation grâce à leur productivité accrue[118]. En définitive, les coûts directs de la francisation n'auraient dans l'ensemble eu qu'un effet mineur sur la rentabilité et la position concurrentielle des entreprises à Montréal.

Les critiques de la politique linguistique du gouvernement péquiste ont aussi affirmé que la loi 101 a provoqué un exode des sièges sociaux. Il n'existe pas de données fiables sur le nombre d'entreprises qui ont quitté Montréal à cause de la réglementation de leurs habitudes linguistiques. De plus, il est difficile de départager les départs *causés* par la loi 101 et ceux qui s'inscrivent dans une tendance à long terme de déménagement des sièges sociaux à Toronto et dans l'Ouest.

En revanche, il semble que la fuite des capitaux s'est accélérée peu après l'adoption de la loi 101, en réaction surtout à l'avenir politique incertain du Québec plutôt qu'à l'impossibilité de fonctionner sous le régime de la loi 101. Le départ le plus retentissant a été celui de la Sun Life Assurance Company, pilier de l'establishment financier anglo-montréalais, qui annonça son départ pour Toronto en janvier 1978[119]. Les dirigeants de Sun Life affirmaient que la compagnie ne pourrait pas évoluer dans le cadre de la loi 101, même si le gouvernement avait déjà fait savoir qu'il ferait preuve de souplesse à l'endroit des sièges sociaux.

Il ne fait aucun doute que les règlements de la loi 101 n'étaient qu'un prétexte; en réalité, Sun Life admettait difficilement la nouvelle dynamique linguistique à Montréal. La première nomination d'un Canadien français à un poste de direction à Sun Life n'a eu lieu qu'en 1964. En 1978, seulement deux membres du conseil d'administration sur 21 étaient canadiens-français et, parmi les 2000 employés de Sun Life à Montréal, seulement 200 étaient des Canadiens français, «engagés pour sauver les apparences[120]». La compagnie et le président de son conseil d'administration, Alistair Campbell, personnifiaient l'époque de la «ville anglaise». «Campbell n'a jamais appris à dire autre chose en français que "merci" et d'autres petites expressions condescendantes» et il était fort troublé par le fait que «le Montréal de sa jeunesse, celui du

Golden Square Mile [...] et de l'anachronique *Staff Common Room* dans son édifice, n'avait plus de signification[121]». Le président-directeur général, Thomas Galt, était également un homme de la vieille école.

Le départ de Sun Life avait été préparé, c'était une mise en scène organisée dans le but de clamer que la vieille garde anglophone n'accepterait pas le nouveau régime linguistique; la compagnie voulait «donner une leçon au Parti Québécois». Les dirigeants péquistes ont cité Sun Life comme exemple de l'exploitation anglophone en faisant remarquer que la compagnie avait peu investi au Québec malgré les primes qu'elle percevait dans la province. Le lendemain de l'annonce du départ, un graffiti sur l'édifice Sun Life au square Dominion disait «bon débarras[122]». Plusieurs Anglo-Montréalais ont craint que l'action de Sun Life ne rende encore plus difficile leur tâche de défendre leur point de vue dans le nouveau Québec.

L'entrée en vigueur de la loi 101 s'est accompagnée d'autres départs fracassants, comme le déménagement du siège social de Northern Telecom à Toronto «après s'être fait dire par le premier ministre René Lévesque de ficher le camp si elle n'arrêtait pas de se plaindre des lois linguistiques[123]». D'autres sociétés, comme le Trust Royal, ont aussi déménagé leurs sièges sociaux, en faisant moins de tapage toutefois. Certaines sont parties discrètement, par étapes, en démantelant les services pièce par pièce. Par exemple, bien que le siège social de la Banque Royale, la plus grande banque du pays, demeure en théorie à Montréal, l'institution déménage graduellement ses services et ses postes de direction à Toronto depuis les années soixante-dix. En 1997, parmi les 5800 employés du siège social, moins de 670 travaillaient à Montréal[124]. La Banque de Montréal a d'abord déménagé son service de cartes de crédit Mastercard à Toronto avant que le siège social en entier quitte Montréal. En 1996, moins de 20 % des affaires de la banque se faisaient au Québec et une rumeur circulait selon laquelle la banque envisageait de changer son nom pour la First Canadian Bank[125]. En 1995, le Canadien Pacifique a annoncé le déménagement du siège social de CP Rail à Calgary. Ce déménagement était motivé par la réalité économique (80 % du transport des marchandises se fait à l'ouest de Toronto) et peut-être par le malaise qui a suivi le référendum de 1995 plutôt que par une inquiétude au sujet de la politique linguistique. Vu son importance symbolique, ce «déménagement de l'Histoire» n'est pas passé inaperçu et, en 1996, la Banque de Montréal et le CP Rail, les deux piliers de l'empire financier et industriel anglophone qui a rayonné sur l'économie canadienne à partir de Montréal à la fin du XIXe siècle et au début du XXe, prenaient leurs décisions ailleurs que dans la ville qui les avait vus prospérer[126].

Les évaluations statistiques de l'exode des sièges sociaux après l'adoption de la loi 101 varient considérablement. Miller estime que quelque 14 000 emplois ont été perdus à Montréal à cause du départ des sièges sociaux entre 1977 et 1983[127]. L'ancien ministre provincial libéral Clifford Lincoln a soutenu que 72 sièges sociaux avaient quitté Montréal dans les cinq années qui ont suivi la promulgation de la loi 101 et que plusieurs autres étaient «présents de nom, mais ailleurs dans les faits[128]». À l'opposé, une étude gouvernementale a affirmé qu'en 1977 et 1978, les années de la plus forte panique dans le Montréal anglophone, seulement six sièges sociaux avaient quitté le Québec, amenant avec eux 774 emplois[129], conclusions peu plausibles. Parmi les 100 grandes sociétés canadiennes au point de vue de l'actif, le nombre de celles qui sont situées à Montréal est passé de 25 en 1977 à 20 en 1988 (*voir le tableau 5, p. 80*). Toutefois, ce nombre rend compte non seulement du départ de certains sièges sociaux de Montréal, mais aussi de la forte croissance des sociétés situées à Toronto et à Calgary qui ont pu déclasser certaines entreprises montréalaises dans le palmarès des «top 100». Une analyse récente a identifié 27 grandes sociétés qui ont déménagé leurs sièges sociaux de Montréal entre 1978 et 1981, dont Sun Life, Royal Trust, Northern Telecom, Trizec, RCA, Ralston Purina, Canadian Tire et BP Canada[130].

Quelle que soit l'ampleur de l'exode des sièges sociaux de Montréal, il fait peu de doute, comme nous le verrons au chapitre suivant, que ces départs ont causé du tort à l'économie de Montréal. Toutefois, le départ des entreprises et du personnel anglophones de Montréal, s'il a engendré une grande incertitude économique et des difficultés pour les personnes concernées, a favorisé l'ascension des entreprises et des entrepreneurs francophones. Le nouveau régime linguistique de Montréal a créé une «industrie de la francisation» qui a fourni des emplois à des traducteurs, à des consultants et à des professeurs de français[131]. Bref, comme dit Jacques Parizeau: «Même si toutes ces compagnies canadiennes-anglaises partaient pendant nos premières années au pouvoir, j'ai gardé mon calme. J'ai réalisé que ceci ouvrirait la voie aux Canadiens français pour entrer dans ces domaines[132].» De fait, selon une étude de Mario Polèse et Sylvain Lefebvre, près de la moitié (49 %) des emplois dans les sièges sociaux se trouvent désormais dans des entreprises contrôlées par des Québécois, «une indication de la vitalité de l'entrepreneurship francophone» qui a crû de façon significative depuis quelques années[133].

Malgré l'intensité de l'opposition du monde des affaires à la loi 101 à l'origine, on remarque une certaine acceptation et même une approbation de la législation dans les années quatre-vingt. Bien que la majorité des gens d'affaires considèrent la loi 101 comme un obstacle au recrutement de cadres qualifiés, en 1987, plusieurs décideurs francophones, tel Ghislain Dufour du Conseil du patronat du Québec, parlaient en termes favorables des conséquences de la francisation et mettaient en garde contre une refonte complète de la loi 101[134]. Dans une enquête réalisée en 1982, 71,8 % des cadres francophones croyaient que la loi 101 devait rester telle quelle ou être renforcée, et seulement 29,2 % croyaient que sa portée devrait être affaiblie[135]. La bourgeoisie d'affaires anglo-québécoise maintenait son opposition à la loi 101, et près des trois quarts des gens d'affaires étaient pour son assouplissement. Quant aux multinationales, elles semblent s'être adaptées sans faire trop de bruit[136].

Le monde des affaires a pu s'adapter assez facilement à la loi 101 parce que, somme toute, le gouvernement péquiste a tenu compte de ses principales critiques et, dans la version finale de la loi 101, les dispositions relatives à la langue et à l'économie étaient à peine plus contraignantes que celles de la loi 22. Les aspects plus radicaux du projet de loi 1, comme la francophonisation directe, l'extension de la francisation aux sièges sociaux et la surveillance étroite, ont été éliminés ou modifiés dans la loi 101.

En revanche, le PQ a été nettement plus ferme que la loi 22 dans un domaine particulier, celui du commerce. Depuis plusieurs années, les francophones s'inquiétaient du visage extérieur du commerce à Montréal, et la persistance de l'anglais comme langue du commerce et de l'affichage irritait leur amour-propre. Avec la loi 101, qui consacrait le droit des consommateurs d'être servis en français inscrit dans la loi 22, le PQ a imposé le français comme seule langue dans les raisons sociales, l'affichage commercial et les documents tels que les factures, les reçus et les bons de commande[137]. La formule de la loi 22, qui exigeait le français mais permettait aussi l'usage de l'anglais, fut ainsi abandonnée. Gaston Cholette, conseiller de Camille Laurin et plus tard président de la Commission de surveillance, expliqua l'importance psychosociale de la question de l'affichage pour la communauté francophone:

> Sur le plan psychologique, pour la communauté francophone, l'unilinguisme français dans l'affichage public est l'un des aspects les plus importants de la Charte de la langue française. [...] Un des signes les plus évidents de l'aliénation des francophones sur le plan linguistique était la conviction profonde et généralisée que le français ne pouvait vivre que dans, par ou avec l'anglais. [...] Il s'agissait vraiment d'une crise grave de la personnalité, où se combinait un doute angoissant à l'égard de sa propre langue avec des attitudes à l'égard de l'anglais qui étaient devenues du fétichisme[138].

Les propos de Cholette illustrent bien le fait que l'affirmation et l'amour-propre des francophones sous-tendaient la question de l'affichage. De plus, l'affichage commercial unilingue n'était pas exigé seulement pour soulager «l'aliénation» des francophones; un message était ainsi envoyé aux immigrants et aux anglophones. René Lévesque expliquera cette idée en 1982:

> À sa manière en effet, chaque affiche bilingue dit à l'immigrant: «Il y a deux langues ici, l'anglais et le français; on choisit celle qu'on veut.» Elle dit à l'anglophone: «Pas besoin d'apprendre le français, tout est traduit.» Ce n'est

pas là le message que nous voulons faire passer. Il nous apparaît vital que tous prennent conscience du caractère français de notre société[139].

Bien que la Commission de surveillance, rebaptisée plus tard en Commission de protection de la langue française, appellation moins rebutante, ait été fondée pour veiller au respect de *tous* les aspects de la loi 101, la plus grande part de son travail touchait les infractions présumées au chapitre VII sur la langue du commerce. Plus de 80 % des enquêtes menées par la Commission entre 1979 et 1986 l'ont été dans la région de Montréal et plus de 75 % de ces cas concernaient des infractions présumées au chapitre VII[140]. Par exemple, en 1983-1984, les 41 cas soumis par la Commission au ministre de la Justice pour qu'il entame des procédures judiciaires venaient de la région de Montréal et avaient trait au chapitre VII de la loi[141].

La Commission de surveillance était particulièrement vigilante, surtout pendant les premières années de son existence, dans sa poursuite des contrevenants à la loi sur l'affichage à Montréal. Plus de la moitié des dossiers ouverts par la Commission entre 1979 et 1986 se rapportaient à des infractions aux articles 58 et 69 de la loi 101 et la quasi-totalité de celles-ci avaient été commises dans la région de Montréal. Il y a eu un relâchement dans la poursuite des violations à la loi sur la langue d'affichage avec le retour au pouvoir du Parti libéral, de 1985 à 1994. En effet, comme je l'ai mentionné précédemment, le gouvernement Bourassa a aboli la Commission de protection de la langue française en 1993, par l'adoption de la loi 86, et confié les fonctions de surveillance à un personnel réduit de l'Office de la langue française.

Toutefois, en 1996, le gouvernement Bouchard, tout en n'abrogeant pas les dispositions de la loi 86 sur l'affichage bilingue, proposait un projet de loi visant à rétablir la Commission de protection de la langue française comme organisme distinct chargé de faire respecter de façon plus vigilante la politique sur la langue d'affichage. Bouchard devra maintenir un difficile équilibre: rétablir la Commission pour satisfaire les «faucons» de son parti, tout en évitant de se mettre à dos les anglophones de Montréal quant à la question de la langue d'affichage et de ternir son image sur le plan international en envoyant une «police de la langue» zélée harceler les petits commerçants montréalais non francophones — tout cela en même temps que le Parti Québécois se prépare pour le prochain référendum sur la souveraineté.

Conclusion

La Charte de la langue française est l'aboutissement de près de deux décennies de politiques gouvernementales qui ont voulu, de diverses manières, attaquer la domination historique de l'économie de Montréal par les anglophones. Pendant la Révolution tranquille et après, le gouvernement du Québec a pris des initiatives par rapport au développement économique, à la réforme de l'éducation et à la politique linguistique. L'expansion de l'emploi dans le secteur public, l'amélioration de l'enseignement public, la création de sociétés d'État comme la Caisse de dépôt et placement, Hydro-Québec et la Société générale de financement et le programme de francisation de la loi 101 ont été les principaux outils utilisés par le gouvernement du Québec pour reconquérir l'économie de Montréal.

Ces politiques s'articulaient autour de buts économiques: améliorer la disponibilité des emplois intéressants pour les francophones, lancer des entreprises francophones rentables et faire du français la langue «normale et habituelle» du travail. Bien que ces politiques aient été implantées à la grandeur du Québec, Montréal en était la cible principale, car c'était là que le pouvoir du capital anglophone entravait le plus les possibilités d'avancement pour les francophones dans le secteur privé, là aussi que la pression sur les francophones pour travailler en anglais était la plus forte. Dans le prochain chapitre, nous verrons jusqu'à quel point le français est devenu la langue du travail à Montréal et, en particulier, jusqu'à quel point la politique linguistique a joué un rôle dans la transformation de la division linguistique du travail.

Notes du chapitre VI

1. André Raynauld, *La propriété des entreprises au Québec: les années 60*, Montréal, Presses de l'Université de Montréal, 1974, p. 116, 147-148.
2. Commission d'enquête sur la situation de la langue française et sur les droits linguistiques au Québec, *Rapport*, Tome 1: *La langue de travail*, Québec, Éditeur officiel du Québec, 1972, p. 77. Dans les prochaines notes, cette commission sera dite commission Gendron.
3. Voir Jules-Paul Tardivel, «Dénonciation du franglais», dans Guy Bouthillier et Jean Meynaud, *Le choc des langues au Québec, 1760-1970*, Montréal, Presses de l'Université du Québec, 1976, p. 206-213 (extraits d'une causerie de Tardivel au Cercle catholique de Québec le 17 décembre 1879), et Gouvernement du Québec, *La politique québécoise de la langue française*, Québec, Éditeur officiel du Québec, 1977.
4. Peter Leslie, «Ethnic Hierarchies and Minority Consciousness in Quebec», dans Richard Simeon (dir.), *Must Canada Fail?*, Montréal, McGill-Queen's University Press, 1977, p. 113.
5. Cité dans Edward Corbett, *Quebec Confronts Canada*, Baltimore, Johns Hopkins University Press, 1967, p. 95.
6. Peter Leslie, art. cité, p. 113.
7. James I. Gow, «Modernisation et administration publique», dans Edmond Orban (dir.), *La modernisation politique du Québec*, Montréal, Boréal Express, 1976, p. 167; *Le Québec statistique, édition 1985-1986*, Québec, Éditeur officiel du Québec, 1986, p. 250.
8. Voir André Blais et Kenneth McRoberts, «Public Expenditure in Ontario and Quebec, 1950-1980: Explaining the Differences», *Revue d'études canadiennes*, vol. 18, n° 1, printemps 1983, p. 28-53.
9. Paul-André Linteau et autres, *Le Québec depuis 1930, histoire du Québec contemporain*, Montréal, Boréal, 1986, p. 430.
10. Arnaud Sales et Noël Bélanger, *Décideurs et gestionnaires: étude sur la direction et l'encadrement des secteurs privé et public*, Québec, Éditeur officiel du Québec, 1985, p. 217.
11. L'emploi dans le secteur public est calculé d'après les données de Pierre Lamonde et Mario Polèse, «L'évolution de la structure économique de Montréal, 1971-1981: désindustrialisation ou reconversion», *Actualité économique*, vol. 60, n° 4, décembre 1984, p. 483; *Le Québec statistique: édition 1985-1986*, ouvr. cité, p. 246, 249, 254.
12. Kenneth McRoberts, *Quebec: Social Change and Political Crisis*, 3ᵉ éd., Toronto, McClelland and Stewart, 1988, p. 178.
13. Voir William D. Coleman, *The Independence Movement in Quebec, 1945-1980*, Toronto, University of Toronto Press, 1984, p. 94-100; Dorval Brunelle, *La désillusion tranquille*, Montréal, Hurtubise HMH, 1978.
14. Michael Behiels, *Prelude to Quebec's Quiet Revolution*, Montréal, McGill-Queen's University Press, 1985, p. 17.

15. Dorval Brunelle, ouvr. cité, p. 113.
16. Dale C. Thomson, *Jean Lesage et la révolution tranquille*, Saint-Laurent, Éditions du Trécarré, 1984.
17. *Guide des programmes d'aide offerts aux entreprises québécoises*, Québec, Direction générale des services aux entreprises, ministère de l'Industrie et du Commerce du Québec, 1979.
18. Gouvernement du Québec, *Le virage technologique: Bâtir le Québec, phase 2: Programme d'action économique, 1982-1986*, Québec, Éditeur officiel du Québec, 1982, p. 48.
19. *Ibid.*, p. 194.
20. Paul-André Linteau et autres, ouvr. cité, p. 431.
21. Gouvernement du Québec, *Bâtir le Québec. Énoncé de politique économique*, Québec, Éditeur officiel du Québec, 1979, p. 52.
22. Thomas Courchène, «Le Québec se démarque du reste du Canada par son ouverture au jeu du marché», *Le Devoir*, 16 juillet 1986.
23. A. Brian Tanguay, «Business, Labor, and the State in the "New" Quebec», *The American Review of Canadian Studies*, vol. 17, n° 4, hiver 1987-1988, p. 403.
24. Gouvernement du Québec, *Le virage technologique...*, ouvr. cité, p. 48.
25. Gouvernement du Québec, *Bâtir le Québec. Énoncé de politique économique*, ouvr. cité, p. 53.
26. *Rapport du Comité consultatif au Comité ministériel sur le développement de la région de Montréal* (rapport Picard), Ottawa, ministère des Approvisionnements et Services, 1986, p. 293.
27. Voir, par exemple, Gilles Bourque, «Class, Nation, and the Parti Québécois», dans Alain D. Gagnon (dir.), *Quebec: State and Society*, Toronto, Methuen, 1984, p. 124-147; Gilles Bourque et Anne Légaré, *Le Québec: la question nationale*, Paris, Maspero, 1979; Pierre Fournier, «Les nouveaux paramètres de la bourgeoisie québécoise», dans Pierre Fournier (dir.), *Le capitalisme au Québec*, Montréal, Éditions coopératives Albert Saint-Martin, 1978, p. 135-181.
28. *Le Devoir*, 14 janvier 1978.
29. Laurent Beaudoin, «Un sursis d'un mois s'impose pour réviser le dossier», *Le Devoir*, 23 décembre 1977.
30. Jacques Parizeau, «Au Québec, l'État doit intervenir», *Québec-Presse*, 15 février 1970, cité dans Pierre Fournier, *Le patronat québécois au pouvoir: 1970-1976*, Montréal, Hurtubise HMH, 1979, p. 241.
31. Dale C. Thomson, ouvr. cité, p. 37.
32. Voir Kenneth McRoberts, ouvr. cité, p. 174-175.
33. Pierre Fournier, *Le patronat québécois au pouvoir*, ouvr. cité, p. 245.
34. Alain-G. Gagnon et Khayyam Z. Paltiel, «Toward Maîtres chez nous: The Ascendancy of a Balzacian Bourgeoisie in Quebec», *Queen's Quarterly*, vol. 93, n° 4, hiver 1986, p. 739. Pour des statistiques sur la croissance de Bombardier, voir *L'Actualité économique et financière*, 15 juin 1996, p. 22-23; «Bombardier's Blitz», *Business Week*, 6 février 1995, p. 62-66, et François Shalom, «Bombardier Lands Rail Deal», *The Gazette*, 16 mars 1996.

35. Yves Bélanger et Pierre Fournier, *L'entreprise québécoise: développement historique et dynamique contemporaine*, Montréal, Hurtubise HMH, 1987, p. 123.
36. Diane Francis, *Le monopole*, Montréal, Éditions de l'Homme, 1987, p. 242-243.
37. Kenneth McRoberts, ouvr. cité, p. 163.
38. Pierre Fournier, *Le patronat québécois*, ouvr. cité, p. 247.
39. Martin Shefter, *Political Crisis/Fiscal Crisis*, New York, Basic Books, 1985.
40. Dale C. Thomson, ouvr. cité, p. 115.
41. Cité dans Diane Francis, ouvr. cité, p. 242-243.
42. Dale C. Thomson, ouvr. cité, p. 115.
43. Yves Bélanger et Pierre Fournier, ouvr. cité, p. 135; Dale C. Thomson, ouvr. cité; Douglas Fullerton, *The Dangerous Delusion*, Toronto, McClelland and Stewart, 1978, p. 59-60.
44. Alain Pinard, «Your Money at Work for Quebec», *The Montreal Star*, 11 janvier 1972, cité dans Pierre Fournier, *Le patronat québécois*, ouvr. cité, p. 121.
45. Caisse de dépôt et placement, *Rapport annuel, 1988*, p. 20.
46. Jacques Parizeau, «Le Québec remet-il en cause le rôle même du secteur public?», *Le Devoir*, 30 décembre 1970.
47. *L'actualité économique et financière*, 15 juin 1996, p. 21.
48. Caisse de dépôt et placement, *Rapport annuel, 1987*, p. 31.
49. Pierre Fournier, *The Quebec Establishment*, 2e éd. révisée, Montréal, Black Rose Books, 1978, p. 215.
50. «Provigo restera québécoise», *Le Devoir*, 24 septembre 1977.
51. *The Economist* (Londres), 27 mai 1989; *L'Actualité économique et financière*, 15 juin 1996, p. 22-23.
52. Lise Bissonnette, «Le Relais», *Le Devoir*, 10 septembre 1986.
53. Yves Bélanger et Pierre Fournier, ouvr. cité, p. 175.
54. Peter Hadekel, «Caisse de dépôt Has Outlived its Usefulness», *The Gazette*, 6 décembre 1989. Voir la critique de Pierre Arbour, *Québec Inc. et la tentation du dirigisme*, Montréal, l'Étincelle, 1993.
55. Diane Francis, ouvr. cité, p. 243.
56. *Ibid.*
57. Commission royale d'enquête sur le bilinguisme et le biculturalisme, *Le monde du travail*, Ottawa, Imprimeur de la Reine, 1969, p. 550.
58. Jean Chartier, «Hydro-Québec et la Caisse de dépôt: les succès ont dépassé les espoirs», *Le Devoir*, 31 janvier 1985, p. 66.
59. Pierre Fournier, *The Quebec Establishment*, ouvr. cité, p. 213.
60. Commission royale d'enquête sur le bilinguisme et le biculturalisme, ouvr. cité, p. 551.
61. *Ibid.*, p. 552.
62. *Ibid.*
63. Arnaud Sales et Noël Bélanger, ouvr. cité, p. 217.
64. André Bouthillier, «La naissance d'entreprises modernes mieux gérées et capables d'exporter leurs produits», *Le Devoir*, 31 janvier 1985.

65. Angèle Dagenais, «Le métro de Montréal a 20 ans», *Le Devoir*, 22 août 1987.
66. Communauté urbaine de Montréal, *Rapport annuel, 1987*, p. 12.
67. Commission royale d'enquête sur le bilinguisme et le biculturalisme, ouvr. cité, p. 18, 81 *et passim*. Voir aussi le rapport de la commission Parent, dont il a été question au chapitre II.
68. *Ibid.*, p. 69-70.
69. Kenneth McRoberts et Dale Postgate, *Quebec: Social Change and Political Crisis*, 2ᵉ éd., Toronto, McClelland and Stewart, 1980, p. 57; William Coleman, ouvr. cité, p. 157-182.
70. Ministère de l'Éducation du Québec, *Livre vert sur l'enseignement primaire et secondaire au Québec*, Québec, MEQ, 1977, p. 4.
71. *Ibid.*, p. 12; *Le Québec statistique, édition 1985-1986*, ouvr. cité, p. 425; Jean-Pierre Proulx, «En éducation, un rattrapage quantitatif», *Le Devoir*, 31 janvier 1985, p. 29-32.
72. Jean-Pierre Proulx, art. cité, p. 32.
73. Comité interministériel sur la situation de la langue française, *Le français, langue commune: enjeu de la société québécoise*, Québec, ministère de la Culture et des Communications, 1996, p. 50.
74. Voir Roch Côté, «McGill a bien fait quelques pas vers le Québec français, mais...», *La Presse*, 14 avril 1987.
75. Cité dans Claude Turcotte, «Une nouvelle vocation québécoise: les affaires», *Le Devoir*, 31 janvier 1985.
76. Alain-G. Gagnon et Khayyam Z. Paltiel, art. cité, p. 740; Graham Fraser, *Le Parti Québécois*, Montréal, Libre Expression, 1984, p. 237; Ramsay Cook, *Canada, Quebec, and the Uses of Nationalism*, Toronto, McClelland and Stewart, 1986, p. 87-104.
77. Alain-G. Gagnon et Khayyam Z. Paltiel, art. cité, p. 740.
78. Ministère des Affaires culturelles, *Livre blanc sur la politique culturelle*, s. l., 1965.
79. Dale C. Thomson, ouvr. cité, p. 320.
80. Loi 63, Loi pour promouvoir la langue française au Québec, sanctionnée le 28 novembre 1968, art. 4, par. 14 et 14a.
81. Camille Laurin, cité dans *Le Devoir*, 18 décembre 1976.
82. Gouvernement du Québec, *La politique québécoise de la langue française*, ouvr. cité, p. 39.
83. Voir, par exemple, Parti Québécois, *Quand nous serons vraiment chez nous*, Montréal, Éditions du Parti Québécois, 1972. Voir aussi Vera Murray, *Le Parti Québécois: de la fondation à la prise du pouvoir*, Montréal, Hurtubise HMH, 1976, p. 41-65.
84. Parti Québécois, *Édition 1975 du programme du Parti Québécois*, Montréal, Éditions du Parti Québécois, 1975, p. 25.
85. *Ibid.*
86. *Le Devoir*, 18 décembre 1976; Graham Fraser, ouvr. cité, p. 120.
87. Gouvernement du Québec, *La politique québécoise de la langue française*, ouvr. cité, p. 61.
88. Commission Gendron, ouvr. cité, p. 164.

89. *Ibid.*, p. 125.
90. Yvan Allaire, «La nouvelle classe politique et les pouvoirs économiques», dans Jean-François Léonard (dir.), *La chance au coureur: bilan de l'action du Parti Québécois*, Montréal, Éditions Nouvelles Optiques, 1978, p. 63.
91. Pour une analyse des exigences plus rigoureuses de francisation et de francophonisation contenues dans le projet de loi 1, voir William D. Coleman, «From Bill 22 to Bill 101: The Politics of Language Under the Parti Québécois», *Revue canadienne de science politique*, vol. 14, n° 3, septembre 1981, p. 467-472.
92. Graham Fraser, ouvr. cité, p. 120.
93. Loi 101, Charte de la langue française, sanctionnée le 26 août 1977, titre II, chap. v, art. 141b.
94. *Le Devoir*, 1er février 1978.
95. Yvan Allaire, art. cité, p. 63.
96. William D. Coleman, art. cité, p. 471.
97. *Le Devoir*, 4 juin 1977.
98. «Liberal Asks Laurin to Apologize», *The Montreal Star*, 8 juin 1977.
99. Règlement régissant la Commission d'appel de francisation des entreprises, A.C. 465-79, 21 février 1979; Règlement fixant les modalités d'un appel interjeté auprès de la Commission d'appel de francisation des entreprises, A.C. 466-77, 21 février 1979.
100. Mordecai Richler, «Oh Canada! Lament for a Divided Country», *The Atlantic*, vol. 240, n° 6, décembre 1977, p. 41-55.
101. Cité dans Peter Leslie, art. cité, p. 77.
102. William Johnson, «Language Bill Would Cost Quebec 22,900 Jobs, Study Finds», *The Globe and Mail*, 13 juin 1977.
103. Gouvernement du Québec, *Bâtir le Québec. Énoncé de politique économique*, ouvr. cité, p. 149.
104. Commission Gendron, ouvr. cité, p. 123-125.
105. Voir la Charte de la langue française, sanctionnée le 26 août 1977, titre II, chap. v, art. 144; Règlements de l'Office de la langue française relatifs à la définition de «siège social» et la reconnaissance des sièges sociaux pouvant faire l'objet d'entente particulière avec l'Office. La Charte de la langue française, A.C. 3646-78, 30 novembre 1978, dans *Règlements adoptés en vertu de la Charte de la langue française*, mars 1980, p. 7125-7126.
106. Charte de la langue française, art. 144. L. R. Q. chap. c-11, à jour au 30 juin 1987. Pour l'intérêt du gouvernement Lévesque dans la haute technologie, voir Gouvernement du Québec, *Le virage technologique...*, ouvr. cité. En 1986, un comité du gouvernement fédéral présidé par Laurent Picard de McGill avait aussi identifié la haute technologie comme pierre angulaire d'une stratégie de développement économique pour la région de Montréal et, dix ans après l'adoption de la loi 101, mentionnait encore explicitement celle-ci comme obstacle potentiel au développement économique de Montréal. Bien que, pour des raisons politiques évidentes, le rapport ait évité de traiter en

détail des effets de la loi 101 sur l'économie de Montréal, on laissait entendre que la loi entravait le recrutement de chercheurs non francophones. La réticence apparente des scientifiques canadiens-anglais à déménager d'Ottawa à Montréal pour travailler dans la nouvelle agence spatiale implantée sur la Rive-Sud en juin 1989 est un exemple de ce phénomène. Voir le rapport Picard, ouvr. cité, p. 35.

107. Françoy Roberge, «Les sièges sociaux n'ont plus de raison de bouder le Québec (Laurin)», *Le Devoir*, 21 juillet 1978.
108. Conseil de la langue française, *Les enjeux actuels de la francisation des entreprises, notes et documents 57*, Québec, CLF, 1986, p. 32.
109. Charte de la langue française, sanctionnée le 26 août 1977, titre I, chap. VIII, art. 85, et Règlement relatif à la langue d'enseignement des personnes séjournant temporairement au Québec, A. C. 2851-77, 24 août 1977, Règlement 77-487, 26 août 1977.
110. Règlement relatif à la langue d'enseignement des personnes séjournant temporairement au Québec, 2820-84 (1985).
111. Comité interministériel sur la situation de la langue française, ouvr. cité, p. 79-81.
112. *Ibid.*, p. 81.
113. Conseil de la langue française, *Indicateurs de la langue de travail au Québec, édition 1994*, Québec, CLF, 1995, p. 88.
114. Éconosult inc., *Étude sur les avantages et les coûts de la francisation*, Montréal, Office de la langue française, 1981, p. 429.
115. Yvan Allaire et Roger Miller, *L'entreprise canadienne et la Loi sur la francisation du milieu de travail*, Montréal, Institut de recherches C. D. Howe, 1980.
116. Éconosult inc., ouvr. cité; et Conrad Sabourin, *Processus de francisation et de certification des entreprises*, Montréal, Office de la langue française, 1977 (miméo.).
117. Roger Miller, «The Response of Business Firms to the Francization Process», dans Richard Y. Bourhis (dir.), *Conflict and Language Planning on Quebec*, Clevedon (G.-B), Multilingual Matters, 1984, p. 124.
118. Éconosult inc., ouvr. cité, p. 300; Laurent Cloutier, «La francisation de l'entreprise payante», *La Presse*, 28 août 1980.
119. Gerald Clark, *Montreal: The New Cité*, Toronto, McClelland and Stewart, 1982, p. 58.
120. *Ibid.*, p. 56.
121. *Ibid.*, p. 57.
122. Marie-Agnès Thellier, «Le départ de Sun Life, un dur coup pour la métropole», *Le Devoir*, 10 janvier 1978; René Lévesque, *Attendez que je me rappelle...*, Montréal, Québec/Amérique, 1986, p. 392-393.
123. Jay Bryan, «High-Tech Sector's Advantages Sapped by Separatism», *The Gazette*, 7 mai 1996.
124. Gérard Bérubé, «La Banque royale continue de vider son siège social», *Le Devoir*, 12 mars 1997.
125. Campbell Clark, «The Name Game», *The Gazette*, 12 janvier 1996.

126. Serge Truffaut, «Un déménagement de l'Histoire», *Le Devoir*, 26 novembre 1995. Voir aussi Jean-Robert Sansfaçon, «Un simplisme au goût amer», *Le Devoir*, 24 novembre 1995, et Campbell Clark, «CP Rail Move a Result of History», *The Gazette*, 22 novembre 1995.
127. Roger Miller, art. cité, p. 127.
128. «Head Offices Leaving and Bill 101 is the Major Cause», *The Gazette*, 18 octobre 1982.
129. Bernard Descôteaux, «Sièges sociaux: des départs certes, mais pas d'exode», *Le Devoir*, 16 décembre 1978.
130. Claude Picher, «Macédoine de tuiles et d'erreurs», *La Presse*, 5 mars 1996.
131. Ian Anderson, «Cashing in on Languages», *The Gazette*, 9 décembre 1978.
132. Cité dans Alain-G. Gagnon et Khayyam Z. Paltiel, art. cité, p. 742.
133. Mario Polèse et Sylvain Lefebvre, *Montreal Began Consolidating Head Office Jobs in 1986*, Gouvernement du Québec, Secrétariat à la restructuration, septembre 1995, n° 9, p. 3.
134. *La Presse*, 12 janvier 1987. Dans l'enquête de Sales et Bélanger en 1982, 47,5 % des directeurs et des cadres francophones interviewés qualifiaient la loi 101 d'obstacle au recrutement et la quasi-totalité de leurs homologues anglophones (96,4 %) affirmaient la même chose (Arnaud Sales et Noël Bélanger, ouvr. cité, p. 248).
135. Arnaud Sales et Noël Bélanger, ouvr. cité, p. 233.
136. Pierre Fournier, «Projet national et affrontement des bourgeoisies québécoise et canadienne», dans Jean-François Léonard (dir.), ouvr. cité, p. 39-59.
137. Charte de la langue française, sanctionnée le 26 août 1977, titre I, chap. II, art. 5.
138. Commission de surveillance de la langue française, *Rapport d'activité, 1982-1983*, Québec, Les Publications du Québec, 1983, p. 18.
139. Lettre datée du 5 novembre 1982 de René Lévesque à Eric Maldoff, président d'Alliance Québec, citée dans Michel Plourde, *La politique linguistique du Québec: 1977-1987*, Québec, Institut québécois de recherche sur la culture, 1988, p. 61.
140. Commission de surveillance de la langue française et Commission de protection de la langue française, rapports d'activité annuels de 1979 à 1986. En 1986, par exemple, 84,1 % des dossiers de la commission et 83,6 % des enquêtes sur de présumées infractions aux clauses de la loi 101 sur la langue du commerce provenaient de la région de Montréal (Commission de protection de la langue française, *Rapport d'activité, 1985-1986*, p. 11).
141. Commission de protection de la langue française, *Rapport d'activité, 1983-1984*, p. 25-27.

CHAPITRE VII

La francisation de l'économie de Montréal

Dans son tour d'horizon des villes canadiennes, George Nader pouvait encore, en 1976, décrire le square Victoria, au centre-ville de Montréal, comme «le centre névralgique du milieu financier canadien-anglais» et le boulevard Dorchester comme «le nouveau quartier anglophone des affaires[1]». L'édifice Sun Life, symbole bien visible du pouvoir des grandes sociétés anglophones, surplombait majestueusement le square Dominion.

Aujourd'hui, le boulevard Dorchester s'appelle le boulevard René-Lévesque et celui-ci est bordé de tours à bureaux qui témoignent du succès économique des francophones à Montréal. À l'ouest, dans la portion traditionnellement anglophone, se dresse l'édifice Assurances générales Boréal, propriété du puissant Groupe Vie Desjardins-Laurentienne. Symboliquement, il fait de l'ombre à l'hôtel Reine-Élisabeth situé juste en face, l'hôtel dont le nom, on s'en souviendra, avait fait l'objet d'une controverse en 1955, illustrant l'hégémonie anglophone sur Montréal. Plus à l'est se dressent l'édifice Hydro-Québec et le complexe Desjardins qui abrite un centre commercial, des bureaux et un hôtel. Autour du square Dominion, maintenant le square Dorchester, l'édifice Sun Life compte parmi ses locataires le siège social de la firme de courtage francophone Lévesque Beaubien Geoffrion inc., en plein essor.

Cette appropriation de l'espace urbain cristallise la transformation des rapports de force intercommunautaires à Montréal dans le domaine de l'économie. Il fait peu de doute que, dans les quatre grandes composantes de la vie économique — la langue de travail, l'accès au capital, la répartition des revenus et le visage extérieur du commerce —, la situation des francophones et de la langue française a fait des pas de géant depuis le début des années soixante.

Pourtant, les observateurs ne s'entendent pas sur le rôle joué par la politique linguistique — ou d'autres initiatives gouvernementales — dans l'évolution de cette transformation. Selon Michel Plourde, ancien président du Conseil de la langue française, «il est clair que la loi 101, en donnant à la langue française un statut indiscutable au plus haut niveau de l'entreprise, est venue accroître et raffermir la présence et le rôle des francophones dans l'économie du Québec, stimuler l'ambition et la confiance des jeunes diplômés, rehausser le prestige social de la langue française et démentir la croyance traditionnelle qui voulait que l'anglais soit la seule langue des affaires[2]».

D'autre part, des économistes comme Yvan Allaire, Jorge Niosi, Robert Lacroix et François Vaillancourt soutiennent que la francisation de l'économie de Montréal était bien enclenchée *avant* l'adoption du projet de loi 101 (et de la loi 22). Ils avancent que les «forces du marché» comme la croissance du marché francophone, la tertiarisation de l'économie montréalaise, le déclin du rôle national de Montréal au profit d'une orientation régionale de l'économie et l'amélioration de la compétence de la main-d'œuvre francophone sont les principales causes du rehaussement du prestige du français dans l'économie de Montréal[3].

Il est impossible de préciser quantitativement l'influence respective des «forces du marché» et de «l'intervention de l'État» sur l'avancement du français dans l'économie de Montréal, cela parce que les forces du marché et l'intervention de l'État étaient étroitement imbriquées à Montréal après 1960 étant donné l'expansion sans précédent du rôle du gouvernement provincial dans l'économie. De plus, si certaines transformations linguistiques dans l'économie ont pu précéder la loi 101, il reste difficile de préciser si ces changements ont été «volontaires» ou mis en branle par les gens d'affaires qui anticipaient une réglementation plus coercitive de la langue. En outre, plusieurs facteurs qui ont contribué à la promotion du français et des francophones ont pu être renforcés par l'adoption de lois linguistiques.

Quoi qu'il en soit, nous examinerons dans ce chapitre les changements survenus dans la division linguistique du travail depuis les années soixante. Nous chercherons, dans la mesure du possible, à évaluer le rôle joué par la politique linguistique, ainsi que par d'autres facteurs, dans cette transformation.

La langue du travail

Il est possible d'aborder les changements touchant la langue du travail à Montréal depuis 1970 sous plusieurs angles. Est-ce que l'utilisation du français comme langue des communications au travail a augmenté? Est-ce qu'un plus grand nombre de francophones sont en mesure de travailler exclusivement en français et ainsi éviter le traditionnel «fardeau du bilinguisme» qui freinait leur avancement? Jusqu'à quel point les anglophones, surtout dans les hautes sphères du monde des affaires traditionnellement unilingues anglaises, doivent-ils utiliser le français dans leurs fonctions?

À tous égards, l'usage du français au travail à Montréal a augmenté de façon significative depuis les années soixante-dix. Entre 1971 et 1989, la proportion de la main-d'œuvre montréalaise qui travaillait «généralement en français» (défini par le Conseil de la langue française [CLF] comme plus de 90 % du travail accompli en français) est passée de 42 % à 56 %, tandis que la proportion de la main-d'œuvre de la métropole qui travaillait «surtout en anglais» (défini par le CLF comme plus de 50 % du travail se faisant en anglais) a diminué de 31 % à 15 %[4]. D'une manière générale, en 1989, 85 % des travailleurs de la grande région de Montréal déclaraient travailler au moins la moitié du temps en français et une nette majorité déclarait travailler en français au moins 90 % du temps.

Comme on peut le voir dans le tableau 11, le français a consolidé sa place en tant que langue du travail dans le secteur privé à Montréal pour tous les groupes linguistiques depuis les années soixante-dix. Parmi les francophones, la majorité des gains ont été réalisés dans les années soixante-dix alors que le pourcentage des francophones travaillant généralement en français passait de 52 % à 62 %; la situation s'est stabilisée pendant les années quatre-vingt. D'autre part, la capacité historique des Anglo-Montréalais de travailler exclusivement en anglais a dégringolé pendant les années soixante-dix et la francisation s'est poursuivie pendant les années quatre-vingt. Entre 1971 et 1979, le pourcentage d'anglophones travaillant «surtout en anglais» est passé de 86 % à 73 % et à 55 % à la fin des années quatre-vingt. En 1989, 45 % des Anglo-Montréalais déclaraient qu'au moins la moitié de leur travail se faisait en français, ce qui est loin de «l'ambiance anglaise» qui existait un quart de siècle plus tôt alors que seulement 14 % des Anglo-Montréalais travaillaient «surtout en français[5]». Des progrès semblables ont été observés parmi les allophones, un revirement de la situation antérieure et une condition nécessaire à l'intégration à long terme des nouveaux arrivants à la société francophone de Montréal[6].

Tableau 11
Pourcentage de la main-d'œuvre selon le temps de travail en français, par langue maternelle, secteur privé, Montréal métropolitain, 1971-1989

	Langue maternelle								
	Français			Anglais			Autre		
Temps de travail en français	1971	1979	1989	1971	1979	1989	1971	1979	1989
90 % ou plus	52	62	63	2	4	8	17	21	24
50 % - 89 %	36	30	30	12	24	37	25	35	39
49 % ou moins	12	8	6	86	73	55	58	44	37

Source: Conseil de la langue française, *Indicateurs de la langue du travail au Québec*, Québec, Gouvernement du Québec, 1995, p. 103.

Bref, dans les années quatre-vingt-dix, plus d'anglophones et d'allophones travaillent en français qu'en 1971 et même qu'en 1979, tandis que les francophones de Montréal peuvent dans une plus grande mesure travailler dans leur langue. Cette francisation s'est accomplie à tous les paliers hiérarchiques, dans tous les secteurs d'activité et dans les entreprises de toute taille. Par exemple, entre 1979 et 1989, dans les secteurs finances et services aux entreprises du secteur privé, la proportion des anglophones est passée de 75 % à 57 %; dans les industries de pointe, le pourcentage d'anglophones qui travaillaient surtout en anglais a diminué de 73 % à 55 %[7]. Qu'ils soient administrateurs, techniciens, professionnels, employés ou ouvriers, les Anglo-Montréalais, dans les années quatre-vingt-dix, utilisent le français au travail beaucoup plus que dans les années soixante-dix[8]. Quant aux francophones, le tableau 12 montre que leur capacité de travailler en français dans le secteur privé montréalais a augmenté dans chaque grand secteur d'activité entre 1971 et 1993. Notons enfin que la proportion de francophones qui travaillent 90 % du temps ou plus en français a augmenté entre 1971 et 1993 tant dans les moyennes et les grandes entreprises (50 employés et plus) que dans les petites entreprises (moins de 50 employés), bien que le chapitre v de la loi 101 — les dispositions sur la francisation des entreprises — ne s'applique qu'aux entreprises de plus de 50 employés[9].

Tableau 12
Pourcentage de la main-d'œuvre selon le temps de travail en français, par secteur d'activité économique, francophones, secteur privé, Montréal métropolitain, 1971-1993

| | Temps de travail en français | | | | | | | | | | | |
| | 90 % ou plus | | | | 50 % - 89 % | | | | 49 % ou moins | | | |
Secteur d'activité	1971	1979	1989	1993	1971	1979	1989	1993	1971	1979	1989	1993
Construction	77	73	75	81	20	23	22	15	3	4	4	5
Industries traditionnelles	59	72	72	68	31	24	23	25	11	5	5	8
Services personnels	52	67	68	66	38	26	28	29	10	7	4	5
Finances	44	53	63	61	48	35	30	32	8	12	8	7
Services aux entreprises	46	54	58	57	40	36	36	35	14	10	6	7
Industries de pointe	37	47	46	52	41	41	41	37	22	13	13	12
Total	52	62	63	63	36	30	30	30	12	8	6	7

Source: Conseil de la langue française, *Indicateurs de la langue du travail au Québec*, Québec, Gouvernement du Québec, 1995, p. 105.

Mais, parallèlement à cette progression substantielle de l'usage du français en milieu de travail dans l'économie montréalaise, certains aspects de la traditionnelle division linguistique du travail persistent dans les années quatre-vingt-dix. Ainsi, plus les francophones s'élèvent dans la hiérarchie, moins ils peuvent travailler exclusivement en français, et l'exigence du bilinguisme augmente, surtout dans des entreprises dirigées par des non-francophones. En 1993, par exemple, 52 % des administrateurs francophones et 43 % des professionnels francophones travaillaient 90 % du temps ou plus en français comparativement à 61 % des employés et 77 % des ouvriers[10]. D'autre part, bien que l'usage du français par les anglophones montréalais ait augmenté dans toutes les catégories professionnelles au cours des années soixante-dix et quatre-vingt, il reste que plus le poste est élevé, plus la possibilité de travailler exclusivement en anglais est grande et plus les exigences relativement à la maîtrise du français diminuent[11]. Les observations de Ian McKinnon et Roger Miller en 1981 demeurent encore vraies: «Aux paliers inférieurs, la pression s'exerce sur les anglophones pour qu'ils prouvent qu'ils sont capables de travailler en français; aux paliers supérieurs, la pression s'exerce sur les francophones pour qu'ils prouvent leur capacité de travailler en anglais[12].»

Désormais donc, le bilinguisme n'est plus aussi essentiel à l'avancement économique des francophones à Montréal. Par exemple, dans les succursales ou les entreprises qui desservent principalement le marché québécois, les exigences quant au bilinguisme pour les francophones ont chuté de 91 % en 1964 à 23 % en 1979[13]. Bien que le nombre de bons emplois ait augmenté pour les francophones unilingues dans la grande région de Montréal, le bilinguisme demeure une exigence dans certains secteurs, et cette situation persistera probablement dans l'avenir. Comme font remarquer McKinnon et Miller:

> Il demeure tout à fait possible pour un francophone unilingue de faire carrière à Montréal; toutefois, dans un vaste éventail de postes, la connaissance de l'anglais est une condition essentielle à l'avancement. On exige d'ordinaire d'une personne qui représente une compa-

gnie, soit auprès du public, soit comme acheteur ou vendeur, une bonne connaissance de l'anglais. Pour les échanges entre entreprises ou divisions, compte tenu de la nature de l'économie nord-américaine, l'anglais est habituellement indispensable[14].

D'un autre côté, le «fardeau du bilinguisme» n'incombe plus exclusivement aux francophones. En 1990, plus de 70 % de la main-d'œuvre anglophone de Montréal déclarait être bilingue par comparaison à 43,4 % en 1961[15]. Encore plus étonnant, les anglophones unilingues qui, en 1961, constituaient 32 % des travailleurs, toutes langues confondues, les mieux rémunérés (la tranche de 15 % des salariés au sommet) ne représentaient plus que 4,4 % des travailleurs les mieux payés en 1990. En 1961, les anglophones unilingues représentaient 57,1 % des travailleurs anglophones les mieux payés de Montréal; en 1990, ils ne constituaient plus que 26,8 % des anglophones les mieux rémunérés.

Il existe encore dans les années quatre-vingt-dix quelques recoins de l'économie montréalaise où les anglophones unilingues peuvent continuer de prospérer: il s'agit de certaines institutions financières et industries de pointe ainsi que des sièges sociaux des grandes sociétés pancanadiennes. Mais, dans la foulée des changements survenus au cours des vingt-cinq dernières années, il est de plus en plus difficile pour les anglophones de réussir dans le marché du travail montréalais sans posséder au moins une connaissance d'usage du français. Le bilinguisme est de rigueur pour les anglophones qui s'occupent d'opérations locales pour des entreprises montréalaises ou des sociétés pancanadiennes. Même dans les sièges sociaux, dont plusieurs ont des ententes particulières qui leur permettent «l'utilisation d'une autre langue que le français comme langue de fonctionnement», la proportion de la main-d'œuvre anglophone travaillant 50 % du temps en français est passée de 20 % en 1979 à 33 % en 1989 (pour comparer, 92 % de la main-d'œuvre francophone dans les sièges sociaux de Montréal travaillait au moins 50 % du temps en français; 58 % de ces salariés travaillaient 90 % du temps en français[16]). Bref, comme l'ont conclu McKinnon et Miller: «Il demeure encore possible à Montréal de trouver un emploi sans connaître le français, mais il faut être prêt à limiter ses possibilités d'avancement. Le bilinguisme est presque devenu une condition essentielle d'avancement [pour les anglophones] dans beaucoup d'entreprises[17].» Cela constitue un revirement quasi complet de la situation qui existait il y a à peine vingt-cinq ans.

En définitive, tous les indices montrent que le français a fait des progrès considérables comme langue du travail à Montréal depuis les années soixante-dix. Toutefois, comme le Comité interministériel sur la situation de la langue française le faisait remarquer en 1996, les gains sont fragiles et le français «ne s'impose pas encore clairement comme langue commune» au travail et «on ne peut encore affirmer que la francisation soit généralisée[18]». Dans les faits, la francisation des milieux de travail à Montréal s'est réalisée en deux temps[19]. D'abord, pendant les années soixante-dix, alors que l'utilisation du français faisait un bond, surtout dans des milieux de travail où les francophones étaient très majoritaires ou dans des entreprises dirigées par des francophones. L'usage du français au travail dans le secteur privé a progressé parmi tous les salariés de toutes les communautés linguistiques de Montréal entre 1971 et 1979.

La seconde étape de la francisation commence en 1979 ; la progression du français a été alors plus circonscrite et plus fragile. À Montréal, la francisation est «orientée vers les milieux hétérogènes, les contacts interlinguistiques [...] [et] les progrès ne pourront provenir que d'une amélioration du français à titre de langue de convergences des communications interlinguistiques écrites et verbales» à l'intérieur des entreprises montréalaises[20]. La proportion des francophones qui travaillent en français à Montréal croît plus lentement depuis le début des années quatre-vingt, et c'est plutôt parmi les allophones et les anglophones que l'utilisation du français en milieu de travail a fait le plus de progrès.

Les années soixante-dix ont connu un déclin marqué de l'utilisation de l'anglais comme langue de travail à Montréal accompagné d'une augmentation du nombre de francophones travaillant presque exclusivement en français, ainsi qu'un accroissement de la proportion de la main-d'œuvre de Montréal travaillant la plupart du temps en français. Dans les années quatre-vingt, «l'usage prédominant de l'anglais a régressé au profit d'un bilinguisme à prédominance française (de 50 % à 89 % du temps en français) plutôt qu'au profit de l'unilinguisme français» et le pourcentage global du temps de travail en français n'a pas progressé[21]. Or il ne faut pas se méprendre sur ce revirement: l'émergence d'un bilinguisme «à prédominance française» constitue certes un grand progrès pour le français depuis l'époque de la «ville anglaise» des années cinquante. Mais cela ne signifie pas que le français est désormais la «langue normale et habituelle» du travail à Montréal, le but visé par la loi 101. De plus, comme nous le verrons, compte tenu de la proximité des États-Unis, du statut de l'anglais comme langue internationale des affaires et de la haute technologie dans une économie de plus en plus mondiale et du rôle historique de l'anglais dans l'économie de Montréal, la capacité des décideurs politiques du Québec d'imposer le français comme langue normale et habituelle du travail à Montréal dans les années à venir sera mise à l'épreuve.

La haute main sur le capital

Un objectif crucial du gouvernement québécois depuis le début des années soixante a été de promouvoir la croissance des sociétés francophones et d'augmenter le nombre de cadres francophones dans le secteur privé, tant à Montréal que dans le reste du Québec. Pendant les décennies 1970 et 1980, le Québec a assisté à la croissance d'entreprises francophones dynamiques, dont la majorité avaient leurs sièges sociaux à Montréal, prêtes à faire le saut vers les marchés canadiens et internationaux. Il existait au milieu des années quatre-vingt une garde montante visible d'hommes d'affaires francophones comme Pierre Laurin (Alcan), Pierre Lortie (Provigo), Bernard Lamarre (Lavalin), Laurent Beaudoin (Bombardier) et Claude Castonguay (Groupe La Laurentienne) dont les exploits étaient suivis par la presse francophone. Les affaires faisaient alors l'objet d'un culte dans bon nombre de milieux francophones montréalais et la participation des francophones à la vie économique avait atteint un niveau qu'il aurait été difficile d'imaginer à peine vingt ans plus tôt.

L'emprise grandissante des francophones sur l'économie de Montréal n'aurait pas été possible sans la «percée» des francophones dans les milieux financiers pendant les années soixante-dix[22]. Comme Bélanger et Fournier font remarquer, «l'hégémonie financière régionale du capital autochtone [francophone] n'est plus contestable[23]». Dans les années quatre-vingt-dix, rares sont les gros investissements ou les achats réalisés au Québec sans la participation d'institutions financières francophones. De plus, la consolidation de ce pouvoir financier a résolu le problème de l'accès au capital qui avait traditionnellement handicapé les entreprises francophones.

Le nouveau «réseau financier» francophone comprend les secteurs suivants:

1. *Les fonds publics.* La Caisse de dépôt et placement, qui a une politique d'investissement active, s'engage à soutenir l'essor économique des francophones et possède des intérêts considérables dans les sociétés montréalaises, est la principale source de capital «quasi public» qui a soutenu le pouvoir financier francophone à Montréal. D'autres sources de capital quasi public sont la Société générale de financement (SGF), la Société de développement industriel (SDI) et plus récemment la Société Innovatech du Grand Montréal qui a investi 140 millions de dollars dans 70 entreprises de haute technologie de la région de Montréal depuis 1993, contribuant indirectement à des investissements de 800 millions de dollars pour relancer l'économie dans la région[24]. De plus, des programmes d'épargne avec crédit d'impôt comme le Régime enregistré d'épargne-retraite (REER) ont augmenté le capital détenu par les institutions financières francophones.

2. *Les fonds d'investissement du mouvement syndical.* En 1983, la Fédération des travailleurs et travailleuses du Québec (FTQ) a lancé le Fonds de solidarité, un fonds d'investissement dont le but était de créer et de maintenir des emplois au Québec, particulièrement dans les petites et moyennes entreprises, le secteur de l'économie où la présence francophone est la plus grande. Les gouvernements fédéral et provincial ont tous deux soutenu le Fonds de solidarité en allouant de généreux crédits d'impôt aux contribuables qui achètent des actions du Fonds. En 1995, l'actif dépassait 1,5 milliard de

dollars et, par ses investissements dans 299 entreprises, le Fonds de solidarité s'est imposé dans le réseau financier francophone de Montréal. Le Fonds est devenu la première source de capital de risque au Québec et, selon ses analystes, a contribué à la création et au maintien de près de 38 000 emplois dans la province[25].

3. *Les banques et les caisses populaires.* La fusion de la Banque Provinciale et de la Banque Canadienne Nationale en 1979 qui a mené à la Banque Nationale du Canada a permis à une banque montréalaise contrôlée par des francophones de concurrencer les cinq grandes du Canada anglais, du moins sur le marché québécois. En 1995, l'actif de la Banque Nationale atteint 50 milliards et même si cette somme est nettement inférieure à l'actif de la Banque Royale (184 milliards) ou de la Banque de Montréal (150 milliards), la Banque Nationale est bien représentée dans le crédit commercial au Québec[26].

La croissance fulgurante de la fédération provinciale des caisses populaires, appelée Mouvement Desjardins, a également insufflé un nouveau dynamisme sur les marchés financiers montréalais et québécois. Les caisses populaires ont commencé à apparaître en 1901 dans les paroisses catholiques du Québec rural pour retenir l'épargne sur place et recueillir du capital dans les petites villes négligées par les banques anglophones. Après 1940, les caisses se sont implantées à Montréal et, en 1974, la Fédération de Montréal des caisses Desjardins avait un actif de plus de 325 millions[27].

Au milieu des années quatre-vingt, le Mouvement Desjardins regroupait plus de 1500 caisses populaires et, malgré les racines locales des caisses, était une société de portefeuille installée à Montréal. En 1995, ayant reçu un coup de pouce du gouvernement qui a permis aux caisses populaires de financer des filiales avec des fonds provenant du marché, le Mouvement Desjardins avait un actif de plus de 80 milliards et des entreprises diversifiées comme la Société d'investissement Desjardins, qui achète des actions dans des entreprises, et le Crédit industriel Desjardins, qui consent des prêts aux entreprises[28]. D'autres maillons de l'empire Desjardins sont des compagnies d'assurances, une participation substantielle dans la Banque Nationale et un bloc de contrôle dans Culinar inc., une société dans le domaine de l'alimentation qui a évité une absorption par la multinationale américaine Beatrice Foods grâce à l'investissement de Desjardins. Les caisses populaires sont particulièrement importantes dans le champ des finances personnelles: en 1993, elles possédaient 44 % du marché des hypothèques résidentielles, 37 % du crédit à la consommation et 41 % de l'épargne personnelle[29]. En 1995, le Mouvement Desjardins était la sixième institution bancaire en importance au Canada.

Les caisses populaires ont conservé l'esprit local et communautaire francophone qui animait leurs débuts; «presque chaque homme, femme et enfant québécois francophone a un compte à la caisse[30]». Mais le Mouvement Desjardins est maintenant un des «titans» de la finance québécoise, une société de portefeuille d'envergure nationale et de plus en plus présente sur les marchés internationaux qui est loin des racines rurales et coopératives du fondateur des caisses, Alphonse Desjardins. Le complexe Desjardins, où se trouve le siège social du Mouvement Desjardins, symbolise l'ascension des francophones autant que les édifices de Sun Life et de la Banque de Montréal symbolisaient l'époque de la «ville anglaise».

4. *Les compagnies d'assurances et les sociétés de fiducie.* La déréglementation de l'industrie des assurances adoptée par le gouvernement péquiste a permis aux compagnies d'assurances francophones d'entrer de plain-pied sur les marchés financiers du Québec. Le plus puissant à l'époque, le Groupe La Laurentienne, a vu son actif passer de 100 millions en 1975 à 4,5 milliards en 1985 et à presque 15 milliards en 1988, en misant principalement sur une croissance spectaculaire et plusieurs achats rentables[31]. La Laurentienne a profité pleinement du décloisonnement en ouvrant le premier «guichet unique» de services financiers au Canada[32]. La compagnie s'est diversifiée dans le secteur bancaire (en achetant la Banque d'épargne de la cité et du district de Montréal), les sociétés de fiducie, l'immobilier et les services financiers et a pénétré les marchés canadien-anglais (par le biais des Services financiers Eaton de Toronto), américain et britannique. Comme nous l'avons vu, le Mouvement Desjardins est aussi un joueur de premier plan dans l'industrie des assu-

rances au Québec avec ses filiales comme l'Assurance-vie Desjardins, La Sauvegarde et La Sécurité. Aujourd'hui, la compagnie fusionnée forme le Groupe Vie Desjardins-Laurentienne qui fait partie des 100 plus grandes sociétés canadiennes selon le chiffre d'affaires[33].

Les sociétés de fiducie sont des institutions financières canadiennes qui agissent comme fiduciaires et intermédiaires, c'est-à-dire qu'elles administrent des portefeuilles privés d'investissement et des successions. Bien que des compagnies contrôlées par des anglophones comme le Trust Royal dominent encore le marché montréalais, les sociétés francophones comme le Trust général du Canada et la Fiducie du Québec (une filiale de Desjardins) ont fait de grands progrès. De plus, les francophones ont pris le contrôle de plusieurs sociétés auparavant dirigées par des anglophones pendant les années soixante-dix et quatre-vingt, comme le puissant Montréal Trust qui appartenait à Power Corporation de Paul Desmarais jusqu'à sa vente à Bell Canada en 1989[34].

5. *La Bourse de Montréal.* Une preuve du dynamisme grandissant des francophones sur les marchés financiers a été la relance de la Bourse de Montréal pendant les années quatre-vingt. Historiquement, la Bourse était un château fort de la haute finance anglophone, une institution importante à l'époque où la St. James Street était la Wall Street du Canada. Par contre, après les années trente, quand Toronto a déclassé Montréal comme métropole financière du Canada, l'importance de la Bourse de Montréal a décliné. De moins en moins d'entreprises anglophones inscrivaient leurs actions à la Bourse de Montréal et, dans les années soixante-dix, à cause de la force insurpassée de la Bourse de Toronto combinée à l'instabilité politique du Québec, le pourcentage des opérations boursières canadiennes réalisées à Montréal dégringolait de 35,8 % en 1971 à 11,9 % en 1981[35].

Malgré ce troublant ralentissement, Michel Bélanger, le premier président francophone de la Bourse, préparait la reprise. Sous sa direction, la Bourse est passée d'une institution anglophone moribonde à une institution majoritairement francophone desservant le marché québécois[36]. Pendant les années quatre-vingt, sous la direction innovatrice de son président Pierre Lortie, la Bourse a commencé à remonter la pente. Entre 1979 et 1982, elle n'avait reçu que 58 nouvelles inscriptions; entre 1983 et 1986, 335 nouvelles compagnies y ont inscrit leurs actions, dont 177 pour la seule année 1986[37]. Les nouvelles inscriptions avaient une saveur régionale, car plus de 60 % des entreprises avaient leurs sièges sociaux au Québec.

Les efforts de Lortie en vue de revitaliser la Bourse ont été facilités par un programme instauré par le gouvernement Lévesque en 1979, le Régime d'épargne-actions (REA), qui permettait aux investisseurs québécois d'obtenir des crédits d'impôt en achetant des actions dans des entreprises québécoises nouvellement inscrites en bourse[38]. Au milieu des années quatre-vingt, ce programme de «capitalisme populaire» avait stimulé l'activité boursière. En 1986, les opérations du REA représentaient 17,4 % des actions négociées à la Bourse de Montréal par rapport à 6,3 % en 1985. Parmi les 177 nouvelles compagnies inscrites à la Bourse en 1986, 89 l'étaient dans le cadre du REA[39]. Le REA et l'intérêt accru des francophones pour les affaires ont transformé les Québécois en investisseurs. En 1978, seulement 2 % des Québécois possédaient des actions; en 1985, la proportion avait atteint 15 %, le pourcentage le plus élevé au Canada. Une enquête a révélé que 11 % des adultes montréalais possédaient des actions dans le REA en 1987[40].

Le REA a aussi stimulé la croissance des maisons de courtage francophones. Avec des actions d'une valeur de 3,7 milliards émises entre 1979 et 1986 et 182 millions en commissions, le REA a été une manne pour les courtiers francophones. En 1985, Lévesque Beaubien et Geoffrion Leclerc administraient ou coadministraient plus de la moitié des émissions dans le cadre du REA et le programme a permis à ces deux maisons de devenir des acteurs importants dans le milieu financier québécois[41].

Au milieu des années quatre-vingt, grâce à toute cette activité, la Bourse de Montréal avait fait une remontée et, en 1986, elle avait accaparé 20 % de la valeur totale des transactions boursières canadiennes comparativement à une part de 11 % en 1980[42]. Même si on reste loin de la situation de 1960, quand le tiers des actions canadiennes étaient négociées à Montréal, ou du début du siècle, quand Montréal était la métropole financière du Canada, la remontée de la Bourse de Montréal reflète la force accrue des francophones dans le secteur financier. Et bien que le marché du REA ne se soit jamais remis du krach d'octobre 1987, le réseau financier francophone a maintenu son influence sur l'économie de Montréal.

Toute cette activité dans le secteur financier a eu pour conséquence d'accroître la mainmise des francophones de Montréal sur le capital et de corriger une faiblesse séculaire de l'entrepreneuriat francophone. La proportion de l'épargne au Québec gérée par les institutions francophones a triplé entre 1977 et 1983[43]. Au total, selon Bélanger et Fournier, les francophones détenaient en 1984 environ le tiers du marché des assurances, des sociétés de fiducie et des maisons de courtage, plus de la moitié du marché bancaire et la totalité du marché des coopératives d'épargne et des banques d'épargne[44].

De plus, après que la «manie des fusions» du capitalisme avancé eut atteint le milieu francophone de Montréal à la fin des années soixante-dix, la puissance financière des francophones s'est trouvée renforcée par la concentration du capital dans de vastes empires financiers souvent liés: La Laurentienne, la Banque Nationale, le Mouvement Desjardins, la Caisse de dépôt. Bélanger et Fournier ont compté 50 fusions ou absorptions majeures dans le monde financier francophone entre 1975 et 1983: à lui seul, le Groupe La Laurentienne a participé à huit transactions[45]. Par exemple, en 1988, la Banque Nationale a pris le contrôle de Lévesque Beaubien, la plus grande maison de courtage francophone de Montréal, puis, au début de 1989, a acheté Geoffrion Leclerc et a fusionné les deux maisons pour en faire un géant de l'industrie du courtage québécois[46]. La déréglementation des activités des intermédiaires financiers par le gouvernement Bourassa dans les années quatre-vingt avait pour but explicite de *favoriser* la concentration pour que les «géants» locaux comme le Mouvement Desjardins et le Groupe La Laurentienne puissent atteindre la taille nécessaire pour être concurrentiels sur les marchés internationaux[47]. Un nouvel exemple du renforcement du pouvoir financier des francophones est donné par la récente fusion de la Banque Laurentienne avec le Mouvement Desjardins.

Ainsi, bien que les institutions financières canadiennes-anglaises, comme la Banque de Montréal, la Banque Royale, le Trust Royal et la Banque canadienne impériale de commerce, restent des acteurs puissants dans la finance montréalaise, la division linguistique dans le secteur financier continue de s'estomper, une transformation radicale par rapport à l'époque où les banques anglophones de St. James Street dominaient les marchés financiers du Québec et du Canada.

La montée du pouvoir financier des francophones dans les années soixante-dix, jumelée aux subventions et prêts gouvernementaux consentis par la SGF, la SDI et d'autres programmes, a créé un réservoir de capital suffisant pour développer des sociétés francophones puissantes dans d'autres secteurs. Par exemple:

— Dans l'ingénierie, Lavalin, SNC et ABBDL-Tecsult ont fait leur entrée sur la scène internationale en pénétrant le marché des États-Unis, du Canada anglais, de l'Europe et de l'Afrique. Aujourd'hui fusionnée, SNC-Lavalin a un chiffre d'affaires qui dépasse le milliard de dollars, plus de 6000 employés et des projets dans plus de 30 pays[48].

— Le commerce montréalais, autrefois dominé par des grands magasins et des chaînes anglophones comme Eaton, Steinberg et Simpson, s'est progressivement francisé. Dans l'alimentation, le marché montréalais était dominé jusqu'en 1970 par deux firmes dirigées par des anglophones, Steinberg et Dominion. Dans les années quatre-vingt-dix, Provigo et Métro-Richelieu contrôlent près des deux tiers du marché québécois. Dominion a été vendu à Provigo et Steinberg, en grave difficulté financière, a été acheté par l'entreprise francophone Socanav avec l'aide de la Caisse de dépôt et placement. À l'ère de la concentration des entreprises, la plus grande disponibilité du capital en milieu francophone a permis à de petites entreprises francophones de former des franchises et des chaînes pour atteindre la taille nécessaire pour survivre dans un contexte fortement concurrentiel[49]. Des quincailliers francophones se sont regroupés dans les années soixante-dix pour former Ro-Na, une chaîne qui a brisé la domination de

Pascal à Montréal (maintenant fermé). Parallèlement, les Pharm-Escomptes Jean Coutu constituent la plus grande chaîne de pharmacies au Québec, contrôlant 45 % du marché des phamacies au Québec en 1987. Avec l'achat de Maxi-Drugs au Massachusetts, Jean Coutu a entamé une percée aux États-Unis.

— Engendrés par l'ébullition culturelle ayant accompagné la Révolution tranquille et soutenus par les politiques du gouvernement Lévesque visant le contrôle des industries culturelles par les francophones, plusieurs «empires» des communications ont pris forme: Unimédia, Quebecor, Vidéotron, Télé-Métropole, Télémédia, le groupe Civitas et le groupe Beaudoin[50].

Bref, l'influence des francophones sur l'économie de Montréal a fait des progrès assez spectaculaires depuis les années soixante.

Comme le tableau 13 l'indique, dans l'ensemble du Québec, le pourcentage des emplois générés par des entreprises appartenant à des francophones est passé de 47 % en 1961 à 65 % en 1991. Même si tout porte à croire que cette proportion est plus basse à Montréal que dans le reste du Québec à cause d'un plus grand nombre d'entreprises anglophones, la croissance du pouvoir économique des francophones demeure impressionnante.

Le même tableau montre que des gains ont été réalisés dans tous les grands secteurs de l'économie, y compris les secteurs traditionnellement anglophones comme les services financiers, où le pourcentage de la main-d'œuvre québécoise travaillant dans des entreprises francophones a augmenté de 26 % en 1961 à 54 % en 1991.

Tableau 13
Pourcentage des emplois selon la propriété des entreprises, par secteur d'activité économique, ensemble du Québec, 1961, 1978, 1987 et 1991

Secteur d'activité économique	Année	Propriété des entreprises		
		Canadienne francophone	Canadienne anglophone*	Non canadienne
Ensemble des secteurs	1961	47	39	14
	1978	55	31	14
	1987	60	31	9
	1991	65	26	9
Agriculture	1961	91	9	s.o.
	1978	92	8	s.o.
	1987	92	8	s.o.
	1991	97	2	1
Mines	1978	17	18	65
	1987	35	40	25
	1991	30	46	24
Manufactures	1961	22	47	31
	1978	28	39	34
	1987	39	38	23
	1991	42	34	25
Construction	1978	74	19	7
	1987	76	22	3
	1991	87	10	3
Transports, communications, services publics	1961	36	55	8
	1987	45	50	5
	1991	51	45	4
Commerce	1961	50	39	11
	1978	51	32	17
	1987	56	34	9
	1991	66	24	10
Institutions financières	1961	26	53	21
	1978	45	43	12
	1987	58	35	7
	1991	54	39	8
Services	1961	71	29	s.o.
	1987	73	22	5
	1991	77	20	4

Tableau 13 (suite)
Pourcentage des emplois selon la propriété des entreprises, par secteur d'activité économique, ensemble du Québec, 1961, 1978, 1987 et 1991

Secteur d'activité économique	Année	Propriété des entreprises		
		Canadienne francophone	Canadienne anglophone*	Non canadienne
Administration publique**	1961	52	48	1
	1978	67	33	s.o.
	1987	67	33	s.o.
	1991	65	35	s.o.

* Le terme «anglophone» désigne les entreprises non francophones, ce qui est le fait de la presque totalité des entreprises canadiennes anglophones.
** Pour établir la propriété des organismes de l'administration publique, a été employé le critère de la langue maternelle de la majorité des habitants, soit des électeurs potentiels, ce qui revient à classer l'administration provinciale comme francophone et l'administration fédérale comme anglophone. Quant aux municipalités, elles sont classées comme francophones si plus de 50 % de leurs résidants ont comme langue maternelle le français.
Sources: François Vaillancourt et Josée Carpentier, *Le contrôle de l'économie au Québec: la place des francophones en 1987 et son évolution depuis 1961*, Québec, Office de la langue française et Centre de recherche et de développement économique, 1989, tableaux 3.2 et 3.3; pour le secteur commerce (1961): André Raynauld, *La propriété des entreprises au Québec, les années 60*, Montréal, Presses de l'Université de Montréal, 1974; pour 1991: François Vaillancourt et Michel Leblanc, *La propriété de l'économie du Québec en 1991 selon le groupe d'appartenance linguistique*, Office de la langue française, 1993, tableau 3.1.

Bref, il ne serait plus exact de dire que «les entreprises francophones [...] sont celles dont les établissements sont les plus petits, dont la productivité du travail est la plus faible, dont les salaires sont les moins élevés, enfin celles qui desservent principalement le marché local[51]». Les entreprises francophones ne sont plus majoritairement des entreprises familiales ou reléguées dans les régions ou dans des secteurs de l'économie à faible valeur ajoutée. Un nombre grandissant d'entreprises comme Bombardier, SNC-Lavalin et Canam-Manac font partie de secteurs de pointe et sont des acteurs importants sur la scène internationale[52]. Néanmoins, le capital anglophone occupe encore les hautes sphères de l'économie de Montréal dans les années quatre-vingt-dix. Plusieurs entreprises dirigées par des anglophones comme Seagram, Pratt & Whitney et Bell Canada, ont toujours leurs sièges sociaux à Montréal, tandis que des sociétés comme la Banque de Montréal, Molson et Canadien Pacifique, les fleurons de l'époque du Golden Square Mile et du pouvoir anglophone, ont déménagé leurs sièges sociaux ailleurs. Même Sun Life, dont le départ fracassant a attisé les tensions linguistiques à la fin des années soixante-dix, conserve la plus grande part du marché québécois de l'assurance de personnes[53]. En 1996, six entreprises ayant leurs sièges sociaux à Montréal — Seagram, Bell Canada, la Banque Royale, Bombardier, Imasco et Alcan — figuraient au palmarès des «1000 grandes entreprises mondiales» selon la valeur du marché établi par la revue *Business Week*[54]. D'autres sociétés qui avaient jusqu'à récemment leurs sièges sociaux à Montréal comme le Canadien Pacifique et la Banque de Montréal se classaient aussi parmi les 1000 grandes. Sauf Bombardier, toutes ces entreprises sont sous le contrôle anglophone. Bref, bien que le pouvoir économique des francophones se soit considérablement accru depuis les années soixante, le capital anglophone, et par conséquent l'influence de l'anglais, demeure toujours très visible au sommet de l'économie de Montréal.

Une autre manière d'apprécier les changements dans l'accès au pouvoir économique à Montréal est d'examiner la composition linguistique des directions dans le secteur privé. Quoique direction et contrôle ne soient pas synonymes, on suppose qu'une présence importante de gestionnaires francophones dénote une participation grandissante des francophones dans le processus décisionnel dans le secteur privé.

Les preuves existent pour appuyer le fait que le nombre de francophones dans les postes de décision du secteur privé a décuplé depuis leur sous-représentation évidente dans les années soixante. Dans l'ensemble du Québec, le pourcentage de hauts dirigeants francophones au sein des entreprises de 1000 employés et plus est passé de 19 % en 1976 à 35 % en 1993[55]. Entre 1959 et 1977, toujours dans l'ensemble du Québec, le pourcentage de postes de cadres d'entreprise (dirigeants, directeurs, membres des conseils d'administration) détenus par des francophones a augmenté légèrement, passant de 31 % à 38 %[56]. En 1988, il atteignait 58 %, une augmentation assez spectaculaire. On observe un phénomène inverse chez les anglophones: entre 1977 et 1988, le pourcentage de postes de cadres occupés par des anglophones subit une baisse sensible passant de 45 % à 26 %[57].

Malgré tout, des écarts importants subsistent entre francophones et anglophones quant à leur présence dans la haute direction des entreprises à Montréal. Par exemple, dans une étude réalisée en 1986, Léo-Paul Lauzon a relevé que presque tous les «décideurs» dans les entreprises à propriété ou sous contrôle francophone, comme Bombardier, Provigo, la Banque Nationale et Vidéotron, sont des francophones; en revanche, les «Québécois francophones sont encore absents de nos jours» dans des entreprises telles que le Canadien Pacifique, la Banque Royale, Molson, Trizec, Canadian Tire, IBM et la Banque de Montréal, «sociétés qui ont leur siège social au Québec et qui sont contrôlées par des Canadiens anglophones et par des intérêts étrangers, ainsi que des sociétés qui n'ont pas leur siège social au Québec, mais qui y réalisent une bonne part de leur volume d'affaires[58]».

Néanmoins, il fait peu de doute qu'une francophonisation significative touchant les catégories supérieures de salariés du secteur privé est en cours depuis les années soixante-dix, laquelle se répercute sur tous les milieux de travail. «La francophonisation des postes de niveau supérieur devrait accroître l'usage du français dans les communications internes des entreprises, car le choix de la langue de communication entre supérieurs et subordonnés est lié à la langue maternelle du supérieur[59]...» De la même façon, le fait que de plus en plus d'entreprises sont dirigées par des francophones, soit qu'ils en sont propriétaires, soit qu'ils siègent aux conseils d'administration, contribue à répandre l'usage du français comme langue du travail. Corollairement, le français devenant de plus en plus la langue du travail à Montréal, on assiste à une francophonisation plus grande des entreprises montréalaises; dans un milieu de travail francisé, les francophones qui visent des postes de commande posséderont les mêmes avantages linguistiques que les anglophones à l'époque de la «ville anglaise». Enfin, s'il est exagéré de parler d'une «reconquête» économique complète de Montréal par les francophones dans les années quatre-vingt-dix, la croissance de leur pouvoir économique à Montréal depuis les vingt-cinq dernières années demeure néanmoins impressionnante.

La situation socioéconomique des francophones

Depuis les années soixante, le nombre d'entreprises québécoises dirigées par des francophones n'a pas cessé de croître. La connaissance du français est devenue un avantage précieux sur le marché du travail montréalais au fur et à mesure que la francophonisation des entreprises progressait. Par comparaison à la situation qui existait il y a à peine vingt-cinq ans, un nombre significatif d'emplois bien rémunérés ont été offerts aux francophones, d'abord dans le secteur public, puis, à partir de la fin des années soixante-dix, dans le secteur privé.

Dans ces circonstances, il n'est pas étonnant que les disparités de revenus entre francophones et anglophones de Montréal soient de moins en moins marquées depuis 1960. Le gouvernement du Parti Québécois invoquait ces disparités pour justifier la Charte de la langue française en 1977, affirmant que «dans l'entreprise, le français est, dans une très large mesure, la langue des petits emplois et des faibles revenus[60]». En 1996, dans son bilan sur la situation du français présenté à un autre gouvernement péquiste, le Comité interministériel sur la situation de la langue française concluait qu'il y avait eu «un redressement notable» des revenus des francophones depuis 1970. «Le lien entre travailleur francophone et faible revenu n'a plus sa raison d'être aujourd'hui[61].»

Le tableau 14 rend compte de la diminution de l'écart des revenus selon la langue à Montréal depuis 1960. Dans les années quatre-vingt, l'écart des revenus entre francophones bilingues et anglophones unilingues ou bilingues était minime (alors qu'il était de 39 % en 1961 et de 20 % en 1970). De plus, même si les francophones unilingues continuaient d'être désavantagés sur le marché du travail montréalais, l'écart de revenus entre francophones unilingues et anglophones unilingues avait chuté à 33 % en 1985 (de 96 % en 1961 à 64 % en 1970). Les anglophones bilingues demeurent le groupe linguistique le plus prospère de Montréal et la réduction des disparités de revenus selon la langue semble s'être stabilisée entre 1985 et 1990. Malgré tout, dans l'ensemble, la situation socioéconomique des francophones s'est considérablement améliorée depuis 1960. Montréal ne correspond plus au portrait que traçait la commission Laurendeau-Dunton qui plaçait les anglophones unilingues d'origine britannique au sommet de la hiérarchie et les Canadiens français, même bilingues, loin derrière.

Tableau 14
Diminution de l'écart des revenus selon la langue, 1961-1990

	Rapport entre les revenus moyens des travailleurs masculins selon le groupe linguistique (francophones unilingues = 1,0)				
	1961	1970	1980	1985	1990
Francophones					
Unilingues	1,0	1,0	1,0	1,0	1,0
Bilingues	1,41	1,36	1,35	1,31	1,34
Anglophones					
Unilingues	1,93	1,62	1,38	1,33	1,36
Bilingues	1,99	1,66	1,39	1,40	1,45

Sources: Jac-André Boulet, *L'évolution des disparités linguistiques de revenus de travail au Canada de 1970 à 1980,* Ottawa, Conseil économique du Canada, 1983, p. 16, et Statistique Canada, compilations spéciales non publiées, 1971, 1981, 1986, 1991.

Des données plus précises sur les revenus illustrent de façon encore plus éloquente la réduction des disparités de revenus selon la langue à Montréal. Le Conseil de la langue française a comparé les revenus des anglophones et des francophones depuis 1970 en contrôlant les variables comme le sexe, la scolarité, l'état matrimonial et l'expérience de travail, autrement dit en comparant les travailleurs dont les seules différences majeures liées au revenu seraient la langue maternelle et la compétence linguistique. Même en contrôlant ces caractéristiques, le Conseil a trouvé que les anglophones unilingues et bilingues (selon leur propre évaluation) gagnaient 8 % de plus que les francophones bilingues et 16 % de plus que les francophones unilingues en 1970. En 1980, les travailleurs anglophones gagnaient 1 % de plus que les francophones bilingues et 6 % de plus que les francophones unilingues ayant le même niveau d'instruction, la même expérience de travail et le même état matrimonial. En 1990, le Conseil a conclu que les disparités fondées sur la langue avaient à toutes fins utiles disparu entre travailleurs ayant une formation équivalente. En 1990, les anglophones unilingues ou bilingues gagnaient 3 % de plus que les francophones unilingues de situation équivalente (alors que l'écart était de 16 % en 1970), tandis que les francophones bilingues gagnaient 4 % *de plus* que leurs pendants anglophones bilingues ou unilingues[62]. Bref, si l'on considère la situation sous cet angle, la «prime» à la connaissance de l'anglais a diminué, passant de 16 % en 1970 à 6 % en 1980 et à 3 % en 1990[63].

Il y a d'autres indices de l'avancement socioéconomique des francophones à Montréal depuis les trois dernières décennies. Avant les années soixante, les anglophones monopolisaient presque tous les emplois les mieux rémunérés. Toutefois, dans les années quatre-vingt-dix, la composition linguistique du sommet de la pyramide s'est transformée. En 1961, les francophones ne représentaient que 44 % des travailleurs les mieux rémunérés (le 15 % des salariés au sommet) de la région métropolitaine, même si les francophones formaient 67 % de la main-d'œuvre de la région[64]. En 1990, les francophones représentaient plus de 71 % de l'élite des salariés, proportion équivalente à leur poids dans la main-d'œuvre montréalaise. L'accès des francophones unilingues à l'élite des salariés a aussi été frappant: la proportion des francophones unilingues parmi les travailleurs les mieux rémunérés est passée de 3 % en 1961 à 17,5 % en 1990. À l'inverse, la proportion des anglophones unilingues dans l'élite des salariés montréalais a chuté de 32 % en 1961 à seulement 4,4 % en 1990, une preuve éloquente de la valeur accrue du français sur le marché du travail montréalais et de la transformation de la division linguistique du travail qui existait au début des années soixante[65].

Les changements dans la répartition des revenus dans une société se produisent habituellement lentement et graduellement; c'est pourquoi la réduction accélérée des disparités de revenus entre francophones et anglophones à Montréal depuis 1960 est remarquable. De plus, depuis les années soixante-dix, une véritable restructuration s'est opérée dans la répartition des revenus *à l'intérieur* de la communauté francophone de Montréal. Par exemple, en 1970, la majorité des travailleurs à temps plein — surtout les unilingues — se trouvait dans les catégories de revenus inférieurs en 1970 (*voir le tableau 15*). Alors que 50,5 % des Franco-Montréalais employés à temps plein à l'année gagnaient moins de 25 000 $ par année en 1970 (en dollars constants de 1990), seulement 31,8 % des Anglo-Montréalais se retrouvaient dans cette catégorie de revenus[66]. Toutefois, en 1990, la proportion des francophones dans la catégorie la moins élevée était tombée à 35,7 % et avait augmenté dans les catégories de revenus moyens et élevés. On observe une tendance semblable parmi les francophones unilingues et les francophones bilingues.

Tableau 15
Distribution de la main-d'œuvre* francophone
de Montréal selon le revenu**, 1970 et 1990

Catégorie de revenus	Ensemble des francophones		Francophones bilingues		Francophones unilingues	
	1970	1990	1970	1990	1970	1990
0 - 24 999 $	50,5	35,7	43,0	29,5	63,5	46,2
25 000 - 49 999 $	44,2	50,6	49,5	52,3	35,0	47,8
plus de 50 000 $	5,3	13,6	7,5	18,2	1,5	6,0

* Travailleurs à temps plein à l'année.
** En dollars constants de 1990.
Source: Statistique Canada, compilations spéciales non publiées.

Entre 1970 et 1990, on a assisté dans les grandes villes des États-Unis à un clivage de la structure sociale: augmentation du nombre des emplois peu rémunérateurs et des emplois très rémunérateurs et déclin des emplois moyennement rémunérateurs[67]. L'expérience des francophones montréalais pendant la même période a été tout autre. Il y a eu un élargissement significatif de la classe moyenne francophone alors que des milliers de travailleurs francophones sont passés de la catégorie des revenus les moins élevés aux catégories moyenne et supérieure. La proportion des francophones gagnant plus de 50 000 $ par année (en dollars de 1990), par exemple, a plus que doublé entre 1970 et 1990. Parmi les francophones unilingues, la proportion a quadruplé.

Ainsi, la réduction de l'écart entre les revenus lié à la langue ne découle pas de l'avancement d'une poignée de francophones qui ont pu gravir les échelons de la hiérarchie. Tirant profit des politiques linguistiques et d'autres programmes de promotion économique pour les francophones ainsi que du vide causé par le départ des anglophones de la classe moyenne, les francophones ont pu investir un vaste champ d'emplois intéressants à Montréal après 1970. Dans ce sens, les critiques des politiques linguistiques du Québec qui soutiennent que «l'activisme linguistique» a eu comme conséquence «la redistribution de la richesse en faveur de l'élite francophone [...] au détriment de la masse[68]» n'ont pas raison. Les politiques des années soixante-dix ont avantagé de grands segments de la communauté francophone de Montréal.

En plus des politiques linguistiques, plusieurs facteurs liés à l'économie politique du Québec ont contribué à l'élargissement de la classe moyenne francophone pendant les années soixante-dix. Dans le domaine de l'éducation, par exemple, la réforme des années soixante avait permis une meilleure formation des francophones, qui étaient désormais prêts à occuper les emplois bien rémunérés. La syndicalisation a aussi joué un rôle catalyseur. Ainsi, contrairement aux États-Unis et à d'autres pays industrialisés, le taux de syndicalisation a augmenté au Québec, passant de 31,8 % en 1970 à 37,6 % en 1977[69]. Au début des années quatre-vingt, près des deux tiers des travailleurs du secteur public étaient syndiqués[70]. Pendant les années soixante-dix, le militantisme syndical a contribué à la signature de conventions collectives avantageuses pour les travailleurs, de même qu'à une bonification des avantages sociaux, à l'augmentation du salaire minimum et à l'adoption, en 1977, de la loi anti-briseurs de grève qui a consolidé la position du mouvement ouvrier. Il faut dire que la Confédération des syndicats nationaux (CSN) pratiquait une politique résolument égalitariste dans ses négociations au cours de cette période et espérait que le secteur public devienne un instrument pour promouvoir l'équité dans le secteur privé. Selon une étude, cette stratégie a mené à une réduction de 25 % de l'écart séparant les salariés les mieux payés et les moins bien payés dans le secteur public entre 1971 et 1983, ce qui a apparemment eu un effet d'entraînement dans le secteur privé[71].

Ce n'est qu'au début des années quatre-vingt, quand la crise fiscale de l'État québécois a forcé le gouvernement Lévesque à adopter une loi spéciale qui réduisait les salaires dans le secteur public, que les syndicats québécois ont goûté à la médecine de cheval antisyndicale qui avait été administrée une décennie plus tôt aux États-Unis. Toutefois, avant 1980, l'augmentation de la main-d'œuvre francophone dans le secteur public, jumelée aux bonnes conditions de travail dans ce secteur fortement syndiqué, a aidé des milliers de francophones à accéder à la classe moyenne.

Bref, la politique linguistique faisait partie d'un ensemble de politiques étatiques et d'institutions sociales qui ont permis à l'État québécois d'agir en tant qu'État égalisateur entre 1970 et le début des années quatre-vingt[72]. Évidemment, les francophones n'ont pas tous profité de la modification de la dynamique linguistique dans l'économie de Montréal. Au milieu des années quatre-vingt, 22 % de la population francophone de Montréal vivait sous le seuil de la pauvreté et la désindustrialisation rapide de l'est et du sud-ouest de la ville qui s'opère depuis 1980 a plongé des quartiers comme Hochelaga-Maisonneuve et Pointe-Saint-Charles dans la misère. La restructuration économique exige un terrible tribut de l'économie de Montréal depuis le milieu des années quatre-vingt. Par contre, pour des milliers de Franco-Montréalais et non seulement pour une petite élite nationaliste, la nouvelle dynamique linguistique de Montréal a offert des possibilités d'ascension sociale dont ne profitait qu'un petit nombre avant 1960.

Le visage extérieur du commerce

Si les preuves dont nous disposons au sujet du «visage anglais» de l'activité commerciale à Montréal avant les années soixante sont plus ou moins rigoureuses, elles sont toutefois convaincantes: photographies du centre-ville de Montréal qui montrent des affiches commerciales en anglais seulement, anecdotes de francophones qui ne pouvaient se faire servir en français dans les grands magasins, témoignages de locataires francophones qui tentaient de comprendre des baux en anglais ou de consommateurs obligés de lire des modes d'emploi rédigés uniquement en anglais.

Cependant, pendant les années soixante, les commerces montréalais ont commencé à tenir compte du marché francophone grandissant et des plaintes des nationalistes au sujet de l'usage de l'anglais dans le commerce. En 1972, la commission Gendron affirmait que «l'entreprise privée a beaucoup fait, au cours des dernières années, pour mieux servir sa clientèle francophone. [...] Une nouvelle pratique s'est fait jour, qui se répand de plus en plus: servir le client dans la langue de son choix, donc, soit en français, soit en anglais[73]». Les vendeurs bilingues sont devenus monnaie courante dans les commerces fréquentés par une clientèle francophone et les grands magasins du centre-ville ont entrepris de donner un caractère plus français à leur raison sociale (Morgan's est devenu La Baie/The Bay, Eaton's est devenu Eaton, Simpson's est devenu Simpson, et ainsi de suite). Néanmoins, malgré la sollicitude apparemment plus grande envers les consommateurs francophones, une enquête menée en 1971 indiquait que 70 % des Montréalais francophones considéraient avoir eu «beaucoup de difficulté» à se faire servir dans leur langue dans un restaurant ou un magasin dans les six mois ayant précédé l'enquête[74].

Entre 1970 et le début des années quatre-vingt, compte tenu des attentes grandissantes des consommateurs francophones ainsi que des règlements des lois 22 et 101, le visage extérieur du commerce montréalais s'est graduellement francisé. Par exemple, dans une enquête réalisée pour la commission Gendron, 42 % des Franco-Montréalais avaient déclaré avoir acheté un produit dont le mode d'emploi était rédigé exclusivement en anglais; en 1985, ce pourcentage avait diminué à 30 %[75]. Dans un sondage fait en 1988, seulement 21 % des Franco-Montréalais interrogés ont dit avoir eu «de la difficulté à se faire servir en français dans une transaction commerciale dans les douze derniers mois» (dans le même sondage, 23 % des Anglo-Montréalais ont déclaré avoir eu de la difficulté à se faire servir en anglais[76]).

Dans un document publié en 1996, le Comité interministériel sur la situation de la langue française concluait que «la possibilité de se faire servir en français est [...] quasi généralisée partout» à Montréal[77]. Cette conclusion corroborait les résultats d'une enquête du Conseil de la langue française en 1995 selon lesquels «l'accueil en français est majoritaire dans tous les types de commerces et dans toutes les zones de l'enquête[78]», avec des variations — on s'y attendait — selon le quartier et le genre d'établissement: de 53 % en français dans les «commerces sur rue» du quartier multiethnique de Côte-des-Neiges—Snowdon à 97 % en français dans les grands magasins de l'ouest du centre-ville. De plus, même si la clientèle n'était pas accueillie en français, dans tous les quartiers et dans tous les types de commerces étudiés, on était en mesure de fournir un niveau élevé de service en français.

Quant au visage extérieur du commerce, question qui a refait surface en 1996 comme sujet de controverse, les dispositions des lois relatives à l'affichage adoptées depuis le début des années soixante-dix ont indéniablement donné un visage plus «français» à la ville. Selon une enquête de Guy Labelle en 1970, 35 % des affiches commerciales dans la région métropolitaine de Montréal étaient en français seulement et 11,8 % étaient en anglais seulement; en 1984, sous le régime de la loi 101, ces pourcentages étaient respectivement de 78,5 % et de 7,2 %, selon une étude du CLF[79]. Malgré le fait que la méthodologie différente des deux enquêtes limite les comparaisons, il reste que les changements observés entre 1970 et 1984 permettent d'affirmer que le visage extérieur du commerce à Montréal s'est francisé de façon marquée[80].

Au milieu des années quatre-vingt-dix, dans le cadre de la loi 86 qui permet l'affichage extérieur et intérieur bilingue avec prédominance du français, les études gouvernementales ont révélé que «39 % des commerces de l'île de Montréal ont actuellement une image linguistique exclusivement française» et que «71 % des commerces de l'île donnent une image linguistique où le français est nettement majoritaire[81]». Ainsi, le Comité interministériel concluait dans son bilan de la situation de la langue française en 1996: «On peut donc estimer qu'un étranger qui déambule dans les rues de Montréal retient de l'image linguistique de l'affichage la place majoritaire occupée par le français[82]», un changement notable en regard de l'apparence linguistique de Montréal avant la Révolution tranquille et avant l'adoption de la loi 101 en 1977.

Les sondages continuent de montrer que le public manifeste peu d'intérêt pour rouvrir le débat sur la langue d'affichage: 84 % des Québécois interrogés à la fin de l'été 1996 se sont déclarés «très favorables ou favorables» à l'affichage commercial bilingue avec nette prédominance du français[83]. Toutefois, une vague récente de militantisme anglophone lancée par Howard Galganov, chef d'un mouvement jusqu'alors inconnu appelé le Quebec Political Action Committee, a remis la langue d'affichage sur la place publique. Galganov a dirigé un mouvement de protestation anglophone pour obliger plusieurs grands magasins de l'ouest de l'île, qui avaient jusqu'alors affiché exclusivement en français, à afficher à l'extérieur dans les deux langues, ce que la loi 86 permet. Fier de ce succès, Galganov a déclaré vouloir mobiliser les anglophones pour rétablir le droit à l'affichage *unilingue* anglais. En même temps, certains militants du Parti Québécois demandaient l'abrogation de la loi 86 et le retour à l'affichage commercial unilingue français qui avait cours dans le cadre de la loi 101. Devant l'agitation croissante à l'intérieur du Parti Québécois et les rumeurs selon lesquelles «l'affichage unilingue anglais réapparaît à Montréal[84]», le Conseil de la langue française a entrepris, à l'automne 1996, une étude sur la langue d'affichage à Montréal[85].

Ainsi, la langue d'affichage, riche en symboles bien que son importance dans la consolidation de l'avenir du français à Montréal soit discutable, demeure un sujet de discorde entre les communautés linguistiques de Montréal. Bien que la question menace la paix linguistique à Montréal et que la présence de l'anglais dans l'affichage commercial ait varié depuis 1977 selon le climat politique, il demeure que le visage extérieur du commerce à Montréal — langue d'affichage, langue du commerce, langue de service — est devenu beaucoup plus français qu'il ne l'était au cours des vingt-cinq dernières années.

La politique gouvernementale, les forces du marché et les changements économiques

À tous égards, la situation du français dans l'économie de Montréal a fait des pas de géant depuis 1960. On recourt davantage au français au travail et dans les échanges commerciaux, des milliers de francophones ont accédé à des postes de direction dans le secteur privé, les disparités de revenus selon la langue sont moindres et le milieu des affaires montréalais a pris un visage nettement plus français.

L'intervention de l'État dans l'économie a joué un rôle capital dans cette transformation. Les politiques industrielles du gouvernement ont favorisé l'essor des entreprises francophones, et la forte croissance du secteur public québécois a fourni des emplois payants aux francophones. La réforme de l'éducation a fait augmenter le nombre de francophones qualifiés prêts à prendre la relève à la direction des entreprises dans le secteur privé. La politique linguistique a aussi joué un rôle important en imposant des changements dans les pratiques du milieu des affaires, comme le droit de travailler et d'être servi en français, et en accélérant le processus de francisation[86].

Or certains économistes réduisent l'influence de la politique linguistique sur la modification du rôle respectif du français et de l'anglais dans l'économie de Montréal entre 1960 et la fin des années quatre-vingt, préférant mettre l'accent sur le rôle des «forces naturelles du marché[87]». Dans plusieurs publications, Yvan Allaire[88] et Roger Miller affirment que le «processus de francisation était bien enclenché» avant l'adoption de la loi 101, car les entreprises montréalaises avaient réagi à l'enrichissement des consommateurs francophones et à leur insistance à recevoir un service en français. Les entreprises avaient alors amorcé un processus de francisation de façon plus ou moins «volontaire», parce qu'il était désormais rentable de faire des affaires en français[89]. Lacroix et Vaillancourt avancent que «les législations linguistiques québécoises n'ont pas joué un rôle important dans le déclenchement du processus de francisation du marché du travail québécois et sont donc peu susceptibles d'avoir eu des effets sur l'utilisation du français au travail[90]». De plus, puisque les disparités de revenus selon la langue avaient presque disparu en 1977, ces politiques, selon les mêmes auteurs, n'auraient eu qu'un moindre effet à ce chapitre. À leur avis, les forces du marché, accompagnées des pressions politiques qui commencent à s'exercer pendant les années soixante, ont contribué à l'accroissement de l'offre et de la demande de main-d'œuvre francophone, ce qui a favorisé la réduction de l'écart entre les revenus.

Trois de ces forces du marché, ou forces «structurelles», sont fréquemment citées comme causes de la francisation de l'économie de Montréal après 1960. Première force structurelle, l'activité économique de Montréal s'est éloignée des marchés canadiens pour se centrer sur le marché québécois. Le déplacement vers l'ouest de l'activité économique au Canada s'était accéléré après 1960, alors que les entreprises canadiennes et les filiales canadiennes d'entreprises américaines choisissaient la région de Toronto pour y établir leurs sièges sociaux. En 1970, Toronto avait dépassé Montréal pour le nombre de sièges sociaux ainsi que pour le nombre et la valeur des opérations boursières. En 1961, les investissements dans le secteur manufacturier étaient légèrement plus élevés à Montréal qu'à Toronto; en 1981, Toronto avait profité des investissements massifs dans l'industrie de l'automobile, et la part de Montréal dans les investissements manufacturiers ne correspondait qu'à 51 % de celle de Toronto; en 1986, on évalue que le pourcentage était tombé à 28 %[91]. Bref, dans les années soixante-dix, Toronto s'était imposé comme métropole économique du Canada tandis que Montréal jouait de plus en plus le rôle de courroie de transmission d'un marché régional québécois.

La régionalisation de l'activité économique de Montréal s'est accrue pendant les années soixante-dix. Par exemple, les emplois de direction dans les sièges sociaux de Montréal ont connu une croissance de 23 % entre 1967 et 1978, tandis que la croissance des emplois dans les bureaux régionaux a été de 49 %[92]. Comme l'indique le tableau 16, il y a eu une nette augmentation de la proportion de la main-d'œuvre montréalaise employée dans des activités économiques orientées vers le «marché intérieur» (le Québec) par opposition au «marché extérieur» (surtout les États-Unis et le Canada anglais).

Alors que les activités économiques visaient de plus en plus un marché régional, majoritairement de langue française, plutôt qu'un marché nord-américain surtout anglais, la «rentabilité» du français sur le marché du travail augmentait en conséquence, ce qui ouvrait les portes plus grandes aux francophones et à l'usage du français comme langue de travail[93]. Comme le faisait remarquer Fernand Martin, «Montréal est plus orienté vers le Québec et, par conséquent, devient plus français. [...] Une ville qui fournit des services presque exclusivement régionaux devient par le fait même plus francophone[94]».

Tableau 16
La régionalisation de l'économie de Montréal, 1971-1990
(% de la main-d'œuvre dans chaque marché*)

	Marché extérieur	Marché intérieur
1971	45,2	54,8
1981	40,7	59,3
1985	37,5	62,5
1990	36,2	63,8

* J'ai utilisé la grille de classement de Robert Lacroix et François Vaillancourt pour définir les marchés «extérieur» et «intérieur». Le marché intérieur comprend la construction, le commerce et les services commerciaux ainsi que la fonction publique. Le marché extérieur comprend la fabrication, les transports et les communications ainsi que les finances.

Vu le virage de l'activité économique vers le marché francophone québécois, les travailleurs anglophones ont agi «rationnellement» en allant jouer cet atout que constituait leur compétence en anglais sur d'autres marchés où il serait plus apprécié. Ainsi, entre 1971 et 1981, plus de 15 % de la main-d'œuvre masculine anglophone a quitté le Québec, principalement à destination de l'Ontario[95]. Le départ de cette main-d'œuvre instruite et à revenus moyens a laissé un vide dans les postes de direction, vide comblé par les francophones, ce qui a mené à la réduction des disparités de revenus selon la langue pendant les années soixante-dix. Paul Bernard et ses collègues ont décrit le processus:

> Par ailleurs, que les francophones aient monopolisé presque totalement les nouveaux postes qui ont ainsi été créés ne tiendrait pas non plus aux interventions politiques sur la question linguistique, cela renverrait plutôt directement au fait que les francophones constituaient le seul stock de nouveaux travailleurs disponibles sur le marché québécois de 1971 à 1978[96].

La deuxième force structurelle qui aurait influé sur la francisation de l'économie de Montréal a trait au développement du secteur tertiaire. En effet, comme dans les autres grandes villes nord-américaines, l'économie de Montréal entre 1960 et 1991 s'est orientée de plus en plus vers le secteur tertiaire plutôt que vers le secteur secondaire. Cette modification a eu une influence profonde sur l'utilisation des langues à Montréal. Tous les emplois réels créés dans la région de Montréal entre 1961 et 1991 étaient dans le secteur des services (fonction publique, finance, services supérieurs aux entreprises, services personnels, commerce, etc.). Comme le montre le tableau 17, en 1991, près des trois quarts de la main-d'œuvre de Montréal travaillait dans le secteur des services par rapport à 60 % en 1961.

Tableau 17
Répartition sectorielle de la main-d'œuvre
de la région de Montréal, 1961 et 1991 (en %)

Secteur	1961	1991
Fabrication	32,5	19,4
Construction	7,2	6,1
Services	59,6	73,8
Autres	0,7	0,7

Source: Pierre Lamonde et Yvon Martineau, *Désindustrialisation et restructuration économique: Montréal et les autres grandes métropoles nord-américaines, 1971-1991*, Montréal, INRS-Urbanisation, 1992, p. 78.

Dans une plus grande mesure que dans le secteur de la fabrication, le secteur tertiaire se caractérise par l'usage intensif de la langue. Les avocats, les publicitaires, les employés de bureau, les vendeurs, les commis sont plus souvent appelés à lire et communiquer oralement et par écrit que les ouvriers d'usine[97]. Comme Martin le fait remarquer, «les services, davantage que les produits, sont très sensibles aux barrières culturelles et linguistiques à cause de leur raison d'être dans l'échange d'information et les communications interpersonnelles[98]».

La tertiarisation a renforcé les liens de l'économie de Montréal avec le Québec français plutôt qu'avec le Canada anglais. Dans le secteur des services aux entreprises, par exemple, la grande majorité de la clientèle des firmes montréalaises pendant les années quatre-vingt se trouvait au Québec. Une enquête réalisée en 1980 a révélé que 87,2 % des revenus des consultants en gestion de Montréal provenaient du Québec; chez les consultants en informatique et les agents de publicité, la proportion atteignait 88,1 % et 75,2 % respectivement[99].

Il n'est pas surprenant que les plus grands succès dans le monde francophone des affaires aient été obtenus dans des secteurs qui distribuent des produits ou vendent des services à la clientèle en majorité francophone du Québec. C'est dans ces secteurs que les entreprises francophones de Montréal, dans la mesure où elles ont suffisamment de capital, jouissant par définition d'un avantage sur la concurrence. Selon Mario Polèse et Robert Stafford, le rayonnement des entreprises francophones est si grand dans le secteur des services aux entreprises qu'au lieu de parler de satellisation de Montréal par rapport à Toronto, «pour la plupart des services aux entreprises, il serait plus juste de parler d'un partage des marchés, car Montréal domine très nettement l'ensemble du territoire québécois. Elle joue en quelque sorte vis-à-vis du reste du Québec le rôle que Toronto joue vis-à-vis du reste du Canada[100]». Bref, la croissance rapide du secteur des services — et la segmentation linguistique des activités dans ce secteur — a fourni des occasions d'affaires aux Franco-Montréalais.

Enfin, et c'est là la troisième force structurelle, la constitution d'une «masse critique» de consommateurs, d'entreprises et de dirigeants francophones à Montréal a enclenché un processus d'enrichissement collectif de la communauté francophone. L'arrivée de milliers de ruraux à Montréal entre 1900 et 1970 a créé un public pour l'avènement d'une industrie culturelle en français: radio, télévision, journaux, arts de la scène et édition. En outre, le nombre grandissant de consommateurs francophones fournissait une clientèle aux petites entreprises engagées dans les services financiers (banques, immobilier, placements), un secteur qui ne demandait pas de capitaux élevés ni d'investissements dans des moyens de production complexes[101]. En retour, ces initiatives dans le secteur privé ont stimulé le développement économique, d'autant plus que les consommateurs francophones exigeaient d'être servis dans leur propre langue. En plus de fournir un marché concentré dans l'espace que les entreprises francophones pouvaient pénétrer, la croissance de Montréal signifiait une multiplication des «emplois de vendeurs d'automobiles, de garagistes, d'agents d'assurances, de téléphonistes, de commis de bureau [et] de nouvelles possibilités pour les Montréalais, anciens et nouveaux[102]».

Avec l'entrée des francophones dans le secteur privé à Montréal, bien qu'en nombre restreint à l'origine, une «masse critique» de gestionnaires francophones a pris forme, menant à la constitution d'une filière qui a facilité l'embauche ultérieure d'autres francophones. Comme Jac-André Boulet l'a signalé, la mainmise des anglophones sur les emplois payants à Montréal jusque dans les années soixante découlait, du moins en partie, du fait que les candidats francophones étaient tenus à l'écart des filières du secteur privé. Les anglophones étaient les premiers à entendre parler des postes vacants dans les entreprises, les anglophones recrutaient leurs semblables, et ainsi de suite. Mais, dès le début des années soixante-dix, les francophones se trouvèrent désormais «branchés» sur les filières et leur avancement a suivi[103].

Il fait peu de doute que les tendances du marché, comme la régionalisation et la croissance du secteur tertiaire, ont contribué de façon majeure à la francisation de l'économie de Montréal après 1960, tout comme le développement de «filières d'information» et de «masses critiques» de capitaux, de consommateurs et de main-d'œuvre qualifiée. Néanmoins, les forces du marché prises isolément ne peuvent expliquer la modification de la dynamique linguistique dans l'économie de Montréal. Par exemple, sans les investissements du gouvernement dans l'éducation après 1960, les francophones n'auraient pas possédé le «capital humain» nécessaire pour pourvoir les postes libérés par les anglophones qui quittaient Montréal pendant les années soixante-dix. En ce sens, la réforme de l'éducation était une «politique linguistique qui a augmenté l'offre de francophones sur le marché du travail[104]». Les entreprises ont pu entamer une francisation partielle en réaction à la croissance du marché francophone, mais ce marché attrayant a été créé par la croissance prodigieuse de l'emploi dans le secteur public pendant les années soixante qui a fourni des milliers d'emplois bien payés aux francophones et grâce à laquelle des millions de dollars «francophones» ont pu être injectés dans l'économie de Montréal. Enfin, bien que les entreprises de Montréal aient pu amorcer un processus de francisation en réaction à la modification du marché du travail et de la main-d'œuvre, une grande partie de la réaction des milieux d'affaires était la conséquence de pressions politiques et de la crainte de lois linguistiques coercitives, un «climat» économique à saveur politique qui cadre peu avec le modèle des «forces du marché» cher au néolibéralisme économique.

Simultanément, tandis que les conditions du marché pendant les années soixante-dix étaient propres à favoriser le développement des «fleurons» de l'entreprise francophone, presque tous les jeunes loups de la libre entreprise québécoise profitaient de la politique gouvernementale à laquelle ils doivent en grande partie leur succès. Par exemple, nous avons déjà vu que Provigo a été fondé grâce à l'aide financière du gouvernement par le biais de la Caisse de dépôt et placement, qu'il est resté francophone grâce à l'intervention de cette même Caisse de dépôt, que son expansion a été facilitée par les subventions et les programmes d'aide à l'exportation. Pareillement, Bombardier a obtenu du financement de la part de la SGF et de la Caisse de dépôt, des contrats de la Société de transport de la Communauté urbaine de Montréal et de l'aide à l'exportation de la part de l'Office québécois du commerce extérieur (OQCE) et de SDI-Exportation, tandis que Lavalin, SNC et plusieurs autres entreprises doivent leur existence au programme d'achat au Québec d'Hydro-Québec.

La politique linguistique n'a pas remodelé l'économie de Montréal de la même manière qu'elle a transformé le milieu de l'enseignement. Il est indéniable que des changements dans la division linguistique du travail étaient en cours avant l'adoption des projets de loi 22 et 101; les forces du marché et les réformes de la Révolution tranquille dans l'éducation et le développement économique ont joué un rôle majeur. Quoi qu'il en soit, la politique linguistique a joué un rôle fondamental dans l'amélioration des perspectives d'avenir des Montréalais francophones. Par exemple, tandis que la réforme de l'éducation a souvent été mentionnée comme cause de la mobilité sociale accrue des francophones, jusqu'au début des années soixante-dix, seulement 12,7 % des diplômés de l'Université de Montréal travaillaient dans le secteur privé et plus de 90 % des diplômés de 1970 de l'École des HEC ont obtenu leur premier emploi dans la fonction publique[105].

Que la réforme de l'éducation à elle seule n'ait pu entraîner la mobilité sociale des francophones dans le secteur privé de Montréal n'a rien de surprenant. Tant que l'anglais demeurait la langue du travail dans les grandes sociétés, les francophones, même les plus instruits, partaient perdants dans la course aux postes de direction. Ainsi, en forçant les entreprises à modifier leurs habitudes linguistiques, la loi 101 a pu «augmenter à la fois la demande pour du personnel francophone et le recrutement de francophones [...] dans les emplois bien rémunérés[106]». En 1985, la vaste majorité des diplômés des HEC trouvaient du travail dans le secteur privé, un contraste avec la situation qui existait quinze ans plus tôt[107]. Le rétrécissement de l'écart quant au niveau d'instruction entre francophones et anglophones était une condition nécessaire de la *francisation* et de la *francophonisation* des sociétés montréalaises, mais insuffisante. La politique linguistique a été un «coup de pouce» important pour inciter les sociétés montréalaises à utiliser le français comme langue de travail et à engager des francophones.

En outre, même si l'amélioration de la situation des francophones et l'utilisation du français dans l'économie de Montréal avaient précédé l'adoption des lois 22 et 101, tout homme d'affaires moindrement perspicace au début des années soixante-dix pouvait prévoir l'adoption de lois qui imposeraient la francisation. C'est pourquoi plusieurs décisions prises avant 1974, sans être directement motivées par la politique linguistique, peuvent être interprétées comme une réponse à une francisation anticipée. De plus, la francisation n'était pas si avancée au moment de l'adoption de la loi 101. En 1984, *un an après* l'échéance fixée par la loi 101 pour se conformer à la loi, à peine 40 % des entreprises québécoises étaient suffisamment francisées pour recevoir leur certificat de l'OLF. En 1995, près de 80 % des entreprises s'y conformaient[108]. Ainsi, il semble que la politique linguistique ait joué un rôle important dans l'amorce d'une francisation plus complète et plus systématique que celle qui avait cours dans le milieu des affaires de Montréal avant 1977.

Conclusion

Une combinaison de forces du marché et de politiques gouvernementales a provoqué une transformation étonnante de la division linguistique du travail à Montréal entre 1960 et la fin des années quatre-vingt. Une partie de cette transformation est le résultat de tendances à long terme qui favorisaient l'usage du français dans l'économie, comme la croissance du secteur des services et le déclin de Montréal en tant que centre économique national. Mais l'intervention du gouvernement est au cœur de la restructuration économique de Montréal. Des politiques d'intérêt public en matière d'emploi, d'éducation et de développement économique ont joué un rôle clé dans la modification de l'offre et de la demande de main-d'œuvre francophone, dans l'aide aux entreprises francophones pour se tailler une place dans le secteur privé et dans la création d'un bassin appréciable de consommateurs francophones. Dès le début des années soixante-dix, ces politiques, autour desquelles se sont articulées les pressions nationalistes et la possibilité d'un régime linguistique plus contraignant, avaient amorcé une certaine francisation dans le milieu des affaires, stimulé la croissance d'entreprises francophones concurrentielles et contribué à réduire l'écart entre les revenus lié à la langue. L'adoption de la loi 22 en 1974, malgré la faiblesse de ses mécanismes d'application, a néanmoins signalé aux sociétés montréalaises que les jours de la domination de l'anglais étaient comptés. Si la loi 101 n'a pas lancé le processus de francisation de l'économie de Montréal, elle l'a tout de même accéléré en obligeant les entreprises récalcitrantes à se franciser systématiquement et en favorisant un climat économique qui haussait la valeur du français sur le marché du travail et dans l'activité commerciale.

Malgré ces changements, le français n'est toujours pas la langue commune de l'économie de Montréal dans les années quatre-vingt-dix. Les francophones ont certes accédé au pouvoir économique depuis les années soixante, mais on ne peut dire que les leviers de l'économie de la métropole sont résolument entre leurs mains. Toutefois, l'hégémonie des Canadiens anglais sur l'économie de la ville est chose du passé; vu le poids des entreprises sous contrôle francophone, un épisode comme le «coup de la Brinks» en 1970 et les autres menaces de fuite des capitaux seraient inconcevables, voire risibles, aujourd'hui.

Par contre, le rôle de l'anglais comme langue internationale des affaires et de la haute technologie exerce de fortes pressions en faveur de l'utilisation de l'anglais au travail. Par exemple, jusqu'en 1989, selon le Conseil de la langue française, 41 % des francophones de Montréal utilisaient des logiciels en anglais, 38 % en français et 21 % des logiciels «bilingues[109]». Des enquêtes plus récentes font état d'une francisation graduelle mais certaine de la langue des logiciels au travail, mais «les statistiques [...] indiquent clairement que le français n'occupe pas encore une place dominante dans l'informatique au travail[110]».

De plus, étant donné que les entreprises montréalaises tentent de pénétrer les marchés mondiaux, de fortes pressions persistent en faveur de l'utilisation de l'anglais au travail. Toutes les stratégies de développement économique adoptées par la ville depuis le milieu des années quatre-vingt préconisent le développement de Montréal comme centre commercial international en invoquant souvent la tradition de dualisme linguistique comme atout[111]. Ces stratégies, qui sont souvent critiques à l'endroit de la loi 101 vue comme un frein à l'essor économique, tiennent pour acquis que l'anglais continuera d'occuper une place importante dans la métropole. De telles stratégies risquent d'entraver le progrès du français comme langue du travail.

Une des stratégies de développement économique dans le contexte de l'ALENA propose explicitement d'établir des liens plus étroits entre Montréal et des villes américaines comme Boston où la haute technologie est en plein essor[112] et avec lequel les échanges commerciaux annuels atteignent 2,5 milliards de dollars. En 1996, les maires de Montréal et de plusieurs municipalités de banlieue se sont concertés en vue de «développer une vision commune et des actions communes sur la scène internationale» et la première destination de la mission économique conjointe était Boston[113].

Compte tenu du «penchant» pour l'anglais de la plupart des entreprises américaines, il est probable que la croissance des échanges entre des entreprises de Montréal et de Boston (ou d'autres villes des États-Unis) augmente l'usage de l'anglais dans l'économie de Montréal. Le Montréal francophone assisterait alors à une situation ironique: le succès des entreprises francophones au Québec et sur la scène américaine pourrait ramener l'obligation de connaître l'anglais et exercer certaines pressions en faveur de l'anglicisation pour les francophones et les allophones ambitieux. En outre, comme William Coleman l'a soutenu, l'intégration accrue du Québec francophone dans l'économie nord-américaine risque de diluer le caractère distinct du Québec et de transformer la province et sa métropole en succursale francophone d'une société de consommation homogénéisée nord-américaine[114].

Ainsi, bien que les Anglo-Montréalais ne possèdent plus le monopole du pouvoir économique, l'anglais conserve son influence dans l'économie de Montréal. La culture franco-québécoise continuera de subir des pressions assimilatrices à cause du poids de l'anglais dans les hautes sphères du monde des affaires et dans l'ensemble de l'Amérique du Nord. Par contre, ces faits ne doivent pas masquer les changements fondamentaux qui se sont produits depuis les années soixante. Grâce à la mobilisation politique et à l'intervention de l'État, et mettant à profit les tendances favorables du marché, la majorité francophone qui occupait traditionnellement une place inférieure dans l'économie a accompli des progrès remarquables en l'espace de vingt-cinq ans. Dans le monde des affaires de Montréal, l'époque de la «ville anglaise» est bel et bien révolue.

Notes du chapitre VII

1. George Nader, *Cities of Canada*, Toronto, Macmillan, 1976, vol. 2, p. 154.
2. Michel Plourde, *La politique linguistique du Québec, 1977-1987*, Québec, Institut québécois de recherche sur la culture, 1988, p. 41.
3. Voir Yvan Allaire, «La nouvelle classe politique et les pouvoirs économiques», dans Jean-François Léonard (dir.), *La chance au coureur: bilan de l'action du gouvernement du Parti Québécois*, Montréal, Nouvelle Optique, 1978, p. 62; Ian McKinnon et Roger Miller, *Some Aspects of the Recruiting Policies of Quebec Firms*, Montréal, SECOR, inédit, 1981, p. 24-26; François Vaillancourt, *Le français, les francophones et les législations linguistiques au Québec: une analyse économique*, Québec, Conseil de la langue française, 1983; Robert Lacroix et François Vaillancourt, *Les revenus et la langue au Québec (1970-1978)*, Québec, Conseil de la langue française, Études et recherches n° 8, 1981, p. 82-83; Jorge Niosi, *La bourgeoisie canadienne, la formation et le développement d'une classe dominante*, Montréal, Boréal Express, 1980, p. 186-187.
4. Conseil de la langue française, *Indicateurs de la langue du travail au Québec*, Québec, Gouvernement du Québec, 1995, p. 99.
5. *Ibid.*, p. 103.
6. Paul Béland, *L'usage du français au travail: situation et tendances*, Québec, Conseil de la langue française, 1991, p. 64-67; Daniel Monnier, *Les choix linguistiques des travailleurs immigrants et allophones*, Québec, Conseil de la langue française, 1993.
7. Paul Béland, ouvr. cité, p. 62.
8. *Ibid.*
9. Conseil de la langue française, ouvr. cité, p. 106-107.
10. *Ibid.*, p. 115.
11. Paul Béland, ouvr. cité, p. 62-63.
12. Ian McKinnon et Roger Miller, ouvr. cité, p. 40. Une des ironies de l'amélioration de la situation socioéconomique des francophones depuis les années soixante-dix, nous le verrons plus loin, est que, comme Paul Béland le fait remarquer, «l'usage moins fréquent du français parmi les milieux technique et administratif met en relief un effet pervers de la bonification du statut économique des francophones. L'amélioration du statut du français passe par un contrôle plus étendu de l'économie — le statut d'une langue dépend du statut de ses locuteurs — et cet essor amène les francophones à occuper des postes où les tâches requièrent un plus grand usage de l'anglais» (Paul Béland, «Regard sur l'évolution de la langue du travail au Québec», dans Conseil de la langue française, *Indicateurs de la langue du travail au Québec*, Québec, Gouvernement du Québec, 1995, p. 146-147).

13. Pierre-Étienne Laporte, «Status of Language Planning in Quebec: An Evaluation», dans Richard Y. Bourhis (dir.), *Conflict and Language Planning in Quebec*, Clevedon (G.-B), Multilingual Matters, 1984, p. 65. Bien qu'aucune enquête exhaustive sur ce sujet n'existe pour les années quatre-vingt, d'autres sources sur la langue du travail et la connaissance des langues des travailleurs montréalais indiquent que les chiffres sont demeurés relativement stables depuis 1979.
14. Ian McKinnon et Roger Miller, ouvr. cité, p. 40.
15. Les statistiques de 1990 proviennent d'une compilation spéciale inédite de Statistique Canada, les calculs sont les miens. Les données de 1961 sont tirées de Jac-André Boulet et autres, *L'évolution des disparités linguistiques des revenus de travail au Canada de 1970 à 1980*, Ottawa, Conseil économique du Canada, 1983, p. 51.
16. Paul Béland, ouvr. cité, p. 63, 60.
17. Ian McKinnon et Roger Miller, ouvr. cité, p. 36.
18. Comité interministériel sur la situation de la langue française, *Le français, langue commune: enjeu de la société québécoise*, Québec, ministère de la Culture et des Communications, 1996, p. 74.
19. Mon argument dans la partie qui suit s'inspire de l'excellente analyse de Paul Béland, dans «Regard sur l'évolution de la langue du travail au Québec», art. cité, p. 153-156.
20. Paul Béland, art. cité, p. 154-155.
21. *Ibid.*, p. 154.
22. Paul-André Linteau et autres, *Le Québec depuis 1930, histoire du Québec contemporain*, Montréal, Boréal, 1986, p. 473.
23. Yves Bélanger et Pierre Fournier, *L'entreprise québécoise: développement historique et dynamique contemporaine*, Montréal, Hurtubise HMH, 1987, p. 170.
24. Peter Hadekel, «Investment Fund Keeps Politicians at Bay», *The Gazette*, 4 septembre 1996.
25. Le Fonds de solidarité des travailleurs du Québec, *Rapport annuel, 1992*, et *Rapport annuel, 1995*; Louis Fournier, *Solidarité Inc.: un nouveau syndicalisme créateur d'emplois*, Montréal, Québec/Amérique, 1991; Clément Godbout, «Le budget du Québec: un impact négatif pour l'économie et les travailleurs», *Le Devoir*, 21 mars 1996.
26. «Les 100 plus grandes entreprises au Canada», *L'actualité*, 15 juin 1996, p. 21-25.
27. Yves Bélanger et Pierre Fournier, ouvr. cité, p. 140.
28. *Ibid.*, p. 169-170; Paul-André Linteau et autres, ouvr. cité, p. 468-470; *Rapport du Comité consultatif au Comité ministériel sur le développement de la région de Montréal* (rapport Picard), Ottawa, ministère des Approvisionnements et Services, 1986, p. 282.
29. *Le Québec statistique, édition 1995*, Québec, Éditeur officiel du Québec, 1995, p. 511.
30. Paul André Linteau et autres, ouvr. cité, p. 468. En 1987, 4,33 millions de Québécois avaient un compte à la caisse populaire. Voir Claude

Turcotte, «L'actif de Desjardins atteint les $34 milliards», *Le Devoir*, 22 mai 1988.
31. *Rapport du Comité consultatif au Comité ministériel sur le développement de la région de Montréal* (rapport Picard), ouvr. cité, p. 283; «The Canadian Business 500», *Canadian Business*, juin 1989, p. 151.
32. *Rapport du Comité consultatif au Comité ministériel sur le développement de la région de Montréal* (rapport Picard), ouvr. cité, p. 283.
33. «Les 100 plus grandes entreprises au Canada», art. cité.
34. Paul-André Linteau et autres, ouvr. cité, p. 471; *Rapport du Comité consultatif au Comité ministériel sur le développement de la région de Montréal* (rapport Picard), ouvr. cité, p. 282-283; Yves Bélanger et Pierre Fournier, ouvr. cité, p. 167-168.
35. *Rapport du Comité consultatif au Comité ministériel sur le développement de la région de Montréal* (rapport Picard), ouvr. cité, p. 290.
36. Graham Fraser, *Le Parti Québécois*, Montréal, Libre Expression, 1984, p. 238.
37. Paul Durivage, «Une année record», *Le Devoir*, 31 décembre 1986; *Rapport du Comité consultatif au Comité ministériel sur le développement de la région de Montréal* (rapport Picard), ouvr. cité, p. 290. Sur Pierre Lortie, voir Gerald Clark, *Montreal: The New Cité*, Toronto, McClelland and Stewart, 1982, p. 127-131.
38. Thomas Courchène, «Montréal reprend son statut économique», *Le Devoir*, 17 juillet 1986.
39. Paul Durivage, art. cité.
40. Thomas Courchène, art. cité; Robert Dutrisac, «Le marché du régime épargne-actions a fait son plein», *Le Devoir*, 22 octobre 1987.
41. *Rapport du Comité consultatif au Comité ministériel sur le développement de la région de Montréal* (rapport Picard), ouvr. cité, p. 287.
42. Paul Durivage, art. cité.
43. Françoy Roberge, «Dossier l'épargne québécoise: une croissance phénoménale de contrôle économique depuis 1977», *Finance*, vol. 15, août 1983.
44. Yves Bélanger et Pierre Fournier, ouvr. cité, p. 172.
45. *Ibid.*, p. 168-169.
46. Jean-Pierre Legault, «La Banque nationale prend le contrôle de Lévesque Beaubien pour $100 millions», *Le Devoir*, 2 juillet 1988; Robert Dutrisac, «Geoffrion Leclerc: une décision lundi», *Le Devoir*, 4 février 1989; Craig Toomey, «Geoffrion's Head Office Is Victim of Merger», *The Gazette*, 12 mai 1989.
47. Gilles Lesage, «Fortier se réjouit du consensus en faveur du décloisonnement des intermédiaires», *Le Devoir*, 4 juin 1988.
48. Jean Chartier, «Hydro-Québec et la Caisse de dépôt: les succès ont dépassé les espoirs», *Le Devoir*, 31 janvier 1985; Yves Bélanger et Pierre Fournier, ouvr. cité, p. 161; «SNC-Lavalin se porte acquéreur de la firme Kilborn», *Le Devoir*, 16 janvier 1996.
49. Yves Bélanger et Pierre Fournier, ouvr. cité, p. 159.
50. *Ibid.*, p. 161; Paul-André Linteau et autres, ouvr. cité, p. 479-480.

51. André Raynauld et François Vaillancourt, *L'appartenance des entreprises: le cas du Québec en 1978*, Québec, Éditeur officiel du Québec, 1984, p. 85-87.
52. André Bouthillier, «La naissance d'entreprises modernes mieux gérées et capables d'exporter leurs produits», *Le Devoir*, 31 janvier 1985; Jean-Pierre Nicaise, «L'entrepreneurship, un pouvoir créateur actuel et indispensable», *Le Devoir*, 26 octobre 1987.
53. Serge Truffaut, «Sun Life plus forte au Québec qu'avant 1976», *Le Devoir*, 20 juin 1987.
54. «The Business Week Global 1,000», *Business Week*, 8 juillet 1996, p. 52.
55. René Champagne, *Évolution de la présence francophone parmi les dirigeants des grandes entreprises québécoises entre 1976 et 1993*, Montréal, Office de la langue française, 1995.
56. Conseil de la langue française, ouvr. cité, 1995, p. 45.
57. Comité interministériel sur la situation de la langue française, ouvr. cité, p. 67.
58. Léo-Paul Lauzon, *Étude sur la place des francophones dans les plus grandes entreprises canadiennes*, Montréal, UQAM, 1988, cité dans Comité interministériel sur la situation de la langue française, ouvr. cité, p. 66. Voir aussi Jean-Pierre Legault, «Les milieux d'affaires anglophones boudent toujours les francophones», *Le Devoir*, 22 octobre 1988.
59. Conseil de la langue française, ouvr. cité, p. 44.
60. Gouvernement du Québec, *La politique québécoise de la langue française*, Québec, Éditeur officiel du Québec, 1977, p. 9.
61. Comité interministériel sur la situation de la langue française, ouvr. cité, p. 68.
62. La recherche du Conseil est citée dans Comité interministériel sur la situation de la langue française (ouvr. cité, p. 68). Comme à l'accoutumée, nous devons faire preuve de prudence lorsque nous utilisons les données du recensement sur la connaissance des langues parce qu'il y a sans aucun doute une différence entre le bilinguisme fonctionnel et le bilinguisme déclaré qui provient des données du recensement.
63. *Ibid.*, p. 69. La tendance a fait dire à certains que les Anglo-Montréalais pourraient désormais subir une «discrimination à rebours», peu importe leur compétence en français. La thèse de la discrimination a gagné de la crédibilité en 1995 quand Pierre-Étienne Laporte, ancien président du Conseil de la langue française, s'est demandé si la loi 101 contenait des aspects qui conduisaient à une «discrimination à rebours». Les remarques de Laporte ont donné lieu à de vives réactions tant dans le milieu francophone que dans le milieu anglophone et ont pu hâter son départ du Conseil après l'élection du Parti Québécois. Laporte est député libéral d'Outremont depuis 1996 et critique de l'opposition en matière linguistique. L'Office de la langue française a annoncé en août 1996 qu'il mènerait une enquête détaillée sur le marché du travail québécois pour voir si une telle discrimination existe. Mais puisqu'une «prime» à la connaissance de l'anglais

subsiste sur le marché du travail montréalais, les effets d'une telle discrimination sur les revenus — si discrimination il y a — seraient minimes.
64. Jac-André Boulet, *Language and Earnings in Montreal*, Ottawa, Conseil économique du Canada, 1980, p. 28-31.
65. Mes calculs à partir de compilations spéciales de Statistique Canada.
66. *Ibid.* Les données qui suivent sur les tendances des revenus sont calculées à partir de compilations spéciales que m'a fournies Statistique Canada.
67. Marc V. Levine, «Globalization and Wage Polarization in U.S. and Canadian Cities: Does Public Policy Make a Difference?», dans Peter Kresl et Gary Gappert (dir.), *North American Cities and the Global Economy: Challenges and Opportunities*, Thousand Oaks (Calif.), Sage Publications, 1994, p. 89-111.
68. Jean-Luc Migué, «L'essor ou le déclin du français», *Le Devoir*, 13 mai 1993. Migué propose cette conclusion étonnante et provocante sans la moindre statistique à l'appui. Pour un autre argument semblable, voir Albert Breton et Peter Mieszowski, «L'investissement linguistique et la francisation du Québec», dans François Vaillancourt (dir.), *Économie et langue*, Québec, Éditeur officiel du Québec, 1985, p. 83-102.
69. *Annuaire du Québec, 1979-1980*, Québec, Éditeur officiel du Québec, 1981, p. 491.
70. *Le Québec statistique, 1985-1986*, p. 526.
71. André Beaucage, *Syndicats, salaires et conjoncture économique: l'expérience des fronts communs du secteur public québécois de 1971 à 1983*, Québec, Presses de l'Université du Québec, 1989, p. 67.
72. Pour une étude qui montre comment les politiques macroéconomiques du gouvernement québécois ont contribué à éviter le genre d'inégalités qui a surgi aux États-Unis pendant la même époque, voir Hélène Bégin, «Hausse de l'inégalité des revenus au Québec: mythe ou réalité», *En perspective: Desjardins études économiques*, vol. 6, n° 2, février 1996, p. 1-5.
73. Rapport Gendron, *La langue de travail*, Québec, Éditeur officiel du Québec, 1972, p. 246.
74. *Ibid.*, p. 233.
75. *Ibid.*, p. 236; Daniel Monnier, *La perception de la situation linguistique par les Québécois*, Québec, Éditeur officiel du Québec, 1986, p. 25.
76. Jean-Pierre Proulx, «Les francophones jugent que la situation du français est bonne, mais ils demeurent inquiets pour son avenir», *Le Devoir*, 21 juin 1988.
77. Comité interministériel sur la situation de la langue française, ouvr. cité, p. 99.
78. *Ibid.*
79. Pierre O'Neill, «Le français s'impose de plus en plus dans les commerces», *Le Devoir*, 8 février 1989.
80. Pour une analyse des variantes dans la recherche qui limitent la comparabilité des enquêtes, voir Jean-Pierre Proulx, «L'étude du CLF sur l'affichage est biaisée», *Le Devoir*, 15 décembre 1986.

81. Comité interministériel sur la situation de la langue française, ouvr. cité, p. 94-95.
82. *Ibid.*, p. 96.
83. Pierre O'Neill, «Une charte renforcée, si nécessaire», *Le Devoir*, 3 septembre 1996.
84. Pierre O'Neill, «L'affichage unilingue anglais réapparaît à Montréal», *Le Devoir*, 8 août 1996.
85. Tom Fotheringham, «Conseil Plans Another Study of French in Montreal», *The Gazette*, 2 et 3 août 1996.
86. Raymond Breton et Gail Grant, *La langue de travail au Québec*, Montréal, Institut de recherches politiques, 1981, p. 82-83.
87. Robert Lacroix et François Vaillancourt, ouvr. cité, p. 83.
88. Yvan Allaire, art. cité, p. 62.
89. Ian McKinnon et Roger Miller, ouvr. cité, p. 24-26.
90. Robert Lacroix et François Vaillancourt, ouvr. cité, p. 82-83.
91. *Rapport du Comité consultatif au Comité ministériel sur le développement de la région de Montréal* (rapport Picard), ouvr. cité, p. 20.
92. Bureau de commerce de Montréal, *Enquête sur les personnes dans les niveaux de direction des entreprises de la région de Montréal dont la langue maternelle est le français, 1977*, Montréal, 1979, cité dans Robert Lacroix et François Vaillancourt, ouvr. cité, p. 66.
93. Robert Lacroix et François Vaillancourt, ouvr. cité, p. 66.
94. Fernand Martin, *Montréal: les forces économiques en jeu*, Montréal, Institut de recherche C. D. Howe, 1979, p. 42.
95. Les données sont tirées de tableaux inédits préparés par Statistique Canada. Sur les destinations des anglophones qui ont quitté Montréal entre 1971 et 1976, voir Réjean Lachapelle et Jacques Henripin, *La situation démolinguistique au Québec*, Montréal, Institut de recherches politiques, 1980, p. 235.
96. Paul Bernard et autres, *L'évolution de la situation socio-économique des francophones et des non-francophones du Québec (1971-1978)*, Montréal, Office de la langue française, 1979, p. 132. Pour un argument semblable, voir Éconosult inc., *Étude sur les avantages et les coûts de la francisation*, Montréal, Office de la langue française, 1981, p. 300.
97. Roger Lacroix et François Vaillancourt, ouvr. cité, p. 64.
98. Fernand Martin, ouvr. cité, p. 107.
99. Mario Polèse et Robert Stafford, «Le rôle de Montréal comme centre de services: une analyse pour certains services aux entreprises», *L'Actualité économique*, vol. 60, n° 1, mars 1984, p. 46.
100. *Ibid.*, p. 53.
101. Jorge Niosi, ouvr. cité, p. 186.
102. Paul-André Linteau et autres, *Histoire du Québec contemporain: de la Confédération à la Crise (1867-1929)*, Montréal, Boréal Express, 1979, p. 416-417.
103. Jac-André Boulet, *Language and Earnings in Montreal*, ouvr. cité, p. 13-14.
104. François Vaillancourt, *Le français, les francophones et les législations linguistiques au Québec...*, ouvr. cité, p. 33.

105. Kenneth McRoberts et Dale Posgate, *Quebec: Social Change and Political Crisis*, 2ᵉ éd., Toronto, McClelland and Stewart, 1980, p. 128; Alain-G. Gagnon et Khayyam Z. Paltiel, «Toward Maîtres chez nous: The Ascendancy of a Balzacian Bourgeoisie in Quebec», *Queen's Quarterly*, vol. 93, n° 4, hiver 1986, p. 740.
106. Daniel M. Shapiro et Morton Stelcner, «Economic Disparities among Linguistic Groups in Quebec, 1970-1980», *Canadian Public Policy*, vol. 8, n° 1, 1987, p. 103.
107. Alain-G. Gagnon et Khayyam Z. Paltiel, art. cité, p. 740.
108. Office de la langue française, *Rapport annuel, 1984-1985*; et Comité interministériel sur la situation de la langue française, ouvr. cité, p. 80.
109. Conseil de la langue française, ouvr. cité, 1995, p. 61.
110. Comité interministériel sur la situation de la langue française, ouvr. cité, p. 90.
111. Voir, par exemple, *Rapport du Comité consultatif au Comité ministériel sur le développement de la région de Montréal* (rapport Picard), ouvr. cité, p. 35. «La dualité linguistique de Montréal constitue un atout unique en Amérique du Nord dans l'acquisition d'activités à caractère international et pour l'ouverture de ses entreprises, en général, sur un monde multilingue et multiculturel. Toutefois, c'est une force qui a été mal exploitée dans le passé. Il y a lieu de noter également que certaines modalités de la loi 101 continuent d'entraver certaines activités à caractère international vu l'importance dans ce domaine des communications en langue anglaise.» D'autres rapports préconisent une intensification des liens économiques internationaux, notamment ceux de: Ville de Montréal, *Plan de développement économique de la ville de Montréal* (1993); Comité ministériel permanent de développement du Grand Montréal (Québec), *Pour un redressement durable: plan stratégique du Grand Montréal*, 1991, 70 p.
112. Dans le *Rapport du Comité consultatif au Comité ministériel sur le développement de la région de Montréal* (rapport Picard), on préconise la création de liens plus étroits avec la région de Boston, surtout dans le domaine de la haute technologie (ouvr. cité, p. 65).
113. Kathleen Lévesque, «Vers une nouvelle solidarité régionale», *Le Devoir*, 13 septembre 1996.
114. William D. Coleman, *The Independence Movement in Quebec, 1945-1980*, Toronto, University of Toronto Press, 1984, p. 228. Coleman conclut: «Alors que la communauté francophone du Québec accroît sa participation dans l'économie du continent, sa culture vient à ressembler davantage aux autres cultures actives dans cette économie. De l'avis de plusieurs, cela mène à une situation où le particularisme propre aux Québécois sera bientôt éteint. Si cela se produit, le mouvement nationaliste au Québec aura échoué et son avenir sera menacé.»

CHAPITRE VIII

Le français et l'anglais dans le nouveau Montréal

Le dernier quart de siècle a vu se produire de grands changements dans les communautés francophone et anglophone de Montréal. La mobilisation politique des francophones et l'adoption de lois linguistiques ont complètement bouleversé la hiérarchie sociale et économique fondée sur la langue. Presque toutes les grandes institutions de Montréal — écoles, entreprises des secteurs privé, public et parapublic — ont été transformées par cette «révolution linguistique», et le français s'est imposé comme langue officielle des communications publiques à Montréal.

Deux événements, à quarante ans d'intervalle, illustrent bien la redéfinition de la dynamique linguistique à Montréal: en 1955, le Canadien National pouvait passer outre aux protestations des francophones en donnant à son nouvel hôtel du centre-ville le nom on ne peut plus britannique de Queen Elizabeth; à l'opposé, en 1996, 2500 anglophones manifestaient au centre Fairview, dans l'ouest de l'île à majorité anglophone, pour protester contre le manque d'anglais sur les affiches du centre commercial. Dans les années cinquante, Montréal était une ville où une élite anglophone impérieuse pouvait ignorer en toute impunité les revendications des francophones au sujet de la valeur symbolique du nom d'un important édifice du centre-ville. Dans les années quatre-vingt-dix, après l'adoption de plusieurs lois linguistiques dont la première interdisait l'anglais dans l'affichage commercial au Québec (loi 101, 1977) et les deux autres autorisaient une présence restreinte de l'anglais à l'intérieur (loi 178, 1988) puis à l'extérieur (loi 86, 1993) des commerces, Montréal est désormais une ville dans laquelle des pressions pour qu'ils affichent en anglais s'exercent sur des grands magasins comme Eaton, Sears et Wal-Mart.

Avant 1960, Montréal comptait «deux majorités», et l'élite anglophone, en vertu de son pouvoir économique, possédait dans les faits un droit de veto sur toutes les décisions publiques concernant la langue. Comme dans le cas de l'hôtel Reine-Élisabeth, ces élites agissaient comme si Montréal était une ville britannique qui comptait par hasard plusieurs citoyens de langue française. Toutefois, dans les années quatre-vingt-dix, la hiérarchie linguistique a été inversée: les dirigeants francophones affirmaient les prérogatives culturelles et linguistiques qui reviennent à une majorité et les anglophones défendaient leurs intérêts communautaires en invoquant le principe des «droits de la minorité».

Les lois linguistiques ont été le principal instrument de la «reconquête» de Montréal par les francophones. Des progrès remarquables ont été réalisés quant aux objectifs principaux de la politique linguistique, c'est-à-dire la fréquentation de l'école française par les immigrants et le renforcement de la place du français comme langue du travail, du commerce et de l'affichage[1]. En outre, bien que de grandes divergences subsistent entre ceux qui conçoivent Montréal comme ville bilingue et ceux qui la définissent comme métropole du Québec français, tous reconnaissent habituellement l'importance du français à Montréal. «La prédominance du français» plutôt que la «double majorité» est maintenant la base commune de tout débat public sérieux sur la langue, même parmi ceux qui souhaitent un assouplissement des lois linguistiques, voire le bilinguisme officiel à Montréal[2].

Certes, il y a eu reconquête linguistique de Montréal, mais, dans les années quatre-vingt-dix, il devient évident que cette reconquête est fragile. Malgré la loi 101, et comme le retour de la question linguistique sur la scène politique en

1996 en témoigne, les inquiétudes des francophones au sujet du caractère français de Montréal sont loin d'être disparues, surtout dans le contexte d'une nouvelle vague de protestation anglophone contre le régime linguistique de Montréal. Chez les francophones, les préoccupations d'ordre démo-linguistique persistent, car l'immigration internationale et les migrations interrégionales semblent menacer l'île de Montréal de «défrancophonisation» et donc de «minorisation» des francophones. De plus, la tâche délicate d'intégrer les immigrants a fait naître de nouvelles tensions culturelles dans une société francophone qui, jusqu'à la fin des années soixante-dix, était homogène au chapitre de sa composition ethnique et qui n'avait jamais vécu la dynamique ethnique et raciale propre aux grandes villes du Canada anglais et des États-Unis. Enfin, la conjoncture économique à Montréal, principalement la grave crise de l'emploi, ainsi que l'intégration grandissante de la métropole à l'économie nord-américaine et mondiale lancent de grands défis à l'établissement du français comme langue commune de Montréal.

Au milieu de la décennie 1990, la question linguistique, telle qu'elle se pose à Montréal, a atteint un nouveau stade. Il ne s'agit plus seulement d'une question de politique linguistique, mais, de plus en plus, d'une question de savoir comment d'autres politiques gouvernementales influeront sur le caractère culturel et linguistique de Montréal[3]. La première phase de la question linguistique concernait des enjeux qui pouvaient être directement pris en charge par des lois linguistiques, comme décider si les enfants immigrés seraient obligés de fréquenter l'école française, si l'usage exclusif du français serait imposé dans l'affichage commercial ou comment franciser les secteurs public et privé. Des stratégies de planification linguistique appropriées étaient de toute évidence susceptibles de modifier de façon sensible la hiérarchie linguistique. Dans son bilan publié en 1996, le Comité interministériel sur la situation de la langue française fait état d'une réussite intéressante bien qu'incomplète des lois linguistiques en ce qui a trait à l'avancement du français comme langue commune de Montréal.

Toutefois, dans les années quatre-vingt-dix et au-delà, l'avenir du français à Montréal se jouera dans des domaines qu'il n'est pas facile de réglementer au moyen de lois linguistiques.

Par exemple, quels sont les niveaux d'immigration et les méthodes de sélection des immigrants qui sont les plus compatibles avec la protection du français? Quelle politique culturelle permettra l'intégration la plus harmonieuse des immigrants à la société francophone et comment les institutions francophones s'adapteront-elles pour tenir compte d'une ville francophone de plus en plus multiethnique? Jusqu'à quel point l'étalement urbain et l'exode des francophones hors de l'île de Montréal menacent-ils la pérennité du français dans la métropole et est-ce que la tendance peut être renversée par l'intervention de l'État?

La Charte de la langue française aura été une étape *nécessaire*, mais non *suffisante* pour assurer une reconquête linguistique réelle de Montréal, dans laquelle le français se pose comme la véritable langue commune de la métropole. La sécurité linguistique des francophones continuera d'exiger une politique linguistique efficace et souple; bien que les «tendances du marché» soient beaucoup plus favorables au français qu'il y a vingt ans, la difficile tâche de préserver le caractère français du Québec sur un continent nord-américain anglophone appelle une intervention sans équivoque de l'État. Mais les nouvelles forces qui agissent sur Montréal, telles que la mondialisation de l'économie, l'immigration massive et l'étalement urbain, font surgir des enjeux qui débordent le cadre d'application d'instruments traditionnels de la planification linguistique. Plus que les lois linguistiques, ce seront des politiques concernant entre autres l'immigration et le développement urbain qui influeront sur le caractère linguistique et culturel futur de Montréal.

L'avenir démo-linguistique de Montréal

Comme nous l'avons vu au chapitre III, la politique linguistique est devenue une affaire d'intérêt général à la fin des années soixante, alors que les francophones s'inquiétaient au sujet de leur poids démographique dans l'île de Montréal. D'ailleurs, la disposition la plus controversée de la loi 101, celle qui oblige les enfants immigrés à fréquenter l'école française, dérivait de la crainte des francophones que l'anglicisation des enfants allophones par le biais de l'école ne mène à leur «minorisation» à Montréal.

Un des facteurs qui ont contribué à attiser les tensions linguistiques dans les décennies 1960 et 1970 était les prévisions démographiques alarmantes selon lesquelles les francophones seraient minoritaires à Montréal d'ici l'an 2001. Or, malgré la loi 101 et tous les changements qui se sont produits au cours des vingt-cinq dernières années, le recensement de 1991 a révélé une diminution dramatique de la proportion des francophones dans l'île de Montréal (*voir le tableau 18*) et des démographes sérieux prédisent maintenant qu'entre 2006 et 2111 l'île de Montréal cessera d'être un lieu où la majorité des résidants parlent français à la maison[4] (*voir le tableau 19*). Pendant les années soixante-dix et au début des années quatre-vingt, l'exode des anglophones avait stabilisé de façon quelque peu artificielle la proportion des francophones parmi la population totale de l'île. Toutefois, dans les années quatre-vingt-dix, trois grands facteurs contribuent à réduire le poids démographique des francophones dans l'île de Montréal. Le premier est que, malgré les mesures «natalistes» instaurées par le gouvernement Bourassa dans les années quatre-vingt, le taux de natalité chez les Franco-Montréalais est demeuré inférieur au «seuil de remplacement» et est certainement insuffisant pour assurer une croissance réelle de la population francophone[5].

Tableau 18
Composition linguistique de Montréal exprimée en pourcentage de la population, selon la langue maternelle, 1971-1991

	Montréal métropolitain			Île de Montréal		
	Français	Anglais	Autre	Français	Anglais	Autre
1971	66,2	21,7	12,0	61,2	23,7	15,1
1981	68,7	18,2	13,0	59,7	22,3	18,0
1986	69,7	16,9	13,4	60,1	21,3	18,7
1991	68,4	15,5	16,1	56,6	20,4	24,0

Source: Statistique Canada, *Recensement du Canada*, 1971, 1981, 1986, 1991.

Tableau 19
Évolution prévisible de la population selon la langue parlée à la maison, 1996-2041 (en %)

	Montréal métropolitain			Île de Montréal		
	Français	Anglais	Autre	Français	Anglais	Autre
1996	67,8	18,9	13,3	54,6	25,9	19,5
2001	66,6	18,5	14,9	52,4	25,6	22,0
2006	65,5	18,1	16,5	50,5	25,2	24,4
2011	64,2	17,8	18,0	48,8	24,9	26,3
2016	63,1	17,6	19,3	47,3	24,5	28,2
2021	61,9	17,4	20,7	45,8	24,3	29,9
2041	56,6	17,3	26,1	40,4	23,7	35,9

Source: Comité interministériel sur la situation de la langue française, *Le français, langue commune, enjeu de la société québécoise,* Québec, Direction des communications, ministère de la Culture et des Communications, 1996, p. 276.

La forte croissance, à la fin des années quatre-vingt, de l'immigration internationale constitue un deuxième facteur. Ainsi, deux fois plus d'immigrants ont été admis au Québec entre 1987 et 1991 (187 473) qu'entre 1982 et 1986 (86 789). Puisque les immigrants ont continué de s'établir surtout dans l'île de Montréal, cette poussée migratoire a entraîné une augmentation de la population allophone de 23 % dans l'île, tandis que la population francophone diminuait de 4 % et la population anglophone, de 2,1 %. Dans un sens, la période 1986-1991 a été marquée par une forte «allophonisation» de l'île de Montréal, ce qui a entraîné une nette réduction de la proportion des francophones dans l'ensemble de la population de l'île.

Enfin, troisième grand facteur, pendant que les immigrants s'installaient massivement dans l'île, les francophones la quittaient au profit de la banlieue nord et sud. L'étalement urbain est un phénomène nord-américain qui a vidé le centre des grandes villes au profit de la banlieue de plus en plus éloignée. Toutefois, cette tendance nord-américaine a pris, comme beaucoup de choses à Montréal, un caractère linguistique. Les francophones sont sur-représentés parmi ceux qui partent: la recherche récente de Michel Paillé a montré que les francophones étaient, entre 1986 et 1991, trois fois plus susceptibles que les allophones ou les anglophones de quitter l'île pour aller s'établir dans d'autres régions du Québec, principalement dans les proches municipalités de la couronne nord[6].

Dans l'île de Montréal, ces facteurs se sont unis pour provoquer, si l'on considère la tendance historique à long terme, une diminution importante du pourcentage des francophones entre 1986 et 1991, soit de 60,1 % à 56,6 %[7] (tableau 18). En même temps, la vague d'immigration de la fin des années quatre-vingt faisait grimper le pourcentage des allophones de 18,7 % à 24 % au cours de la même période. Ce brusque changement démographique, combiné aux projections démolinguistiques de Termote et d'autres, suscite une fois de plus la hantise que les francophones deviennent minoritaires à Montréal et laisse entrevoir la possibilité que cette tendance démographique complique l'importante tâche de l'intégration des immigrants à la société francophone. On peut donc dire, avec Louis Balthazar, que si le taux de croissance des non-francophones continue à dépasser celui des francophones dans l'île de Montréal, «il se trouverait donc éventuellement plus d'immigrants sur le territoire montréalais que de francophones québécois pour les intégrer[8]».

Bref, les tendances récentes donnent à penser qu'une «défrancophonisation» de l'île de Montréal est en train de s'opérer. La question clé pour l'avenir du français à Montréal est de savoir si la tendance à la baisse du nombre de résidants de langue maternelle française est un signe avant-coureur de la «défrancisation» de l'île et de la région. Il est important de souligner que les deux phénomènes ne sont pas nécessairement synonymes. Par exemple, de la même manière que l'immigration a réduit la proportion de francophones à Montréal, des villes comme Toronto, Vancouver, Miami, New York et Los Angeles se sont «désanglophonisées» depuis le début des années quatre-vingt. La proportion d'allophones dans les régions de Vancouver et de Toronto atteignait presque 30 % en 1991 et les quartiers centraux de ces deux villes sont beaucoup plus multiethniques que ceux de Montréal. Plus de 40 % de la population de New York, de Los Angeles et de Miami est composée d'immigrants.

Il n'empêche que, dans ces villes, l'anglais est la langue dominante et celle qu'adoptent les immigrants. Il y a peu de risque que la «désanglophonisation» (diminution de la proportion des autochtones anglophones) n'entraîne une «désanglicisation» (perte du caractère anglais) de la vie économique et sociale. Même si la diversité culturelle et linguistique s'épanouit dans ces villes et porte son lot de tensions inévitables, il ne fait aucun doute que l'anglais sert de langue véhiculaire et de lien entre les communautés culturelles. À Toronto et à Vancouver, par exemple, plus de 35 % de la population allophone a déclaré l'anglais comme langue parlée à la maison en 1991, le critère par lequel les démographes mesurent habituellement les transferts et la mobilité linguistiques[9].

Par contraste, à Montréal, la persistance du poids de l'anglais dans une ville officiellement française signifie que l'intégration des immigrants s'accomplit dans un contexte plus ambigu de dualisme linguistique dans lequel, ainsi que Daniel Latouche l'écrit, «le français et la culture québécoise n'ont qu'une prédominance relative[10]». Par exemple, en 1991, seulement 10,7 % des allophones de la région de Montréal ont déclaré le français comme langue parlée à la maison par rapport à 21,6 % d'entre eux qui avaient effectué un transfert linguistique vers l'anglais[11]. Ainsi, à moins que soit établie une structure sociopolitique dans laquelle le français servirait de langue normale de l'intégration des immigrants — et, comme nous le verrons plus loin, des indices montrent que cette structure se construit graduellement à Montréal —, la «défrancophonisation» pourrait menacer l'île de «défrancisation», peur qui habite les nationalistes francophones depuis l'arrivée de la question linguistique sur la scène politique pendant les années soixante.

D'autre part, plusieurs facteurs sont susceptibles de faire obstacle à la «défrancophonisation» de l'île de Montréal, de prime abord inquiétante. Premièrement, même si la part de la population que représentent les francophones a baissé dans l'île après 1986, ce recul menace peu à l'heure actuelle la prédominance francophone dans la *région* de Montréal. Une grande partie du déclin francophone dans l'île de Montréal est due aux départs des francophones vers la banlieue nord et sud, mais ceux-ci sont toujours présents dans la région. Ainsi, le pourcentage des résidents du Montréal métropolitain qui parle le français à la maison a augmenté, passant de 66,3 % en

1971 à 69,5 % en 1991, et il est demeuré dans l'ensemble stable entre 1986 et 1991. Selon les prévisions de Termote, ce pourcentage demeurera à 63,1 % en 2016.

Deuxièmement, bien que les prévisions démographiques d'une «minorisation» des francophones de l'île de Montréal soient plausibles, plusieurs éléments peuvent fausser ces prédictions. Il est certain que des projections qui se rendent jusqu'à 2040 doivent être considérées avec la plus grande prudence, car trop d'inconnues peuvent intervenir entre-temps et influer sur l'équilibre démo-linguistique à Montréal. Par exemple, des changements dans les comportements de migration des différents groupes linguistiques auraient des répercussions considérables sur les tendances démo-linguistiques. Une reprise de l'exode des anglophones — et il y a quelques indices d'une reprise des départs en 1996 — modifierait la situation démo-linguistique dans l'île en faveur des francophones, tout comme des changements dans le niveau et la composition de l'immigration internationale à destination du Québec[12].

Troisièmement, la «défrancophonisation» mènera-t-elle à la «défrancisation» de Montréal? La réponse dépendra des choix linguistiques de la population allophone grandissante de l'île. Jusqu'à quel point le français devient-il la langue commune des immigrants, la langue de ce que le Conseil supérieur de l'éducation appelle «l'espace civique commun[13]»? Pendant la dernière décennie, plusieurs signes ont indiqué une évolution encourageante du français, particulièrement en ce qui concerne, nous l'avons vu au chapitre v, les habitudes linguistiques des «enfants de la loi 101». De plus, comme le montre le tableau 20, la tendance chez les immigrants plus récents est d'adopter le français plus que l'anglais comme langue parlée à la maison[14]. Selon une étude de Daniel Monnier sur les choix linguistiques des travailleurs immigrants et allophones, le français est la principale langue de travail pour une nette majorité de ceux-ci et ils utilisent le français plus que l'anglais dans les communications avec les commerces et les services publics[15]. Enfin, une étude sur l'adaptation linguistique des immigrants de la décennie 1980 réalisée par Calvin Veltman et Sylvie Paré révèle que, dans une vaste gamme d'activités, la nouvelle génération d'immigrants à Montréal utilise le français plus que l'anglais[16]. Bref, tout porte à croire que l'intégration linguistique des immigrants à la société francophone, bien que fragile, est sur la bonne voie.

Tableau 20
Transferts linguistiques chez les allophones en fonction de la période d'immigration au Québec, 1971-1991 (en %)

Période d'immigration	Vers l'anglais	Vers le français	Réponses multiples	Langue maternelle
av. 1971	26,6	10,9	6,9	55,6
1971-1975	15,8	18,0	9,3	57,0
1876-1980	9,6	19,3	10,0	61,1
1981-1986	7,3	16,5	9,8	66,4
1986-1991	6,0	11,5	9,9	72,5

Source: Direction des études et de la recherche, ministère des Affaires internationales, de l'Immigration et des Communautés culturelles, *Population du Québec selon les langues maternelles, 1991*, p. 48.

Enfin, et le Comité interministériel sur la situation de la langue française l'a pertinemment souligné, il faut dire que les méthodes traditionnelles d'examen du processus d'intégration linguistique des immigrants seraient quelque peu trompeuses. Les études qui indiquent un déclin numérique des francophones dans l'île de Montréal ou qui mesurent les transferts linguistiques s'appuient sur les données sur la langue maternelle et la langue parlée à la maison extraites du recensement du Canada. Toutefois, comme le Comité fait remarquer:

> Les mesures selon la langue maternelle ou la langue parlée à la maison sont nécessaires et devront toujours être utilisées. Toutefois, elles ont besoin d'être complétées pour rendre compte plus précisément de la situation actuelle. En effet, avec l'importance qu'a prise l'immigration, de nombreux immigrants connaissent le français, l'utilisent dans leurs activités publiques de travail, de consommation courante, de consommation culturelle et adhèrent aux objectifs de francisation. Ces immigrants

> sont bien intégrés et on peut dire à leur égard qu'ils participent à la vie collective en français. [...] Or, une partie d'entre eux adopteront le français comme langue d'usage à la maison dans une, deux, voire trois générations et la mesure de la langue parlée à la maison ne pourra les prendre en compte que dans vingt, quarante ou soixante ans. Ces immigrants sont donc actuellement exclus de toutes les statistiques, de tous les portraits de situation et, de ce fait, se sentent mis à l'écart du processus de francisation alors qu'ils en sont partie prenante[17].

Afin d'aller au-delà des mesures classiques d'intégration linguistique, le Comité interministériel a tenté de mettre au point un indicateur permettant de mesurer tant l'usage du français comme langue véhiculaire (langue de communication entre gens dont la langue maternelle est différente) que comme langue parlée à la maison. En vertu de cet indicateur, le Comité a établi que 69 % de la population de l'île de Montréal faisait usage du français à l'extérieur de la maison alors que le seul critère de «langue parlée à la maison» établit ce pourcentage à 57 %[18]. Bref, analysée dans la perspective de la «langue d'usage public» au lieu de la «langue d'usage privé», la situation démo-linguistique semble plus favorable qu'elle ne le paraît à première vue.

Il reste que la tentative du Comité interministériel pour élaborer une nouvelle définition du processus d'intégration linguistique soulève plusieurs questions intéressantes. Est-ce que la place du français sera assurée à Montréal, même si le nombre de francophones de souche continue de diminuer dans l'île, tant et aussi longtemps qu'une forte majorité de la population utilise le français comme langue véhiculaire? Si les francophones de souche deviennent minoritaires à Montréal et que la proportion de ceux qui parlent français à la maison diminue, est-ce que le français comme langue véhiculaire va inévitablement perdre du terrain? Est-il plausible de penser que, même si le français est parlé dans un nombre moins grand de foyers montréalais, il demeurera la «langue normale et habituelle du travail, des communications, du commerce et des affaires», le but visé par la Charte de la langue française?

Les sociolinguistes reconnaissent depuis longtemps l'importance d'une «masse critique» de locuteurs natifs (qui parlent leur langue maternelle), particulièrement unilingues, pour soutenir une communauté linguistique. Si c'est le cas, les théories sociolinguistiques donneraient à entendre que la sécurité linguistique des francophones serait en danger si leur nombre continue à décroître. Qui plus est, même à Montréal, l'anglais demeure une force assimilatrice dans les années quatre-vingt-dix. Par exemple, dans l'ouest de l'île — un territoire qui peut, à certains égards, illustrer ce que serait la dynamique linguistique dans un Montréal «défrancophonisé» —, «le pouvoir d'assimilation de l'anglais est plus élevé en 1991 qu'en 1971, malgré la baisse du nombre d'anglophones (langue maternelle) dans la région[19]». Ainsi, la baisse du nombre de francophones dans l'île de Montréal a de quoi déranger. Une «minorisation» possible des francophones à Montréal ne serait pas aussi catastrophique que ce que craignent les observateurs nationalistes, car le renforcement du français comme langue utilitaire et langue du travail à Montréal pourrait suffire à le soutenir, de la même manière que l'anglais persiste dans les grandes villes cosmopolites de Toronto, de New York ou de Los Angeles. Mais il est difficile de concevoir, compte tenu de la dynamique linguistique fragile de Montréal, comment la diminution du nombre des francophones dans l'île de Montréal pourrait être favorable à l'avenir du français dans la ville.

La diversification ethnique et le Montréal francophone

Un des changements récents les plus saisissants dans le tissu urbain montréalais consiste dans la diversification ethnique de la population à la suite de l'intensification de l'immigration au milieu des années quatre-vingt. Jusqu'en 1900, Montréal était presque exclusivement composée de citoyens d'origine britannique et française. Encore en 1951, 86 % des habitants de l'île faisaient partie de ces deux «peuples fondateurs» et la communauté juive anglicisée représentait un autre 5 % de la population.

Toutefois, en 1991, la composante britannique ne représentait plus que 6 % de la population et plus de 32 % de la population était composée de «communautés culturelles» d'origine autre que française et britannique[20]. Les Italiens (138 000) et les Juifs (70 000) constituaient les plus importantes minorités ethniques, un nombre non négligeable de Grecs et de Portugais ont immigré à Montréal, surtout entre 1945 et 1970. À la fin des années soixante-dix, une nouvelle vague d'immigration vient transformer la composition ethnoculturelle de Montréal. En effet, des gens fuyant la guerre, la répression et la pauvreté dans le tiers-monde trouvent alors refuge à Montréal. Plus de 60 % des personnes qui ont immigré depuis 1978 sont originaires d'Afrique, d'Asie et des Caraïbes, ajoutant la diversité raciale à la diversité culturelle. Dans les années quatre-vingt-dix, ce sont des pays comme le Liban, la Chine, Haïti, Hong Kong, le Salvador et le Sri Lanka qui fournissent la part du lion de l'immigration québécoise.

Comme nous l'avons vu précédemment, pendant les années soixante, à l'époque de la liberté de choix linguistique, les immigrants se tournaient vers la communauté anglophone, envoyant leurs enfants à l'école anglaise et recourant aux services de santé et aux services sociaux de langue anglaise. Jusqu'au milieu de cette décennie, l'attitude des francophones face à l'intégration des immigrants dans les institutions de langue française oscillait entre l'indifférence et l'opposition. En fait, comme le rapport de la commission Tremblay dans les années cinquante le soulignait, l'accent était mis sur la survivance culturelle au nom de «la pureté de nos origines» et on tentait de réduire au minimum les contacts avec les autres groupes culturels. Toutefois, dans les années soixante-dix, les nationalistes francophones percevaient les minorités ethniques de Montréal comme une importante «troisième force» dans l'équilibre démo-linguistique. Les affrontements intercommunautaires les plus amers, comme la crise scolaire de Saint-Léonard, mettaient en présence des francophones nationalistes et des minorités ethniques peu disposées à envoyer leurs enfants à l'école française ou à être «intégrées» de force à la société francophone.

En donnant au français toute sa place en tant que langue officielle du Québec, la loi 101[21] a fait entrer les minorités ethniques dans les institutions de langue française de Montréal et, pour la première fois, a instauré une plus grande interaction avec la société francophone. Comme nous l'avons vu au chapitre V, le résultat a été un «choc culturel», puisque le Montréal francophone faisait pour la première fois l'expérience des conflits ethniques et raciaux et des accommodements entre groupes, typiques des grandes villes des États-Unis et du Canada anglais. Jusqu'à la fin des années soixante-dix, ni le gouvernement québécois ni la Ville de Montréal n'avaient de stratégie pour aider les minorités ethniques à trouver leur place dans la société francophone.

À l'origine, l'attitude du Parti Québécois était nettement assimilatrice: dans le Québec qu'il voulait bâtir, il tenait pour acquis que les immigrants s'intégreraient naturellement à la majorité francophone de la même manière qu'il présumait que les immigrants s'assimilaient à la culture de langue anglaise au Canada anglais et aux États-Unis. «Ce qu'il nous faut au Québec, écrit Daniel Latouche, ce n'est pas le pluri-, le multi- ou l'interculturalisme, mais tout simplement notre version bien à nous du melting-pot américain[22].» Comme Clift et Arnopoulos l'ont fait remarquer, «la possibilité que des immigrants intégrés de force à la société française puissent exercer une influence considérable sur celle-ci n'effleura même pas l'esprit des sociologues et des hommes politiques qui présidèrent à la rédaction de cette loi [la loi 101[23]]».

Dans son livre blanc de 1978, *La politique québécoise du développement culturel*, le Parti Québécois commença à s'éloigner timidement de la conception ethnocentrique de la culture québécoise autour de laquelle s'articulait le rapport de la commission Tremblay. S'il posait «la culture québécoise de tradition française comme premier point d'appui», le livre blanc ne mettait pas explicitement en valeur le rôle central de l'ethnicité ou le «génie national français» comme l'avait fait le rapport Tremblay[24]. La définition de la culture québécoise prenait un caractère plus linguistique, reconnaissant une culture française de base, mais faisant une place aux minorités à l'intérieur de celle-ci:

> D'abord société française, le Québec doit aussi trouver chez les minorités une source de vitalité. De nos jours, le modèle du «melting pot», illustré par la société américaine, est heureusement de plus en plus contesté. L'assimilation à la vapeur de tous les nouveaux arrivants n'est

pas un objectif souhaitable [...]. [L]e bien commun et l'intérêt même des minorités exigent que ces divers groupes s'intègrent à un ensemble québécois essentiellement francophone. Mais une fois posée et respectée cette exigence fondamentale, l'existence de groupes minoritaires vigoureux et actifs ne peut être qu'un acquis pour l'ensemble[25].

À l'aube des années quatre-vingt, alors que la loi 101 orientait de façon irréversible les minorités ethniques vers les écoles, les services de santé et les services sociaux francophones, le PQ publiait un autre livre blanc, *Autant de façons d'être Québécois*, dans lequel il traçait les grandes lignes d'un plan d'action visant à intégrer les cultures minoritaires dans les institutions publiques québécoises[26]. Mais l'énoncé de politique le plus complet sur la «nouvelle réalité ethnique» a paru en 1990, dans *Énoncé de politique en matière d'immigration et d'intégration* du gouvernement Bourassa[27]. Le document établissait un cadre d'action stratégique relativement à l'accroissement de l'immigration proposé par le gouvernement Bourassa dans sa politique de redressement démographique pour compenser la décroissance continue de la natalité parmi les francophones. Les buts étaient d'attirer plus d'immigrants au Québec et de mettre en place des mécanismes qui faciliteraient leur intégration à la société francophone, ce qui constituerait une source de renouvellement démographique pour préserver le français à Montréal et au Québec. Fait à signaler, les 171 571 immigrants acceptés au Québec entre 1991 et 1994 — les quatre années qui ont immédiatement suivi l'*Énoncé* — représentent le plus grand nombre d'admissions au Québec par tranche de quatre ans depuis la fin de la Seconde Guerre mondiale[28].

Bref, l'*Énoncé* rejetait la conception du passé selon laquelle l'immigration était considérée «au mieux comme un mal nécessaire, au pire comme une menace contre laquelle il [...] fallait se protéger[29]». L'immigration massive serait encouragée comme «un facteur nécessaire et un atout pour relever les grands défis démographique, économique, linguistique et socioculturel que doit relever le Québec à l'aube des années quatre-vingt-dix[30]». La notion centrale de l'*Énoncé* était le «contrat moral» par lequel, en échange de leur admission au Québec, les immigrants avaient l'obligation morale de respecter les principes de base de la société d'accueil:

— une société où le français est la langue commune de la vie publique;
— une société démocratique;
— une société pluraliste ouverte aux multiples apports dans les limites qu'imposent le respect des valeurs démocratiques fondamentales et la nécessité de l'échange intercommunautaire[31].

Par son «ouverture à l'altérité», l'*Énoncé* proposait le premier appui explicite de la part du gouvernement québécois à une version pluraliste d'une communauté nationale «civique» par opposition à «ethnique» et un appui sans réserves à la diversité culturelle dans un cadre français. «Cette valorisation du français comme langue officielle et langue de la vie publique, écrivent ses auteurs, n'implique toutefois pas qu'on doive confondre maîtrise d'une langue commune et assimilation linguistique. En effet, le Québec, en tant que société démocratique, respecte le droit des individus à adopter la langue de leur choix dans les communications à caractère privé[32].» Bref, en préconisant l'immigration massive, l'*Énoncé* proposait sans détour rien de moins qu'un nouveau modèle culturel pour la société québécoise: «À l'opposé de la société québécoise traditionnelle, qui valorisait le partage d'un modèle culturel et idéologique uniforme par tous les Québécois, le Québec moderne s'est voulu, depuis plus de trente ans, résolument pluraliste[33].»

En définitive, au milieu des années quatre-vingt-dix, alors que les institutions francophones de Montréal comme les écoles publiques avaient acquis un caractère multiethnique inimaginable il y a à peine vingt ans, les responsables de l'élaboration des politiques cherchaient une manière de définir une «culture publique commune[34]» dans laquelle «la langue française [serait] présentée comme le foyer de convergence pour les diverses communautés qui peuvent par ailleurs maintenir et développer leur spécificité[35]». Or, malgré ces efforts, l'adaptation du Montréal francophone à la nouvelle diversité ethnique des années quatre-vingt et quatre-vingt-dix s'est accompagnée de contradictions et de tensions. Aux États-Unis, pays qui a pourtant une longue tradition d'immigration, des inquiétudes au sujet du taux élevé d'immigration se sont fait jour au début des années quatre-vingt-dix et des appels ont été lancés en faveur d'une restriction de l'immigration. Aussi n'est-il pas surprenant qu'au Québec, qui n'a pas une telle tradition et où le taux d'immigration était deux fois plus élevé qu'aux États-Unis au début des années quatre-vingt-dix, certains aient exprimé des doutes quant à la capacité d'absorber les 40 000 à 50 000 nouvelles arrivées annuelles proposées par le gouvernement Bourassa au milieu des années quatre-vingt-dix[36]. Déjà, des critiques avaient affirmé qu'un taux trop élevé d'immigration mènerait au «déracinement des jeunes Québécois[37]» et à la «désintégration sociale», et que Montréal prendrait l'allure «des mégavilles américaines de plus en plus invivables[38]».

Un aspect en particulier de la «nouvelle réalité ethnique» qui inquiète certains intellectuels et décideurs francophones est la tendance des nouveaux arrivants à s'installer dans l'île de Montréal. Certes, la concentration des immigrants dans le principal centre urbain d'une région ou d'un État n'a rien d'inhabituel; le phénomène est courant aux États-Unis et, pour donner un exemple canadien, la grande région de Toronto abrite le deux tiers de la population immigrée de l'Ontario. Les immigrants à la recherche d'un emploi sont naturellement attirés vers les grandes villes où l'économie est plus diversifiée et où, comme par hasard, la majorité de leurs compatriotes les ont précédés. Toutefois, même si les données laissent entendre que l'intégration linguistique des nouveaux immigrants à Montréal se déroule relativement bien, une appréhension subsiste au sujet de leur concentration à Montréal qui «nuit à l'objectif de la francisation. L'ambivalence, l'ambiguïté de Montréal où bilinguisme et multiculturalisme émettent des messages contradictoires sinon confus, bref la nature même de Montréal ne favorise pas l'intégration simple et presque naturelle des arrivants[39]».

Quelques rapports gouvernementaux ont recommandé des mesures incitatives, comme des crédits d'impôt pour les employeurs, des bureaux de placement, des programmes de formation et l'aide à l'établissement pour favoriser l'acheminement des immigrants vers les régions périphériques du Québec et éviter que la concentration des nouveaux venus à Montréal ne coupe le Québec en deux. Certains groupes, allant plus loin que l'incitation volontaire, ont même fait allusion à la nécessité de prendre des mesures plus coercitives pour assurer la «démontréalisation» des immigrants. Par exemple, au printemps 1991, dans le cadre d'un forum sur l'immigration au Québec, Sylvain Simard, alors président du Mouvement national des Québécois et maintenant ministre dans le gouvernement du Parti Québécois, a affirmé que la concentration des immigrants à Montréal mettait les francophones mal à l'aise et qu'un Québec indépendant pourrait songer à adopter une politique qui forcerait les nouveaux immigrants à s'établir en région. L'idée d'obliger les immigrants à s'installer en dehors de la région de Montréal demeure extrêmement marginale dans l'opinion publique francophone; néanmoins, elle révèle les inquiétudes de certains Franco-Québécois de souche au sujet de la transformation du tissu social de Montréal.

Même la notion de «régionalisation» volontaire a été critiquée et qualifiée de naïve. «C'est joli sur papier, écrivait Lise Bissonnette, mais parfaitement utopique. L'immigration, c'est dans la grande ville que ça se passe, ici comme ailleurs[40].» La politique québécoise d'intégration des immigrants devra être ancrée dans un contexte montréalais et liée au développement urbain et à des politiques sociales visant à changer la situation qui fait de Montréal une ville «où la population francophone la plus pauvre, la plus sous-scolarisée, est au front de la tâche plus massive de l'intégration des nouveaux venus[41]...»

Outre ces inquiétudes au sujet des répercussions d'ordre social et culturel de l'immigration, le Montréal francophone vit également les tensions sociales propres aux sociétés multiethniques: perception de discrimination dans l'emploi, conflits de valeurs et de coutumes, préjugés raciaux et inégalités. Les minorités ethniques demeurent nettement sous-représentées dans la fonction publique, malgré des programmes, limités, il faut le dire, d'action positive mis en œuvre pendant la décennie précédente pour tenter de diversifier ces châteaux forts québécois francophones.

Les leaders des communautés ethniques attribuent généralement cet état des choses à des pratiques d'emploi qui favorisent les francophones de souche et ils continuent à revendiquer une plus grande représentation des minorités dans le secteur public[42].

Des conflits au sujet des habitudes linguistiques ou des coutumes de certaines communautés culturelles ont à l'occasion éclaté dans des institutions francophones ces dernières années, particulièrement dans les écoles publiques de Montréal. Comme nous l'avons vu au chapitre v, la question de «l'anglais dans la cour de récréation» avait donné lieu à une controverse au sein de la CECM au début de la décennie 1990. Il y a également eu des incidents isolés de bagarres entre élèves d'origines différentes dans des écoles multiethniques. En 1995, l'affaire du foulard islamique a provoqué un débat passionné: fallait-il, au nom de l'intégration à la société francophone, interdire le port du hidjab à l'école publique? D'autres conflits de valeurs de ce genre sont susceptibles de faire surface dans les années à venir: c'est pourquoi les éducateurs et dirigeants scolaires cherchent des manières de reconnaître le pluralisme culturel dans les écoles francophones de plus en plus multiethniques et que les immigrants demandent une plus grande reconnaissance de leur spécificité par les institutions francophones.

Enfin, à la suite de l'immigration de membres de minorités visibles depuis les années soixante-dix, Montréal a été le lieu des frictions grandissantes entre les minorités raciales et la majorité francophone. Comme dans les grandes villes américaines, les relations entre la police et les citoyens sont devenues le point de mire de tels conflits. Plusieurs incidents de brutalité policière envers les Noirs, y compris les morts suspectes d'Anthony Griffin et de Marcellus François, ont terni l'histoire récente de Montréal et des commissions d'enquête ont documenté la manifestation d'attitudes et de comportements racistes dans la police[43].

En plus de ces relations problématiques entre la police et les minorités raciales, des inégalités et des pratiques de discrimination raciale à l'américaine semblent apparaître à Montréal. Aucun quartier montréalais n'atteint le désolement des ghettos noirs américains, mais les quartiers haïtiens défavorisés de Montréal-Nord et de l'arrondissement Villeray–Saint-Michel–Parc-Extension et les quartiers noirs anglophones de la Petite Bourgogne et de Côte-des-Neiges donnent des signes indéniables de problèmes sociaux grandissants. Quelque 70 % des Haïtiens de Montréal, selon une analyse réalisée au milieu des années quatre-vingt, recevaient des prestations d'assurance-chômage ou d'aide sociale[44]. Un bas niveau d'instruction, jumelé à la discrimination raciale sur le marché du travail montréalais, expliqueraient le faible avancement économique des Haïtiens de Montréal[45]. La communauté noire anglophone est «doublement marginalisée» dans le nouveau Montréal, souffrant non seulement des inégalités raciales, mais étant aussi limitée par une connaissance insuffisante du français (bien que des leaders de la communauté affirment que cette méconnaissance sert de justification à des pratiques discriminatoires d'emploi fondées sur la race[46]). En effet, seulement 20 % des membres de la communauté jamaïcaine de Montréal déclaraient connaître le français en 1991; le reste était unilingue anglophone et des études ont démontré que leur interaction avec l'ensemble de la société était faible[47]. Dans le nouveau Montréal, de telles carences linguistiques, combinées à la sous-scolarisation et à d'autres problèmes sociaux, limitent l'avancement et freinent l'intégration sociopolitique. En somme, plusieurs problèmes sociaux, structurels et linguistiques touchent les minorités raciales de Montréal.

Il était inévitable que des conflits culturels et des affrontements interethniques isolés surgissent de la transformation culturelle de Montréal sous l'effet de la loi 101 et de l'immigration. Dans un laps de temps remarquablement court, la société francophone de Montréal a effectué une délicate transition sur la question de l'immigration, passant d'une «société frileuse[48]» à une société d'accueil. Mais la rhétorique xénophobe demeure extrêmement marginale dans l'opinion publique montréalaise et, contrairement à la France et à l'Allemagne, deux pays où il n'existe pour ainsi dire pas de tradition d'intégration des immigrants, où se sont propagés des discours xénophobes et des flambées de violence, au Québec, l'accueil des immigrants s'est fait dans un contexte où l'intolérance généralisée est à peu près absente. En effet, des études récentes portant sur la vie quotidienne dans les quartiers multiethniques de Montréal ont montré un degré élevé de tolérance et une coexistence pacifique entre les groupes[49], une situation tout à l'opposé de celle qui règne en France dans les quartiers pauvres à forte population immigrée. Dans une variété de lieux publics, tels les parcs, les stations de métro et les centres commerciaux, les chercheurs de l'INRS-Urbanisation ont observé entre 1992 et 1994 une cohabitation interethnique principalement non conflictuelle. S'ils n'ont pas trouvé beaucoup de traces de relations interethniques amicales et soutenues, les chercheurs n'ont pas trouvé non plus beaucoup de traces de tensions quotidiennes ou de confrontations culturelles.

Or cette modalité d'accommodement intercommunautaire a été ébranlée le soir du référendum du 30 octobre 1995, quand le premier ministre Jacques Parizeau a attribué la défaite des souverainistes «à l'argent et au vote ethnique». La remarque de Parizeau a envoyé une onde de choc dans les communautés ethnoculturelles de Montréal. Elles se sont demandé si les immigrants étaient vraiment bienvenus au Québec ou simplement perçus par les souverainistes comme un obstacle aux aspirations nationales des francophones. Des sceptiques ont remis en question la prétendue transformation du «nationalisme ethnique», réservé exclusivement aux francophones de souche, en un «nationalisme civique», qui inclut tous les citoyens du Québec dans une culture publique commune[50].

Les remarques de Parizeau dénotaient indéniablement la frustration de beaucoup de francophones devant la faible adhésion des communautés culturelles à la cause souverainiste. Mais ses paroles symbolisaient aussi une crainte parmi certains francophones au sujet de la transformation culturelle irréversible de la communauté francophone à la suite de l'immigration et de la loi 101. L'important *Énoncé de politique en matière d'immigration et d'intégration* de 1990 affirmait: «La culture québécoise est ainsi une culture dynamique qui, tout en s'inscrivant dans le prolongement de l'héritage du Québec, se veut continuellement en mutation et ouverte aux différents apports[51].» Autrement dit, les auteurs de l'*Énoncé* reconnaissaient que le processus d'intégration bouleversait non seulement l'identité des immigrants, mais aussi la culture de la société franco-québécoise. Pour beaucoup de nationalistes, cette mutation culturelle est troublante et engendre une ambivalence au sujet de la place des immigrants dans la société québécoise[52]. L'expression la plus concrète de cette inquiétude a été le documentaire controversé *Disparaître*, écrit par l'ancienne ministre péquiste et auteure de téléromans Lise Payette et présenté à Radio-Canada en 1989, qui agitait le spectre de la disparition de la langue et de la culture françaises au Québec alors que les francophones de souche en déclin démographique sont submergés par une vague d'immigration.

Il existe des preuves concrètes que le processus de mutation culturelle crée des clivages non seulement entre Montréal et le reste du Québec qui demeure «pure laine», mais entre la ville cosmopolite et la banlieue majoritairement francophone. À Montréal, écrit Pierre Laplante, «on est déjà loin du "je me souviens" ou de "la pureté de nos origines[53]"». Dans une tournée révélatrice de la région de Montréal en 1992, Carole Beaulieu, journaliste à *L'actualité*, a découvert que les francophones de la banlieue avaient de plus en plus tendance à percevoir la ville comme le lieu type pour «la violence, les étrangers qu'on accepte mal, les embouteillages, la saleté[54]».

Pourtant, des sondages réalisés à peine quelques mois après le discours de Parizeau ont révélé que «le Québec est une des régions du Canada où l'opinion publique est le plus en faveur de l'immigration[55]». En réalité, les tensions accrues entre les francophones et les communautés culturelles qui ont immédiatement suivi le référendum ont pu être conjoncturelles. Les remarques de Parizeau tranchaient avec l'orientation de la politique du PQ et le premier ministre Bouchard, du moins publiquement, a réaffirmé le but de construire une société civique multiethnique autour du français comme langue commune. Les tensions ethniques postréférendaires ont pu marquer une pause *politique* dans un processus *sociologique* d'intégration des immigrants et d'accommodement interethnique qui est, toutes proportions gardées, sur la bonne voie.

La radicalisation de l'opinion anglophone de Montréal

On ne peut pas en dire autant des relations entre les anglophones et les francophones de Montréal dans le contexte de l'après-référendum. La quasi-victoire des forces souverainistes, suivie de la secousse du discours de Parizeau, a eu un effet immédiat sur les relations entre les deux groupes linguistiques et a conduit à la radicalisation de l'opinion publique anglophone. Bien entendu, la communauté anglophone s'était déjà mobilisée à propos de questions de langue par le passé. Comme nous l'avons vu au chapitre v, plusieurs anglophones avaient réagi à l'adoption de la loi 178 en 1988 en abandonnant le Parti libéral et en flirtant avec le Parti Égalité dont le discours sur la langue était plus radical.

Toutefois, les anglophones étaient en règle générale satisfaits du gouvernement Bourassa qui avait, en 1993, rétabli le bilinguisme dans l'affichage en adoptant le projet de loi 86. «Une nouvelle mentalité existe à Montréal», avait dit Alfred Rouleau du Mouvement Desjardins au début des années quatre-vingt au sujet des relations entre francophones et anglophones. «Quand nous nous parlons, nous nous comprenons mieux qu'à l'époque où nous étions chacun de notre côté[56].» À la fin des années quatre-vingt, *La Presse* et *Le Devoir* avaient tous deux publié des séries d'articles sur le thème de la disparition des barrières linguistiques et l'acceptation par les anglophones du Québec français[57]. La moitié des écoliers anglophones de Montréal étaient inscrits en immersion française et le taux de bilinguisme parmi les Anglo-Montréalais était passé d'environ 24 % en 1960 à près de 60 % en 1991. La notion des «deux solitudes» comme principe directeur des rapports entre francophones et anglophones semblait en voie de disparition. En 1994, les Anglo-Québécois étaient revenus non seulement au Parti libéral, mais aussi au ton modéré et conciliant à l'égard de la politique linguistique du Québec, ce qui avait amené plusieurs observateurs à proclamer le début d'une ère nouvelle de rapprochement entre groupes linguistiques.

Mais l'illusion de la suppression des divisions linguistiques a été dissipée après le référendum de 1995. Dans la communauté anglophone, le choc qui a suivi la défaite de justesse du OUI rappelait le traumatisme qui avait suivi la victoire du

Parti Québécois en 1976. Des idées qui étaient auparavant complètement marginales dans l'opinion publique anglophone, comme la partition de Montréal et du Québec advenant une victoire souverainiste au prochain référendum, se sont répandues comme une traînée de poudre à la fin de 1995 et au début de 1996. Les modérés qui critiquaient la partition, la disant dangereuse et irréaliste, étaient traités «d'agneaux» par la ligne dure montante personnifiée par le chroniqueur de la *Gazette* William Johnson[58]. La stratégie d'Alliance Québec, qui semblait accepter la légitimité de la Charte de la langue française dans ses «négociations constructives» avec le gouvernement pour obtenir des assouplissements à la loi, était taxée de quasi-trahison[59]. Les propos d'Howard Galganov, le «héros» de l'activisme anglophone renouvelé, résument la situation: «Ce qui est arrivé, c'est que pendant les vingt-cinq dernières années, nous avons fait confiance à nos élites sociales et politiques pour négocier de plus en plus de concessions et tous ces gens qui ont pensé que vendre nos droits mènerait à la paix et à la sécurité se sont trompés. Nous avons failli signer notre arrêt de mort le 30 octobre[60].»

La grogne des anglophones dans la période qui a suivi le référendum a fait renaître le militantisme anglophone sur la question linguistique. Galganov et son Quebec Political Action Committee ont lancé une série de manifestations au printemps et à l'été 1996 qui ont été populaires. En avril 1996, Galganov a organisé des manifestations et a menacé de boycotter les commerces dans un centre commercial de Pointe-Claire qui n'afficheraient pas en anglais à l'extérieur, ce que permet la loi 86. Les commerçants ont cédé à la pression de Galganov pour ne pas perdre des clients dans l'ouest de l'île majoritairement anglophone. Par la suite, Galganov a annoncé son intention de contester les dispositions de la loi 86 qui exigeaient deux fois plus de français ou un lettrage français deux fois plus gros dans l'affichage bilingue; Galganov réclamait une place égale pour le français et l'anglais. On parlait même de revenir au «libre choix» dans la langue d'affichage, une visée lourde de sens dans l'histoire de la question linguistique.

Il reste à voir si cette nouvelle intransigeance des anglophones va durer et si elle risque de menacer la «normalisation» de la politique linguistique du Québec qui semblait être bien en place au début des années quatre-vingt-dix. Toutefois, il apparaît clairement qu'à la suite du durcissement du discours et de l'opinion publique anglophones, les relations entre groupes linguistiques sont à un tournant dangereux. Le retour de la question linguistique sur la scène politique s'est produit dans ce que certains ont appelé «le climat malsain» de l'après-référendum: comme dit un journaliste, «le nouvel activisme anglophone n'est pas alimenté par des dispositions précises des lois linguistiques du Québec, mais plutôt par la peur qu'a causée le référendum d'octobre dernier et l'inquiétude que suscite la perspective d'un autre référendum dans un proche avenir[61]». L'idée de la partition de Montréal fait naître l'image d'une version nord-américaine de Belfast, ville déchirée par la violence intercommunautaire[62]. On peut se demander si l'incertitude au sujet de l'avenir politique du Québec va continuer d'alimenter le débat sur la politique linguistique. Bien que les purs et durs du Parti Québécois soient aussi empressés de rouvrir le dossier linguistique que les nouveaux militants anglophones — nous y reviendrons plus loin —, le premier ministre Bouchard et les membres de la direction du Parti Québécois préfèrent nettement préserver le *statu quo* plutôt que de relancer un débat qui risque de créer une situation dangereuse et explosive.

Il reste que le référendum de 1995 et les remarques acerbes de Jacques Parizeau ont pu marquer le tournant qui a modifié à tout jamais le cours de la dynamique linguistique de Montréal. Des opinions qui étaient considérées comme excentriques dans la communauté anglophone il y a à peine quelques années (la partition du Québec, le retour du libre choix) sont maintenant prises au sérieux. Elles ne sont pas encore endossées par la majorité des leaders d'opinion anglophones, même si des organismes comme Alliance Québec ont dû durcir leur discours pour demeurer dans la course. Quoi qu'il en soit, l'«engagement constructif» des années quatre-vingt, dont le point culminant a été la «bilinguisation» de l'affichage en 1993, semble démodé pour un grand nombre d'anglophones[63]. Du moins dans l'immédiat, un leader anglophone qui se dit «raisonnable» devant la question linguistique met en jeu sa crédibilité dans sa communauté. Bref, comme Lise Bissonnette l'a écrit, «les deux solitudes semblent donc, comme toujours, irréconciliables[64]».

La question linguistique à la fin du XXe siècle

Le retour de la question linguistique sur la scène politique en 1996, principalement en ce qui a trait à la langue d'affichage, a rappelé à chacun que tout ce qui concerne la langue demeure un sujet explosif à Montréal. Néanmoins, le maintien des dispositions fondamentales de la politique linguistique, c'est-à-dire la restriction de l'accès à l'école anglaise et la promotion du français comme langue de l'économie, est assuré. Les militants anglophones peuvent rêver de liberté de choix ou d'un statut officiellement bilingue pour Montréal, mais compte tenu des inquiétudes profondes et fondées des francophones au sujet de la situation fragile du français en Amérique du Nord, il serait utopique de penser que le fond de la loi 101 serait abrogé.

Toutefois, plusieurs dossiers épineux qui ont un certain lien avec la question linguistique restent pendants dans les années quatre-vingt-dix. Ainsi en est-il de la réorganisation de la structure confessionnelle des écoles publiques de Montréal, qui est intimement liée à la politique linguistique en matière d'enseignement. Comme nous l'avons vu, la division selon la religion correspondait plus ou moins à la division selon la langue lors de l'établissement de la structure confessionnelle des écoles au XIXe siècle. Mais, dans les années soixante, la croissance du secteur anglo-catholique et la laïcisation de l'enseignement protestant ont rendu la division du système scolaire selon la religion caduque et illogique. Néanmoins, toutes les tentatives pour réorganiser les écoles de l'île de Montréal, soit par la création de commissions scolaires unifiées ou l'organisation de la gestion des écoles selon la langue, ont été tuées dans l'œuf dans les années soixante et soixante-dix par une coalition de gens d'affaires anglophones et de groupes d'enseignants et d'administrateurs scolaires des secteurs anglo-protestant et franco-catholique.

À la suite de l'évolution de la situation démographique à Montréal à la fin des années soixante-dix et au début des années quatre-vingt, la structure confessionnelle semblait encore plus désuète et inadéquate, et l'idée de réforme scolaire refaisait surface. Ainsi que je l'ai souligné, la croissance du secteur franco-protestant avait suscité de vives inquiétudes parmi les francophones, à cause du nombre grandissant d'enfants immigrés à l'intérieur d'une structure (la CEPGM) qui demeurait anglophone. Au milieu des années quatre-vingt-dix, près d'un cinquième des enfants allophones fréquentant l'école française à Montréal étaient inscrits à une école protestante et les critiques voyaient cette séparation confessionnelle comme un obstacle à l'intégration complète des enfants allophones[65]. De plus, à l'intérieur de la CECM, les parents habitant le quartier multiculturel de Côte-des-Neiges avaient tenté de transformer l'école primaire Notre-Dame-des-Neiges en école non confessionnelle. Cette controverse a ramené l'attention sur l'influence de la diversité culturelle croissante sur des institutions franco-québécoises traditionnelles comme l'école franco-catholique et fait ressortir le lien entre la restructuration scolaire et l'avenir linguistique et culturel de Montréal.

Ainsi, entre 1982 et 1984, le gouvernement péquiste a tenté de surmonter les obstacles historiques à la réforme scolaire et de réaménager l'enseignement public à Montréal[66]. Dans un premier projet publié en 1982, Camille Laurin, alors aux commandes de l'Éducation dans la deuxième administration Lévesque, présentait les grandes lignes d'une réforme en profondeur qui comprenait le remplacement des commissions scolaires confessionnelles par des commissions unifiées à l'extérieur de l'île de Montréal et par des commissions scolaires linguistiques dans l'île de Montréal[67]. La vraie innovation de Laurin ne résidait pas dans le projet de commissions scolaires linguistiques, mais dans sa vision d'une structure très décentralisée dans laquelle des pouvoirs réels seraient confiés à chacune des écoles qui seraient dirigées par des «conseils» composés de parents et d'enseignants[68]. En juin 1983, Laurin présentait le projet de loi 40 qui s'appuyait en grande partie sur les recommandations de son livre blanc de 1982, bien que certaines propositions radicales, comme la constitution en société pour les écoles individuelles, aient été éliminées[69].

Le projet de loi 40 a été dénoncé par la plupart des groupes anglophones et combattu par les groupes de pression scolaires franco-catholiques et anglo-protestants qui avaient bloqué la réforme scolaire par le passé. La réaction des anglophones était en partie instinctive. Plus précisément, les groupes anglophones craignaient que les nouvelles structures n'affaiblissent les commissions scolaires et n'accroissent l'influence du ministère de l'Éducation, dominé par les francophones, sur l'enseignement local. Tout compte fait, malgré les garanties que les anglophones administreraient leurs commissions scolaires linguistiques, ces derniers refusaient d'échanger la garantie constitutionnelle de l'article 93 de l'AANB[70] pour une «simple» assurance d'autonomie linguistique dans une loi qui pourrait toujours être modifiée. Comme par le passé, la vieille garde de l'establishment anglo-catholique s'est alliée aux anglophones pour lutter contre la réforme scolaire. Affaibli par la défaite du référendum de 1980, l'échec constitutionnel de 1981 et la crise économique de 1982-1983, le gouvernement n'était pas en mesure de résister aux pressions de ses adversaires et retira l'ambitieux projet de loi 40. Ultérieurement, le Parti Québécois adopta une version diluée de son projet de réforme scolaire, le projet de loi 3, mais en mai 1985, la Cour supérieure du Québec déclara que le projet de loi contrevenait à l'article 93 de la Constitution.

En 1988, le gouvernement Bourassa proposa un autre plan qui établirait des commissions scolaires linguistiques dans l'île de Montréal, le projet de loi 107. Claude Ryan, ministre de l'Éducation, avait trouvé une solution à l'impasse constitutionnelle en maintenant les commissions scolaires confessionnelles tout en établissant des commissions scolaires linguistiques. L'accès à la CECM et à la CEPGM serait réservé exclusivement aux catholiques et aux protestants respectivement (de langue française et anglaise); les autres devraient fréquenter des écoles laïques de langue française ou anglaise dans leur localité (qui étaient bien entendu ouvertes aux catholiques et aux protestants). Les protestants constituaient moins de la moitié des élèves dans le secteur anglais de la CEPGM et environ le tiers des élèves de son secteur français. Ainsi, selon la modalité d'application du projet de loi 107, la CEPGM pouvait perdre jusqu'à 55 % de sa population et possiblement son influence comme pilier de l'establishment scolaire anglophone de Montréal[71]. Le projet de loi 107 fut adopté à la fin de 1988 et critiqué par les réformateurs de l'éducation et l'opposition péquiste pour son maintien «des structures confessionnelles caduques» et son incapacité «de sortir du carcan de l'article 93 [...] en réglant ce problème de façon réelle et durable[72]».

Malgré le jugement de la Cour suprême du Canada en 1993 qui a reconnu la constitutionnalité de la loi 107, la conception d'une formule pour arriver à l'établissement de commissions scolaires linguistiques à Montréal fut ardue. En 1994, un conseil consultatif mis sur pied pour élaborer un projet de mise en application, présidé par l'ancien recteur de l'Université Concordia, Patrick Kenniff, a proposé de créer des commissions scolaires linguistiques en même temps que des «comités confessionnels auxquels seraient attribués certains pouvoirs» à Montréal et à Québec afin de satisfaire aux exigences de la Constitution canadienne[73]. La défaite du Parti libéral en 1994 a mis en veilleuse le projet de Kenniff et ce n'est qu'à l'été 1996 que le gouvernement péquiste, sur l'initiative de Pauline Marois, ministre de l'Éducation, a rouvert le dossier en proposant essentiellement un projet de «déconfessionnalisation» des commissions scolaires du Québec qui reprenait les grandes lignes du rapport Kenniff[74]. Malgré des sondages qui indiquent que plus de 88 % des Québécois «désirent regrouper tous leurs enfants dans une même école indépendamment de la religion des parents plutôt que de les séparer dans des écoles différentes» et que près de 60 % appuient «la mise sur pied d'un réseau de commissions scolaires linguistiques en lieu et place de l'actuel système confessionnel», le plan Marois a vite suscité de vives résistances[75].

Dans les années quatre-vingt-dix, les anglophones avaient fini par accepter que les commissions scolaires linguistiques seraient le meilleur moyen de protéger les intérêts de leur communauté en matière d'éducation, et c'est pourquoi les leaders anglophones, tout en trouvant certains défauts au plan Marois, le considéraient «comme un pas dans la bonne direction[76]». Mais la réaction des francophones a été beaucoup plus sévère. Les dirigeants de la CECM ont dénoncé le plan Marois, y voyant une ingérence dans la liberté religieuse dans l'enseignement, tandis que les représentants de la

CEQ critiquaient la lourdeur du plan et les pouvoirs trop grands donnés aux conseils confessionnels qui seraient intégrés aux commissions scolaires linguistiques. Dans un éditorial mordant, Lise Bissonnette a écrit: «Les intégristes qui ont présidé à la détérioration de l'école montréalaise pourront continuer à sévir; leur aire d'influence diminuera, certes, mais ils auront sous la main les moyens de réaliser leur vieux rêve, celui de transformer les écoles en axes de leurs chapelles[77].» Beaucoup de critiques francophones ont affirmé que le plan créerait des ghettos ethnoculturels dans les écoles montréalaises: les immigrants fréquenteraient les écoles françaises laïques, tandis que les Québécois de souche se retrouveraient à l'école catholique. Une telle ségrégation nuirait à l'intégration des nouveaux arrivants à la culture et à la société francophones du Québec.

Compte tenu de l'opposition générale, la ministre de l'Éducation, Pauline Marois, a mis de côté son plan et a décidé de confier la question de la restructuration scolaire aux États généraux sur l'éducation, un projet de consultation amorcé par le gouvernement en 1995 comme prélude à une réforme de l'éducation au Québec[78]. Enfin, après encore plusieurs mois de tergiversations, Mme Pauline Marois a présenté en mars 1997 un projet de loi créant des commissions linguistiques à la grandeur du Québec. Son plan a soulevé un véritable tollé. Selon plusieurs, le délai que prévoyait le projet de loi pour remplacer les 156 commissions scolaires confessionnelles par 71 commissions scolaires linguistiques avant l'année scolaire 1998-1999 était trop serré. Les groupes anglophones, qui, au départ, appuyaient l'établissement de commissions scolaires linguistiques, se sont ensuite opposés au plan initial du projet qui limitait le droit de vote aux élections dans les commissions scolaires anglophones aux seuls parents ayant des enfants qui fréquentent les écoles anglaises. En outre, la mise en œuvre du plan intégral dépendait de la volonté du gouvernement fédéral d'apporter une modification à la Constitution pour permettre l'élimination des écoles confessionnelles. Bien que le gouvernement Chrétien ait manifesté son désir d'agir rapidement, tout retard pourrait bien signifier pour Montréal l'existence d'un système scolaire «double», avec des conseils confessionnels représentants les catholiques et les protestants à l'intérieur de commissions scolaires linguistiques.

Le projet de loi 109, qui crée les commissions scolaires linguistiques, a été adopté à l'unanimité par l'Assemblée nationale en juin 1997, mettant ainsi fin à trente ans de tentatives infructueuses dans le dossier de la restructuration scolaire. Cependant, la question soulève toujours des débats. En effet, les péquistes purs et durs de Montréal-Centre, par exemple, ont exprimé leur vif mécontentement face au compromis du gouvernement Bouchard qui a accepté de ne pas limiter le droit de vote aux seuls parents d'enfants fréquentant l'école anglaise. Les critiques soutiennent que le projet de loi 109 risque d'établir un précédent et d'ouvrir davantage l'accès aux écoles anglophones, accès qui est soigneusement circonscrit par la loi 101. De plus, après que la ministre Marois a dévoilé les territoires couverts par les nouvelles commissions scolaires de l'île de Montréal — trois francophones et deux anglophones —, certains ont soutenu qu'ils avaient été établis à la hâte, sans grand souci pour l'efficacité de l'enseignement. Toutefois, malgré ces inquiétudes — et à moins d'imprévus —, la déconfessionnalisation des écoles de Montréal, rêve des bureaucrates québécois depuis les années soixante, sera enfin réalisée. Le Montréal francophone sera doté d'une structure pour l'établissement de véritables «écoles communes», événement prometteur à une époque de changements culturels rapides.

Dans un autre ordre d'idée, comme nous l'avons vu aux chapitres V et VI, la langue d'affichage a refait surface comme sujet de controverse en 1996. Bien que le gouvernement Bouchard ne soit aucunement intéressé à abroger la loi 86 et à imposer de nouveau le français dans l'affichage commercial, la ligne dure du PQ, particulièrement les militants des régions de Montréal-Centre et de Montréal-Ville-Marie, continuent de réclamer un retour à la loi 101 sur cette question[79]. S'il semble y avoir peu de volonté populaire de rouvrir le dossier de la langue, ces militants de Montréal tiennent à l'abrogation de la loi 86. Comme Louise Harel, qui, à l'instar de Camille Laurin et d'autres notables du parti, a tenté de freiner le mouvement en faveur de l'abrogation, le fait remarquer: «Ceci est le centre-ville de Montréal et ils [les militants de Montréal-Centre] sont réellement sur la ligne de front relativement à la question linguistique — des hommes et des femmes qui presque tous les jours doivent, selon leur dire, lutter pour protéger le français[80].»

Ainsi, le gouvernement Bouchard est placé entre l'arbre et l'écorce, entre une minorité anglophone de plus en plus combative et une base militante dans son propre parti. Néanmoins, à la fin de 1996, des sondages laissaient entendre que la dernière «crise» linguistique pourrait avoir été exagérée: selon un sondage de Léger et Léger, 90 % des francophones appuient le maintien de la loi 86 sur l'affichage commercial bilingue[81]. Pourtant, d'autres sondages signalent qu'une majorité de francophones croient «que Montréal prend un visage plus anglais[82]». Il semble qu'il subsiste une certaine insécurité linguistique parmi les francophones qui continuera à faire de la question de la langue un enjeu important dans la vie montréalaise. De plus, bien que l'intérêt de l'ensemble de la population pour la question semble être modéré au milieu des années quatre-vingt-dix, il faut se rappeler que la problématique a commencé à émerger dans les années soixante, portée par un «noyau militant», avant que des événements comme la crise scolaire de Saint-Léonard et la loi 63 n'interpellent toute la population. En conclusion, tant qu'il existera de l'insécurité au sujet de l'avenir du français à Montréal, il y aura un débat sur la politique linguistique.

Toutefois, l'avenir du français à Montréal sera de plus en plus déterminé par des facteurs extérieurs aux lois linguistiques. Dans un contexte de mondialisation de l'économie, le fait que Montréal soit située à proximité des plus grands marchés anglophones du monde et la présence d'une minorité anglophone importante à Montréal signifient qu'une certaine forme d'intervention sera toujours nécessaire pour assurer la première place au français dans la ville. Mais la politique linguistique en ce qui a trait à la promotion du français à Montréal a plus ou moins atteint ses limites, ce qui a fait dire à Jean Paré que«si la loi 101, qui a 20 ans, n'a pas réussi à assurer la santé du français, rien n'y arrivera[83]». L'abrogation de la loi 86 ou l'extension de la francisation aux petites entreprises aurait une influence minime sur la protection du français à Montréal. De plus en plus, c'est dans les domaines de la politique d'immigration, de la politique familiale et du développement économique urbain que l'avenir du français se jouera.

Prenons par exemple le phénomène de l'étalement urbain. Comme nous l'avons vu plus haut, la diminution possible de la proportion des francophones dans l'île de Montréal est, de l'avis de la majorité des observateurs, une situation qui ne serait pas favorable à l'avenir du français. Toutefois, cette «minorisation» possible est en partie le résultat du départ de nombreux francophones pour l'extérieur de l'île de Montréal. En 1961, 80 % des francophones de la région habitaient l'île de Montréal, tandis qu'aujourd'hui la majorité des francophones de la grande région de Montréal est établie à l'*extérieur* de l'île. Les familles francophones ayant des enfants d'âge scolaire ont quitté l'île en masse depuis les années soixante-dix. Cet exode a principalement touché la classe moyenne francophone; en 1990, plus de 57 % des salariés francophones de la grande région de Montréal gagnant plus de 25 000 $ par année habitaient l'extérieur de l'île (par rapport à 49 % des francophones gagnant moins de 25 000 $ par année). À l'opposé, en 1970, seulement 21,7 % des francophones de la grande région de Montréal qui gagnaient plus de 25 000 $ par année (en dollars constants de 1990) habitaient l'extérieur de l'île[84].

Comme Louis Balthazar l'a expliqué franchement, «ce n'est pas en laissant Montréal aux seuls groupes ethniques [...] que nous construirons le Québec multiethnique. Laval aux francophones, Montréal aux allophones. Quelle aberration[85].» Les politiques d'aménagement urbain, de développement économique, de logement et de transport doivent être coordonnées pour revaloriser le noyau urbain comme lieu de résidence attrayant pour les familles et comme lieu de travail. En ce sens, les recommandations du Groupe de travail sur Montréal et sa région, formulées en 1993, qui réclamaient l'établissement de nouvelles structures politiques pour créer une véritable «ville-région», ont une portée culturelle qui dépasse le besoin évident de nouvelles structures pour soutenir l'économie défaillante de Montréal et consolider son assise budgétaire[86]. Bien que le gouvernement Bouchard ait reconnu les problèmes particuliers de Montréal en créant un ministère d'État à la métropole, la formation d'une

Commission de développement de la grande région de Montréal avait à peine bougé en 1996. Tout compte fait, les politiques d'aménagement urbain qui attirent et gardent plus de francophones dans l'île de Montréal ainsi que des politiques de partage des revenus fiscaux et d'imposition de taxes qui renforcent la ville et rendent l'étalement urbain moins payant pourraient avoir des retombées plus grandes pour l'avenir du français que l'abrogation de la loi 86 ou le rétablissement de la Commission de protection de la langue française.

De la même façon, la relance économique de Montréal compte autant que les lois touchant la langue dans la préservation et l'épanouissement du caractère français de Montréal. Le taux de chômage à Montréal est l'un des plus élevés en Amérique du Nord, et une ville qui s'appauvrit n'est pas le lieu le plus propice à l'intégration des nouveaux arrivants à la société francophone. Une ville en plein marasme économique n'est pas capable non plus de retenir la classe moyenne francophone qui quitte l'île depuis les années soixante-dix.

Certains analystes comme Marcel Côté, Jean-Luc Migué et Pierre Arbour ont affirmé que le «protectionnisme linguistique» a contribué considérablement au déclin économique de Montréal et préconisent des assouplissements dans la politique linguistique pour «atténuer les effets de l'insularité linguistique de Montréal[87]». Migué préconise même la liberté de choix non seulement comme solution aux maux économiques qui sévissent à Montréal, mais comme un élément essentiel à «l'essor du français[88]». On entend de plus en plus de gens d'affaires anglophones demander que Montréal soit déclarée zone bilingue, ce qui comprendrait la liberté de choix dans l'enseignement, pour relancer l'économie. «Quoi de mieux, écrit un journaliste des affaires, que de faire de Montréal une vraie ville internationale, une Genève ou un Hong Kong nord-américain[89].»

Mais ces analyses passent à côté d'un élément fondamental. Certes, il y a eu un prix à payer pour la francisation de l'économie et de la société montréalaise[90]. Toutefois, ces coûts doivent être comparés aux bénéfices que les francophones ont retiré de ces actions depuis 1970, comme la sécurité linguistique, une répartition plus juste des richesses et la maîtrise de l'économie. Par ailleurs, les problèmes économiques de Montréal ont plusieurs causes, et la transformation linguistique, «une transition sociologique inévitable» reconnaît Marcel Côté, n'est qu'une cause parmi d'autres[91]. Rien ne prouve que des assouplissements mineurs à la politique linguistique rendraient Montréal plus attrayant pour les investisseurs, et une redéfinition radicale de la politique linguistique, comme le retour du libre choix de la langue d'enseignement, comporte des risques d'ordre culturel et linguistique inacceptables pour les francophones montréalais.

Le déclin rapide de la base industrielle traditionnelle de Montréal ainsi que la transition difficile de la situation de métropole nationale à la situation de centre régional sont à l'origine du malaise économique de la ville[92]. Des stratégies innovatrices de développement économique seront nécessaires pour attaquer ces problèmes et faire une brèche dans le chômage et la pauvreté chroniques. Sans relance économique, il sera de plus en plus difficile pour les travailleurs montréalais d'atteindre la sécurité économique en français. En cette fin de siècle, la politique économique peut avoir autant d'importance que la politique linguistique pour l'avenir du français à Montréal.

En conclusion, la politique linguistique était nécessaire à la «reconquête» de Montréal, mais la préservation des acquis fragiles de cette reconquête et l'établissement du français comme langue commune exigeront des mesures d'intérêt public dans une variété de domaines. La politique d'immigration doit fixer des niveaux que Montréal est capable d'absorber et prévoir des mécanismes d'accueil efficaces. Les politiques d'aménagement urbain doivent mieux gérer l'étalement urbain pour éviter dans l'avenir un genre d'apartheid linguistique selon lequel une couronne francophone encerclerait une île de Montréal de plus en plus allophone. La politique économique doit revaloriser le noyau urbain de Montréal comme endroit où les immigrants et tous les Montréalais peuvent atteindre la sécurité économique en français. Une politique culturelle doit faire de la place aux communautés culturelles dans une culture publique commune francophone tout en renforçant les écoles publiques françaises comme principale institution de la nouvelle société d'accueil.

Dans certains de ces domaines, tels que l'immigration, la politique gouvernementale est sur la bonne voie au Québec. Dans d'autres domaines, comme le développement de la région de Montréal, peu de progrès a été fait et il n'y a guère eu de débat sérieux sur ces dimensions linguistiques de la question. Pourtant, ce sont ces politiques qui seront au cœur des nouveaux enjeux de la question linguistique, et c'est rien de moins que l'avenir du français à Montréal qui est en jeu.

Notes du chapitre VIII

1. Une excellente enquête détaillée sur le progrès dans ces domaines est contenue dans le rapport du Comité interministériel sur la situation de la langue française, *Le français, langue commune: enjeu de la société québécoise*, Québec, Direction des communications, ministère de la Culture et des Communications, 1996.
2. Voir, par exemple, Michael Goldbloom, directeur de la *Gazette*, «Where the Gazette Stands», 28 septembre 1996. Goldbloom affirme: «Nous sommes d'accord avec le fait que le Québec, en tant que foyer du fait français au Canada, a un rôle spécial pour protéger et promouvoir la langue française. Par conséquent, nous croyons que les mesures gouvernementales pour promouvoir l'usage du français sont légitimes, mais nous avons toujours rejeté les mesures qui suppriment l'anglais et d'autres langues.» Alors que la *Gazette* continue certainement à s'opposer à plusieurs éléments de la politique linguistique du Québec, cette reconnaissance de la légitimité des lois linguistiques constitue un revirement majeur par rapport aux années soixante-dix.
3. J'ai d'abord présenté cet argument dans Marc V. Levine, «Au-delà des lois linguistiques: la politique gouvernementale et le caractère linguistique de Montréal dans les années 1990», dans *Contextes de la politique linguistique québécoise*, Québec, Conseil de la langue française, 1993, p. 1-40. Ici comme dans le reste du chapitre, j'emprunte abondamment à cet article.
4. Cette prévision provient d'une analyse faite par le démographe Marc Termote pour le Conseil de la langue française et elle est citée dans Comité interministériel sur la situation de la langue française, ouvr. cité, p. 276.
5. Marc Termote, *L'avenir démolinguistique du Québec et de ses régions*, Québec, Conseil de la langue française, 1994.
6. Michel Paillé, «La migration des Montréalais francophones vers la banlieue: les faits», dans *Bulletin du Conseil de la langue française*, vol. 3, n° 2, juin 1996, p. 7-8.
7. Cela est la proportion de la population de langue maternelle française. Pour la langue parlée à la maison dans l'île de Montréal, le pourcentage du français a diminué, passant de 61,8 % en 1986 à 58,5 % en 1991. Selon les prévisions de Termote, ce pourcentage sera de 54,6 % en 1996 et les francophones seront à peine majoritaires (50,5 %) en 2006.
8. Louis Balthazar, «Pour un multiculturalisme québécois», *L'Action nationale*, vol. 79, n° 8, octobre 1989, p. 945. Les données du recensement de 1991 portent à croire que la présence d'une importante «masse critique» de francophones peut faciliter l'intégration des immigrants. Dans les municipalités fortement non francophones de

l'ouest de l'île comme Côte-Saint-Luc et Dollard-des-Ormeaux, le nombre d'immigrants qui adoptent l'anglais comme langue parlée à la maison dépasse ceux qui font un transfert vers le français dans une proportion de quatre contre un. À l'inverse, dans des quartiers très francophones de Montréal comme Rosemont ou Hochelaga-Maisonneuve, les transferts linguistiques des immigrants avantagent le français dans un rapport d'environ trois contre un. Dans l'ensemble de l'île de Montréal, les transferts linguistiques vers l'anglais (25,1 %) dépassent ceux qui favorisent le français (18,7 %). Dans l'atmosphère plus francophone de l'extérieur de l'île de Montréal, les transferts avantagent le français (32 % contre 22,9 %). Bref, cela semble illustrer que la «masse critique» de Québécois francophones a une influence et que la diminution du pourcentage des francophones dans l'île de Montréal lancerait un défi à la pérennité du français dans l'île.

9. Statistique Canada, *Rétention et transfert linguistiques, 1991*, Ottawa, Industrie, Sciences et Technologie Canada, 1993. Recensement du Canada de 1991. Numéro 94-319 au catalogue. Aux États-Unis, même à Miami où le poids économique et politique des exilés cubains donne à l'espagnol une influence inégalée ailleurs, la recherche récente montre que les enfants des immigrants choisissent en grande majorité l'anglais comme langue principale de communications. Voir Alejandro Portes et Richard Schauffler, «Language and the Second Generation», dans R. G. Rumbaut et S. Pedraza (dir.), *Origins and Destinies: Migration, Race, and Ethnicity in America*, Belmont (Calif.), Wadsworth, 1995.

10. Daniel Latouche, *Le bazar: des anciens Canadiens aux nouveaux Québécois*, Montréal, Boréal, 1990, p. 123.

11. Statistique Canada, *Rétention et transfert linguistiques, 1991*, ouvr. cité. Toutefois, comme nous le verrons plus loin, il existe des différences importantes entre les allophones arrivés à Montréal avant et après 1976 et les transferts linguistiques les plus récents parmi les allophones semblent se faire en faveur du français.

12. Henry Aubin, «Net Outflow Rises Sharply: StatsCan Data», *The Gazette*, 1er octobre 1996.

13. Conseil supérieur de l'éducation, *Pour un accueil et une intégration réussis des élèves des communautés culturelles*, Québec, Conseil supérieur de l'éducation, 1993, p. 69.

14. Toutefois, la vaste majorité des immigrants récents n'ont pas effectué de transfert linguistique et continuent de parler leur langue maternelle à la maison. Même parmi ceux qui ont immigré avant 1971, qui tendent à adopter l'anglais plutôt que le français par une marge de 2,5 contre un, 55 % continuent d'utiliser leur langue maternelle comme langue parlée à la maison. Ainsi, comme Michel Paillé le fait remarquer, les transferts linguistiques «se produisent très lentement et comptent encore trop peu dans l'ensemble des facteurs démographiques à l'œuvre, les plus puissants et les plus rapides à produire leurs effets étant la fécondité et l'immigration internationale». Voir

Michel Paillé, «Pour en finir avec les "pure laine"», *Le Devoir*, 5 janvier 1996.
15. Daniel Monnier, *Les choix linguistiques des travailleurs immigrants et allophones*, Québec, Conseil de la langue française, 1993, p. 17.
16. Calvin Veltman et Sylvie Paré, *L'adaptation linguistique des immigrants de la décennie 1980*, Québec, ministère des Affaires internationales, de l'Immigration et des Communautés culturelles, 1993, p. 66-71.
17. Comité interministériel sur la situation de la langue française, ouvr. cité, p. 237.
18. *Ibid.* Malheureusement, le Comité n'a pas précisé la méthodologie qu'il a employée pour arriver à ce chiffre et il reconnaît le besoin d'un indicateur beaucoup plus rigoureux pour la «langue d'usage public».
19. Charles Castonguay, «L'évolution de l'assimilation dans le West Island et le West Quebec», *Le Devoir*, 23 novembre 1994. Ma propre analyse des transferts linguistiques dans certaines municipalités de l'ouest de l'île jusqu'en 1986 montre une anglicisation substantielle de la part des francophones et des allophones. Voir la version anglaise de *The Reconquest of Montreal*, Philadelphie, Temple University Press, 1990, p. 214.
20. Les données proviennent du recensement de 1991 de Statistique Canada, présentées dans ministère des Affaires internationales, de l'Immigration et des Communautés culturelles, *Portraits statistiques régionaux: Québec et ses régions, 1991. Recensement 1991: données ethnoculturelles*, Québec, 1995, p. 86. Ces statistiques tiennent compte seulement des réponses uniques à la question sur l'origine ethnique; 13,5 % des résidants de Montréal ont déclaré des origines multiples comme britannique-française, britannique-autre, etc. Même en attribuant certaines origines multiples au groupe britannique, le déclin de la composante ethnique britannique parmi la population de Montréal tout au long de ce siècle reste étonnant.
21. On oublie parfois que la loi 22, votée en 1974, a été la première loi à faire du français la langue officielle du Québec.
22. Daniel Latouche, ouvr. cité, p. 101.
23. Dominique Clift et Sheila McLeod Arnopoulos, *Le fait anglais au Québec*, Montréal, Libre Expression, 1979, p. 236.
24. Gouvernement du Québec, *La politique québécoise du développement culturel*, Québec, Éditeur officiel du Québec, 1978, vol. 1, p. 41; William D. Coleman, *The Independence Movement in Quebec, 1945-1980*, Toronto, University of Toronto Press, 1984, p. 134.
25. Gouvernement du Québec, *La politique québécoise du développement culturel*, ouvr. cité, p. 63.
26. Gouvernement du Québec, *Autant de façons d'être Québécois*, Québec, Éditeur officiel du Québec, 1981.
27. Gouvernement du Québec, *Au Québec pour bâtir ensemble*, Québec, ministère des Communautés culturelles et de l'Immigration, 1990.
28. Comité interministériel sur la situation de la langue française, ouvr. cité, p. 300.

29. Gouvernement du Québec, *Au Québec pour bâtir ensemble*, ouvr. cité, p. 15.
30. *Ibid.*, p. 21.
31. *Ibid.*, p. 15.
32. *Ibid.*, p. 16.
33. *Ibid.*, p. 17.
34. Conseil supérieur de l'éducation, ouvr. cité, p. 71-76.
35. François Rocher et Guy Rocher, «La culture québécoise en devenir: les défis du pluralisme», dans Fernand Ouellet et Michel Pagé (dir.), *Construire un espace commun: pluriethnicité, éducation et société*, Québec, Institut québécois de recherche sur la culture, 1991, p. 52.
36. Conseil scolaire de l'île de Montréal, *Commentaires quant au volume des niveaux d'immigration pour les années 1995, 1996, 1997*, Montréal, CSIM, 1994.
37. Jean-Marc Léger, «Primauté du français et pluralisme culturel», *Le Devoir*, 25 octobre 1988.
38. Rodrigue Tremblay, «Le pays le plus ouvert au monde», *Le Devoir*, 7 juillet 1994.
39. Paul-André Comeau, «Des pistes à explorer en matière d'immigration», *L'Action nationale*, vol. 79, n° 10, décembre 1989, p. 1169-1170.
40. Lise Bissonnette, «La première politique d'immigration», *Le Devoir*, 5 décembre 1990.
41. *Ibid.*
42. Irwin Block, «Public Sector Short on "ethnics"», *The Gazette*, 19 septembre 1996.
43. Martin Pelchat, «Les policiers se méfient davantage des Noirs», *Le Devoir*, 8 décembre 1988; Jean-V. Dufresne, «La police de Montréal et les minoritaires», *Le Devoir*, 8 décembre 1988.
44. André Lachance, «Être Haïtien à Montréal: davantage une affaire de bile que de ville», *Le Devoir*, 6 avril 1986.
45. Alberte Ledoyen, *Montréal au pluriel: huit communautés ethnoculturelles de la région montréalaise*, Québec, Institut québécois de recherche sur la culture, 1992, p. 180-188.
46. Rollande Parent, «Le français sert d'alibi pour ne pas embaucher des Noirs», *Le Devoir*, 24 avril 1988.
47. Ministère des Affaires internationales, de l'Immigration et des Communautés culturelles et Ville de Montréal, *Profils des communautés culturelles du Québec*, Québec, Gouvernement du Québec, 1995, p. 325.
48. L'expression «société frileuse» vient de Paul-André Comeau («Une société frileuse», *Le Devoir*, 10 mars 1987), dans un reportage sur un sondage qui montrait de fortes inquiétudes parmi les francophones au sujet de la menace de «trop d'immigration» pour la langue française.
49. Annick Germain et autres, *Cohabitation interethnique et vie de quartier*, Montréal, INRS-Urbanisation, 1995.
50. Pour une analyse du passage d'un nationalisme ethnique à un nationalisme civique au Québec, voir Michael Ignatieff, *Blood and Belonging: Journeys Into the New Nationalism*, New York, Farrar, Straus

and Giroux, 1993; Raymond Breton, «From Ethnic to Civic Nationalism: English Canada and Quebec», *Ethnic and Racial Studies*, vol. 11, n° 1, janvier 1988, p. 85-102.
51. Gouvernement du Québec, *Au Québec pour bâtir ensemble*, ouvr. cité, p. 17.
52. Dominique Clift et Sheila McLeod Arnopoulos (ouvr. cité, p. 235-236) avaient été perspicaces en 1979 quand ils émettent l'hypothèse que la loi 101 pourrait devenir un genre de «cheval de Troie» pour les francophones, c'est-à-dire une loi qui, dans sa volonté d'assurer l'avenir démographique du Québec français, réinventerait la culture franco-québécoise d'une manière que les nationalistes n'avaient pas prévue et que certains d'entre eux pourraient trouver troublante.
53 Pierre Laplante, «Que sera le Québec de demain?», *Le Devoir*, 3 septembre 1988.
54. Carole Beaulieu, «Dans le ventre de la métropole», *L'actualité*, 15 mai 1992, p. 28.
55. Andrew McIntosh, «Immigrants Welcome: Attitudes have eased», *The Gazette*, 4 juillet 1996. Les personnes qui avaient voté OUI au référendum exprimaient une opinion plus négative au sujet de l'immigration que celles qui avaient voté NON: 41 % des tenants du OUI étaient d'accord avec l'énoncé «L'immigration affaiblit la culture québécoise» par rapport à 23 % des tenants du NON.
56. Cité dans Gerald Clark, *Montreal: The New Cité*, Toronto, McClelland and Stewart, 1982, p. 237.
57. «Les anglophones: une révolution discrète», *La Presse*, 11-14 avril 1987; George Toombs, «Les Anglo-Québécois: une minorité en quête d'une nouvelle identité», *Le Devoir*, 6 octobre 1988.
58. William Johnson, «Anti-Partitionists: The Lamb Lobby», *The Gazette*, 10 février 1996.
59. Hubert Bauch, «The Summer of the Angry Anglo: Referendum Scare Fuels New Activism», *The Gazette*, 31 août 1996.
60. *Ibid.*
61. *Ibid.*
62. Norman Webster, «Partition Montreal? Remember Belfast and Then Let The Idea Go», *The Gazette*, 15 décembre 1995.
63. Gretta Chambers, «Many Anglos no Longer Think Being "Reasonable" Works», *The Gazette*, 23 août 1996.
64. Lise Bissonnette, «Dans une librairie», *Le Devoir*, 12 février 1996.
65. Conseil scolaire de l'île de Montréal, *Statistiques et commentaires sur les origines des élèves, 1993-1994 et 1994-1995*, Montréal, CSIM, 1995, p. 33.
66. Pour une excellente étude des efforts du gouvernement du Parti Québécois en matière de réforme scolaire, voir Henry Milner, *La réforme scolaire au Québec*, Montréal, Québec/Amérique, 1984.
67. Gouvernement du Québec, ministère de l'Éducation, *L'école québécoise: une école communautaire et responsable*, Québec, Gouvernement du Québec, 1982, 99 p.
68. *Ibid.*, p. 51-58; Henry Milner, ouvr. cité, p. 125-146.

69. Loi 40, Loi concernant l'enseignement public primaire et secondaire, Assemblée nationale, 32ᵉ législature, 4ᵉ session, 1983.
70. La Constitution de 1867 garantissait le droit à l'enseignement public protestant à Montréal et, par conséquent, l'existence de la commission scolaire protestante. L'article 93 ne faisait aucune référence aux droits linguistiques, mais néanmoins les anglophones le voyaient comme la meilleure protection de leur autonomie scolaire.
71. Jean-Pierre Proulx, «La loi 107 réduira de 55 % les effectifs de la CEPGM», *Le Devoir*, 22 décembre 1988.
72. Gilles Lesage, «Écoles: Ryan maintient la clause dérogatoire», *Le Devoir*, 22 décembre 1988. Voir aussi Henri Laberge, «La loi 107 est un monstre: où sont les responsables?», *La Presse*, 22 avril 1994.
73. Paul Cauchon, «La voie Kenniff», *Le Devoir*, 12 juin 1996.
74. *Ibid.*
75. Paul Cauchon, «Le débat sur la confessionnalité de l'école est relancé», *Le Devoir*, 6 septembre 1996; Pierre O'Neill, «La majorité des Québécois veulent sortir la religion des écoles», *Le Devoir*, 5 septembre 1996.
76. «Anglos Want Linguistic Boards», *The Gazette*, 21 juin 1996.
77. Lise Bissonnette, «Le mauvais trajet», *Le Devoir*, 14 juin 1996.
78. Paul Cauchon, «Marois fait marche arrière sur les commissions scolaires linguistiques», *Le Devoir*, 16 août 1996. En octobre 1996, les États généraux sur l'éducation ont préconisé la création de commissions scolaires non confessionnelles comme moyen de moderniser l'enseignement public au Québec.
79. Pierre O'Neill, «Les péquistes défient Bouchard», *Le Devoir*, 30 septembre 1996. Il n'est pas étonnant que les affrontements les plus célèbres entre Lévesque et la base de son parti sur la question de la langue aient engagé les militants de Montréal-Centre.
80. Philip Authier et Hubert Bauch, «PQ Ridings Defiant», *The Gazette*, 30 septembre 1996.
81. Don Macpherson, «Obsessed by the Language Law», *The Gazette*, 9 octobre 1996.
82. Irwin Block, «Quebecers Wary of Language Issue, poll finds», *The Gazette*, 23 juin 1996.
83. Jean Paré, «La pseudo-crise linguistique», *L'actualité*, 1ᵉʳ avril 1996, p. 6.
84. Statistique Canada, compilation spéciale.
85. Louis Balthazar, «Pour un multiculturalisme québécois», *L'Action nationale*, vol. 79, n° 8, octobre 1989, p. 950.
86. Groupe de travail sur Montréal et sa région, *Montréal, une ville-région*, décembre 1993.
87. Marcel Côté, *Un cadre d'analyse pour le Comité ministériel permanent de développement du Grand Montréal*, SECOR, 1990, p. 20. Voir aussi Pierre Arbour, *Québec Inc. et la tentation du dirigisme*, Montréal, l'Étincelle, 1993, et Jean-Luc Migué, «L'essor ou le déclin du français», *Le Devoir*, 13 mai 1993.
88. Jean-Luc Migué, art. cité.

89. Peter Hadekel, «Naming Island Bilingual Zones Makes Cents», *The Gazette*, 14 septembre 1996.
90. Voir François Vaillancourt, «English and Anglophones in Quebec: An Economic Perspective», dans John Richards, François Vaillancourt et William G. Watson (dir.), *Survival: Official Language Rights in Canada*, Toronto, Institut C. D. Howe, 1992, p. 69. Vaillancourt affirme que «les résidants du Québec sont prêts à sacrifier un certain niveau de revenus en retour d'un usage accru du français. [...] le compromis maximum est de l'ordre de 15 ou 20 % de moins que les revenus qu'il serait possible d'atteindre dans une société anglophone». Vaillancourt n'explique pas clairement comment il est arrivé à ce chiffre, bien que le concept soit juste, car il existe un compromis acceptable — un emplacement sur la «courbe d'indifférence» des économistes — entre la sécurité culturelle et le niveau de vie.
91. Marcel Côté, ouvr. cité, p. 10.
92. Voir William J. Coffey et Mario Polèse, «Le déclin de l'empire montréalais: regard sur l'économie d'une métropole en mutation», *Recherches sociographiques*, vol. 104, n° 3, 1993, p. 417-438.

Index

AANB, Article 93 de l', 88
AANB, article 133 de l', 190, 210
ABBDL-Tecsult, 318
Acte constitutionnel de 1791, 49
Acte de l'Amérique du Nord britannique (AANB), 40, 53, 56, 249
Acte d'Union, 51-52
Action pour un Québec français, 219
A. E. Ames, groupe, 267
Affaires culturelles, ministère des, 94, 100, 114-115, 298
Affaires culturelles, ministre des, 250
Afrique, 318, 363
Aitken, Max, 41
Alcan, 269, 283, 311, 322
ALENA, 342
Allaire, Yvan, 287, 299-300, 304, 344, 349
Allan, Hugh, 40, 54
Allemagne, 97, 175, 184, 237, 370
Alliance démocratique, 176
Alliance laurentienne, 64
Alliance Québec, 204-205, 208, 211-214, 217, 220, 224, 241, 248-250, 301, 374-375
Amish, 16
Amtrak, chemin de fer américain, 266
Angers, François-Albert, 135, 195, 246
Anglo-Montréalais, 13-14, 25, 29, 33, 35-36, 40, 53, 57, 63, 107, 128, 162, 175-176, 184, 186, 191, 197, 200, 215, 242, 267, 278, 288-289, 306-307, 327, 330, 343, 347, 373
Anglo-Saxons, 103
Angus, R. B., 41
Anjou, 31, 120, 142

Ankara, 266
Annuaire du Québec, 90, 348
Aquin, François, 124
Arbour, Pierre, 200, 247, 297, 384, 392
Arès, Richard, 127, 143
Arnopoulos, Sheila McLeod, 22, 70, 111, 113, 145, 180-181, 183, 248, 389, 391
Asie, 363
Assemblée du Haut-Canada et du Bas-Canada, 51
Assemblée législative, 49-50, 54, 59, 127, 179
Assemblée nationale du Québec, 131, 182, 249
Association des directeurs d'école de Montréal (ADEM), 236
Association des professeurs catholiques de langue anglaise, 121
Assurances générales Boréal, édifice, 303
Assurance-vie Desjardins, 315
Australie, 224
Autant de façons d'être Québécois, 365, 389
Baie-James, 273
Balthazar, Louis, 179, 357, 383, 387, 392
Banque canadienne impériale de commerce, 318
Banque de Montréal, 39-42, 55, 64, 86, 161, 267, 283, 289-290, 313-314, 318, 322-323
Banque d'épargne de la cité et du district de Montréal, 314
Banque Molson, 41, 322-323
Banque Nationale du Canada, 269, 313
Banque Provinciale, 39, 313

Banque Royale, 41-42, 91, 161, 268, 283, 289, 300, 313, 318, 322-323
Bas-Canada, 49-53, 55, 65, 68-70
Bassett, John, 55
Beaconsfield, 30-31, 198, 247
Beale, Robert, 120, 130, 132
Beatrice Foods, 314
Beaudoin, Laurent, 264, 296, 311
Beaulieu, Carole, 372, 391
Behiels, Michael, 111, 115, 259, 295
Bélanger, Michel, 315
Bélanger, Noël, 258, 295, 297, 301
Bélanger, Yves, 68-69, 112, 297, 345-346
Belfast, 147, 375, 391
Belgique, 19
Bell Canada, 181, 315, 322
Berkeley, 129
Bertrand, gouvernement, 125-126, 133, 135, 137, 156
Bertrand, Jean-Jacques, 121, 125, 144
Bessette, Gérard, 81
Beyrouth, 147
Biondi, Ferdinand, 102
Birks, 35
Bissonnette, Lise, 225, 248, 270, 297, 368, 376, 380, 390-392
Blaikie, Peter, 204
Blanchard, Étienne, 58, 72
Bleury, rue de, 91
Board of Trade, 43, 60, 103, 123, 139, 145, 150, 157, 165, 182, 283-284
Bombardier, 43, 263-266, 274, 296, 311, 321-323, 339
Bonaventure, place, 91
Bouchard, Lucien, 9, 224, 227
Boulet, Jac-André, 21, 69-70, 325, 338, 345, 348-349
Bourassa, gouvernement, 150, 154, 156, 158, 163, 173, 176, 215, 221-222, 225, 227, 268, 278, 284, 293, 317, 355, 365, 367, 373, 378
Bourassa, Robert, 155, 159, 176, 214, 225, 251
Bourgault, Pierre, 93, 123-124, 136
Bourque, Gilles, 263, 296
Bourque, Pierre, 224
Bourse de Montréal, 103, 124, 262, 315-317
Breton, Albert, 83, 112, 348
Brinks, coup de la, 148-149, 342
Britanniques, les, 24, 30, 38, 41, 47-49, 51-52, 135
Bronfman, Charles, 186

Bronfman, Samuel, 43
Brunelle, Dorval, 111, 259, 295-296
Brunet, Michel, 48, 68, 70-72
Bruxelles, 17, 19, 22, 191
BTM International, 274
Business Week, 266, 296, 347
C, conseillers de classe, 60
Cadillac Fairview, 269
Caisse de dépôt et placement du Québec, 266, 271
Calgary, 79-80, 289-290
Californie, 270-271
Campbell, Alistair, 288
Canada anglais, 13, 23, 79, 84, 98, 103, 120, 151, 231-232, 242, 279, 334, 336, 353, 364
Canada Cement, 40-41
Canada français, 24, 48, 54, 65, 95, 109
Canada, place du, 91
Canada Power, 40
Canada, province du, 51-52
Canada, recensement du, 21, 26-27, 114-115, 142, 198, 247, 355, 360, 388
Canada-Uni, 52
Canadian Tire, 290, 323
Canadiens anglais, les, 64, 153, 199, 220
Canadiens français, les, 32, 35, 37, 43, 48-49, 51-52, 54, 65, 68, 70-72, 80, 83, 265, 325
Canam-Manac, 321
Cantons-de-l'Est, 24, 50, 197 *Voir aussi* Estrie
Cappon, Paul, 98, 115
Caraïbes, 363
Cardinal, Jean-Guy, 126, 130, 137, 144
Careless, J. M. S., 70-71
Cartier, George-Étienne, 54, 71
Castonguay, Claude, 283, 311
CEMP, 186
Centre de recrutement de l'armée canadienne, 77
Centre sportif de l'Université de Montréal, 135
Centres d'orientation et de formation des immigrants (COFI), 126
Chambers, Gretta, 224, 391
Chambre de commerce de Montréal, 43, 60, 171, 260, 265, 283
Chambre de commerce du district de Montréal, 43, 171, 283
Charbonneau, Hubert, 36, 65-68, 114, 116, 245
Charron, Claude, 159

Charte canadienne des droits et libertés, 153, 179, 210, 215, 218-219
Charte de la langue française, 9, 20, 185, 187, 189, 191-193, 195, 197, 199, 201, 203, 205, 207, 209-211, 213-215, 217, 219, 221-231, 233, 235, 237, 239-241, 243, 245-247, 249-251, 253, 279, 292, 294, 299-301, 324, 354, 361, 374, 397 *Voir aussi* Loi 1 ; Loi 101
Charte québécoise des droits, 218
Chartrand, Michel, 136
Chicago, 26, 79
Chicoutimi, 16
Chine, 363
Cholette, Gaston, 188, 218, 250, 292
Choquette, Jérôme, 173, 183
Chrétien, gouvernement, 380
Civitas, groupe, 319
«Clause Canada», 192, 210, 212, 231, 245
Cleveland, 26, 79
Clift, Dominique, 22, 70, 111, 113, 145, 180-181, 183, 248, 389, 391
Cloutier, François, 158, 162
Coleman, William, 62, 73, 108, 111, 113-116, 179, 245-246, 259, 295, 298-299, 343, 350, 389
Columbia, 129
Comité catholique du Conseil de l'instruction publique, 101
Comité des néo-Canadiens, 101-102, 117
Comité interministériel sur la situation de la langue française, 210, 229, 240, 247, 249, 252-254, 276, 298, 300, 310, 324, 330, 345, 347-350, 353, 356, 360, 387, 389
Comité permanent de la survivance française, 62
Comité pour la coordination de l'enseignement anglo-catholique, 203
Comité préparatoire pour une onzième province, 186
Commissaire aux langues officielles, 154, 179
Commission de développement de la grande région de Montréal, 384
Commission d'enquête sur la situation de la langue française et sur les droits linguistiques au Québec, 114-115, 126, 143, 181, 295 *Voir aussi* Gendron, commission
Commission de protection de la langue française, 215, 218, 227, 245, 250, 293, 301, 384

Commission de surveillance, 193, 211, 283-284, 292-293, 301
Commission de surveillance de la langue française, 193, 293, 301
Commission des écoles catholiques de Montréal (CECM), 57, 114
Commission des écoles protestantes du Grand Montréal (CEPGM), 57, 87
Commission royale d'enquête sur le bilinguisme et le biculturalisme, 44-45, 69, 71, 73, 113, 115, 152, 179, 275, 297-298 *Voir aussi* Laurendeau-Dunton, commission
Commission royale d'enquête sur les problèmes constitutionnels, 62, 73 *Voir aussi* Tremblay, commission
Commission scolaire catholique Baldwin-Cartier, 209
Commission scolaire catholique de Saint-Léonard, 110, 118, 142
Commission scolaire protestante Lakeshore, 209
Communauté urbaine de Montréal, (CUM), 274
Compagnie du Nord-Ouest, 37
Confédération, 40, 47, 54, 56, 65, 69, 71, 76, 129, 135, 152, 163, 179, 328, 349 *Voir aussi* Acte de l'Amérique du Nord britannique (AANB)
Confédération des syndicats nationaux (CSN), 135, 328
Conquête, 16, 23-24, 37-38, 47, 68, 71, 188, 195
Conseil central de la Confédération des syndicats nationaux, 129
Conseil consultatif des districts bilingues, 180
Conseil de la langue française (CLF), 305
Conseil de la vie française, 62, 152
Conseil de restructuration scolaire de l'île de Montréal, 90, 145, 181
Conseil d'orientation économique du Québec (COEQ), 260
Conseil du patronat du Québec, 291
Conseil scolaire de l'île de Montréal (CSIM), 229, 233
Conseil supérieur de l'éducation, 127, 143, 233-235, 239, 253-254, 359, 388, 390
Consiglio Educativo Italo-Canadese, 171
Constitution, article 23 de la, 210
Constitution canadienne, 219, 249

Côté, Marcel, 200, 247, 384-385, 392-393
Côte-Saint-Antoine, 30
Côte-Saint-Luc, 31, 198, 388
Courchène, Thomas, 262, 296, 346
Cour d'appel du Québec, 218
Cour supérieure du Québec, 202, 378
Cour suprême, 209-210, 219, 221, 379
Coutu, Jean, 319
CP Rail, 289-290, 301
Créatec, sondage, 199, 246
Crédit industriel Desjardins, 313
Crise d'octobre, 111, 147, 151, 155, 193, 268
Cross, James, 78, 150-151
CSS Montréal Métropolitain, 216
CSS Ville-Marie, 216
Cuba, 151
Culinar inc., 314
Curran, Joanne, 211
Dahl, Robert, 15, 21
D'Allemagne, André, 97
David, Athanase, 58
Deschênes, Jacques, 120
Desjardins, Alphonse, 314
Desjardins, complexe, 274, 303, 314
Desmarais, Paul, 270, 283, 315
Detroit, 79
Devencore, 269
Dion, Léon, 113, 136, 161
Disparaître, 372
Dominion, square, 289, 303
Dominion Textile, 40-41
Domtar, 123, 269
Dorchester, boulevard, 64, 91, 303
Dorchester, square, 303
Drapeau, Jean, 61, 63, 73, 212
Dubois, Jean-François, 237, 253
Dufour, Ghislain, 291
Dumont, Fernand, 188
Dunkin Donuts, 222
Dunlop, 24
Duplessis, Maurice, 55, 178
Dupuis Frères, 43
Durham, Lord, 51, 134
Durham, rapport, 51, 70
École Aimé-Renaud, 122-123, 143
École des Hautes Études Commerciales (HEC), 277
Écossais, les, 32
Éducation, ministère de l', 85, 88, 112, 115, 143, 156, 168, 170, 173, 180, 182-183, 202-203, 208, 235, 286, 298, 378, 391

Éducation, ministre de l', 126, 130, 137, 156, 158, 162, 170, 172-173, 224, 378-380
Église anglicane, 50
Église catholique, 50, 81
Église d'Angleterre, 48
Elgin, Lord, 52
Élisabeth, reine, 77, 282
Empire britannique, 42
Énoncé de politique en matière d'immigration et d'intégration, 365, 371
Establishment anglo-saxon, 150
Estrie, 16, 21, 26, 65 *Voir aussi* Cantons-de-l'Est
État à la métropole, ministère d', 383
État, appareil d', 90, 215, 257-258
État, capitalisme d', 259, 261, 265
État, intervention de l', 13, 20, 47, 87, 92, 96, 261, 265, 269, 277, 304, 333, 343, 354
État, non-intervention de l', 55
État, pouvoir de l', 54
État québécois, l', 59, 72, 82, 84, 87, 256-258, 264, 270, 329, 397
État, sociétés d', 85, 259-261, 264, 266, 270-273, 294, 397
État, soutien de l', 50, 262, 266
États généraux du Canada français, 109
États-Unis, 13, 22, 24, 29, 41, 50, 65, 98, 103, 129, 145, 191, 224, 232, 258, 277, 279, 284, 311, 318-319, 327-329, 334, 343, 348, 353, 364, 367, 388
États-Unis, Annexion aux, 53
Europe, 6, 27-28, 260, 318
Europe de l'Est, 27-28
Europe du Sud, 28
Exposition universelle de 1967, 274
Fairview, centre, 351
Fédération de Montréal des caisses Desjardins, 313
Fédération des associations italiennes du Québec, 169
Fédération des enseignants de Montréal, 121, 123
Fédération des travailleurs et travailleuses du Québec (FTQ), 312
Federation of English-speaking Catholic Teachers (FESCT), 169
Fiducie du Québec, 315
Filion, Claude, 218
Finances, ministre des, 55, 262
Flamand, Antonio, 134, 144

Fonds de solidarité, 312-313, 345
Fournier, Marcel, 83, 112
Fournier, Pierre, 68, 112-113, 144-145, 180-182, 263, 296-297, 301, 345-346
France, 37, 70, 237, 370-371
François, Marcellus, 369
Franco-Montréalais, 45, 327, 329-330, 337, 355
Franco-Québécois, 27, 109, 368
Freedom of Choice, parti, 203
Frégault, Guy, 95
French, Richard, 204, 220
Front de libération du Québec (FLQ), 77
Front du Québec français (FQF), 135, 195
Frost, Stanley, 138
Fullerton, Douglas, 31, 67-68, 113, 128, 143-144, 297
Galganov, Howard, 332, 374
Galt, A. T., 56
Galt, Thomas, 289
Gaspésie, 16 *Voir aussi* Péninsule gaspésienne
Gauthier, commission, 105, 108-110, 115-116
Gauthier, René, 100
Gaz Métropolitain, 269
Gendron, commission, 115-116, 127, 155-156, 159-161, 181-182, 229, 245, 255, 280, 284-285, 295, 298-299, 330
Gendron, Jean-Denis, 161, 167
Genève, 384
Geoffrion Leclerc, 316-317, 346
Gérin-Lajoie, Paul, 236, 253
Girard, Jean, 120
Giroux, Luc, 239, 254
«Global 1000», 266
Godin, Gérald, 145, 192, 212
Goldbloom, Michael, 204, 387
Golden Square Mile, 32-33, 42, 289, 322
Gordon, Donald, 63, 77, 83
Gouin, Lomer, 55
Grand Tronc, chemin de fer du, 54
Grande-Bretagne, 13, 38, 51, 106, 150, 191, 224
Grecs, 27, 233, 363
Grey, Julius H., 226, 251
Griffin, Anthony, 369
Griffintown, 33
Groulx, Yvon, 123
Groupe de travail sur Montréal et sa région, 383, 392
Groupe immobilier St-Jacques, 269

Groupe La Laurentienne, 283, 311, 314, 317
Groupe Vie Desjardins-Laurentienne, 303, 315
Guy-Favreau, complexe, 91, 274
Gwyn, Richard, 200, 247
Haïti, 363
Haïtiens, 233-234, 369-370
Hampstead, 30, 151, 198
Harel, Louise, 381
Harvard, 129, 277
Haut-Canada, 49, 51
Haut-Saint-Laurent, 48
Hébert, Anne, 81
Henripin, Jacques, 106-107, 115-116, 247, 349
Hochelaga, 29
Hochelaga-Maisonneuve, 329, 388
Holt, Herbert, 41
Hong Kong, 363, 384
Hydro-Québec, 86, 91, 264, 271-274, 294, 297, 303, 339, 346
Hydro-Québec, édifice, 303
Hydro-Québec, siège social d', 91, 274
IBM, 323
Imasco, 322
Indépendance américaine, guerre de l', 48
Industrie et du Commerce, ministre de l', 165
INRS-Urbanisation, 336, 371, 390
Institution royale pour l'avancement des sciences, 50
Irlandais, les, 57, 65
Italiens, 27-28, 57, 97-98, 102, 115, 117-118, 132, 137, 169, 171-173, 203, 233, 363
Ivy League, 128
Jacobs, Jane, 13, 21, 79, 111
Jamaïcains, 233
Jeux olympiques de 1976, 274
Johnson, Daniel, 110, 122
Johnson, William, 299, 391
Juifs, 27-28, 57, 99, 103, 115, 128, 184, 216, 363
Justice, ministre de la, 193, 218, 220, 293
Keaton, Robert, 204
Kenniff, Patrick, 379
Kerenski, 148
Kirkland, 198, 247
Kuala Lumpur, 266
Labelle, Guy, 331

Laberge, Henri, 188, 392
Lacroix, Robert, 304, 335, 344, 349
L'actualité, 345, 372, 391-392
Lafferty, Harwood, et Co., 148, 178
Lafontaine, Louis-Hippolyte, 52
La Fontaine, parc, 225
Lamarre, Bernard, 311
Langlois, Raymond, 120
Lapalme, Georges-Émile, 94
Laplante, Pierre, 372, 391
La politique québécoise de la langue française (livre blanc), 188
Laporte, Pierre, 73, 78, 96-97, 150, 160, 178
La Presse, 53, 148-149, 163, 168, 178, 180-181, 183, 209, 212, 214, 220, 244-246, 249-250, 252, 254, 298, 300-301, 311, 373, 391-392
La Prévoyance, 43
Larose, Gérald, 225
LaSalle, 219
La Sauvegarde, 43, 315
La Sécurité, 315
Latouche, Daniel, 10, 71, 178, 358, 364, 388-389
Laurendeau-Dunton, commission, 44, 46, 152-153, 160, 275, 325
Laurin, Camille, 188, 193, 212, 219, 240, 244, 256, 279, 283, 285, 292, 298, 377, 381
Laurin, Pierre, 277, 311
Lauzon, Léo-Paul, 323, 347
Laval, 21-22, 31, 81, 113, 115, 120, 136, 143, 161, 180, 183, 383
Lavalin, 272, 311, 318, 339
Lavoie-Roux, Thérèse, 167
Leacock, Stephen, 32, 67-68
Le bilinguisme qui nous tue, 92
Le Devoir, 67, 109, 114, 123, 142-145, 178-183, 194, 202, 220, 222, 245-254, 296-301, 345-350, 373, 389-392
Lefebvre, Sylvain, 291, 301
Légaré, Anne, 263, 296
Legault, Josée, 226, 251
Léger et Léger, sondage, 382
Léger, Jean-Marc, 62, 94, 97, 114, 235, 253, 390
Lemelin, Roger, 186, 244
Lemieux, Raymond, 119, 127, 131, 135, 142
Lesage, gouvernement, 88, 94, 260-261, 265, 268, 271, 275

Lesage, Jean, 71, 85, 94-96, 112, 136, 296
Leslie, Peter, 21, 256, 295, 299
Lévesque Beaubien, 268, 303, 316-317, 346
Lévesque, gouvernement, 125, 194, 215, 263, 281, 284-285, 299, 316, 319, 329
Lévesque, René, 84, 86, 93, 112-114, 194, 210, 219, 227, 241, 244, 246, 254, 256, 260, 263, 289, 292, 300-301
Lévesque, René, et le Mouvement souveraineté-association, 124
Lévesque, René, et le Parti Québécois, 123-124, 127, 134, 144, 148-150, 178, 185
Lévesque, René, et les accords de réciprocité, 192
Liban, 363
Libman, Robert, 223
Lieberson, Stanley, 47, 70
Ligue pour l'intégration scolaire (LIS), 131
Lincoln, Clifford, 204, 220, 290
Locher, Uli, 199, 246-247
Loeb, 269
Loi 1 (1977), 135, 192-196, 244-246, 279, 281-283, 291, 299
Loi 22 (1974), 163-166, 168-177, 182-183, 187, 190-191, 196, 218, 220, 230, 241-242, 244, 278-280, 282-283, 291-292, 304, 339, 341, 389
Loi 28 (1971), 156-158
Loi 56 (1969), 130, 181
Loi 57 (1983), 213-214, 250
Loi 58 (1986), 144, 215
Loi 60 (1964), 88
Loi 62 (1970), 137-140, 145, 156
Loi 63 (1969), 132-140, 144, 147, 149, 155-157, 160-161, 163, 166-167, 174, 176, 178, 180-181, 195, 278, 298, 382, 396
Loi 71 (1972), 158-159, 180
Loi 85 (1968), 125-128, 130, 132-134, 140, 143, 396
Loi 86 (1993), 9, 225-227, 293, 331-332, 352, 373-374, 381-382, 384
Loi 101 (1977), 9, 20, 182-183, 187, 194-197, 199, 201-204, 206-228, 230-232, 235, 239-243, 245-246, 248, 250-251, 279, 281-283, 285-294, 299-301, 304, 307, 311, 331-333, 339-342, 347, 350, 352, 354-355, 359, 365, 370-371, 376, 381-382, 391, 397 *Voir aussi* Charte de la langue française

Loi 101, article 141b de la, 281
Loi 107 (1988), 378-379, 392
Loi 142, 216-217, 250
Loi 178 (1988), 220-223, 225, 251, 352, 373
Loi de l'émeute, 132
Loi des mesures de guerre, 151
Loi Lavergne, 59, 61
Loi pour promouvoir la langue française au Québec (projet de loi 63), 144, 180
Loi sur la langue officielle (projet de loi 22), 163, 182
Loi sur la protection du consommateur (1971), 278
Loi sur les compagnies (1973), 278
Loi sur les langues officielles (1969), 153, 179
Londres, 42, 51, 72, 297
Longueuil, 31
Lortie, Pierre, 270, 311, 316, 346
Los Angeles, 357, 362
Louisiane, 83
Lynch-Staunton, John, 125
MacDonald, Robert, 136, 143-144, 180
Maheu, Robert, 36, 66-68, 114, 116, 245
Maisonneuve, 29, 63, 66, 73
Maisonneuve, château, 63, 73
«Maîtres chez nous», 76, 86, 296, 350
Maldoff, Eric, 204, 217, 301
Manche, tunnel sous la, 266
Manic-5, 273
Manitoba, 154, 179
Marine Industries, 265
Marler, George, 86, 265
Marois, Pauline, 224, 379-380
Marois, plan, 379
Martin, Fernand, 334, 349
Martin, Médéric, 60
Marx, Herbert, 204, 220
Massachusetts, 319
Mastercard, 289
Maurault, Olivier, 34
Maxi-Drugs, 319
MBA, 277
McConnell, J. W., 55
McDonald, 222
McGill, James, 32, 128
McGill, Peter, 52
McGill, Université, 60, 64, 69, 87, 128, 138, 224, 276
McKinnon, Ian, 308, 344-345, 349
McRoberts, Kenneth, 56, 68, 71, 81, 111-112, 182, 245, 252, 295-298, 350

McTavish, Simon, 32
Meech, accord du lac, 220, 223
Métropolitaine, autoroute, 117
Métro-Richelieu, 318
Miami, 357, 388
Michaud, Yves, 134, 144
Midwest américain, 79
Migué, Jean-Luc, 348, 384, 392
Miller, Roger, 287, 300-301, 308, 333, 344-345, 349
Milwaukee, 11
Mirabel, 273
Moffatt, George, 52
Molson, John, 52
Monnier, Daniel, 246, 250, 344, 348, 359, 389
Montini, Angelo, 203
Montréal-Centre, 187, 244, 381, 392
Montréal, est de, 10, 25, 30, 32, 36, 51, 70, 82, 197, 218, 223, 236-237, 277, 290, 310, 313, 326, 328, 331, 334, 355, 357-358, 366, 376, 383-384
Montréal, île de, 21, 25-28, 30, 33, 56, 61, 73, 89-90, 97, 104, 108, 113, 115, 130, 134, 137, 145, 156, 158, 174, 176, 180-185, 207-208, 216, 228-229, 231-234, 237-239, 248, 252-253, 331, 353-362, 367, 376-378, 381, 383-385, 387-388, 390-391
Montreal Light, Heat, and Power Company, 41, 43, 86, 271
Montreal Locomotive Works, 266
Montréal, métro de, 91, 274, 298
Montréal-Nord, 31, 370
Montréal, ouest de, 13, 29, 31, 34-35, 222
Montreal Protestant Central School Board, 57
Montréal, région de, 9, 16, 21, 27, 30-31, 69-70, 80, 197-198, 248, 258, 261, 285, 293, 296, 299, 301, 305, 308, 312, 331, 336, 345-346, 349-350, 358, 368, 372, 383-384, 386, 392
Montreal Star, The, 142-143, 178, 182-183, 245-247, 297, 299
Montréal, ville de, 21, 25, 27, 29-32, 43, 51, 61, 64, 79, 200, 258, 350, 364, 368, 384, 390
Montréalais francophones, 34, 36, 60, 125, 154, 217, 237, 240, 242, 257-258, 294, 311, 315, 327, 330, 339, 357, 385, 387
Mont-Royal, 30-31, 247-248

Morin, Claude, 192, 260
Morin, Jacques-Yvan, 202
Mountain, Jacob, 49
Mouvement Desjardins, 260, 313-314, 317-318, 373
Mouvement pour l'intégration scolaire (MIS), 119
Mouvement Québec français (MQF), 155
Mouvement souveraineté-association (MSA), 124
Murray, James, 48
Murray Hill, compagnie, 124
Nader, George, 69, 111, 113, 303, 344
New York, 21-22, 25-26, 42, 48, 65, 70, 111-112, 144, 244, 263, 297, 357, 362, 390
New York, métro de, 266
Niosi, Jorge, 69, 304, 344, 349
Noirs, les, 369-370
Northern Telecom, 289-290
Notre-Dame-de-Grâce, 125, 176-177, 248
Notre-Dame-des-Neiges, école primaire, 377
Nouvelle-Écosse, 270
Nouvelle-France, 13
Office de la langue française (OLF), 94, 215
Office québécois du commerce extérieur (OQCE), 339
Ogilvie Flour, 40
Ontario, 60, 72, 79, 112, 152, 154, 178-179, 197, 257, 268, 295, 367
Opération débrayage, 151
Opération McGill français, 129-130
Opération solidarité économique, 262
Opération visage français, 91
Orr, Royal, 204
Ottawa, 32, 45, 65, 69, 71, 73, 113, 115, 120, 152, 154, 179-180, 187, 267, 296-297, 300, 325, 345, 348, 388
Ouellet, Fernand, 24, 39, 51, 65, 68-70, 390
Ouest canadien, 79
Outaouais, 16
Outremont, 33, 151, 347
Pagé, commission, 138
Pagé, Joseph, 90, 145
Pagé, Michel, 224, 390
Paillé, Michel, 10, 229, 252, 356, 387-389
Palais de justice, 274
Palais des congrès, 274
Pallascio, Michel, 236

Paquet, Mgr Alphonse, 276
Paré, Jean, 382, 392
Paré, René, 265
Paré, Sylvie, 359, 389
Parent, commission, 88-90, 92, 100, 113, 115, 298
Parizeau, Jacques, 149, 178, 220, 260, 262, 265, 267, 291, 296-297, 371, 375
Parlement britannique, 49, 52, 249
Parti Égalité, 205, 222-223, 225, 373
Parti Québécois, 9, 15, 20, 123-124, 127, 134, 143, 148-149, 151, 157, 170-171, 176-178, 185-187, 189, 192-193, 198-199, 204, 210, 218, 220, 222-226, 232, 244-246, 250-251, 261-264, 269, 279, 281-282, 294, 298-299, 324, 332, 344, 346-347, 364-365, 368, 374-375, 378, 381, 391
Pascal, 319
Payette, Lise, 372
Payne, David, 188
Petite Bourgogne, 370
Petites et moyennes entreprises (PME), 262
Pharm-Escomptes Jean Coutu, 319
Pierrefonds, 31, 93
Place des Arts, 91, 274
Plourde, Michel, 250, 301, 304, 344
PME-innovatrice, 262
Pointe-Claire, 30-31, 177, 198, 247, 374
Polèse, Mario, 10, 291, 295, 301, 337, 349, 393
Portugais, 27, 233, 363
Power Corporation, 270, 283, 315
Pratt & Whitney, 322
Prince, Vincent, 123
Programme d'enseignement des langues d'origine (PELO), 235
Projet de loi 1, 135, 192-196, 244, 246, 281-283, 291, 299 Voir aussi Loi 1; Loi 101; Charte de la langue française
Protestant School Board of Greater Montreal (PSBGM), 57
Proulx, Jérôme, 134
Provigo, 269-270, 297, 311, 318, 323, 339
Quebec Association of School Administrators, 169, 183
Québec, clause, 191-192, 196, 204, 210, 246
Quebec Political Action Committee, 332, 374
Québec, province de, 40, 56, 63, 72, 94, 113, 154

Québec, souveraineté du, 18, 187, 206
Québec, ville de, 21, 26
Quebecor, 319
Queen Elizabeth, 63, 73, 78, 178, 351
Queen Elizabeth, hôtel, 78
Radio-Canada, 62, 372
Radio-Canada, maison de, 91, 274
Radio-Québec, 90
Ralston Purina, 290
Rassemblement pour l'indépendance nationale (RIN), 77, 92
Raynauld, André, 44, 69, 295, 321, 347
RCA, 290
Rebellion Losses Bill, 52
Red Enseign, le, 64
Redpath, 24
Régie de la langue française, 164
Régime anglais, 38
Régime enregistré d'épargne-retraite (REER), 312
Régime français, 37
Règlement 6, 156, 180
Règlement 17, 60, 72
Regroupement scolaire confessionnel (RSC), 236
Reine-Élisabeth, hôtel, 73, 150, 303, 352
René-Lévesque, boulevard, 64, 303
Révolution tranquille, 14, 23-24, 37, 47, 71, 75-87, 89, 91-95, 97, 99, 101-105, 107, 109-113, 115, 188, 196, 236, 256, 258, 260-261, 267, 274-276, 294, 296, 319, 331, 339, 395-396
Richardson, John, 49
Richler, Mordecai, 103, 112, 144, 186, 212, 244, 284, 299
Rive-Sud, 21, 208, 300
Rizzuto, Pietro, 169
Robertson, H. Rocke, 138
Rocher, Guy, 188, 390
Ro-Na, 318
Rose, John, 40
Rouleau, Alfred, 373
Roy, Gabrielle, 81
Roy, Michel, 202, 247
Royal, mont, 30, 33
Royal Victoria, hôpital, 87
Rudin, Ronald, 21, 40, 65-66, 68-70, 72
Ryan, Claude, 121, 131-132, 136, 161, 181-182, 194, 215, 221-222, 224, 251, 378
S-31, projet de loi, 270
St. James Street, 41, 315, 318 *Voir aussi* Saint-Jacques, rue

St. Mary's, hôpital, 211
Saint-Lambert, 208
Saint-Laurent, 48, 52, 66, 71, 79, 112, 296
Saint-Léonard, 31, 110, 117-123, 125-133, 137, 140, 142-143, 147, 158, 161, 167, 169, 363, 382
Saint-Léonard, affaire de, 132
Saint-Léonard, crise de, 133, 137, 140, 147, 158, 169, 363, 382
Saint-Léonard-de-Port-Maurice, 117
Saint-Léonard, émeute de, 132
Saint-Luc, école secondaire, 233
Saint-Pierre, Guy, 156, 165
Sainte-Catherine, rue, 64
Sales, Arnaud, 258, 295, 297, 301
Salvador, 363
Salvadoriens, 233
Sancton, Andrew, 30, 67-68, 73, 114, 145, 180, 250
Scowen, Reed, 204-205, 248
SDI-Exportation, 339
Seagram, 43, 186, 322
Sears, 352
Seconde Guerre mondiale, 24, 30, 43, 103
Services aux néo-Canadiens de la CECM, 100
Services financiers Eaton de Toronto, 314
Services sociaux juifs à la famille, 216
Sherbrooke, 21, 33, 56, 77, 129
Sherbrooke, rue, 77, 129
Sidbec, sidérurgie, 85
Siegfried, André, 34, 67, 69
Simard, famille, 265
Simard, Sylvain, 368
Smith, Donald, 41
SNC, 272, 318, 339
SNC-Lavalin, 272, 318, 321, 346
Sobey Stores, 270
Socanav, 318
Société de développement industriel (SDI), 261, 312
Société d'investissement Desjardins, 313
Société du bon parler français, 62
Société générale de financement (SGF), 264, 312
Société immobilière Trans-Québec, 269
Société Innovatech du Grand Montréal, 312
Sri Lanka, 363
Staff Common Room, 289
Stafford, Robert, 337, 349

Statistique Canada, 21, 26-27, 114-115, 142, 198, 200, 247, 325, 327, 345, 348-349, 355, 388-389, 392
Stein, Michael, 87, 113, 183-184, 248
Steinberg, 43, 270, 318
Steinberg, Sam, 43
Stelco, 40
Stephen, George, 41
Suisse, 19
Sun Life Assurance Company, 41, 55, 288
Sun Life, édifice, 289, 303
Tardivel, Jules-Paul, 58, 256, 295
Taschereau, Louis-Alexandre, 55, 71
Taylor, Charles, 83, 112
Télémédia, 319
Télé-Métropole, 319
Termote, Marc, 387
Tetley, William, 125, 143
The Atlantic, 284, 299
The Montreal Gazette, 349
The Montreal Star, 142-143, 178, 182-183, 245-247, 297, 299
Thomson, Dale C., 70-71, 95, 112-115, 296-298
Tocqueville, Alexis de, 34
Toronto, 18, 42, 63, 65, 67-72, 75, 78-80, 92, 106, 111-114, 116, 142-143, 148, 152, 178-179, 181, 200, 244-245, 247, 288-290, 295-298, 300, 314-315, 334, 337, 344, 346, 350, 357-358, 362, 367, 389, 391, 393
Town of Mount Royal, 151
Tremblay, commission, 62, 102, 363-364
Trizec, 290, 323
Troisième Reich, 284
Trois-Rivières, 16
Trudeau, Pierre Elliott, 120, 123, 151, 210, 270
Trust général du Canada, 315

Trust Royal, 148, 161, 289-290, 315, 318
Unimédia, 319
Union Jack, 64, 73
Union nationale, 55-56, 71, 109, 121, 134, 140, 176, 178
Université Concordia, 379
Université de Montréal, 26-27, 34, 66, 69, 72, 81, 112, 114-115, 133, 135, 144, 149, 180, 239, 248, 253-254, 259, 275, 295, 321, 340
Université du Québec à Montréal (UQAM), 130
Université Laval, 22, 81, 113, 115, 136, 143, 161, 180, 183
Vaillancourt, François, 21, 69, 251, 304, 321, 335, 344, 347-349, 393
Vancouver, 18, 63, 79-80, 152, 357-358
Van Horne, William C., 41
Veltman, Calvin, 359, 389
Victoria, place, 274
Victoria, square, 303
Vidéotron, 319, 323
Vietnamiens, 233
Vieux-Montréal, 41, 91, 150
Ville-Marie, place, 73, 91
Wade, Mason, 50, 70
Wall Street, 41, 315
Wal-Mart, 352
Westmount, 30, 32-33, 77-78, 151, 177, 186, 193
Westmount, Rhodésiens de, 193
Wharton School (de l'Université de Pennsylvanie), 277
Wood Gundy, 268
Young, Brian, 55, 71
Zellers, magasin, 219

Table

Avant-propos à l'édition française 9

Introduction 13

CHAPITRE PREMIER
Montréal avant la Révolution tranquille:
une ville anglaise.. 23

   1760-1960: la croissance urbaine
      et la diversité linguistique... 24

   Les deux solitudes dans l'espace urbain..................... 28

   Langue d'usage et choix linguistiques
      jusqu'en 1960... 33

   La langue et l'économie:
      perspectives historiques... 37

   Langue et politique jusqu'en 1960 47

   La politique linguistique avant 1960 56

   La gestion municipale
      et l'accommodement linguistique............................. 60

   Les signes avant-coureurs: langue
      et politique dans les années cinquante 61

Chapitre II
La Révolution tranquille et la politisation
de la question de la langue 75
    Les origines de la Révolution tranquille 78
    Les tensions linguistiques
        et la Révolution tranquille 84
    1960-1966: les francophones revendiquent
        une politique linguistique 90
    L'anglicisation des immigrants 97
    Les conséquences politiques
        de l'anglicisation des immigrants 104

Chapitre III
1967-1969: crises linguistiques et réactions
des pouvoirs publics 117
    Une première réaction des pouvoirs publics:
        le projet de loi 85 125
    Du conflit à la crise:
        les querelles linguistiques de 1969 128
    Une deuxième réaction des pouvoirs publics:
        le projet de loi 63 132
    La langue et la restructuration scolaire 137
    Conclusion 139

Chapitre IV
1970-1976: une ville divisée 147
    Montréal en 1970: une ville dans la tourmente 148
    Le gouvernement fédéral et la question
        linguistique à Montréal 151
    1970-1973: une politique en veilleuse 155
    Bourassa se prépare à agir 159
    La Loi sur la langue officielle:
        une catastrophe politique 162
    Conclusion 174

Chapitre V
1977-1996: la Charte de la langue française et la politique linguistique 185

Le Parti Québécois adopte une politique linguistique 187
Les anglophones et la Charte de la langue française 197
1979-1985: conflits et compromis en matière de langue 209
1985-1989: Bourassa rouvre le débat linguistique 214
1990-1996: la normalisation de la politique linguistique 223
L'incidence de la loi 101 sur l'enseignement 228
Conclusion 240

Chapitre VI
1960-1996: l'État, la langue et l'économie de Montréal 255

L'État québécois et l'avancement économique des francophones 257
Les sociétés d'État et l'avancement économique des francophones 264
Le rôle des grands projets dans l'essor de l'entreprise francophone 273
Un niveau d'instruction plus élevé chez les francophones 274
Politique linguistique et réglementation du secteur privé 277
Conclusion 294

Chapitre VII
La francisation de l'économie de Montréal 303

La langue du travail 305
La haute main sur le capital 311

La situation socioéconomique des francophones 324
Le visage extérieur du commerce 329
La politique gouvernementale, les forces
   du marché et les changements économiques 332
Conclusion 341

Chapitre VIII
Le français et l'anglais
dans le nouveau Montréal 351
   L'avenir démo-linguistique de Montréal 354
   La diversification ethnique
      et le Montréal francophone 362
   La radicalisation de l'opinion anglophone
      de Montréal 373
   La question linguistique à la fin du XXe siècle. 376
Index 395